60 JAHRE GRUNDGESETZ

60 JAHRE GRUNDGESETZ

DAS GRUNDGESETZ FÜR DIE BUNDESREPUBLIK DEUTSCHLAND IM EUROPÄISCHEN VERFASSUNGSVERBUND

Kongress aus Anlass des
60-jährigen Jubiläums des Grundgesetzes
vom 24. bis 26. Mai 2009

Herausgegeben von
Prof. Dr. Dr. h.c. mult. KLAUS STERN
Universität zu Köln

VERLAG C. H. BECK MÜNCHEN 2010

Gefördert von der Fritz Thyssen Stiftung, Köln

Verlag C. H. Beck im Internet:
beck.de

ISBN 978 3 406 60328 0

Wilhelmstraße 9, 80801 München

Druck und Bindung: Druckhaus „Thomas Müntzer“ GmbH
Neustädter Str. 1–4, 99947 Bad Langensalza

Satz: ottomedien
Marburger Straße 11, 64289 Darmstadt

Gedruckt auf säurefreiem, alterungsbeständigem Papier
(hergestellt aus chlorfrei gebleichtem Zellstoff)

VORWORT

Vom 24. bis 26. Mai 2009 fand in der Vertretung des Landes Nordrhein-Westfalen beim Bund in Berlin ein internationaler Kongress aus Anlass des 60-jährigen Jubiläums des Grundgesetzes statt. Wie schon zum Jubiläum vor 20 Jahren lud wiederum die Fritz Thyssen Stiftung Wissenschaftler, Richter, Verwaltungsbeamte und Politiker aus den Mitgliedstaaten der Europäischen Union, der Schweiz und Japan zu Referaten und Diskussion ein. Die Tagung stand diesmal unter dem Leitmotiv „Das Grundgesetz für die Bundesrepublik Deutschland im Europäischen Verfassungsverbund“. Damit trug der Organisator, Professor Dr. Dr. h. c. mult. *Klaus Stern*, Universität zu Köln, den vielfachen europäischen Impulsen der letzten 20 Jahre für Deutschlands Verfassungsrecht Rechnung. Redner und Diskutanten aus Deutschland, Griechenland, Italien, Österreich, Polen, der Schweiz, Spaniens, der Tschechischen Republik und Ungarns gingen bereitwillig auf diese Europäisierung der Verfassungsrechtsordnung ein. Ihre Reden und Diskussionsbeiträge werden hiermit der Öffentlichkeit zugänglich gemacht.

Für die Unterstützung bei der Organisation des Kongresses und der Redaktion des Tagungsbandes danke ich den Damen *Stephanie Eggerath*, *Anne-Monika Freysoldt-Erdbrügger*, *Irmtraud Hofauer*, *Nina Schmitz* und Herrn *Dr. Jörg Geerlings* herzlich.

Köln, im September 2009 Klaus Stern

Degenhart, NVwZ 10, 1282, [illegible], DVBl 11, 221

INHALTSVERZEICHNIS

TEILNEHMERVERZEICHNIS

Badura, Peter Professor Dr.	Ludwig-Maximilians-Universität München
Battis, Ulrich Professor Dr. Dr. h. c.	Humboldt-Universität zu Berlin
Bauer, Hartmut Professor Dr.	Universität Potsdam
Becker, Florian Professor Dr., LL.M.	Christian-Albrechts-Universität zu Kiel
Blanke, Hermann-Josef Professor Dr.	Universität Erfurt
Calliess, Christian Professor Dr., LL.M.	Freie Universität Berlin
Classen, Claus Dieter Professor Dr.	Ernst Moritz Arndt Universität Greifswald
Cruz Villalón, Pedro Professor Dr.	Universidad Autónoma de Madrid Präsident des Spanischen Verfassungsgerichtshofs a.D., Generalanwalt am Gerichtshof der Europäischen Gemeinschaften
D'Atena, Antonio Professor Dr.	Università degli studi di Roma Tor Vergata
Degenhart, Christoph Professor Dr.	Universität Leipzig
Dick, Bettina Dr.	Präsidentin des Verwaltungsgerichts Leipzig
Dorf, Yvonne Professor Dr.	Fachhochschule des Bundes für öffentliche Verwaltung
Filip, Jan Professor Dr.	Masaryk Universität Brno
Freysoldt-Erdbrügger, Monika Rechtsanwältin, Köln	Institut für Rundfunkrecht an der Universität zu Köln
Galetta, Diana-Urania Professor Dr.	Università degli Studi di Milano-Bicocca
Geerlings, Jörg Dr.	Akademischer Rat an der Universität zu Köln

Grimm, Dieter Professor Dr. Dr. h. c.	Wissenschaftskolleg zu Berlin
Grzeszick, Bernd Professor Dr., LL.M.	Friedrich-Alexander-Universität Erlangen-Nürnberg
Halmai, Gábor Professor Dr.	Eövrös Lorand University Budapest
Höfling, Wolfram Professor Dr.	Universität zu Köln
Horn, Hans-Detlef Professor Dr.	Philipps-Universität Marburg Richter am Hessischen Verwaltungsgerichtshof
Iliopoulos-Strangas, Julia Professor Dr.	Universität Athen
Ipsen, Jörn Professor Dr.	Universität zu Osnabrück Präsident des Niedersächsischen Staatsgerichtshofs
Jestaedt, Matthias Professor Dr.	Friedrich-Alexander-Universität Erlangen-Nürnberg
Karpen, Ulrich Professor Dr.	Universität Hamburg
Kempen, Bernhard Professor Dr.	Universität zu Köln
Kluth, Winfried Professor Dr.	Martin-Luther-Universität Halle-Wittenberg Richter am Landesverfassungsgericht Sachsen-Anhalt
Kotzur, Markus Professor Dr., LL.M.	Universität Leipzig
Kretschmer, Dorothea Professor Dr.	Freie Universität Berlin
Lammert, Norbert Professor Dr.	Präsident des Deutschen Bundestages
Lecheler, Helmut Professor Dr.	Freie Universität Berlin
Magiera, Siegfried Professor Dr.	Deutsche Hochschule für Verwaltungswissenschaften Speyer
Mangiameli, Stelio Professor Dr.	Università degli Studi di Teramo
Mangiameli, Agatha Professor Dr.	Università degli Studi di Teramo

Mann, Thomas Professor Dr.	Georg-August-Universität Göttingen
Merten, Detlef Professor Dr. Dr.	Deutsche Hochschule für Verwaltungswissenschaften Speyer
Mertes, Michael	Staatssekretär für Bundesangelegenheiten, Europa und Medien des Landes Nordrhein-Westfalen
Müller, Jörg Paul Professor Dr.	Universität Bern
Nowacki, Konrad Professor Dr.	Universität Breslau
Nowacka, Ewa Professor Dr.	Universität Breslau
Oehling, Alberto Professor Dr.	Universidad de les Illes Balears
Öhlinger, Theo Universitätsprofessor Dr.	Universität Wien
Ossenbühl, Fritz Professor Dr.	Rheinische Friedrich-Wilhelms-Universität Bonn
Papier, Hans-Jürgen Professor Dr. Dres. h. c.	Ludwig-Maximilians-Universität München Präsident des Bundesverfassungsgerichts
Püttner, Günter Professor Dr. Dr. h. c.	Universität Tübingen
Randelzhofer, Albrecht Professor Dr.	Freie Universität Berlin
Rau, Christina	Berlin
Regge, Jürgen Christian	Vorstand der Fritz Thyssen Stiftung
Ress, Georg Professor Dr. Dr. Dr. h. c. mult.	Jacobs University Bremen, Universität des Saarlandes, Richter des Europäischen Gerichtshofs für Menschenrechte a. D.
Sachs, Michael Professor Dr.	Universität zu Köln
Schambeck, Herbert Universitätsprofessor Dr. Dr. h. c. mult.	Johannes Kepler Universität Linz Bundesratspräsident a. D.
Schmidt-Jorzig, Edzard Professor Dr.	Christian-Albrechts Universität Kiel Bundesjustizminister a. D.
Schmitz, Nina Assessorin	Institut für Rundfunkrecht an der Universität zu Köln

Scholz, Rupert Professor Dr.	Ludwig-Maximilians Universität München Bundesverteidigungsminister a.D.
Schwarze, Jürgen Professor Dr.	Albert-Ludwigs-Universität Freiburg
Siekmann, Helmut Professor Dr.	Johan Wolfgang Goethe-Universität Frankfurt am Main
Skouris, Vassilios Professor Dr.	Präsident des Gerichtshofs der Europäischen Gemeinschaften
Sommermann, Karl-Peter Professor Dr.	Deutsche Hochschule für Verwaltungswissenschaften Speyer
Starck, Christian Professor Dr.	Georg-August-Universität Göttingen Präsident der Akademie der Wissenschaften Göttingen
Stern, Helga Dr.	Rechtsanwältin, Köln
Stern, Klaus Professor Dr. Dr. h. c. mult.	Universität zu Köln Richter des Verfassungsgerichtshof für das Land Nordrhein-Westfalen a.D.
Suzuki, Hidemi Professor Dr.	Universität Osaka
Vallender, Klaus A. Professor Dr.	Universität St. Gallen
Vidal, Carlos Professor Dr.	Universidad Nacional de Educación a Distancia Madrid
von Arnim, Hans Herbert Professor Dr.	Deutsche Hochschule für Verwaltungswissenschaften Speyer
von Coelln, Christian Professor Dr.	Universität zu Köln
Wahl, Rainer Professor Dr.	Albert-Ludwigs-Universität Freiburg
Weber, Albrecht Professor Dr.	Universität Osnabrück
Wendt, Rudolf Professor Dr.	Universität des Saarlandes
Wyrzykowski, Miroslaw Professor Dr.	Universität Warschau Richter am Polnischen Verfassungsgericht
Ziller, Jacques Professor Dr.	Università degli Studi di Pavia

MICHAEL MERTES

Begrüßung

I.

Hochverehrte, liebe Frau *Rau*,
hochverehrte Herren Präsidenten,
sehr geehrte Damen und Herren Abgeordnete des Deutschen Bundestages,
sehr geehrter Herr Professor *Stern*,
sehr geehrter Herr Dr. *Schneider*,
sehr geehrter Herr *Regge*,
Exzellenzen,
meine sehr verehrten Damen und Herren!

Als Bevollmächtigter des Landes Nordrhein-Westfalen beim Bund heiße ich alle sehr herzlich willkommen hier in unserer Berliner Landesvertretung – der „Botschaft des Westens", wie wir diesen Ort gern nennen. Ich tue dies auch im Namen von Herrn Ministerpräsidenten *Jürgen Rüttgers* und Herrn Minister *Andreas Krautscheid*, die Ihrem Kongress einen guten Verlauf wünschen. Wir sind stolz darauf, unsere Berliner Räumlichkeiten für ein so außerordentlich hochrangiges Ereignis zur Verfügung stellen zu dürfen.

Das Grundgesetzjubiläum liegt hinter uns, die Festmeile zwischen Brandenburger Tor und Siegessäule ist am Wochenende aufgeräumt worden. Jetzt gerät die Wahl zum Europäischen Parlament ins Blickfeld. Da fügt es sich gut, dass Sie sich heute und morgen der – auch im Rechtssetzungsalltag immer wichtiger werdenden – Frage nach der Stellung des Grundgesetzes im Europäischen Verfassungsverbund widmen. Aus Sicht der deutschen Länder ist dabei von besonderem Interesse natürlich die Frage, wie sich die Kompetenzordnung des Grundgesetzes durch Anwendung des Subsidiaritätsprinzips in die Kompetenzordnung der Europäischen Union einfügen lässt.

Einem Repräsentanten Nordrhein-Westfalens werden Sie es nicht verdenken, wenn er betont, dass Sie sich in Berlin keinen besseren Ort für Ihren Kongress hätten aussuchen können als unsere Landesvertretung. Auch wenn es juristisch nicht ganz korrekt sein mag – Sie befinden sich gewissermaßen auf nordrhein-westfälischem Territorium und führen Ihre Tagung damit auf gleichem Boden durch wie die Mitglieder des Parlamentarischen Rates, die am 1. September 1948 zu ihrer ersten Sitzung im Museum Koenig in Bonn am Rhein zusammen kamen und Konrad Adenauer zu ihrem Vorsitzenden wählten.

II.

Alle großen Nachkriegsentscheidungen, die den Weg der Bundesrepublik bis auf den heutigen Tag geprägt haben, wurden in Bonn getroffen. Ich meine damit die Trias „Grundgesetz – Soziale Marktwirtschaft – Westintegration". Die feuilletonistische Unterscheidung zwischen „Bonner Republik" und „Berliner Republik" behauptet eine Diskontinuität, die es so nicht gibt. Gewiss, die Bundesrepublik und ihr Grundgesetz waren zunächst nur als Provisorien gedacht. Davon zeugt bis heute der Artikel 146. Aber ist es wirklich noch eine offene Frage, ob wir eine Verfassung brauchen, „die von dem deutschen Volke in freier Entscheidung beschlossen worden ist"? Dem möchte ich die These entgegensetzen, dass das Grundgesetz durch eine Art „plébiscite de tous les jours", um die berühmte Formel von Ernest Renan aufzugreifen, längst als definitive Verfassung Deutschlands gelten darf.

Erst letzte Woche veröffentlichte das Institut für Demoskopie Allensbach Zahlen, die diese Behauptung empirisch untermauern. Es ging um eine Frage, „bei der den Befragten eine Liste verschiedener Institutionen zur Auswahl vorgelegt wurde mit der Bitte anzugeben, zu welcher sie ‚sehr viel', ‚ziemlich viel', ‚wenig' oder ‚überhaupt kein Vertrauen' haben. 72 Prozent sagten daraufhin, sie hätten ‚sehr viel' oder ‚ziemlich viel' Vertrauen in das Grundgesetz. Lediglich die Polizei erzielt mit 76 Prozent noch einen etwas besseren Wert. Das Grundgesetz nimmt damit im Ansehen der Bevölkerung eine Sonderstellung ein." Nur das Bundesverfassungsgericht, also der Hüter des Grundgesetzes, genießt mit 67 Prozent ein vergleichbar großes Vertrauen wie die Verfassung selbst. Allensbach weiter: „‚Sehr viel' oder ‚ziemlich viel' Vertrauen in den Bundespräsidenten bekunden 60 Prozent der Deutschen, von der Bundesregierung sagen 40 Prozent das Gleiche. Bundestag und Bundesrat kommen auf 33 beziehungsweise 32, die Parteien lediglich auf 12 Prozent."

Diese Befunde zeigen im Übrigen, dass es den von *Dolf Sternberger* als Form der Vaterlandsliebe beschriebenen „Verfassungspatriotismus" in Deutschland tatsächlich gibt. Von *Jean de La Bruyère* stammt der Satz: „Es gibt kein Vaterland in der Despotie." (Il n'y a point de patrie dans le despotique.) Umgekehrt gilt aber auch, dass das Vaterland dort gelebte Wirklichkeit ist, wo die Verfassung den Bürgern das Recht und die Möglichkeit gibt, an der Gestaltung ihres Gemeinwesens teilzuhaben.

III.

Die Bundesrepublik hat sich in sechs Jahrzehnten, wie wir in jüngster Zeit oft genug gehört und gelesen haben, hervorragend entwickelt. Noch nie haben wir Deutschen in einer derart langen Periode inneren und äußeren Friedens gelebt und ein derart hohes Wohlstandsniveau erreicht. Das wird uns am 11. August einmal mehr bewusst werden, wenn wir auf den 90. Jahrestag der Weimarer Reichsverfassung zurückblicken. Den rechtlichen Rahmen für die Erfolgsgeschichte der vergangenen 60 Jahre hat das Grundgesetz gegeben. Dabei sind folgende Momente hervorzuheben:

- *Erstens* die durch die Grundrechte eröffneten Freiheitsräume für Wirtschaft und Gesellschaft;
- *zweitens* eine Staatsorganisation, die im Bereich der politischen Willensbildung wesentlich auf dem Prinzip der Repräsentation beruht und vor allem der Schaffung und Erhaltung stabiler politischer Verhältnisse dienen soll;
- *und drittens* eine markante Integrationsfreundlichkeit, die von Anfang an die feste Verankerung der Bundesrepublik in europäisch-atlantische Strukturen ermöglicht hat.

In letzter Zeit habe ich mehrfach die Behauptung gehört, die föderale Ordnung des Grundgesetzes sei den Deutschen von Amerikanern, Briten und Franzosen aufgenötigt worden mit dem Ziel, eine mächtige Zentralregierung in Deutschland zu verhindern. Bemerkenswerterweise hatte das schon die KPD im Parlamentarischen Rat behauptet und in diesem Zusammenhang von „Befehle[n] der [westlichen] Besatzungsmächte" gesprochen.

Es lässt sich gar nicht bestreiten, dass die drei Westmächte für Deutschland eine bundesstaatliche Ordnung wollten, um das System der „checks and balances" zu stärken. Falsch ist aber die Unterstellung, dass die Väter und Mütter des Grundgesetzes in ihrer Mehrheit für eine zentralstaatliche Lösung optiert hätten, wenn die drei Westmächte sie nur gelassen hätten. Die föderale Ordnung ist tief in der deutschen Geschichte verankert, und im kollektiven Gedächtnis der deutschen Nation sind die Zeiten des Zentralismus nicht gerade als die glücklichsten haften geblieben. Vor zwanzig Jahren forderten die ostdeutschen Bürgerrechtler neben freien Wahlen auch die Wiederherstellung der fünf Länder, die das kommunistische Regime in Ost-Berlin 1952 zerschlagen hatte. Das ist kein historisches Detail, sondern eine Tatsache von großer Aussagekraft: In unserer politischen Kultur besteht ein enger Zusammenhang zwischen Freiheit und Föderalismus.

IV.

Seine wohl größte Bewährungsprobe hatte das Grundgesetz in der Wendezeit 1989/1990 zu bestehen, als es den staatsrechtlichen Rahmen für die friedliche Wiedervereinigung Deutschlands lieferte.

Ich war damals in der Planungsgruppe des Bundeskanzleramtes tätig und kann mich noch lebhaft an die Diskussionen erinnern, auf welchem staatsrechtlichen Weg die Einheit herbeizuführen sei – auf dem Weg des Beitritts deutscher Länder gemäß Art. 23 GG oder auf der Grundlage einer neuen Verfassung gemäß Art. 146 GG. Beide Möglichkeiten wurden Anfang 1990 intensiv und höchst kontrovers debattiert.

Für den Weg nach Art. 23 GG sprach zum einen der erfolgreiche Präzedenzfall Saarland 1957. Zum anderen standen die politisch Verantwortlichen unter großem Zeitdruck – und da bot sich Art. 23 GG als der einfachere und raschere Weg an. Der Weg über Art. 146 GG hätte zunächst die Einberufung einer verfassungsgebenden Nationalversammlung erforderlich gemacht. Die Zeit, die zur Erarbeitung einer neuen Verfassung notwendig gewesen wäre, stand im Frühjahr 1990 jedoch nicht mehr zur Verfügung. Nicht zuletzt waren wir für die Zwei-plus-Vier-Gespräche dringend auf die durch das Grundgesetz bereits verbürgte Bündnisfähigkeit Deutschlands angewiesen. In der Sache sprach für Art. 23 GG vor allem, dass sich auch aus Sicht der nach baldiger Einheit strebenden großen Mehrheit in der DDR das Grundgesetz in vier Jahrzehnten als beste Verfassung der deutschen Geschichte bewährt hatte.

V.

Das Grundgesetz steht heute vor neuen, ja neuartigen Bewährungsproben. Stichworte hier sind die Internationalisierung und Europäisierung des Rechts. Fortlaufende Änderungen auf diesen Gebieten setzen das Grundgesetz dem Ansturm globaler und vor allem europäischer Entwicklungen aus. „Offene Staatlichkeit" und Übertragung von Kompetenzen auf supranationale Einrichtungen beeinflussen seinen Wirkungskreis und seine Interpretation.

Wesentliche Bedeutung kommt dabei dem neuen Art. 23 GG zu. Im ersten Satz fügt er das Staatsziel „vereintes Europa" in unsere Verfassung ein. Der neue „Europa-Artikel" trat an die Stelle der nunmehr obsoleten Regelung für den Beitritt deutscher Länder zur Bundesrepublik. So stellt er einen symbolischen Bezug zur Wiedervereinigung Deutschlands her, die mit der Wiedervereinigung Europas nach dem Ende des Kalten Krieges untrennbar verknüpft ist.

Als Antwort auf das Scheitern der Weimarer Republik und die nationalsozialistische Gewaltherrschaft entworfen, hat sich das Grundgesetz in den vergangenen 60 Jahren nicht nur als stabiles Fundament einer freiheitlichen Demokratie erwiesen; es hat immer auch seine Anpassungsfähigkeit an veränderte Wirklichkeiten gezeigt. *Konrad Adenauer* hat diese Stärke des Grundgesetzes 1964 in der für ihn kennzeichnenden Lakonie so ausgedrückt: „Sicher ist es nicht vollkommen. Aber ich glaube, dass man das Grundgesetz vor allem danach beurteilen muss, was mit ihm erreicht worden ist."

Was mit dem Grundgesetz – von heutiger Warte aus betrachtet – erreicht worden ist, übertrifft bei weitem die Hoffnungen, die die Deutschen vor 60 Jahren hegen durften. Diese Erfahrung stimmt zuversichtlich im Blick auf die vielen Ungewissheiten, mit denen uns eine Welt im Umbruch konfrontiert. Von Ihrem Kongress, meine sehr verehrten Damen und Herren, erwarte ich mir Antworten auf die Frage, welche Orientierungsmarken das Grundgesetz für unseren Weg in die Zukunft bereithält.

So wünsche ich Ihnen ertragreiche Beratungen hier in der Vertretung des Landes Nordrhein-Westfalen!

MANFRED SCHNEIDER

Grußworte

Herr Staatssekretär *Mertes*,
Herr Präsident des Bundesverfassungsgerichts,
Herr Präsident des Europäischen Gerichtshofs,
sehr geehrte Damen und Herren,

ein ereignisreiches Wochenende liegt hinter uns. Am 23. Mai, dem Verfassungstag, konnten wir auf 60 Jahre Grundgesetz der Bundesrepublik Deutschland zurückblicken. Die Wahl des Bundespräsidenten verlieh diesem Tag zusätzliches Gewicht.

Ich freue mich sehr, Sie im Namen der Fritz Thyssen Stiftung zur Tagung „Das Grundgesetz für die Bundesrepublik Deutschland im Europäischen Verfassungsverbund" begrüßen zu können. Sie haben sich als führende Vertreter des Staats- und Verfassungsrechts bereit erklärt, gemeinsam die Fragen der Verfassungsentwicklung im europäischen Kontext zu diskutieren. Die deutschen Teilnehmer werden es mir nicht verübeln, wenn ich die Gäste aus dem europäischen Ausland besonders herzlich begrüße, insbesondere Herrn Professor *Skouris*, den Präsidenten des Europäischen Gerichtshofes.

Der Präsident des Bundestages wird in wenigen Minuten eintreffen. Auch ihm gilt mein besonderer Gruß.

Die Fritz Thyssen Stiftung steht mit dieser Veranstaltung in einer Tradition, die sie 1989 mit der Tagung 40 Jahre Grundgesetz in Köln begonnen hat und die 1999 zum 50. Verfassungsjubiläum hier in Berlin fortgesetzt wurde.

Im Mai 1989 standen die Fragen zur Entstehung, Bewährung und internationalen Ausstrahlung im Vordergrund. Niemand konnte damals ahnen, dass der Geltungsbereich des Grundgesetzes schon sobald sich auch auf die Neuen Bundesländer erstrecken sollte. Die Fritz Thyssen Stiftung hatte damals mitgeholfen, die Wiedervereinigung von Ost- und Westdeutschland mit der Bildung von sieben Arbeitskreisen zur deutschen Rechtseinheit zu begleiten.

Zehn Jahre später befanden wir uns bereits im Prozess der europäischen Verfassungsentwicklung. Schon bei dieser Veranstaltung im Mai 1989 hier in Berlin wurden die wesentlichen Streitpunkte benannt, die die Diskussionen um eine Verfassung in den Mitgliedsländern der Europäischen Union bis heute begleitet haben. Hierzu zählt das Argument, dass die EU auf das Bestehen souveräner Nationen und deren Verfassungen angewiesen ist. Eine entgegenstehende Argumentation würden Fragen der Verfassungsgemässheit einer deutschen Zustimmung zu einem europäischen Verfassungsvertrag aufwerfen. Aber – hierzu werden wir wohl schon sehr bald eine Klärung aus Karlsruhe erhalten.

„Die Verfassung ist sozusagen das Leben des Staates". Bei dieser Feststellung hatte *Aristoteles* sicher noch nicht eine geschriebene Verfassung wie das Grundgesetz vor Augen. Sie verweist jedoch auf ihre grundsätzliche Bedeutung für das Gemeinwesen. Auch heute und auch in Europa. Soll Europa – erweitert oder auch nur in seiner vorhandenen Gestalt – in der Zukunft gelingen, brauchen wir Grundregeln einer Verfassung für Europa. Sie müssen demokratischen Prinzipien folgen und den Bürgern der EU die Möglichkeit zur Mitgestaltung und Entscheidung gewährleisten.

Die heute beginnende Tagung wird diese Fragen sicher diskutieren und sie wird die Frage nach der Verortung unserer jetzt sechzigjährigen Verfassung im europäischen Verfassungsverbund behandeln.

Die Fritz Thyssen Stiftung und ich persönlich freuen sich, Sie als Repräsentanten der europäischen Verfassungsrechtswissenschaft in der Vertretung des Landes Nordrhein-Westfalen in Berlin begrüßen zu können. Danken möchte ich dem Land NRW für die Gastfreundschaft und insbesondere Ihnen, Herr Professor *Stern*, für die wissenschaftliche Konzeption und Organisation der Veranstaltung.

Ich wünsche Ihnen allen gute und ertragreiche Gespräche.

KLAUS STERN

Einführung

I.

Vor 20 Jahren hatten die Fritz Thyssen Stiftung und das Institut für öffentliches Recht der Universität zu Köln nach Köln eingeladen, 40 Jahre Grundgesetz auf einer internationalen Konferenz zu feiern. Damals hieß der Untertitel: „Entstehung, Bewährung und internationale Ausstrahlung". Im Mai 1989 war Deutschlands Wiedervereinigung noch nicht Wirklichkeit geworden. Das Grundgesetz galt damals nur für den westlichen Teil Deutschlands und – wenn auch mit Vorbehalten – für die Westsektoren Berlins. Heute kommen wir in diese Stadt, die immer im Brennpunkt deutschen Schicksals stand, um den 60. Geburtstag des Grundgesetzes als der Verfassung des wiedervereinigten Deutschland zu feiern, des Landes in der Mitte Europas, umgeben von Freunden und eingebunden in eine Jahrhunderte währende universale Verfassungsentwicklung,[1] und seit der europäischen Integration auch in einen Europäischen Verfassungsverbund, auch wenn eine eigentliche Europäische Verfassung (noch) fehlt[2].

Das heute und morgen zu feiernde Verfassungsjubiläum des Jahres 2009 darf nicht die Erinnerung an einige andere bedeutsame Jubiläen deutscher und europäischer, auch verfassungsrechtlich relevanter geschichtlicher Ereignisse, die mit der Zahl 9 verbunden sind, vergessen lassen.

Vor 160 Jahren, am 27. März 1849, wurde von der in der Frankfurter Paulskirche tagenden frei gewählten Deutschen Nationalversammlung die erste deutsche Reichsverfassung angenommen. Mit der Festlegung von Grundrechten, der Schaffung eines Reichsgerichts, dem Bekenntnis zu Rechtsstaat und Demokratie hat sich diese Verfassung auf dem verfassungstheoretischen und verfassungspolitischen Höhepunkt ihrer Zeit erwiesen. Obwohl gescheitert, wirkten ihre Prinzipien in die Zukunft hinein.

1919, vor 90 Jahren, trat eine republikanisch-demokratische deutsche Reichsverfassung in Kraft, in Weimar von einer vom Volk gewählten verfassunggebenden Nationalversammlung beschlossen. Wie das Grundgesetz war sie geboren aus tiefer deutscher Not und unglücklich in ihrem Scheitern 14 Jahre später, aber lehr-

---

[1] Dazu *D. Gosewinkel/J. Masing*, Die Verfassungen in Europa 1789–1949, 2006, S. 9 ff.

[2] Vgl. hierzu etwa *P. Häberle*, Europäische Verfassungslehre, 5. Auflage 2008, S. 632 ff.; siehe auch *W. Hummer*, Der „Verfassungs-Konvent": Ausgangslage, Zusammensetzung, Arbeitsweise, Ergebnisse, in: Hummer/Obwexer (Hrsg.), Der Vertrag über eine Verfassung für Europa, 1. Auflage 2007, S. 3 ff. (26 f.); von einer faktischen Verfassung im materiellen Sinne ausgehend: *Chr. Calliess*, in: Callies/ Ruffert (Hrsg.), Verfassung der Europäischen Union, 2006, S. 12 ff.

reich für Korrekturen und Verbesserungen im 30 Jahre nach ihrem Inkrafttreten geschaffenen Grundgesetz für die Bundesrepublik Deutschland vom 23. Mai 1949.

Mit dem Jahr 1949 sind zugleich für Deutschlands Reorganisation wichtige welt- und europapolitische Ereignisse verbunden, ohne die der Erfolg des Grundgesetzes nicht gedacht werden kann.

Am 4. April 1949 wurde – nach Vorläufern im Brüsseler Pakt von 1948 – der Nordatlantikvertrag abgeschlossen, der die damals sog. westlichen Besatzungszonen und die westlichen Besatzungssektoren Berlins unter den Schutz der großen amerikanischen, britischen und französischen freiheitlichen Demokratien gegen kommunistische Zugriffe stellte und der eine Wertegemeinschaft begründete, die entschlossen ist, „die Freiheit, das gemeinsame Erbe und die Zivilisation ihre Völker, die auf den Grundsätzen der Demokratie, der Freiheit der Person und der Herrschaft des Rechts beruhen, zu gewährleisten“, wie es in der Präambel heißt.

Einen Monat später, am 5. Mai 1949, wurde die Satzung des Europarats als erstes Dokument beginnender europäischer Integration von den westeuropäischen Staaten beschlossen, basierend auf der „unerschütterlichen Verbundenheit mit den geistigen und sittlichen Werten, die das gemeinsame Erbe ihrer Völker sind, und der persönlichen Freiheit, der politischen Freiheit und der Herrschaft des Rechts, auf denen jede wahre Demokratie beruht“ (Präambel Absatz 3).

1989 fiel am 9. November in dieser Stadt die schändliche Mauer, die Berlin, Deutschland und Europa geteilt hatte, auf friedlichem Wege dank des mutigen Engagements der Menschen im Osten Deutschlands in einer friedlichen Revolution unter dem Losungswort „Wir sind das Volk“, dem sich selbst eine bis auf die Zähne bewaffnete Diktatur zu beugen hatte. Sehr bald hieß es „Wir sind ein Volk, und wir wollen zum Grundgesetz“ als der für ganz Deutschland geltenden Verfassung. Und so geschah es am 3. Oktober 1990 dank geglückten politischen Handelns aller Verantwortlichen in West und Ost.

II.

Der Erinnerungsimperativ der Jahreszahl 9 ließe sich gewiss noch vermehren. Doch sind hier und heute nicht Historiker versammelt, sondern Verfassungs- und Europarechtler aus neun – das ist aber jetzt Zufall – europäischen Ländern und aus Japan, um eine Verfassung zu feiern, von der einer unserer Redner gesagt hat: „Das Grundgesetz ist ein Segen“[3] – und das zu Recht. Es gilt nicht nur, wie Satz 2 der Präambel sagt, „für das gesamte Deutsche Volk“, sondern wird auch von diesem in seiner ganz großen Mehrheit akzeptiert, wenn auch mit einem gewissen West-Ost-Gefälle. Nicht minder wird ihm Hochachtung im Ausland entgegengebracht. Es genügt, eine amerikanische Stimme zu zitieren: „Certainly most American observers would agree that, over the past 60 years, the Basic Law …, and its interpreta-

[3] *H.-J. Papier*, „Die Welt“ vom 18. Februar 2009.

tion by the Federal Constitutional Court, form one of the most brilliant success stories of democracy in the past-war world“[4]. Europäische Würdigungen werden die Referate unserer Tagung bieten[5]. Ich möchte nichts vorwegnehmen.

Keiner deutschen Verfassung war eine so lange Lebensdauer beschieden wie dem Grundgesetz. Ist sie deshalb ein „Sonnenkind“? Studiert man verfassungsrechtliche Reden und Beiträge nach 10 bis 50 Jahren Geltungsdauer, möchte man dies im Gegensatz zur Weimarer Reichsverfassung, die man von Anfang an als „Kind der Sorge“ betrachtet hat[6], fast glauben. Dennoch sollte man einen kurzen Blick in die Entstehungszeit werfen, um rückzuerinnern, dass auch diese Verfassung in sorgenvoller Zeit geboren wurde.

Was die damalige politische Lage betraf, so durfte man das östliche Europa für Freiheit, Demokratie und Rechtsstaat als verloren betrachten – Winston Churchill sprach vom „Eisernen Vorhang mitten durch Deutschland“ –, Berlin war belagert und nur durch eine Luftbrücke zu halten; in anderen Teilen der Welt, z. B. in Griechenland, der Türkei, im Iran, China, Korea und Indochina schickten sich kommunistische Bataillone an, die Herrschaft zu übernehmen. Aber der amerikanische Präsident *Harry S. Truman* begann eine Eindämmungspolitik, militärisch und vor allem wirtschaftlich, die für die Freiheit hoffen ließ. Das European Recovery Program, besser bekannt als Marshall-Plan, begann zu wirken, namentlich in Deutschland nach der Währungsreform vom Juni 1948. Zwar war die Not noch groß im geteilten Land, aber die Menschen spürten einen beginnenden wirtschaftlichen Aufschwung und arbeiteten hart daran, ihn zu verstetigen. Den Deutschen im Westteil des Landes erschien die Vision einer politischen Zukunft am Horizont, die in der Integration in den Westen, zunächst in der Form eines Weststaates, alsbald in einem westeuropäischen Verbund bestand. Dazu hatten sie die Londoner Sechs-Mächte-Beratungen vom Juni 1948 ermuntert, in deren Schlusskommuniqué es hieß: „Die Delegationen erkennen unter Berücksichtigung der gegenwärtigen Lage die Notwendigkeit an, dem deutschen Volke die Möglichkeit zu geben, auf der Basis einer freien und demokratischen Regierungsform die schließliche Wiederherstellung der gegenwärtig nicht bestehenden deutschen Einheit zu erlangen“. Zu diesem Zweck sollte eine Verfassung ausgearbeitet werden, die, demokratisch und bundesstaatlich strukturiert, die Garantie der individuellen Rechte und Freiheiten enthält[7].

In diesem Geist und mit diesen Erwartungen machte sich der am 1. September 1948 in Bonn zusammentretende Parlamentarische Rat an die Aufgabe, ein Grundgesetz für den Aufbruch in eine bessere Zukunft nach den dunkelsten Jahren deutscher Geschichte von 1933 bis 1945 zu schaffen, die eine gesamtdeutsche Verfassung nicht vergessen machen sollte, aber herausführen wollte in eine freiheitliche, demokratische und rechtsstaatliche Zukunft des freien Teil Deutschlands, ein-

---

[4] *P. E. Quint*, 60 Years of the Basic Law and its interpretation: An American Perspective, JöR 57 (2009), S. 1.

[5] Ferner – beispielhaft – *J. Luther*, Italienische Beobachtungen und Verarbeitungen des Grundgesetzes (1949–2009), JöR 57 (2009), S. 15.

[6] *H. Nawiasky*, Die Grundgedanken der Reichsverfassung, 1920, S. 7.

[7] Näher *K. Stern*, Das Staatsrecht der Bundesrepublik Deutschland, Bd. V, 2000, § 133.

gebettet in ein freies, sich selbst bestimmendes Europa. Für diese Verfassunggebung gab es neben den schon erwähnten Reichsverfassungen von 1849 und 1919 Vorbilder in den Verfassungen der süddeutschen Länder von 1946, in den Beratungen des Herrenchiemseer Konvents, aber auch des Auslands, vor allem der Vereinigten Staaten von Amerika, der Schweiz, Österreichs und der kurz vorher beschlossenen Verfassungen Frankreichs und Italiens sowie der Allgemeinen Erklärung der Menschenrechte vom 10. Dezember 1948. Freilich darf nicht unterschlagen werden, dass es auch einige Vorgaben und Interventionen der drei westalliierten Besatzungsmächte gab, die aber nicht das Gewicht hatten, das Grundgesetz eine fremdbestimmte Verfassung zu nennen.

III.

Wer die staatsrechtliche Literatur in den ersten Jahren nach Inkrafttreten des Grundgesetzes nachliest, wird viele skeptische Töne oder doch zumindest kritische Untertöne finden. Von einem „juristischen Kunstbau" war die Rede, der dem politischen und gesellschaftlichen Wandel die Lebensluft abschnüren könnte[8]. Bemängelt wurde auch, dass „sich das Grundgesetz den Charakter einer perfekten Verfassung mit allen ihren Prätentionen" gebe[9]. Erst nach dem ersten Jahrzehnt wurden die Würdigungen durchweg positiver. Der Grundtenor lautete: Das Grundgesetz habe sich bewährt, jedenfalls erweise es sich der Weimarer Reichsverfassung „weit überlegen"[10]. Wesentlich trug dazu die 1951 einsetzende Rechtsprechung des Bundesverfassungsgerichts bei, das sich von Anfang an als „Hüter der Verfassung" verstand, das in einem seiner ersten großen „politischen" Urteile, zum sog. Petersberger Abkommen, bekundete: „Es entspricht der besonderen Funktion der Verfassungsgerichtsbarkeit, ohne Rücksicht auf die mehr oder weniger große Aktualität des Falles, das Verfassungsrecht durch Entscheidungen zu entwickeln und den Rechtsfrieden für die Zukunft zu sichern"[11].

Doch beim zwanzigjährigen Jubiläum, 1969, begann ein Zittern im Gebälk des Staates spürbar zu werden, das auch das Grundgesetz nicht unberührt ließ, wenngleich es mehr die Verfassungsrealität erfasste. Neue gesellschaftliche Strömungen und veränderte Werthaltungen ließen Risse im gesellschaftlichen Grundkonsens aufkommen. Die Berufung auf das Grundgesetz hatte nicht mehr für alle den gleichen Sinn. Man stellte die Frage, ob das Grundgesetz noch „zeitgemäß" sei, ob es nicht gar „antiquiert" sei[12]. Ein „neues Grundgesetz", „zugeschnitten ... auf die

---

[8] *H. Schneider*, Fünf Jahre Grundgesetz, NJW 1954, 937.

[9] *W. Weber*, Spannungen und Kräfte im westdeutschen Verfassungssystem, 3. Auflage 1970, S. 15.

[10] *H. Ritter von Lex*, Zehn Jahre Grundgesetz, BayVBl. 1959, 133 (136); *H. Schäfer*, Zehn Jahre Grundgesetz, DVBl. 1959, 341; *W. Strauß*, 20 Jahre Grundgesetz, DÖV 1969, 297: „Die Bewährung ..... in den vergangenen zwei Jahrzehnten ist allgemein anerkannt"; *H. von Mangoldt*, Zwanzig Jahre Grundgesetz, Der Staat 8 (1969), S. 409 (426).

[11] BVerfGE 1, 351 (359).

[12] *H. Lindemann*, Das antiquierte Grundgesetz, Plädoyer für eine zeitgemäße Verfassung, 1966.

Verhältnisse und Bedürfnisse der Gegenwart", wurde gefordert[13]. Das Wort von der „Totalrevision des Grundgesetzes" machte die Runde[14].

Der Deutsche Bundestag reagierte darauf 1970 mit der Einsetzung einer Enquête-Kommission, die den Auftrag hatte zu prüfen, „ob und inwieweit es erforderlich ist, das Grundgesetz den gegenwärtigen und voraussehbaren zukünftigen Erfordernissen – unter Wahrung seiner Grundprinzipien – anzupassen"[15]. Nach der vorzeitigen Auflösung des Bundestages wurde der Auftrag 1973 erneuert[16]. Die Kommission hat den Reformbedarf als gering eingestuft. „Systemveränderungen", die mancherseits erwartet oder gefordert wurden, sind ausgeblieben, nicht etwa deshalb, weil man sie nicht erwog, sondern weil man das Grundgesetz für gut befand.

Das Grundgesetz erlebte 1979 und 1989 substanziell unverändert sein drittes und viertes Jahrzehnt[17], obwohl es bis dahin 35 Änderungsgesetze gab, die jedoch, sieht man von den nachführenden Verfassungsänderungen der Einführung der Wehr- und Notstandsverfassung sowie den Anpassungen in der Finanz- und Haushaltsverfassung ab, die Grundstruktur des Grundgesetzes unberührt ließen. Dass die Änderungsgesetze vor allem im nachfolgenden Jahrzehnt verfassungsrechtstechnisch mitunter zu detailversessen ausfielen, wie bei der Wohnungsüberwachung (Art. 13 Abs. 3 bis 7 GG) und beim Asylrecht (Art. 16a GG), ist unschön, aber der Notwendigkeit geschuldet, eine schwierige Materie im Kompromiss heterogener Vorstellungen zu Freiheit und Sicherheit zu bewältigen. Ungeachtet dessen wurde dem Grundgesetz auch zum 50jährigen Jubiläum Bewährtheit und Zukunftstauglichkeit bescheinigt[18]. Als falsch erwies sich jedenfalls, wenn *J. Habermas* und seine Gefolgsleute glaubten feststellen zu sollen, die Bundesrepublik Deutschland stünde „auf tönernen Füßen". Das Gegenteil bewies die Bewältigung der Wiedervereinigung Deutschlands.

Während der Verhandlungen zur Wiederherstellung der Deutschen Einheit stand das Grundgesetz vor seiner ersten größeren Bewährungsprobe. Erneut und

---

[13] So MdB *H. Dichgans*, Eine verfassunggebende Nationalversammlung, ZRP 1968, 61.

[14] Vgl. dazu mit Nachweisen *K. Stern*, Totalrevision des Grundgesetzes, in: Festgabe Th. Maunz, 1971, S. 391 ff.; *A. Hollerbach/U. Scheuner/W. Strauß*, Totalrevision des Grundgesetzes?, Veröffentlichungen der Katholischen Akademie der Erzdiözese Freiburg, Nr. 24, 1971, hrsgg. von H. Gehrig.

[15] Deut. Bundestag, Sten. Protokoll VI, S. 3893.

[16] Deut. Bundestag, Sten. Protokoll VII, S. 799 A.

[17] Beiträge zu den Verfassungsjubiläen von 1979 durch *V. Lohse*, 30 Jahre Grundgesetz – Tagung in Speyer, VR 1979, S. 250 ff.; *D. Merten/R. Morsey* (Hrsg.), 30 Jahre Grundgesetz – Vorträge und Diskussionsbeiträge der 47. Staatswissenschaftlichen Fortbildungstagung 1979 der Hochschule für Verwaltungswissenschaften Speyer, 1979; *H. Stern*, 30 Jahre Grundgesetz, DÖV 1979, S. 507 ff.; zum Jubiläum 1989 durch *K. Stern* (Hrsg.), 40 Jahre Grundgesetz. Entstehung, Bewährung und internationale Ausstrahlung, 1990; *E.-W. Böckenförde*, Zur Lage der Grundrechtsdogmatik nach 40 Jahren Grundgesetz, 1990; *G. Erbel*, 40 Jahre Grundgesetz – 4 Jahrzehnte Verfassungsgeschichte, RiA 1989, S. 288 ff.; *H.-P. Ipsen*, 40 Jahre Grundgesetz der Bundesrepublik Deutschland, JöR 38 (1989), S. 1 ff; *H. Krüger*, 40 Jahre Grundgesetz – Entstehung, Bewährung und internationale Ausstrahlung, DÖV 1989, S. 768 f.; *W.-R. Schenke*, 40 Jahre Grundgesetz, JZ 1989, S. 653 ff; *H. Siekmann*, Internationales Symposion „40 Jahre Grundgesetz" in Köln, DVBl. 1989, S. 866 ff.

[18] Vgl. BMI (Hrsg.), Bewährung und Herausforderung, Referate u. a. K. Stern usw.; *H.-P. Schneider*, 50 Jahre Grundgesetz, NJW 1999, 1497 ff.; *Chr. Starck*, Das Grundgesetz nach fünfzig Jahren: bewährt und herausgefordert, JZ 1999, 473 ff.; *J. Ziekow*, Einheit in Freiheit – 50 Jahre Grundgesetz für die Bundesrepublik Deutschland, JuS 1999, S. 417 ff.

diesmal von starken politischen Kräften gefordert, tauchte der Ruf nach einer neuen Verfassung nach Maßgabe des Art. 146 GG a. F. auf – gewiss ein Weg, die Deutsche Einheit zu vollenden, zugleich aber auch gedacht als ein Weg, das durchzusetzen, was mit „normaler" Verfassungsänderung nicht zu erreichen war. Aber es gab auch die Alternative, über Art. 23 GG a. F. das Grundgesetz zu bewahren und in den beigetretenen Teilen in Kraft zu setzen. Für beide Möglichkeiten wurde politisch und juristisch hart gefochten[19]. Der aus diesem Ringen hervorgegangene Kompromiss war dann die Festlegung unerlässlicher beitrittsbedingter Änderungen des Grundgesetzes, vor allem der Präambel, der Art. 23 und Art. 146 GG in Art. 4 des Einigungsvertrags sowie in dessen Art. 5 die Empfehlung an die gesetzgebenden Körperschaften des vereinten Deutschlands, „sich innerhalb von zwei Jahren mit den im Zusammenhang mit der deutschen Einigung aufgeworfenen Fragen zur Änderung oder Ergänzung des Grundgesetzes zu befassen".

Dieser Empfehlung folgend wurde eine aus 64 Mitgliedern paritätisch zusammengesetzte „Gemeinsame Verfassungskommission von Bundestag und Bundesrat" berufen[20], die 1994 ihre Vorschläge unterbreitete[21]. Auch sie griff nicht substanziell in das Grundgesetz ein, weil man sich von vornherein einig war, nur solche Vorschläge zu akzeptieren, die eine Zweidrittelmehrheit erreichten. Immerhin kam es durch Änderungsgesetz vom 27. Oktober 1994 zu Grundgesetzsänderungen, die die Rechte der Länder stärkten, das Staatsziel Umweltschutz einfügten (Art. 20a GG), die Durchsetzung der Gleichberechtigung von Frauen und Männern förderten (Art. 3 Abs. 2 Satz 2 GG) und die Stellung der Behinderten verbesserten (Art. 3 Abs. 3 Satz 2 GG). Im Rahmen der Kommission wurde auch der neue „Europa-Artikel" 23 GG diskutiert und vorweg in Verfolgung der Ziele des Maastrichter Vertrags am 21. Dezember 1992 in Kraft gesetzt.

Bis zur Föderalismusreform I, die durch eine „Kommission von Bundestag und Bundesrat zur Modernisierung der bundesstaatlichen Ordnung" vorbereitet und durch Grundgesetzänderungsgesetz vom 28. August 2006 umgesetzt wurde, blieb das Grundgesetz, von kleineren Änderungen und der schon erwähnten Änderung des Art. 13 GG abgesehen, unverändert. Diese Reform stärkte die Gesetzgebungszuständigkeiten der Länder im Austausch gegen eine Reduktion der Zustimmungsbefugnisse des Bundesrates[22]. Ausgeklammert wurden im Wesentlichen die finanzverfassungsrechtlichen Fragen, die einer zweiten Reformstufe vorbehalten

---

[19] Vgl. *K. Stern*, Staatsrecht V, 2000, § 135 III 1 und 6; *M. Kilian*, Der Vorgang der deutschen Wiedervereinigung, in: Isensee/Kirchhof, HStR Band 1, 3. Auflage 2003, § 12 Rdn. 66 ff.; *W. Schäuble*, Grundordnung auf dem Weg durch die Zeit, in: Huber, Das Grundgesetz zwischen Stabilität und Veränderung, S. 65 ff. (71);

J. Isensee, Die deutsche Teilung und die deutsche Einheit im Spiegel der Rechtsprechung des Bundesverfassungsgerichts, in: Hillgruber, Einigkeit und Recht und Freiheit, Symposion anläßlich des 70. Geburtstags von Frau Richterin des Bundesverfassungsgerichts a. D. Prof. Dr. Karin Graßhof, 2008, S. 7 (35 f.).

[20] BTags-Drs. 12/1590.

[21] BTags-Drs. 12/6000 = Dokumentation Zur Sache 5/93.

[22] Dazu vgl. *Chr. Starck*, Föderalismusreform. Einführung, 2007; *W. Kluth* (Hrsg.), Föderalismusreformgesetz. Einführung und Kommentierung, 2007; *H. Sodan*, Kontinuität und Wandel im Verfassungsrecht, NVwZ 2009, S. 545 ff. (549 f.); zur Arbeit der Reformkommission s. *R. Holtschneider*/*W. Schön* (Hrsg.), Die Reform des Bundesstaates, 1997.

werden sollten, über die zurzeit noch beraten wird. Dabei wird man der Begrenzung ausufernder Staatsverschuldung als einer besonders aktuellen Herausforderung des gegenwärtigen Jahrzehnts gesteigerte Aufmerksamkeit widmen müssen, wenn auch ohne Detailversessenheit. Auch ein guter Verfassungsstaat muss vor Überforderungen, vor allem in finanzieller Hinsicht, bewahrt werden.

VI.

52 Änderungsgesetze des Grundgesetzes und eine 53. Änderung vom 8. Oktober 2008, noch aufgeschoben bis zum Inkrafttreten des Vertrages von Lissabon, sind eine stattliche Zahl von Verfassungsänderungen, die man nicht vergleichen darf mit der unverändert gebliebenen gleichaltrigen japanischen Verfassung oder der über 220 Jahre alten amerikanischen Verfassung. Muß man darin ein Zeichen von Instabilität der Verfassung sehen, so mag gefragt werden? Sind Zweifel an der Integrationsfähigkeit des Grundgesetzes angebracht? Hat das Grundgesetz auch die innere Einheit Deutschlands bewirkt? Soll man über eine neue Verfassung nachdenken?

Antworten auf diese Fragen müssen unserer Konferenz überlassen werden. Ich wage, eine Grundsatzaussage – Sie mögen sie Bekenntnis nennen – vorwegzustellen: Die Wiedergewinnung der auf gemeinsamen Wertvorstellungen europäischer Prägung beruhenden „civil society" als Basis für die innere Wiedervereinigung ist allen Deutschen als große Gemeinschaftsaufgabe gestellt. Sie ist materieller, aber auch und vor allem ideeller Natur. Dabei geht es vorzugsweise um die Erweckung des gemeinsamen Bewußtseins für das, was mit dem Deutschland nun einheitlich überwölbendem Dach des Grundgesetzes in Staat und Gesellschaft verbunden ist. Dazu bedarf es einer intensivierten staatsbürgerlichen Bildung, die verstärkt das Grundgesetz in den Mittelpunkt zu rücken hat. Eine Verfassung anzunehmen und unter ihr zu leben, heißt nicht, aus einem Angebot beliebig auszuwählen, sondern sie im Denken und Handeln zu beherzigen. Das Grundgesetz ist die beste Verfassung, die Deutschland in seiner Geschichte hatte; es verkörpert als „der freie Ausdruck der Selbstbestimmung der Nation" (Eduard von Simson) eine freiheitliche, demokratische und rechtsstaatliche politische Grundordnung für den Staat, aber zugleich auch eine vor allem durch die Grundrechte geprägte Werteordnung für das Leben der Menschen in der Gemeinschaft. Das Grundgesetz hat in den 60 Jahren seiner Geltung bewiesen, eine gute Staatsverfassung zu sein, was nicht zugleich heißt, dass auch wir in guter Verfassung sind[23]. Die Verfassung ist und bleibt eine

---

[23] Frei zitiert nach Alt-Bundespräsident Richard von Weizsäcker, der im Jahre 1989 fragte: „Wir haben eine gute Verfassung, doch sind wir auch in guter Verfassung?"; siehe auch *R. Schulz*, Deutschland – in guter Verfassung?, 2004; *J. Isensee*, Befindlichkeit deutscher Demokratie – Momentaufnahmen der realen und der rechtlichen Verfassungslage nach der Bundestagswahl 2005, in: Huber (Hrsg.), Das Grundgesetz zwischen Stabilität und Veränderung, 2007, S. 1 ff.; *P. Lerche*, Fragen der Stabilität des Grundgesetzes, in: Huber (Hrsg.), ebda., S. 73; *Th. Oppermann*, Deutschland in guter Verfassung? – 60 Jahre Grundgesetz, JZ 2009, S. 481 ff. (491); *P. Kirchhof*, Das Grundgesetz – ein oft verkannter Glücksfall, DVBl. 2009, 541 ff.; *H. Sodan*, Kontinuität und Wandel im Verfassungsrecht, NVwZ 2009, 545 ff.; *M. Sachs*, Das Grundgesetz in seinem sechsten Jahrzehnt, NJW 2009, 1441.

rechtliche Rahmenordnung, die ausgefüllt werden muss durch eine politische, soziale, wirtschaftliche und geistige Kultur, die vom Gemeinsinn der Bürger und einem Mindestmaß an ethischen Standards getragen werden muss. Der Verfassungsstaat verlangt Verfassungsbewusstsein seiner Bürger und Bürgerinnen. Das Grundgesetz ist die Heimstatt, unter deren Dach sich nach vielfach erlittenem Leid, großen Irrungen und Wirrungen alle Deutschen und die in diesem Land Lebenden wohlfühlen können. Es ist Fundament des Grundvertrauens, ohne das kein Staat existieren kann. Sein 60jähriges Jubiläum zu feiern, besteht daher aller Anlass. Die von ihm geschaffene Herrschafts- und Werteordnung hat weltweit Anerkennung gefunden. Es besteht kein Grund, sie infrage zu stellen und rerum novarum cupidus zu sein. Von einer Legitimationskrise des verfassungsrechtlichen Systems kann keine Rede sein. Der deutsche Verfassungsstaat ist gefestigt, das ist der Grundtenor am Jubiläumstag, aber er bleibt Gefährdungen ausgesetzt, etwa durch den wachsenden Terrorismus, aber auch durch wirtschaftliche Krisen globalen Zuschnitts und nicht zuletzt durch die Grenzen austestenden politischen Anwandlungen[24]. Doch an einer „Erosion von Verfassungsvoraussetzungen" – so das Generalthema der letztjährigen Tagung der Vereinigung der Deutschen Staatsrechtslehrer – fehlt es[25]. Dem Grundgesetz ist – auch ohne Volksabstimmung – in den 60 Jahren seiner Geltung ausreichende plebiszitäre Legitimation zugewachsen.

Dem Grundgesetz kann – wie niemand bestritten hat – bescheinigt werden, dass es eine im strikten Sinne normative und justitiable Verfassung ist. Es hat dafür gesorgt, dass Verfassungsrecht und Verfassungswirklichkeit nicht auseinanderklaffen. Die politische Macht ist verfassungsrechtlich eingebunden; für die Kontrolle der Verfassungsmäßigkeit sorgt das Bundesverfassungsgericht. Aber es ist auch offen genug, den politischen Prozess nicht zu strangulieren. Wo nötig, haben Verfassungsänderungen, eingegrenzt vom Gebot der Beachtung qualifizierter Mehrheiten (Art. 79 Abs. 2 GG) und der Unantastbarkeitsgarantie des Art. 79 Abs. 3 GG, seiner Entfaltung nachgeholfen; bisweilen haben auch elastische „Verfassungsentwicklungen" bereit gestanden[26]. Solche Entwicklungen sind in mehreren Bereichen zu erkennen, von denen ich einige benennen möchte:

1. Dass die Reorganisation des deutschen Staates nach dem Zweiten Weltkrieg in den Formen der Bundesstaatlichkeit zu erfolgen hatte, war nicht nur eine Vorgabe der westlichen Alliierten, sondern zugleich tiefste aus der deutschen Geschichte erwachsene Überzeugung aller maßgeblichen deutschen politischen Kräfte 1948/49. Aber die Ausgestaltung im Einzelnen war durchaus umstrit-

---

[24] Vgl. *W. Schmitt Glaeser*, Über Tendenzen zur Unterwanderung unserer Verfassung: 60 Jahre Grundgesetz, JöR Bd. 57 (2009), S. 39 ff.; *P. Lerche*, „Bewährung" des Grundgesetzes, in: Festschrift R. Herzog, 2009, S. 264 ff.

[25] Vgl. u. a. die Referate von *S. Baer*, Demografischer Wandel und Generationengerechtigkeit, VVDStRL 68, S. 290 ff.; *Chr. Möllers*, Religiöse Freiheit als Gefahr?, VVDStRL 68, S. 47 ff.; differenzierend *B. Holznagel*, Erosion demokratischer Öffentlichkeit, VVDStRL 68, S. 381 ff. (insb. S. 406 ff.); Im Tenor verneinten die Referenten zu Recht die Erodierung.

[26] Mit diesem Begriff wird zu Recht der schillernde Begriff „Verfassungswandel" verdrängt (vgl. *B.-O. Bryde*, Verfassungsentwicklung, 1982; *H. Dreier*, Grundlagen und Grundzüge staatlichen Verfassungsrechts: Deutschland, in: Handbuch Ius Publicum Europaeum, Bd. I, 2007, § 1 Rdn. 41 ff.).

ten[27]. Mancher Kompromiss im Parlamentarischen Rat, vor allem in der Verteilung der Gesetzgebungs- und Verwaltungszuständigkeiten sowie in der Finanzverfassung, erwies sich als nicht zukunftstauglich. Unitarische Tendenzen nahmen zu, geboren aus der Tendenz zu einheitlichen Lebensverhältnissen, die Länderabsprachen und Musterentwürfe von Landesministerkonferenzen hervorbrachten. Ein kooperativer Föderalismus entwickelte sich in der Praxis knapp an der Grenze der Verfassungswidrigkeit durch die Schaffung von Gemeinschaftsaufgaben. Die Reform der bundesstaatlichen Ordnung stand bald auf der Agenda. 1969 wurde vieles verfassungsrechtlich bereinigt, aber es blieben, um wenigstens Stichworte aufzuzählen: vielschichtige Ebenenverflechtungen, problematische Verantwortlichkeiten, verstärkte parteipolitische Interessen im Bundesrat, Schwächungen der Länderparlamente. Die Kommission für die Finanzreform – sog. Troeger-Kommission – 1966, die bereits erwähnten Enquête-Kommissionen Verfassungsreform 1976 und die Gemeinsame Verfassungskommission 1993 legten Reformvorschläge vor. Zuletzt arbeitete die Kommission von Bundestag und Bundesrat zur Modernisierung der bundesstaatlichen Ordnung. Ihre Vorschläge wurden 2006 durch ein umfangreiches Grundgesetzänderungsgesetz verwirklicht, das 25 Artikel des Grundgesetzes erfasste (Gesetz vom 28. 8. 2006 – BGBl. I, S. 2034). Hauptziele dieser Föderalismusreform I waren die Stärkung der Eigenverantwortlichkeit der Länder durch Rückverlagerung von Zuständigkeiten und durch Bereinigung der über Jahrzehnte angewachsenen Verflechtungen.

Die wissenschaftliche Bewertung der Reform fiel zwiespältig aus[28]. Manche Autoren sehen gar eine Gefährdung der Rechtseinheit, vor allem durch die sog. Abweichungsgesetzgebung. Andererseits wird eine Aufbruchstimmung der Länder in den zurückgenommenen Zuständigkeiten betont, die sich in divergierenden Gesetzen bei Ladenschluss, im Gaststättenwesen und im Hochschulwesen sowie im Beamtenrecht äußert. Angesichts von weniger als drei Jahren Erfahrung ist Zurückhaltung geboten, nicht zuletzt auch deshalb, weil der Schlussstein der Reform, die Finanzverfassung, noch fehlt. Trotz mancher Skepsis über die Ausgestaltung der Änderungen: Die föderative Ordnung Deutschlands hat sich bewährt; sie taugt auch für die Zukunft.

2. Verfassungsrechtswissenschaft und Rechtsprechung des Bundesverfassungsgerichts haben die Grundrechte in starkem Maße „extensiviert" und „intensiviert"[29]. Kri-

[27] Vgl. *K. Stern*, Staatsrecht Bd. I und Bd. V; siehe auch *P. Kirchhof*, Das Grundgesetz – ein oft verkannter Glücksfall, DVBl. 2009, S. 541 ff. (542).

[28] Vgl. *A. Gronimus*, Nach der Föderalismusreform I: Stand und Perspektiven des Bundesrahmenrechts in der Personalvertretung, PersV 2007, S. 252 ff.; *H.-J. Papier*, Aktuelle Fragen der bundesstaatlichen Ordnung, NJW 2007, S. 2145 ff.; *Chr. Starck* (Hrsg.), Föderalismusreform, 2007, S. 1 ff.; *H.-G. Henneke*, Die Kommunen in den Förderalismusreformen I und II, VBlBW 2008, S. 241 ff.; *H. Meyer*, Die Förderalismusreform 2006, 2008, S. 1 ff.; *K. Selg*, Die Mitwirkung des Bundesrates bei der Gesetzgebung des Bundes, 1. Auflage 2009, S. 41 ff.; zuletzt *Chr. Heitsch*, Die asymmetrische Neuverflechtung der Kompetenzordnung durch die deutsche „Föderalismusreform I", JöR 57 (2009), S. 333.

[29] Vgl. *H. Dreier*, Handbuch Ius Publicum Europaeum, Bd. I, 2007, § 1 Rdn. 133–139; Das Bundesverfassungsgericht hat den Grundrechten insoweit einen breiten Anwendungsbereich gesichert und sie „wirkungsmächtig ausgelegt", vgl. *Th. Oppermann*, Deutschland in guter Verfassung? – 60 Jahre Grundgesetz, JZ 2009, S. 481 ff. (486); aufgrund dieser starken Ausgestaltung der

tiker sprachen schon von einer „Hypertrophie der Grundrechte“[30]. Dies gilt insbesondere für die Ausdehnung der Grundrechte über ihre subjektiv-rechtliche Abwehrfunktion hinaus in eine neue Dimension, die heute vorzugsweise als objektiv-rechtlicher Gehalt der Grundrechte charakterisiert wird. Die damit verbundenen Rechtswirkungen sind eine bedeutsame juristische Entdeckung, lassen sie doch den Staat nicht mehr nur als Grundrechtsfeind des Bürgers, sondern auch als Grundrechtsfreund erscheinen. Dieser Doppelcharakter der Grundrechte führte zu deren Multifunktionalität, die sich besonders in der Ausstrahlungswirkung der Grundrechte für die gesamte Rechtsordnung, auch für das Privatrecht, und in der Schutzpflichtenfunktion der Grundrechte äußerte. Die damit verbundenen Folgewirkungen brauche ich in diesem Kreis nicht näher zu erläutern. Durch diesen Grundrechtskonstitutionalismus wurde eine kräftige „Konstitutionalisierung der Rechtsordnung“[31] herbeigeführt. So kühn man den dadurch ausgelösten Rollenwechsel des Staates auch nennen mag, er war für das deutsche Grundrechtsverständnis nicht ganz so überraschend, wenn man ins Auge fasst, dass § 2 Teil II Titel 13 des Allgemeinen Landrechts für die Preußischen Staaten von 1794, des Friderizianischen Grundgesetzes, schon formuliert hat: „Die vorzügliche Pflicht des Oberhauptes im Staat ist, sowohl die äußere als auch innere Ruhe und Sicherheit zu erhalten, und einen Jeden bei den Seinigen gegen Gewalt und Störungen zu schützen“. Schutzpflichten des Staates für grundrechtliche Rechtsgüter, vor allem für die Menschenwürde des Art. 1 Abs. 1 GG, wo ausdrücklich vom staatlichen Schutzauftrag die Rede ist, für Leben und körperliche Unversehrtheit nach Art. 2 Abs. 2 GG sowie darüber hinaus in anderen Grundrechtsbereichen sind kein Fremdkörper mehr in der Grundrechtsinterpretation. Sie gehören mittlerweile zum klassischen Arsenal der Grundrechtsfunktionen. Sie sind eine Grundrechtsinnovation, von der noch weitergehende Folgerungen ausgehen könnten. Auch Art. 51 EU-Grundrechte-Charta greift den Gedanken der Schutz- und Förderpflichten auf.

3. Bei der Verfassungsentwicklung spielte das Bundesverfassungsgericht eine gewichtige Rolle[32]. Bei der Grundrechtsentfaltung wie bei der Aktualisierung der Bundesstaatlichkeit und bei der Konkretisierung des sozialen Rechtsstaates wurde deutlich, dass sich das Gericht im Rechtsleben Deutschlands auf nahezu allen Feldern eine Position erworben hat, die nicht vorausgeahnt wurde[33].

Grundrechte sprechen Teile der Literatur bereits von der „Grundrechtsrepublik Deutschland“, vgl. *F. Hufen*, Entstehung und Entwicklung der Grundrechte, NJW 1999, S. 1504 ff.; *H. Sodan*, Kontinuität und Wandel im Verfassungsrecht, NVwZ 2009, S. 545 ff. (546).

[30] Vgl. *K. A. Bettermann*, Hypertrophie der Grundrechte, in: Merten/Papier/Schmidt/Zeuner (Hrsg.), Staatsrecht – Verfahrensrecht – Zivilrecht, 1988, S. 49 ff.

[31] Vgl. *G. F. Schuppert/Chr. Bumke*, Die Konstitutionalisierung der Rechtsordnung, 2000; *S. Unger*, Das Verfassungsprinzip der Demokratie, 2008, S. 124 ff; vgl. auch *H. Schambeck*, Sechzig Jahre Grundgesetz aus österreichischer Sicht, JöR 57 (2009), S. 71 ff. (76 f.).

[32] Zuletzt etwa *Chr. Starck*, Verfassungen, 2009, S. 153 ff. m. w. N.

[33] Zur Vorbildfunktion für neu errichtete Verfassungsgerichtshöfe Ostmitteleuropas vgl. *H. Schambeck*, Sechzig Jahre Grundgesetz aus österreichischer Sicht, JöR 57 (2009), S. 71 ff. (86); *G. Brunner*, Der Zugang des Einzelnen zur Verfassungsgerichtsbarkeit im europäischen Raum, JöR 50 (2002), S. 191 ff. (199 f.); zur Vergleichbarkeit mit dem amerikanischen Supreme Court s. *Marcel Kau*, United States Supreme Court und Bundesverfassungsgericht, 2007.

Bereits bei der zehnjährigen Geburtstagsfeier des Bundesverfassungsgerichts hat *Rudolf Smend* festgestellt: „Das Grundgesetz gilt nunmehr praktisch so, wie das Bundesverfassungsgericht es auslegt, und die Literatur kommentiert es in diesem Sinne"[34]. Gegenüber dem zweiten Satzteil sei Widerspruch des Wissenschaftlers angemeldet, da er sich für befugt und verpflichtet hält, auch Kritik zu äußern, ohne dass dadurch die eminente Leistung des Gerichts in Zweifel gezogen würde. Von Smend stammt aber auch ein anderer Satz, der verdeutlicht, was ich mit Verfassungsentwicklung meine: „… Die Praxis der Bundesverfassungsjustiz (ist) ein positiver, produktiver geschichtlicher Vorgang, in dem Stein um Stein zum tieferen Fundament des Grundgesetzes hinzugefügt wird"[35]. Dass dem so ist, haben zwei Festgaben der Verfassungsrechtswissenschaft zum 25jährigen und 50jährigen Jubiläum des Gerichts nachdrücklich unterstrichen[36]. Sie sind große Dokumente der deutschen Verfassungsentwicklung.

4. An dieser Stelle darf sowohl für die deutsche Verfassungsgerichtsbarkeit als auch für das Grundgesetz insgesamt beider bedeutsame Ausstrahlung im europäischen Raum nicht ohne Stolz erwähnt werden. Nach den tiefgreifenden politischen Umgestaltungen in der letzten Dekade des vergangenen Jahrhunderts in Europa und Deutschland nahmen Rezeptionen und Wechselwirkungen zwischen europäischen Verfassungen enorm zu. Gemeineuropäisches Verfassungsrecht, europäischer Verfassungsverbund wurden allseits gebräuchliche Chiffren[37], um zu kennzeichnen, dass das Modell eines Verfassungsstaates gewachsen ist, das die ehedem starre Trennung der Blöcke überwunden hat.

Vor 60 Jahren hat niemand von einem deutschen „Verfassungsrechtsexport" zu träumen gewagt. Heute ist dem Grundgesetz Magnetwirkung eigen, wenn es

---

[34] *R. Smend*, Festvortrag zur Feier des zehnjährigen Bestehens des Bundesverfassungsgerichts am 26. Januar 1962, in: Das Bundesverfassungsgericht, 1963, S. 24.

[35] *R. Smend*, ebda., S. 31.

[36] Vgl. *Chr. Starck* (Hrsg.), Bundesverfassungsgericht und Grundgesetz – Festgabe aus Anlass des 25jährigen Bestehens des Bundesverfassungsgerichts, Band I und II, 1976; *P. Badura/H. Dreier* (Hrsg.), Festschrift 50 Jahre Bundesverfassungsgericht, Band I und II, 2001.

[37] Vgl. zum Begriff „gemeineuropäisches Verfassungsrecht" erstmals *P. Häberle*, Europa in kulturverfassungsrechtlicher Perspektive, JöR 32 (1983), S. 9 (16 f.); *ders.*, Gemeineuropäisches Verfassungsrecht, EuGRZ 1991, S. 261 ff.; *ders.*, Europäische Verfassungslehre, 5. Auflage 2008, S. 104 ff.; *R. A. Lorz*, Der gemeineuropäische Bestand von Verfassungsprinzipien zur Begrenzung der Ausübung von Hoheitsgewalt – Gewaltenteilung, Förderalismus, Rechtsbindung –, in: Müller-Graff/Riedel (Hrsg.), Gemeinsames Verfassungsrecht in der Europäischen Union, S. 99 ff. (101); krit. *J. Schwind*, Zukunftsgestaltende Elemente im deutschen und europäischen Staats- und Verfassungsrecht, 2008, S. 91 ff.; zum Begriff „europäischer Verfassungsverbund" etwa *I. Pernice*, Der europäische Verfassungsverbund auf dem Wege der Konsolidierung, JöR 48 (2000), S. 205 ff.; *ders.*, Nationales und Europäisches Verfassungsrecht, VVDStRL 50 (2001), S. 148 ff., 163 ff.; *ders.*, Theorie und Praxis des Europäischen Verfassungsverbundes in: Calliess, Verfassungswandel im europäischen Staaten- und Verfassungsverbund, 2007, S. 61 ff.; *I. Härtel*, Demokratie im Europäischen Verfassungsverbund, JZ 2007, S. 431 ff.; *M. Jestaedt*, Der Europäische Verfassungsverbund. Verfassungstheoretischer Charme und rechtstheoretische Insuffizienz einer Unschärferelation, in: Calliess, Verfassungswandel im europäischen Staaten- und Verfassungsverbund, 2007, S. 93 ff.; *F. C. Mayer*, die Bedeutung von Rechts- und Verfassungsvergleichung im europäischen Verfassungsverbund, in: Calliess, Verfassungswandel im europäischen Staaten- und Verfassungsverbund, 2007, S. 187; *F. Baach*, Parlamentarische Mitwirkung in Angelegenheiten der Europäischen Union – die Parlamente Deutschlands und Polens im europäischen Verfassungsverbund, 2008, S. 1 ff.; *J. Schwind*, ebda., S. 77 ff.

um die Grundstrukturen, wie Grundrechte, Rechtsstaatlichkeit, parlamentarische Demokratie, Bundesstaatlichkeit und effektiver Rechtsschutz mit dem Schlussstein der Verfassungsgerichtsbarkeit geht. Gewachsen ist ein allseits sichtbares Maß an verfassungsrechtlicher Homogenität, in der das Grundgesetz und sein Hüter der Verfassung Leitbildfunktion einnehmen. Aus der historisch gewachsenen Kultur- und Wertegemeinschaft ist mittlerweile eine Verfassungsrechtsgemeinschaft geworden. Das Wort von den „gemeinsamen Verfassungsüberlieferungen der Mitgliedstaaten" ist bei den Europäischen Gerichtshöfen in Luxemburg und Straßburg[38] gängige Praxis[39]. Diese gemeinsame Verfassungsrechtskultur ist die Voraussetzung einer Constitutio Europaea, die wünschenswert bleibt, auch wenn der erste Anlauf gescheitert ist[40]. Darum hat dieser Jubiläumskongress die deutsche Verfassung in die Gedankenwelt eines europäischen Verfassungsverbundes[41] gestellt und Redner und Teilnehmer in neun europäischen Ländern gesucht und gefunden. Repräsentiert ist damit zwar nur ein Teil Europas, Wissenschaftler und Richter aus einem Drittel der Mitgliedstaaten der Europäischen Union. Absagen für diese ereignisreichen Tage Ende des Monats Mai, wo man auch andernorts des Jubiläums gedenkt, waren unvermeidlich. Gleichwohl hoffe ich, eine Konferenz zusammengestellt zu haben, die hohen Anforderungen gerecht wird und die gemeineuropäische freiheitlich-demokratische Rechtskultur voranbringt. Ich begrüße alle Teilnehmer aus nah und fern und danke Ihnen für Ihr Kommen.

---

[38] Auch der Europäische Gerichtshof für Menschenrechte ist ein Geburtstagskind des Jahres 2009; er wurde 1959 errichtet.

[39] Vgl. bereits EuGH, Urt. v. 17. 12. 1970, C-11/70, Slg. 1970, S. 1125 (S. 1135); EuGH, Urt. v. 14. 5. 1974, C-4/73, Slg. 1974, S. 491 (S. 507); zuletzt etwa EuGH Urt. v. 18. 1. 2007, C-229/05 P, 5. Leitsatz; Urt. v. 13. 3. 2007, C-432/05, Sgl. 2007 (I-2271), 1. Leitsatz; EuG Urt. v. 31. 1. 2008, T-95/06, Rdn. 112; siehe auch *U. Ostermann*, Entwicklung und gegenwärtiger Stand der europäischen Grundrechte nach der Rechtsprechung des Europäischen Gerichtshofs und des Gerichts erster Instanz, 2009, S. 48 ff.

[40] Vgl. *U. Haltern*, Europa – Verfassung – Identität, in: Calliess, Verfassungswandel im europäischen Staaten- und Verfassungsverbund, 2007, S. 21 ff.; *S. Hölscheidt*, Europäische Verfassungsprinzipien im Verfassungsentwurf, ebda., S. 129 ff.; *Chr. Möllers*, Staat und Verfassung im Kontext der Europäisierung, ebda., S. 9 ff.; *A. P. Purini*, Die Europäische Union der Zukunft. Zwischen Binnenmarkt, Verfassung und Kerneuropa, ebda., S. 3 ff.

[41] Zum Begriff s. – erstmals – *I. Pernice*, Die Dritte Gewalt im europäischen Verfassungsverbund, EuR 1996, S. 27; *ders.* Der europäische Verfassungsverbund auf dem Wege der Konsolidierung, JöR 48 (2000), S. 205; *ders.*, Theorie und Praxis des europäischen Verfassungsverbundes, in: Callies, Verfassungswandel im europäischen Staaten- und Verfassungsverbund, 2007, S. 61; *M. Jestaedt*, Der Europäische Verfassungsverbund, ebda., S. 93; *M. Nettesheim*, Europäischer Verfassungsverbund?, Festschrift J. Isensee, 2007, S. 733; *P. M. Huber*, Das europäisierte Grundgesetz, DVBl. 2009, 574 ff.

Klaus Stern:

Als ersten Redner darf ich Herrn Professor Herbert *Schambeck* von der Universität Linz an das Rednerpult bitten. Herr Kollege *Schambeck* ist bedeutender Autor von grundlegenden Werken über österreichisches, deutsches, europäisches und amerikanisches Verfassungsrecht. Als langjähriger Präsident und Vizepräsident des Bundesrats der Republik Österreich hat er nicht nur das österreichische Verfassungsrecht, sondern auch die österreichische Politik maßgeblich mit gestaltet. In dieser Eigenschaft war er auch vielfach zu Besuchen in Deutschland, wo er an Universitäten Gastvorlesungen und u. a. vor den juristischen Gesellschaften am Sitz der deutschen Höchstgerichte in Berlin, Karlsruhe und Kassel Vorträge hielt. Wir werden nicht vergessen, dass Sie, lieber Herr *Schambeck*, als Erster der Präsidenten des österreichischen Parlaments zu einem offiziellen Besuch in das wiedervereinigte Deutschland gekommen sind und damit die enge Verbindung zwischen unseren beiden Staaten und Völkern bekundet haben. Als Präsident der Österreichisch-Deutschen Kulturgesellschaft haben Sie über Jahrzehnte zu einem für beide Seiten fruchtbaren Meinungs- und Gedankenaustausch zwischen deutschen und österreichischen Wissenschaftlern und Kulturschaffenden beigetragen. Wir sind sehr gespannt auf Ihr Referat.

HERBERT SCHAMBECK

Das Grundgesetz und seine Bedeutung für die neue Ordnung des integrierten Europa

Jubiläen sind Anlässe zum Bedenken und Bedanken. Was diesbezüglich für Jubiläen von Menschen gilt, kann auch für Jubiläen von Verfassungen gelten: im Allgemeinen für das Jubiläum jeder Verfassung, für das der Verfassung Deutschlands[1] 60 Jahre nach ihrer Beschlussfassung im Besonderen; vor allem auch, weil dieses Verfassungsjubiläum in eine Zeit fällt, in der sich das integrierte Europa um eine neue normative Grundordnung bemüht. Der Reformvertrag von Lissabon bietet sich dazu an; seine Annahme wird erwartet; der Weg dazu verdeutlicht die Situation der Entwicklung der europäischen Integration.[2]

Für diese Entwicklung trägt jedes Mitgliedsland der EU Verantwortung und nimmt Teil an der notwendigen Solidarität dieser Gemeinschaft, die das Bundesverfassungsgericht schon 1992 treffend als Staatenverbund[3] bezeichnet hat.

I.

Die EU ist der Verbund von Staaten, von denen jeder in seinem Verfassungsrecht die normative Grundlage seiner Existenz und Ordnung des Rechts hat. Von allen EU-Staaten hat Deutschland ein Verfassungsrecht, das seine grundlegende Bedeu-

---

[1] Näher *Klaus Stern*, Das Staatsrecht der Bundesrepublik Deutschland, Band I-, München 1984; Handbuch des Staatsrechts der Bundesrepublik Deutschland, hrsg. von Josef Isensee und Paul Kirchhof, Band I-, Heidelberg 1987; *Peter Badura*, Staatsrecht , systematische Erläuterung des Grundgesetzes der Bundesrepublik Deutschland, 2. Aufl., München 1996 und *Walter Schmitt Glaeser*, Der freiheitliche Staat des Grundgesetzes, Grundzüge, Tübingen 2008 sowie *Herbert Schambeck*, Sechzig Jahre Grundgesetz aus österreichischer Sicht, in: Jahrbuch des öffentlichen Rechts der Gegenwart, Neue Folge, Band 57, Tübingen 2009, S. 71 ff..

[2] Beachte Europäische Verfassung im Werden, hrsg. von Klaus Stern und Peter J. Tettinger †, Berlin 2006; *Rudolf Streinz*, Der europäische Verfassungsprozess, Grundlagen, Werte und Perspektiven nach dem Scheitern des Verfassungsvertrages und nach dem Vertrag von Lissabon, aktuelle analysen 46, München 2008 und *Herbert Schambeck*, Über die Entwicklung des sich integrierenden Europa zum EU-Verfassungsvertrag und zum Reformvertrag von Lissabon, „Jean Monnet" European Module „History of the European idea, civilization and construction", University of Pitesti 2009, S. 13 ff.

[3] Entscheidung des Bundesverfassungsgerichts 89, 155; dazu Der Staatenverbund der Europäischen Union, hrsg. von Peter Hommelhoff und Paul Kirchhof, Heidelberg 1994. Siehe aber auch *Heribert Franz Köck,* Grundsätzliches zu Primat und Vorrang des Unions- bzw. Gemeinschaftsrechts im Verhältnis zum mitgliedstaatlichen Recht, in: Jürgen Bröhmer/Roland Sieber/Christian Callies/Christine Lagerfeld/Stefan Wever/Joachim Wolf (Hrsg.), Internationale Gemeinschaft und Menschenrechte. Festschrift für Georg Ress zum 70. Geburtstag, Köln 2005, S. 557 ff.

tung schon in seiner Bezeichnung ausdrückt, nämlich Grundgesetz. Diese 1949 beschlossene Verfassungsbezeichnung Grundgesetz verbindet Deutschland nach Art. 79(1) Grundgesetz mit dem Inkorporationsgebot, nach dem das Grundgesetz nur durch ein Gesetz geändert werden kann, „das den Wortlaut des Grundgesetzes ausdrücklich ändert oder ergänzt". Dieses Gebot der Inkorporation ermöglicht ein besonderes Verfassungsbewusstsein, das in Deutschland auf die Grundsätze der Bundesrepublik sowie des demokratischen und sozialen Bundesstaates bezogen ist[4] und die gemeinsam mit dem Schutz der Menschenwürde in Art. 1 Grundgesetz nach Art. 79(3) Grundgesetz als unabänderbar erklärt werden. Auf diese Weise verbindet das Grundgesetz seine im Dienst der Menschenwürde[5] stehenden Grundprinzipien, die auch mit dem Recht zum Widerstand aller Deutschen, „wenn andere Abhilfe nicht möglich ist" nach Art. 20 (4) Grundgesetz geschützt werden[6] mit einem Ewigkeitsgebot und schreibt Deutschland vor, eine Rechts- und Wertegemeinschaft zu sein und zu bleiben. Dies war der Bundesrepublik Deutschland mit ihrer grundrechtsverpflichteten Demokratie möglich und ließ einen politischen Relativismus,[7] der politisches Wollen auf Kosten der Menschlichkeit durchzusetzen sucht, verhindern. Freiheit zur Persönlichkeitsentfaltung und demokratischer Staatswillensbildung verbindet sich im Grundgesetz mit Sozialverantwortung und eröffnet so ein Miteinander des Rechts- und Machtzwecks mit dem Kultur- und Wohlfahrtszweck des Staates, der kulturellen Fortschritt, wirtschaftliches Wachstum und soziale Sicherheit auf verfassungsmäßigen Wegen zu erreichen sucht.

In seiner Rechtsprechung hat das Bundesverfassungsgericht[8] zur Auslegung und Entwicklung des Grundgesetzes das Seine beigetragen. Auf diese Weise wurde durch das Grundgesetz Deutschland das wegweisende Vorbild eines demokratischen Verfassungsstaates in Zeitgemäßheit.

Zeitgemäßheit ist ja das Gebot für jede Verfassungsrechtsordnung eines Staates, in der sich in mehr oder weniger geglückter Weise an Form und Inhalt die Auseinandersetzung mit der Zeit durch Geschichtsverständnis, Gegenwartsverantwortung und Zukunftserwartung widerspiegelt. Deutschland drückt dies beispielgebend schon in der Präambel seines Grundgesetzes mit der Erklärung des Bewusstseins „seiner Verantwortung vor Gott und den Menschen" und des Willens „als gleichberechtigtes Glied in einem vereinten Europa dem Frieden der Welt zu dienen" sowie für „die Einheit und Freiheit Deutschlands" zu sein, aus. *Konrad Adenauer*

---

[4] Art. 20 (1) Grundgesetz.

[5] Siehe *Johannes Messner,* Die Idee der Menschenwürde im Rechtsstaat der pluralistischen Gesellschaft, in: Menschenwürde und freiheitliche Rechtsordnung, Festschrift für Willi Geiger zum 65, Geburtstag, hrsg. von Gerhard Leibholz, Hans Joachim Faller, Paul Mikat und Hans Reis, Tübingen 1974, S. 221 ff.

[6] Dazu *Herbert Schambeck,* Widerstand und positives Recht. Gedanken zu Art. 20 Abs. IV des Bonner Grundgesetzes, in: Menschen im Entscheidungsprozess, hrsg. von Alfred Klose und Hans Weiler, Wien-Freiburg-Basel 1971, S. 329 ff.

[7] Näher *Herbert Schambeck,* Die Möglichkeiten der Demokratie und die Diktatur des Relativismus – ein Beitrag zur Zeitverantwortung in der Lehre Papst Benedikt XVI., L'Osservatore Romano, Wochenausgabe in deutscher Sprache vom 12. Mai 2006, Nr. 19, S. 10 f. und 19. Mai 2006, Nr. 20, S. 9 f.

[8] Beachte *Badura,* a.a.O., S. 598 ff. und *Jörg Alshut,* Der Staat in der Rechtsprechung des Bundesverfassungsgerichts, Berlin 1999.

unterstrich diesen Verfassungsauftrag betonend, als er in der letzten Sitzung des Parlamentarischen Rates als dessen Präsident in den ersten Minuten des 9. Mai 1949 erklärte: „Wir wünschen, dass Gott dieses Volk und dieses Werk segnen möge, zum Segen Europas und zum Segen des Friedens in der Welt."[9] Dieser Auftrag wurde erfüllt und dieser Erfolg erreicht!

Rückblickend kann daher festgestellt und anerkannt werden, dass Deutschland sich bereits vor 60 Jahren, also vor dem Beginn der Integration Europas[10], also vor der Schaffung der Gemeinschaft für Kohle und Stahl 1951 und der EU 1992 durch den Vertrag von Maastricht[11] sowohl für die Wiedervereinigung Deutschlands als auch für ein Für- und Miteinander der Staaten in Europa aussprach. *Pierre Pflimlin*[12] hat später rückblickend dieses Bemühen Deutschlands würdigend hervorgehoben, als er feststellte, der gemeinsame Weg von Franzosen und Deutschen fing nicht, wie meist nach Kriegen mit der Unterzeichnung eines Friedensvertrages an, sondern begann 1951 mit der Schaffung der Europäischen Gemeinschaft von Kohle und Stahl, wozu *Robert Schuman*[13] und *Konrad Adenauer*[14] wegweisend waren. In seinem späteren Art. 23(1) Grundgesetz hat dies Deutschland näher ausgeführt und „zur Verwirklichung eines vereinten Europas ..." sein Mitwirken erklärt: „bei der Entwicklung der Europäischen Union ..., die demokratischen, rechtsstaatlichen, sozialen und föderativen Grundsätzen und dem Grundsatz der Subsidiarität verpflichtet ist und einen diesem Grundgesetz im wesentlichen vergleichbaren Grundrechtsschutz gewährleistet". Der vorliegende Reformvertrag von Lissabon[15] und die EU-Grundrechtecharta[16] suchen diesen Voraussetzungen zu entsprechen, welche übrigens auch den Kennzeichen demokratischer Verfassungsstaatlichkeit nach deren Jahrhunderte langer Entwicklung beginnend mit den USA[17] entsprechen, denn sie geben die Organisation und Ziele des Staates sowie Grundrechte des Einzelnen wieder. Das Grundgesetz gibt aber diese Kennzeichen demokratischer Verfassungsstaatlichkeit sogar besser und deutlicher wieder als der Vertrag von Lissabon und die EU-Grundrechtecharta, die bekanntlich verschieden entstanden mit sogar zwei Präambeln nebeneinander in zwei Rechtsdokumenten stehen, das Grundgesetz hingegen in einem Gesetz mit den Grundrechten gleich nach der Präambel

---

[9] *Kurt Georg Wernicke/Hans Booms/Wolfram Werner (Hrsg.),* Der Parlamentarische Rat, 1948–1949: Akten und Protokolle, Volume 9, Münmchen 1996, S. 630.

[10] Näher *Heinrich Neisser,* Der europäische Einigungsgedanke im geschichtlichen Rückblick, in: derselbe und Bea Verschraegen, Die Europäische Union, Anspruch und Wirklichkeit, Wien 2001, S. 1 ff., bes. S. 16 ff.

[11] ABl. Nr. C 191 vom 29. Juli 1992.

[12] *Pierre Pflimlin,* Reden an die Jugend Europas , hrsg. von Jutta Schmitz-Rixen, Köln 1997, S. 154 f.

[13] Beachte *Robert Schuman,* Für Europa, Vorwort von Konrad Adenauer, Hamburg 1963; Die Anfänge des Schuman-Plans 1950/51, Baden-Baden 1988 und *Jürgen Wahl,* Robert Schuman: Visionär-Politiker-Architekt Europas, Trier 1999.

[14] Siehe *Werner Weidenfeld,* Konrad Adenauer und Europa. Die geistigen Grundlagen der westeuropäischen Integrationspolitik des ersten Bonner Bundeskanzlers, Bonn 1976.

[15] Abl. EU 2007 Nr. C306/1 vom 17. 12. 2007.

[16] 2007/C 303/01; beachte hiezu Kölner Gemeinschaftskommentar zur Europäischen Grundrechte-Charta, hrsg. von Peter J. Tettinger † und Klaus Stern, München 2006.

[17] Näher Dokumente zur Geschichte der Vereinigten Staaten, hrsg. von Herbert Schambeck, Helmut Widder und Marcus Bergmann, 2. Aufl., Berlin 2007

im 1. Hauptstück.[18] Ähnliches wie zum EU-Recht lässt sich auch betreffend die Staatsrechtsordnung Österreichs[19] sagen.

II.

Zum Unterschied von Deutschland ist die Situation Österreichs anders. Unser Verfassungsrecht ist nicht in einem Gesetz, sondern in mehreren Verfassungsrechtsquellen[20] enthalten, nämlich in Verfassungsgesetzen des Bundes und der Länder, in einfachen Gesetzen enthaltenen Verfassungsbestimmungen und verfassungsändernden Staatsverträgen. Die wichtigste Verfassungsrechtsquelle ist bekanntlich das Bundes-Verfassungsgesetz 1920 (B-VG), welches seinem Entwurf nach auf den damaligen Wiener Staatsrechtsprofessor *Hans Kelsen*[21] zurückgeht, der später auch Ordinarius der Universität Köln wurde.[22] Dieses B-VG enthält sich ganz nach der rechtspositivistischen Grundhaltung *Kelsens*[23] jeder Wertaussage und ist deshalb eine reine Rechtswegeverfassung, die Begriffe wie z. B. Rechts- und Gesetzesstaat, Grundrecht sowie Freiheit und Würde des Menschen nicht expressis verbis ausdrückt, wohl aber diese Strukturbestimmungen und Werte inhaltlich ausführt.[24] Das B-VG enthält auch keinen eigenen Grundrechtekatalog wie das Grundgesetz – und das vorbildlich gleich zu Beginn[25] – sondern übernahm vielmehr aus dem Staatsrecht der Monarchie, nämlich aus der Dezemberverfassung 1867, die Grundrechte des Staatsgrundgesetzes über die allgemeinen Rechte der Staatsbürger[26] in das Verfassungsrecht der Republik, also das B-VG ergänzend[27]. Auf diese Weise gelten heute noch, am Beginn des 21. Jahrhunderts, die Grundrechte in Öster-

---

[18] Dazu *Herbert Schambeck*, Präambel und Gottesbezug, in: Kölner Gemeinschaftskommentar, S. 241 ff.

[19] Beachte u. a. *Robert Walter, Heinz Mayer* und *Gabriele Kucsko-Stadlmayer*, Grundriß des österreichischen Bundesverfassungsrechtes, 10. Aufl., Wien 2007 und *Walter Berka*, Lehrbuch des Verfassungsrechts, Grundzüge des österreichischen Verfassungsrechts für das juristische Studium, 2. Aufl., Wien-New York 2008.

[20] Näher *Hans R. Klecatsky*, Bundes-Verfassungsgesetz und Bundesverfassungsrecht, in: Das österreichische Bundes-Verfassungsgesetz und seine Entwicklung, hrsg. von Herbert Schambeck, Berlin 1980, S. 83 ff.

[21] Hiezu *Georg Schmitz*, Die Vorentwürfe Hans Kelsens für die österreichische Bundesverfassung, Wien 1981 und Die österreichische Bundesverfassung und Hans Kelsen, Analysen und Materialien, zum 100. Geburtstag Hans Kelsens, hrsg. von Felix Ermacora, Wien 1982.

[22] Siehe *Hans Kelsen* in Selbstzeugnissen der Publikation anlässlich des 125. Geburtstages von Hans Kelsen am 11. Oktober 2006, hrsg. von Matthias Jestaedt, Tübingen 2006, S. 81 ff.

[23] Dazu *Hans Kelsen*, „Was ist juristischer Positivismus", Juristen-Zeitung 1965, S. 465 ff., Neudruck in: Die Wiener rechtstheoretische Schule, Schriften von Hans Kelsen, Adolf Merkl, Alfred Verdross, hrsg. von Hans Klecatsky, René Marcic und Herbert Schambeck, Band 1, Wien-Salzburg 1968, S. 941 ff.

[24] Näher *Herbert Schambeck*, Möglichkeiten und Grenzen der Verfassungsinterpretation in Österreich, Juristische Blätter 1980, S. 225 ff., Neudruck in: derselbe, Der Staat und seine Ordnung, ausgewählte Beiträge zur Staatslehre und zum Staatsrecht, hrsg. von Johannes Hengstschläger, Wien 2002, S. 73 ff.

[25] Art. 1 Grundgesetz.

[26] RGBl. 142/1867.

[27] Art. 149 B-VG.

reich, welche im letzten Drittel des 19. Jahrhunderts die Liberalen einem damals noch absolutistisch denkenden Monarchen *Kaiser Franz Josef* zu einer Zeit abgetrotzt haben, als es noch keine demokratisch gewählte Volksvertretung gab!

Österreichs Staatsrechtsordnung ermöglicht daher weder ein einheitliches Verfassungsbewusstsein, seine Verfassungsrechtsordnung kennt keine Ewigkeitsklausel wie die Deutschlands, sondern ist jederzeit – soweit die Grundprinzipien betroffen sind allerdings nur mit Volksabstimmung[28] – abänderbar, noch verankert es im Verfassungsrecht neben den klassischen Grundrechten auch eine soziale Staatszielsetzung. Ein Bekenntnis zur Einigung Europas war gleich dem Grundgesetz Deutschlands 1949 erst 1995 in Österreich beschlossen worden und als Abschnitt B Europäische Union mit Art. 23a ff. in das erste Hauptstück B-VG nach den Allgemeine Bestimmungen aufgenommen worden. Das Grundgesetz Deutschlands war dafür auch Vorbild.

Vergleicht man das Verfassungsrecht Deutschlands, nämlich das Bonner Grundgesetz mit dem B-VG Österreichs im Hinblick auf die neue Ordnung im integrierten Europa, so war das Grundgesetz mit der Geschlossenheit seiner Staatsrechtsordnung, der Weite und Fundiertheit seines Grundrechtsschutzes und seinen deklarierten Staatszielsetzungen wegweisend und beispielgebend für das EU-Recht[29], konkret schon für die Kopenhagener Kriterien, den Maastrichter Vertrag, den Verfassungsvertrag und den Reformvertrag von Lissabon, das österreichische Verfassungsrecht nur mit seiner Verfassungsgerichtsbarkeit[30] im Allgemeinen, seiner Normenkontrolle im Besonderen, die auf die Lehre vom Stufenbau der Rechtsordnung *Adolf Merkls*[31], dessen letzter Assistent ich die Ehre hatte zu sein, zurückgeht.

Der Unterschied zwischen dem B-VG Österreichs und dem Grundgesetz Deutschlands erklärt sich vor allem aus seinen Entstehungszeitpunkt. Österreichs B-VG entstand als Kompromiss zwischen dem Staatsrecht der Monarchie, die ein dezentralisierter Einheitsstaat war und dem Verfassungsrecht der Republik, die ein Bundesstaat aus Kronländern der Donaumonarchie wurde und in der November-Verfassung von 1918 hernach, wie es *Adolf Merkl* öfters ausdrückte, ein auch später nicht akzeptiertes Teilnahme-Offert an die Weimarer Republik enthielt. Einfluss der Weimarer Verfassung war später auch auf den Inhalt des B-VG 1920 gegeben, das nach Beendigung des 2. Weltkrieges und dem NS-Regime 1945 wieder in Geltung[32] gesetzt wurde. Das Grundgesetz hingegen ist in kritischer Auseinandersetzung mit der Weimarer Verfassung und Ablehnung des NS-Regimes 1949 beschlossen worden.

---

[28] Art. 44 (3) B-VG.

[29] Beachte *Alexander Schmitt Glaeser*, Grundgesetz und Europarecht als Elemente europäischen Verfassungsrechts, Berlin 1996; *Christian Starck*, Allgemeine Staatslehre in Zeiten der Europäischen Union, in: Weltinnenrecht, Liber amicorum Jost Delbrück, hrsg. von Klaus Dirke u. a., Berlin 2005, S. 711 ff. und *Peter Häberle*, Europäische Verfassungslehre, 5. Auflage, Baden-Baden 2008.

[30] Dazu *Robert Walter, Heinz Mayer, Gabriele Kucsko-Stadlmayer*, Der Verfassungsgerichtshof, in: *dieselben*, Grundriß des österreichischen Bundesverfassungsrechts, 10. Aufl., Wien 2007, S. 496 ff.

[31] Siehe *Adolf Merkl*, Allgemeines Verwaltungsrecht, Wien und Berlin 1927, Neudruck Darmstadt 1969, S. 157 ff.

[32] Verfassungs-Überleitungsgesetz – V-ÜG StGBl 4/1945.

III.

Beiden Verfassungen, die Österreichs 1920 und die Deutschlands 1949 beschlossen, eignet, dass sie, ohne Volksabstimmung von Volksvertretungen als Provisorien angenommen, eine dauernde Geltung erlangten. Hinsichtlich des Bonner Grundgesetzes sei in diesem Zusammenhang hervorgehoben, dass später *Adenauer* in seinen „Erinnerungen" festgehalten hat, er musste die Mitglieder des Parlamentarischen Rates wiederholt darauf hinweisen, „dass wir hier bei der Abstimmung über das Grundgesetz nicht über die Zehn Gebote beschließen müssten, sondern über ein Gesetz, das nur eine Übergangszeit gelten sollte".[33] Diese, von *Adenauer* angenommene Übergangszeit, erwies sich aber später dank der Politik Deutschlands als ein Dauerzustand!

Bezüglich des Grundgesetzes und der Geschichte des deutschen Staatsrechts[34] sei als Vergleich darauf verwiesen, dass die Reichsverfassung 1849 praktisch nicht in Kraft trat, die Verfassung von 1871 des deutschen Kaiserreiches endete 1918, die Weimarer Verfassung von 1919 endete 1931 und die folgende NS-Verfassung endete 1945.

Das Grundgesetz ist hingegen die deutsche Verfassung mit längster Dauer von 60 Jahren und stärkster Wirksamkeit! Sie begründete nach dem Ende des NS-Regimes und des 2. Weltkriegs mit der nach 1945 neugeschaffenen Bundesrepublik Deutschland mit dem Grundgesetz 1949 eine beeindruckende demokratische Glaubwürdigkeit, die bei der politischen Wende Ende der Achtzigerjahre, als das Volk des geteilten Deutschlands im Osten für die Anerkennung seiner Freiheit und Würde auf den Straßen und Plätzen agierte und demonstrierte, mit ausschlaggebend war, dass unter dem Dach des integrierten Europa die Wiedervereinigung Deutschlands möglich wurde.

Jeder unserer Staaten hatte nach dem 2. Weltkrieg sein Schicksal zu bewältigen und den Weg zu seiner demokratischen Verfassungsstaatlichkeit sowie seiner Souveränität zu beschreiten. Ich möchte nicht zum Vergleich über die Staatsordnungen Deutschlands und Österreichs, noch dazu auf dem Boden Berlins, sprechen, ohne darauf hinzuweisen, dass einst der sowjetische Außenminister *Wjatscheslaw Michailowitsch Molotow* im Feber 1954 bei der Berliner Außenministerkonferenz den Abzug der alliierten Besatzungstruppen und damit das Ende der vierfachen Besetzung Österreichs sowie den Abschluss des österreichischen Staatsvertrages von dem Abschluss des Friedensvertrages mit Deutschland abhängig machte.[35] In diesem Fall hätten wir in

---

[33] *Konrad Adenauer*, Erinnerungen, 1945–1953, Band 1, Stuttgart 1967, S. 172.

[34] Beachte im Handbuch des Staatsrechts, Band I: *Rainer Wahl*, Die Entwicklung des deutschen Verfassungsstaates bis 1866, S. 3 ff.; *Ernst Rudolf Huber*, Das Kaiserreich als Epoche verfassungsstaatlicher Entwicklung, S. 35 ff.; *Hans Schneider*, Die Reichsverfassung vom 11. August 1919, S. 85 ff.; *Rolf Grawert*, Die Nation als sozialistische Herrschaft, S. 143 ff.; *Michael Stolleis*, Besatzungsherrschaft und Wiederaufbau deutscher Staatlichkeit 1945–1949, S. 173 ff.; *Reinhard Mußgnug*, Zustandekommen des Grundgesetzes und Entstehen der Bundesrepublik Deutschland, S. 219 ff. und *Hasso Hofmann*, Die Entwicklung des Grundgesetzes nach 1949, S. 259 ff.

[35] Siehe *Gerald Stourzh*, Um Einheit und Freiheit, Staatsvertrag, Neutralität und das Ende der Ost-West-Besetzung Österreichs 1945–1955, 5. Auflage, Wien-Köln-Graz 2005, S. 308.

Österreich noch sehr lange warten müssen und wären erst 1990/91 zu unserem Staatsvertrag gekommen, was zum Glück schon mit Unterzeichnung am 15. Mai 1955 gegeben war, nach dem Österreichs Außenminister *Leopold Figl* bei der Berliner Außenministerkonferenz die Erklärung der Neutralität Österreichs aus freiem Stück bereits anbot.[36]

Zu dieser Erklärung der Neutralität ist es nach Unterzeichnung des Staatsvertrages in einem eigenen Bundesverfassungsgesetz am 26. Oktober 1955[37] gekommen. Es sei aber betont, dass Österreich in dieser Erklärung dauernder Neutralität vor allem als eine militärische und nicht neutralistisch verstand und sie damals schon eindeutig mit einem Bekenntnis zur westlichen Demokratie verbunden hat.[38] Dem entsprach auch, woran erinnert sei, das helfende Verhalten Österreichs bei der Ungarnkrise 1956, beim Ende des Prager Frühlings 1968 und auch 1989/90 gegenüber den Flüchtlingen aus der damaligen DDR, die über Ungarn nach Österreich und von Österreich in die Bundesrepublik Deutschland kamen[39], wofür Bundeskanzler Dr. *Helmut Kohl* am 8. November 1989 in seiner Regierungserklärung vor dem Bundestag Österreich dankte[40] und was ich früher fast anlässlich jedes Besuches bei Bundespräsident Dr. *Richard von Weizsäcker*[41] in der Villa Hammerschmid in Bonn anerkennend von ihm hervorgehoben hörte.

In dieser Zeit der Wiedervereinigung wurde ich oft bei Gastvorlesungen und Vorträgen in und auch außerhalb Europas gefragt, wie wir uns als das kleine Österreich bei dieser Wiedervereinigung neben dem nun größer gewordenen Deutschland fühlen. Ich sagte immer in meinem Englisch, von dem meine Tochter Ruth meint, es wäre nur Freunden zumutbar, wir freuen uns in Österreich sehr, dass mit der Wiedervereinigung Deutschlands eine große Familie wieder beisammen ist, mit der wir selbst schon lange zumindest befreundet und in vielen Fällen verwandt sind und bei aller Unabhängigkeit unserer Staaten ein Neben- und Miteinander in einem neuen Kapitel der Geschichte Europas und mit Europa in der Völkergemeinschaft möglich geworden ist.

Meine persönliche Freude über diese Wiedervereinigung und ihr 10-Jahrjubiläum war so groß, dass ich 1999 mit einem Freundeskreis eine Radtour von Schwerin nach Stralsund, 30 bis 40 km am Tag fahrend, unternahm, nach der ich auch Greifswald, Rostock und die malerische Insel Rügen mit unvergesslichen Eindrücken besuchte.

Der Weg zu dieser Wiedervereinigung, das sei auch deutlich betont, war eine einmalige gewaltlose Revolution!

---

36 Näher *Stourzh*, a.a.O., S. 308 ff.

37 BGBl. Nr. 211/1955.

38 Vgl. *Heribert Franz Köck*, Die Rolle des Parlaments in der Außenpolitik, in: Herbert Schambeck (Hrsg.), Parlamentarismus und öffentliches Recht in Österreich. Entwicklung und Gegenwartsprobleme, Erster Teilband, Berlin 1993, S. 339 ff.

39 Vgl. u. a. *Hannes Bahrmann/Christoph Links*, Chronik der Wende. Die Ereignisse in der DDR zwischen 7. Oktober 1989 und 18. März 1990, Berlin 1999

40 Vgl. Verhandlungen des Deutschen Bundestages, 11. Wahlperiode, Stenographischer Bericht, 173. Sitzung, 8. 11. 1989, S. 13013 D.

41 Siehe *Richard von Weizsäcker*, Drei Mal Stunde Null? 1949–1969–1989, Deutschlands europäische Zukunft, Berlin 2001 und *ders.*, Der Weg zur Einheit, München 2009.

Dazu hat in gleicher Weise einerseits das erfolgreiche Verständnis der übrigen Staaten der damaligen EG ebenso beigetragen, wie die Klugheit der verantwortlichen Politiker Bonns, das Grundgesetz ohne eine Verfassungsdiskussion auf die übrigen neuen bzw. alten deutschen Bundesländer zu erstrecken, andererseits der Leistungswille, die Bekenntnisfreudigkeit und das Staats- sowie Europaverständnis auch dieser Bevölkerung Mittel- und Ostdeutschlands, die bereit und fähig war, uno actu sich nach der sogenannten DDR der Bundesrepublik, der EG und der Nato anzuschließen. Bei dieser Gelegenheit verband sich im wiedervereinigten Deutschland[42] auch das Freiheitsstreben des Westens mit dem Gleichheitsstreben des Ostens![43]

IV.

Auf diese Weise lieferte Deutschland innenpolitisch mit der Akzeptanz seines Grundgesetzes durch diese Bevölkerung Mittel- und Ostdeutschlands und auch durch Überwindung des Kommunismus innerhalb Deutschlands ein Beispiel an Integration und war, wie bereits hervorgehoben, mit seinem Grundgesetz wegweisend und beispielgebend für die demokratische Verfassungsstaatlichkeit nach den autoritären Regimen in Griechenland, Portugal und Spanien nun auch für die postkommunistischen Staaten in Mittel- und Osteuropa.[44] So wie einst die frühere amerikanische Verfassung 1787 für den Weg zur Verfassungsstaatlichkeit Europas bestimmend wurde[45], ist es für diese neuen Demokratien Europas das Grundgesetz Deutschlands geworden! Besonders sei im Grundgesetz[46] auf das Beispiel Deutschlands für andere Staaten mit seinem parlamentarischen Regierungssystem[47] und

---

[42] Beachte u. a. *Kurt Biedenkopf*, 1989–1990. Ein deutsches Tagebuch, Berlin 2000; *Lothar de Maiziere*, Anwalt der Einheit, ein Gespräch mit Christine de Maiziere, Berlin 1996; *Wolfgang Schäuble*, Der Vertrag. Wie ich über die deutsche Einheit verhandelte. Stuttgart 1991; *Karl Schiller*, Der schwierige Weg in die offene Gesellschaft, kritische Anmerkungen zur deutschen Wiedervereinigung, Berlin 1994; *Richard Schroeder*, Der Preis der Einheit. Eine Bilanz, München 2000 und *derselbe*, Die wichtigsten Irrtümer über die deutsche Einheit, Freiburg-Basel-Wien 2007 sowie *Hans Tietmeyer*, Währungsstabilität für Europa, Beiträge, Reden und Dokumente zur europäischen Währungsintegration aus vier Jahrzehnten, Baden-Baden 1996, bes. S. 253 ff. Die deutsche Einheit und der europäische Einigungsprozess: Chancen und Risiken für Wirtschaft und Währung in den kommenden Jahren sowie S. 259 ff. Das vereinte Deutschland und die europäische Währungsunion.

[43] So auch *Rupert Scholz* in: Bewährung und Herausforderung. Die Verfassung vor der Zukunft. Dokumente zum Verfassungskongress „50 Jahre Grundgesetz/50 Jahre Bundesrepublik Deutschland" vom 6.–8. Mai 1996 in Bonn, hrsg. vom Bundesministerium des Inneren, Opladen 1999, S. 98.

[44] Näher *Herbert Schambeck*, Politik und Verfassungsordnung postkommunistischer Staaten Mittel- und Osteuropas, in: Zu Politik und Recht, Ansprachen, Reden, Vorlesungen und Vorträge, hrsg. von den Präsidenten des Nationalrates und Bundesrates, Wien 1999, S. 121 ff.

[45] Dazu *Klaus Stern*, Grundideen europäisch-amerikanischer Verfassungsstaatlichkeit, Schriftenreihe der Juristischen Gesellschaft zu Berlin, Heft 91, Berlin 1984.

[46] Siehe *Schmitt Glaeser*, a.a.O.

[47] Beachte Strukturwandel der modernen Regierung, hrsg. von Theo Stammen, Wege der Forschung, Band C XIX, Darmstadt 1967.

seinem konstruktiven Misstrauensvotum[48], seiner Verankerung der Parteien[49] und seiner wehrhaften Demokratie[50] sowie der Interessenverbände[51] im Grundgesetz, seinen Grundrechtsschutz[52] und der Wesensgehaltsgarantie[53] verwiesen; bezüglich des EU-Rechts sei die Verankerung des Subsidiaritäts- und Verhältnismäßigkeitsgrundsatzes[54] sowie beim Bemühen um das Sozialmodell[55] der EU das Beispiel des Grundgesetzes als sozialer Rechts- und Bundesstaat[56] sowie das Streben Deutschlands um die soziale Marktwirtschaft[57] genannt.

V.

Dabei sei beachtet, dass das Grundgesetz das Sozialstaatprinzip nur im Zusammenhang mit dem Rechtsstaats- und Bundesstaatsprinzip und neben den klassischen, nämlich liberalen und demokratischen Grundrechten aber nicht mit eigenen sozialen Grundrechten[58], welche aber wohl die EU-Grundrechtecharta[59] beinhaltet, kennt, nämlich im Hinblick auf die postulierte Solidarität mit den Grundrechten auf Unterrichtung und Anhörung der Arbeitnehmerinnen und Arbeitnehmer in Unternehmen[60], des Rechtes auf Kollektivverhandlungen und Kollektivmaßnahmen[61], weiters auf Zugang zu einem Arbeitsvermittlungsdienst[62], Schutz bei ungerechtfertigter Entlassung[63], Recht auf gerechte und angemessene Arbeitsbedingungen[64], Verbot der Kinderarbeit und Schutz der Jugendlichen am Arbeits-

---

48 Art. 67 (1) Grundgesetz.

49 Art. 21 Grundgesetz.

50 Näher *Herbert Schambeck*, Gedanken über die wehrhafte Demokratie – ein Beitrag zum Verständnis der Parteienstaatlichkeit in Österreich und Deutschland, in: Recht im Pluralismus, Festschrift für Walter Schmitt Glaeser zum 70. Geburtstag, hrsg. von Hans Detlef Horn, Berlin 2003, S. 75 ff.

51 Art. 9 (3) Grundgesetz.

52 Art. 79 (3) Grundgesetz.

53 Art. 19 (2) Grundgesetz.

54 Siehe *Herbert Schambeck*, Subsidiarität und europäische Integration, in: Staat im Wort, Festschrift für Josef Isensee, hrsg. von Otto Depenheuer, Markus Heintzen, Matthias Jestaedt und Peter Axer, Heidelberg 2007, S. 707 ff.

55 Näher *Hans F. Zacher*, Der europäische Sozialstaat, Schweizerische Zeitschrift für Sozialversicherung und berufliche Vorsorge, 52 Jg., Bern 2008, S. 1 ff. und *Herbert Schambeck*, Das europäische Sozialmodell, Universitatea din Pitesti, Studii Juridice si Administrative, Nr. 1 (7) Anul VII, 2008, S. 5 ff.

56 Art. 20 Grundgesetz; siehe dazu *Badura*, S. 265 f.

57 Beachte Soziale Marktwirtschaft, Ordnung der Zukunft, hrsg. von Ludwig Erhard, Frankfurt am Main 1972 und Grundtexte zur sozialen Marktwirtschaft, hrsg. von Karl Hohmann, Stuttgart 1988.

58 Näher *Herbert Schambeck*, Grundrechte und Sozialordnung, Gedanken zur Europäischen Sozialcharta, Berlin 1969, bes. S. 17 ff. und S. 95 ff.

59 2007/C 303/01; dazu Europäische Grundrechte-Charta, bes. S. 532 ff.

60 Art. 27.

61 Art. 28.

62 Art. 29.

63 Art. 30.

64 Art. 31.

platz[65], auf Familien- und Berufsleben[66], soziale Sicherheit und soziale Unterstützung[67], Gesundheitsschutz[68], weiters auf Zugang zu Dienstleistungen von allgemeinem wirtschaftlichem Interesse[69], Umwelt-[70] und Verbraucherschutz[71]. Wenngleich das Deutsche Verfassungsrecht wie das Österreichs[72] derartige soziale Grundrechte nicht kennt, ist Deutschland gleich Österreich auf einfachgesetzlichem Weg ein Sozialstaat geworden[73].

Auf dieser erfolgreichen Grundlage des Grundgesetzes und seiner sechzigjährigen Geltung ist Deutschland mit seinem Grundgesetz eine Kraftquelle für die neue Ordnung des integrierten Europa geworden und hat damit das an Erwartung erfüllt, was vor 10 Jahren auch hier in Berlin *Klaus Stern* am 26. Mai 1999 vor der Juristischen Gesellschaft von diesem Grundgesetz erklärte, nämlich es „wollte sich das Grundgesetz als eine Verfassung der Reogarnisation des deutschen Staates verstehen, die die Geschichte nicht vergessen, aber auch die Zukunft in den Griff nehmen wollte".[74]

Möge dieser inzwischen in Erfüllung gegangene Wunsch auch für die weitere Entwicklung der EU und ihrer Grundordnung wegweisend bleiben, vor allem damit die EU noch deutlicher als Rechts- und Wertegemeinschaft sich ein Beispiel am Grundgesetz mit seiner Präambel und seinem Gottesbezug nehme, von dem schon *Johannes Rau* feststellte, „dass es allen zumutbar ist, wahrzunehmen, dass wir unser Leben nicht uns selber verdanken. Das kann man in einer Verfassung mit dem Wort Gott ausdrücken. Ich halte das für richtig."[75]

Mit diesen Wertaussagen und auch normativen Verpflichtungen hat Deutschland in seinem Grundgesetz nicht allein eine Selbstbindung für die Politik und das Recht seines Landes vorgenommen, sondern auch gleichzeitig die Möglichkeiten und Grenzen für die Entwicklung des vereinten Europas angegeben, das Deutschland in seinem Grundgesetz schon vor 60 Jahren 1949 proklamierte, als es die europäischen Gemeinschaften bzw. die EU noch gar nicht gab.

Diesen Weg der Integration Europas geht die Wirtschafts- und Währungsgemeinschaft der EU als Rechtsgemeinschaft, um den von *Walter Hallstein* geprägten

---

[65] Art. 32.

[66] Art. 33.

[67] Art. 34.

[68] Art. 35.

[69] Art. 36.

[70] Art. 37.

[71] Art. 38.

[72] Dazu *Berka*, Lehrbuch des Verfassungsrechts, Rz 20, 198, 1180 und 1218.

[73] Dazu *Ludwig Fröhler*, Die verfassungsrechtliche Grundlegung des sozialen Rechtsstaates in der Bundesrepublik Deutschland und in der Republik Österreich, München 1967 und *Herbert Schambeck*, Österreichs Verfassungsrecht und der soziale Rechtsstaat, in: Soziale Sicherheit und politische Verantwortung, Festschrift für Grete Rehor, Gesellschaft und Politik Nr. 2, 11. Jahrgang, Wien 1975, S. 84 ff.

[74] *Klaus Stern*, Das Grundgesetz im europäischen Verfassungsvergleich, Schriftenreihe der Juristischen Gesellschaft zu Berlin, Heft 164, Berlin-New York 2000, S. 9.

[75] *Johannes Rau*, Alles, was unser Leben ausmacht, Exklusiv-Interview, Unsere Kirche, evangelische Wochenzeitung für Westfalen und Lippe, Nr. 17, 20.–26. 4. 2003, S. 11.

Begriff[76] zu betonen, der auch aus den Urteilen des Europäischen Gerichtshofes zu uns spricht.

Der Europäische Gerichtshof ist kein politisches Organ, es kann zwar nicht Recht setzen, aber Recht sprechen und auf dem Weg zur Rechtsfortbildung beitragen. Das tat der Europäische Gerichtshof über den wirtschaftlichen Bereich hinaus, so z. B. im Zusammenhang mit der Unverletzlichkeit der Privatwohnung[77] und den Anspruch auf Achtung des Familienlebens[78]. Er trägt damit auch besonders zum Grundrechtsschutz und zum Verstehen allgemeiner Rechtsgrundsätze bei, insbesondere zu den Grundsätzen Verhältnismäßigkeit[79], der Rechtssicherheit[80] und des Vertrauensschutzes[81]. Die europäische Menschenrechtskonvention und die gemeinsamen Verfassungsüberlieferungen der Mitgliedstaaten dienen für diese Entwicklung der allgemeinen Rechtsgrundsätze des Gemeinschaftsrechtes als Rechtserkenntnisquelle. Auf diese Weise stellt sich das Recht der EU in den Dienst des Schutzes von Werten und wird die EU als Rechtsgemeinschaft auch Wertegemeinschaft[82]. In diesem Sinne nennt Art. I-2 EVV, der im Art. 2 EUV in der Fassung des Reformvertrages übernommen wurde, als Werte der Union „die Achtung der Menschenwürde, Freiheit, Demokratie, Gleichheit, Rechtsstaatlichkeit und die Wahrung der Menschenrechte einschließlich der Rechte der Personen, die Minderheiten angehören. Diese Werte sind allen Mitgliedstaaten in einer Gesellschaft gemeinsam, die sich durch Pluralismus, Nichtdiskriminierung, Toleranz, Gerechtigkeit, Solidarität und die Gleichheit von Frauen und Männern auszeichnet“.[83] Nach Art. 3 Abs. 5 Satz 1 EUV i.d.F. des Reformvertrages sollen diese Werte nicht nur im Inneren,[84] sondern auch in ihren Beziehungen zur übrigen Welt geschützt und gefördert werden.

---

[76] *Walter Hallstein*, Die EWG – eine Rechtsgemeinschaft, in: Europäische Reden, hrsg. von Thomas Oppermann, Stuttgart 1979, S. 341 ff. und *derselbe*, Die Europäische Gemeinschaft, 5 Aufl., Düsseldorf 1979, S. 51 ff.

[77] EuGH Slg. 1989, 2859 (2924).

[78] EuGH Slg. 1989, 1263 (1290)

[79] EuGH Slg. 1977, 1211 (1220 f.).

[80] EuGH Slg. 1989, 2237.

[81] EuGH Slg. 1975, 533 (549).

[82] Näher *Herbert Schambeck*, Das integrierte Europa auch als Wertegemeinschaft, in: „Jean Monnet“ European Module, die internationale Konferenz. Die Geschichte der Europäischen Union, Kultur und Bürgerschaft, Ministry of Education, Research and Youth, University of Pitesti, Faculty of Law and Administrative Studies, Pitesti 2008, S. 9 ff.

[83] Der Hinweis auf den Pluralismus der Gesellschaft ist neu aufgenommen. Vgl. dazu schon grundlegend *Heribert Franz Köck*, Recht in der pluralistischen Gesellschaft, Wien 1997.

[84] Deshalb kann auch kein Staat Mitglied der Europäischen Union werden, der die Menschenrechte nicht respektiert und schützt. Vgl. *Heribert Franz Köck*, Gewährleistung des Menschenrechtsstandards als Beitrittsvoraussetzung und die Rolle der Religion als Leitkultur, in: Heribert Franz Köck/Bogusław Banaszak/Egidijus Kurapka/Gyula Berke/Andreas Janko (Hrsg.), Probleme des Verhältnisses von Gemeinschaftsrecht und innerstaatlichem Recht unter besonderer Berücksichtigung der neuen Mitgliedstaaten der Europäischen Union. Tagungsband zum Wissenschaftlichen Symposium in Klingenthal/Elsass im Mai 2004, Linz 2009, S. 39 ff.

VI.

Dieses Recht der EU ist auf die Organisation der EU, weiters die Beziehungen der EU zu den Mitgliedstaaten der EU sowie dieser EU-Mitgliedsstaaten untereinander und die der Einzelpersonen innerhalb dieses Staatenverbundes gerichtet. Diesem Einzelmenschen stellt sich nämlich die Frage: was bringt mir diese neue Ordnung des integrierten Europa? Die EU soll ja, gleich dem Verfassungsrecht eines Staates kein Selbstzweck sein, sondern auch Ausdruck sozialer Verantwortung, nämlich dienender Mitmenschlichkeit. So verstand sich 1949 das Bonner Grundgesetz und so sollte auch der Reformvertrag von Lissabon begriffen und ausgeführt werden. In diesem Sinne hat bereits der Europäische Rat von Barcelona 2002 erklärt: „Das europäische Sozialmodell stützt sich auf gute Wirtschaftsleistungen, ein hohes Niveau sozialer Sicherung, einen hohen Bildungs- und Ausbildungsstand und sozialen Dialog"[85]. Dieser Begriff „europäisches Sozialmodell" wird ausdrücklich im Vertrag von Lissabon 2007 zwar nicht gebraucht, wohl aber ist aus der Zielbestimmung des Abs. 3 des Art. 3 dieses Lissabonner Vertrages erkennbar, der u. a. auf eine im hohen Maße „wettbewerbsfähige soziale Marktwirtschaft, die auf Vollbeschäftigung und sozialen Fortschritt abzielt" hinweist. Für diese soziale Zielsetzung sind auch die sozialen Grundrechte der EU-Grundrechte-Charta in Art. IV über die Solidarität wegweisende Verpflichtung. Sie unterstreichen mit neben der wirtschafts- und währungspolitischen Bedeutung der EU ihre soziale Verpflichtung.

Dazu trägt auch jetzt die „soziale Querschnittsklausel"[86] bei. Diese Neuerung bedeutet, dass die Union bei der Festlegung und Durchführung ihrer Politiken auf die Förderung eines hohen Beschäftigungsniveaus, die Gewährleistung eines angemessenen Sozialschutzes, die Bekämpfung der sozialen Ausgrenzung sowie auf ein hohes Niveau der allgemeinen und beruflichen Bildung und des Gesundheitsschutzes zu achten hat.

Die Union kann Initiativen zur Koordinierung der Sozialpolitik ergreifen. Dabei wird die Sozialpolitik erstmals gemeinsam mit der Wirtschafts- und Beschäftigungspolitik erwähnt, wodurch ihre Bedeutung unterstrichen wird.

Die im Rahmen der 27 EU-Mitgliedsländer sich ergebenden Sozialprobleme, die in einem europäischen Sozialmodell zu bewältigen sind, sind vielfältige; nur einige Hinweise und Zahlen seien genannt. So arbeiten z. B. 67 Prozent aller Erwerbstätigen im Dienstleistungssektor, die Zahl der Teilzeitbeschäftigten steigt ständig. Die Arbeitszeit liegt in Europa im Durchschnitt bei 40 Stunden in der Woche.

Was die Arbeitslosigkeit[87] betrifft, sind Frauen häufiger betroffen als Männer. In der EU ist jeder zwölfte Jugendliche arbeitslos und meist sind Jugendliche doppelt

---

[85] Schlussfolgerungen des Vorsitzes. Europäischer Rat (Barcelona) 15. und 16. März 2002

[86] Siehe dazu Art. 9 der konsolidierten Fassung des Vertrages über die Arbeitsweise der EU (VAEU) auf Grund des am 13. 12. 2007 unterzeichneten Vertrages von Lissabon.

[87] In Deutschland gilt ein Arbeitnehmer als arbeitslos, wenn er zwar arbeitsfähig und arbeitswillig ist, aber dennoch kein Beschäftigungsverhältnis findet. In der offiziellen Arbeitslosenstatistik werden daher nur diejenigen erfasst, die beim Arbeitsamt als „arbeitslos" gemeldet sind. Um die volkswirtschaftliche Arbeitslosigkeit zu erfassen, wird neben der absoluten Zahl aller arbeitslosen

so oft arbeitslos als Erwachsene über 25 und sind weibliche Jugendliche öfter als männliche ohne Arbeit. Da die Wirtschaft schrumpft stieg die Arbeitslosenquote in den EU-Staaten von 8,1% im Februar d.J. auf 8,3% im März d.J. Allein im März wurden mehr als 600.000 Menschen in der gesamten EU arbeitslos. Im März waren in der EU 20 Millionen Menschen arbeitslos, das sind um 4 Millionen mehr als noch vor einem Jahr. Im Euroraum stieg die Arbeitslosigkeit von 8,7% auf 8,9% und es wird von einem weiteren Anstieg auf 11,5% bis Ende 2010 ausgegangen. Das wäre das höchste Niveau seit dem 2. Weltkrieg!

Diese Zahlen, die noch vermehrt werden können, sprechen Realitäten an, die zu bedenken sind und auch Konsequenzen verlangen, wie infolge der Banken- und Finanzkrise eine wirksame Finanzmarktaufsicht. In diesem Zusammenhang verweise ich auf die in diesem Monat auf die vom österreichische EU-Abgeordneten *Othmar Karas* federführend ausgehandelte Einigung zur EU-Bankenrichtlinie[88], die sich mit den Mindesteigenkapitalanforderungen von Banken, der Bankenaufsicht und den Offenlegungspflichten der Banken befasst.

In dieser Situation war auch der Beschäftigungsgipfel am 7. Mai 2009 in Prag von Wichtigkeit. Präsident *José Manuel Barroso* betonte bei dieser Gelegenheit: „Europa ist nicht nur ein wirtschaftliches und politisches Projekt – es war und wird auch immer ein soziales Projekt sein".[89] Die Gipfelteilnehmer forderten die Wirtschaft auf, eher eine Kürzung der Arbeitszeiten als eine Entlassung der Arbeitnehmer in Betracht zu ziehen und die Zeit für Schulungen zu nutzen. Fortbildungsprogramme sollten nach Möglichkeit Qualifikationen vermitteln, nach denen die höchste Nachfrage besteht.

Nicht unerwähnt sei auch, dass die EU-Kommission bereits den europäischen Sozialfonds und den europäischen Fonds für die Anpassung an die Globalisierung derart umgestaltet hat, dass von der Krise Betroffene wirksamere Unterstützung erhalten.

Solche Maßnahmen können zu einer menschlichen Gestaltung der Krise beitragen. In diesem Zusammenhang forderte *Angela Merkel* im April d.J. in Warschau eine „Wirtschaft, die den Menschen dient und nicht eine Wirtschaft, die den Menschen treibt"[90] und begrüßt es, dass im Lissabonner Vertrag das Prinzip der sozialen Marktwirtschaft verankert ist.

Personen üblicherweise die sogenannte Arbeitslosenquote verwendet, die das Verhältnis der Arbeitslosen zur Summe aller Erwerbspersonen (und der abhängigen Erwerbspersonen) beschreibt. WIKIPEDIA, Arbeitslosigkeit, in: http://de.wikipedia.org/wiki/Arbeitslosigkeit

88 O.K. Europa. News aus Brüssel, März 2009, Nr. 101. – Die Bankenrichtlinie, auch EU-Bankenrichtlinie, ist die Richtlinie 2006/48/EG vom 14. Juni 2006 und regelt die Aufnahme und Ausübung der Tätigkeit der Kreditinstitute der EU-Mitgliedstaaten und deren Beaufsichtigung. Vgl. Finanz-lexikon.de, in: http://www.finanz-lexikon.de/bankenrichtlinie_2618.html

89 Speech/09/224.

90 Die Tagespost Nr. 2 vom 2. Mai 2009, S. 1.

VII.

Diese Sozialverantwortung sei deshalb im Hinblick auf das Grundgesetz und die neue Ordnung des integrierten Europa genannt, weil beide die Würde des Menschen anerkennen und diese verlangt auch die Wahrung des sozialen Selbstwertbewusstseins des Menschen. In Bezug darauf hat auch im Anschluss an eine Erklärung von *Barroso* im April dieses Jahres der österreichische „Europabischof" *Egon Kapellari*, der sowohl Doktor des weltlichen Recht als auch Theologe ist, treffend festgestellt: „Der Mensch darf ja in der Wirtschaft nicht nur als zu optimierende Ressource gesehen werden. Er ist eine Person, die eine unveräußerliche Würde besitzt, und diese Würde darf nicht ausgehöhlt werden."[91] In diesem Zusammenhang gilt es auch *Peter Häberle* zu beachten, der schon vor mehr als zehn Jahren feststellte: „Der Dauerarbeitslose verliert ein Stück seiner Identität als Mensch. Im Grunde wird ihm der gedachte und in vielen kulturellen Sozialisationsprozessen Tag für Tag gelebte Gesellschaftsvertrag ‚gekündigt'. Er wird ausgegrenzt".[92] *Häberle* fügte in seinem damaligen Festvortrag zum 50jährigen Jubiläum der Verfassung Bremens hinzu, was auch für diesen Anlass gilt: „Gerade Jubiläums- und Verfassungstage müssen sich all dem stellen".[93]

Vor allem aus diesem Grund sozialer Erwartung des Einzelnen sowohl auf Grund des Grundgesetzes als auch der neuen Ordnung des integrierten Europa sei auf diese soziale Verantwortung hingewiesen; dazu sei bemerkt, dass der Gemeinschaft der EU-Staaten eine Mehrzahl an nationalen Sozialmodellen eigen ist, die sich um die Realisierung des sozialen Rechtsstaates, der sozialen Marktwirtschaft und sozialer Grundrechte mit im Rahmen des wirtschaftlich Möglichen auch um soziale Sicherheit bemühen. Sie suchen zumeist das Subsidiaritätsprinzip zu verwirklichen und einen sozialen Dialog zwischen den Repräsentanten der Arbeitgeber und Arbeitnehmer im Rahmen einer Sozial- und Wirtschaftspartnerschaft zustande zu bringen.

Während bisher diese Sozialordnung staatlich bezogen war, erhielt sie durch die Schaffung eines Binnenmarktes eine Form von Entgrenzung und die EU für das angestrebte europäische Sozialmodell einen Sozialgestaltungsauftrag, wobei man in keinem Mitgliedsland der EU vergessen möge, man kann nur das verteilen, was man vorher erwirtschaftet hat!

Die Voraussetzung für die Erfüllung dieses Auftrags ist das Sozialengagement der einzelnen EU-Staaten und ihr Miteinander.

Diese Werteaussagen und Verpflichtungen sind auch für die Zukunft nicht allein eine begleitende Verpflichtung in und für Deutschland, sondern für die EU selbst, vor allem auch was ihre Erweiterung betrifft, die nur jenen Staaten zur Mitgliedschaft offen stehen kann, die diesen Werteerfordernissen, die in den Verpflichtun-

[91] *Egon Kapellari*, Referat beim Mitteleuropa-Sozialethik-Symposium „Jetzt die Zukunft gestalten. Sozialethische Perspektiven" in Zagreb am 16. April 2009, Manuskript S. 4.

[92] *Peter Häberle*, „Verfassungslehre als Kulturwissenschaft" am Beispiel von 50 Jahre Grundgesetz, in *derselbe*, Europäische Verfassungslehre in Einzelstudien, Baden-Baden 1999, S. 264.

[93] *Häberle*, a.a.O.

gen zur Rechtsstaatlichkeit, der Demokratie und den Menschenrechten grundgelegt sind, zu entsprechen vermögen. Diese Rechtserkenntnis vermag auch das politische Wollen betreffend einer Mitgliedschaft für Staaten auf Gebieten, die nicht nur außerhalb des geographischen Europas liegen, sondern auch an deren Werteordnung, wie den Grundrechten – u. a. der Bekenntnis- und Religionsfreiheit – nicht teilnehmen, zu begrenzen. Die EU als Rechts- und Wertegemeinschaft wird mit solchen Staaten dann als Wirtschafts- und Währungsgemeinschaft partnerschaftlich verkehren, aber nicht die Solidarität der Mitgliedschaft teilen können!

Mit diesen Gedanken über das Grundgesetz und die Ordnung des integrierten Europas ergibt sich nicht allein die Einsicht in die Bedeutung der Verfassung Deutschlands, sondern auch in die Möglichkeiten und Grenzen der weiteren Entwicklung des integrierten Europas, damit das Recht bei allen politischen Zwecksetzungen seiner Verwendung weiter im Dienste der Menschlichkeit steht, eine Aufgabe, der sich die Väter des Grundgesetzes vor 60 Jahren stellten und die in die Zukunft begleitet. Diesem Verfassungsauftrag Deutschlands bekunde ich heute in freundschaftlicher Nachbarschaft auch meinen Respekt in hoher Achtung.

Klaus Stern:

Lieber Herr Kollege *Schambeck*, haben Sie sehr herzlichen Dank für Ihr engagiertes Referat. Ich würde sagen, es war ein „echter *Schambeck*": unverwechselbar und vor allen Dingen geschmückt mit vielen persönlichen Bekenntnissen und Erlebnissen. Das schätzen wir an Ihnen. Besonders hat uns natürlich berührt Ihr Bekenntnis zur deutschen Wiedervereinigung und vor allen Dingen zu Europa.

Meine Damen und Herren, wir kommen zum nächsten Referat. Herr Präsident *Skouris* ist zu uns gekommen, trotz seiner knappen Zeit und seiner Arbeitsbelastung. Ich glaube nicht, dass viele Worte der Vorstellung nötig sind, aber immerhin sollte gesagt werden, dass sein wissenschaftlicher Werdegang vor allem in Deutschland erfolgt ist, namentlich an der Freien Universität Berlin, mit Studium, Promotion und Habilitation. Er wurde dann an die Universität Bielefeld berufen. Zwischenzeitlich war er einige Jahre Innenminister in Griechenland und seit 1999 Richter am Europäischen Gerichtshof und seit 2003 dessen Präsident. Herr *Skouris*, Sie haben das Wort.

VASSILIOS SKOURIS

Die mitgliedstaatlichen Verfassungen nach fünfzig Jahren europäischer Integration – Bemerkungen am Beispiel des Grundgesetzes*

A. Einleitung

Es lag mir ganz besonders daran, an der heutigen Veranstaltung zum 60jährigen Jubiläum des Grundgesetzes mitzuwirken. Denn ungefähr ein Drittel dieser Zeit habe ich bewusst aus nächster Nähe miterlebt und den hohen Wert des Grundgesetzes schätzen gelernt. Das Grundgesetz ist zweifellos eine gute Verfassung und befindet sich nach wie vor in guter Verfassung[1]. Ich betrachte es daher als eine wahre Auszeichnung, dass ich einerseits die Chance hatte, fast 20 Jahre die deutsche Rechtsentwicklung intensiv zu beobachten, und andererseits als ein inzwischen Aussenstehender aufgefordert worden bin, einige Überlegungen zum Grundgesetz aus Anlass des 60jährigen Jubiläums mit Ihnen zu teilen.

I. Die Modellfunktion des GG

Das Grundgesetz war und ist zwar zuallererst darauf ausgerichtet, die Verfassungsentwicklung in der Bundesrepublik Deutschland nachhaltig und richtungweisend zu beeinflussen. Diese Aufgabe hat es sehr wohl und sehr gut erfüllt. Daneben hat allerdings das Grundgesetz eine Modellfunktion übernommen und stößt auch außerhalb Deutschlands auf reges Interesse. Im Ausland wird die Verfassungsdiskussion in Deutschland nicht lediglich registriert, sondern sie fließt in die nationale Debatte ein und bereitet den Boden für die Übernahme konkreter und dem Grundgesetz eigener Instrumente vor. Das trifft vor allem auf das Grundrechtskapitel zu, das aus einer bitteren historischen Erfahrung heraus zunächst an den Anfang der Verfassung gestellt und dann inhaltlich ausgefüllt worden ist und auf das ich gleich etwas ausführlicher zu sprechen komme. Aber auch der staatsorganisatori-

---

* Mit Fußnoten versehene Fassung des am 25.5.09 gehaltenen Vortrags des Autors im Rahmen des Kongresses aus Anlass des 60jährigen Jubiläums des Grundgesetzes, die allerdings das erst am 30. 6. 09 ergangene Urteil des Bundesverfassungsgerichts zum Vertragswerk von Lissabon nicht berücksichtigt.

[1] Einen aktuellen Überblick findet sich bei *Bauer*, Die Verfassungsentwicklung des wiedervereinten Deutschland, in: Isensee/Kirchhof (Hrsg.), Handbuch des Staatsrechts I, Heidelberg 2003, § 14.

sche Abschnitt des GG fristet keineswegs ein Schattendasein, wenn man beispielsweise an die föderale Struktur der Bundesrepublik denkt und den Vergleich mit anderen Bundesstaaten unternimmt[2], wenn man einen Blick auf die weitblickende Anerkennung und Verankerung der politischen Parteien wirft[3] oder sich die besonders starke und vorausschauende Öffnung des Grundgesetzes sowohl gegenüber dem Völkerrecht als auch und insbesondere gegenüber der europäischen Integration vor Augen führt[4]. Es ist mit Sicherheit keine Übertreibung, zu behaupten, dass das Grundgesetz auf allen diesen Gebieten Pionierarbeit geleistet und an der globalen Rechtsentwicklung einen wesentlichen Anteil genommen hat.

II. Grundrechtsimpulse

Weitaus wichtiger ist der Beitrag des Grundgesetzes für die Entwicklung der Grundrechtsdogmatik in der zweiten Hälfte des vergangenen Jahrhunderts. Die Artt. 1-19 sowie die justiziellen Grundrechte der Artt. 103-104 GG bilden ein komplettes System, das insoweit Symbolcharakter hat, als es das Eingangskapitel der deutschen Verfassung bildet, und materiell die Auseinandersetzung um Inhalt und Tragweite der Grundrechte dadurch wesentlich bereichert, dass es sich nicht auf die klassischen Menschenrechte beschränkt, sondern originäre und originelle Rechtspositionen begründet und mit verfassungsrechtlichen Garantien ausstattet. Das gilt sogleich für den ersten Artikel des Grundgesetzes, insofern die Menschenwürde in den Genuss eines absoluten Schutzes kommt, indem sie als unantastbar bezeichnet wird, mit diesem Inhalt Eingang in verschiedene andere Rechtsordnungen gefunden hat[5] und nicht zuletzt im Rahmen der Europäischen Union in den Rang eines schützenswerten Rechtsguts erhoben worden ist, vor dem sogar die primärrechtliche Garantie des freien Dienstleistungsverkehrs unter bestimmten Voraussetzungen zu weichen hat[6]. Das gilt ferner für die allgemeine Handlungsfreiheit als Auffanggrundrecht, damit keine private Aktion und keine menschliche Aktivität ohne Grundrechtsrelevanz bleiben[7], das gilt für die diversen Aspekte des

---

[2] Zur Entwicklung in Österreich: *Schambeck*, Das österreichische Bundes-Verfassungsgesetz und seine Entwicklung, Berlin 1980.

[3] Vgl. zu den umfangreichen Rechtsgewährungen des Art. 21 GG: *Kluth*, Beck'scher Online-Kommentar, Stand: 1. 2. 2009, Edition: 3, Art. 21, Rn. 83 ff.

[4] Vgl. Art. 23 ff. GG sowie *Schwarze*, Ist das Grundgesetz ein Hindernis auf dem Weg nach Europa?, JZ 1999, S. 637.

[5] Eine umfangreiche Zusammenstellung findet sich bei *Schmitz*, Die Menschenwürde als Grundwert der freiheitlich-demokratischen Ordnung – eine Übersicht der wichtigsten Rechtsquellen –, abrufbar im Internet unter: http://home.lanet.lv/~tschmit1/Downloads/BDHK-Themenabend-Menschenwuerde-Rechtsquellen.pdf. Besonders bezeichnend ist in diesem Zusammenhang, dass gleich Art. 1 der Grundrechte-Charta die Menschenwürde als „unantastbar" bezeichnet und weiter vorschreibt, dass sie „zu achten und zu schützen" ist.

[6] EuGH, Urteil vom 14. Oktober 2004, Rs. C-36/02 (*Omega*), Slg. 2004, I-9609; *v. Danwitz*, Funktionsbedingungen der Rechtsprechung des Europäischen Gerichtshofes, EuR 2008, S. 769, S. 785.

[7] St. Rspr. des BVerfG seit der berühmten Elfes-Entscheidung, BVerfG v. 16. 1. 1957, E 6, 32, 36; vgl. jetzt nur: BVerfG v. 26. 10. 2005, E 114, 371, 383.

Gleichheitssatzes einschließlich der speziellen Diskriminierungsverbote[8], das gilt für die Anerkennung der Gewissens- und Bekenntnisfreiheit neben der klassischen Glaubensfreiheit[9], das gilt für die Freiheit der Kunst und Wissenschaft[10], das gilt für die gesonderte Verankerung der Berufswahl- und Berufsausübungsfreiheit[11], das gilt für die Gewährleistung des Erbrechts auf der gleichen Stufe mit dem Eigentum[12], das gilt für die Ausformung des Asylrechts zu einem Asylgrundrecht[13] und das gilt für die horizontalen Bedingungen und Grenzen, denen die einzelnen Grundrechtsbeschränkungen unterworfen sind[14]. Über den reinen Text hinaus hat die vom Bundesverfassungsgericht propagierte Auffassung von dem Grundrechtsteil als einer objektiven Wertordnung[15], die in alle Bereiche des Rechts einwirken soll, für Aufsehen gesorgt und die Lehre von der sog. mittelbaren Drittwirkung der Grundrechte[16] entsprechend beflügelt.

III. Rechtsstaat, Sozialstaat, Rechtsschutz

Mit den Grundrechten eng zusammen hängen der konsequente Ausbau rechtsstaatlicher Institutionen sowie der Aufbau einer umfassenden Verfassungsgerichtsbarkeit. Ausgestattet mit der Rechtsweggarantie des Art. 19 Abs. 4 GG und mithilfe der verschiedenen Fachgerichte werden Grundrechte durchsetzungsfähig und stehen mit dem einzigartigen Instrument der Verfassungsbeschwerde unter der strengen Obhut des Bundesverfassungsgerichts. Die enge Beziehung des Rechtswegs zum Rechtsstaat ist ein besonderer Verdienst der auf der Grundlage des Grundgesetzes entwickelten Verfassungsdogmatik – wie überhaupt die Aufwertung rechtsstaatlicher Elemente einen wichtigen Beitrag der deutschen Rechtsprechung und Rechtswissenschaft darstellt und mit der parallelen Ausformung des Sozial-

---

8 Zu letzteren vgl. Art. 3 Abs. 3 GG: „Niemand darf wegen seines Geschlechtes, seiner Abstammung, seiner Rasse, seiner Sprache, seiner Heimat und Herkunft, seines Glaubens, seiner religiösen oder politischen Anschauungen benachteiligt oder bevorzugt werden. Niemand darf wegen seiner Behinderung benachteiligt werden."

9 Vgl. Art. 4 Abs. 1 GG: „Die Freiheit des Glaubens, des Gewissens und die Freiheit des religiösen und weltanschaulichen Bekenntnisses sind unverletzlich."

10 Vgl. Art. 5 Abs. 3 S. 1 GG: „Kunst und Wissenschaft, Forschung und Lehre sind frei."

11 Vgl. Art. 12 Abs. 1 GG: „Alle Deutschen haben das Recht, Beruf, Arbeitsplatz und Ausbildungsstätte frei zu wählen. Die Berufsausübung kann durch Gesetz oder auf Grund eines Gesetzes geregelt werden."

12 Vgl. Art. 14 Abs. 1 Satz 1 GG: „Das Eigentum und das Erbrecht werden gewährleistet."

13 Vgl. Art. 16 a GG.

14 Vgl. insbesondere die Wesensgehaltsgarantie des Art. 19 Abs. 2 GG; darüber hinaus finden sich bei einzelnen Grundrechten konkretere Beschränkungen, etwa in Art. 6 Abs. 3, 11 Abs. 2, 12a Abs. 2 S. 3, 13 Abs. 2 bis 5, Abs. 7, 14 Abs. 3, oder 16 Abs. 1 S. 2, Abs. 2 S. 2, 16 a Abs. 2 bis 4 GG.

15 Zuerst im Lüth-Urteil, BVerfG v. 12. 12. 1957, E 7, 192–194.

16 Zu diesem Ansatz insbesondere *Dürig*, Grundrechte und Zivilrechtsprechung, in: Theodor Maunz (Hrsg.), Vom Bonner Grundgesetz zur gesamtdeutschen Verfassung, Festschrift für Hans Nawiasky, 1956, S. 157 ff. (176ff.); zur weiteren Entwicklung: *Starck* in: v. Mangold/Klein/Starck (Hrsg.) GG I, 5. Aufl., München 2005, Art. 1 Rdnr. 303, und *Papier*, Drittwirkung der Grundrechte, in: Merten/Papier (Hrsg.), Handbuch der Grundrechte II, München 2006, § 55 Rn. 1 ff.

staatsbegriffs einhergeht, die Problematik der sozialen Grundrechte erfasst und den Boden für deren Einführung beispielsweise in die Grundrechte-Charta der Europäischen Union bereitet[17]. Neben der Herstellung eines vollkommenen Gleichgewichts zwischen der Anerkennung materieller Grundrechte und ihrem direkten (primären) Schutz durch unabhängige Gerichte kommt ein weit verzweigtes Staatshaftungsmodell zum Zug, das neben der klassischen Amtshaftung das Instrument der Enteignung bis hin zum enteignungsgleichen Eingriff und zur Aufopferung einsetzt, um den sekundären Rechtsschutz des Bürgers zu optimieren[18]. Aber auch über den eigentlichen Wortlaut der Grundrechtsgewährleistungen hinaus sind bedeutsame Entwicklungen zu verzeichnen, wie die Herausbildung und systematische Erfassung des Verhältnismäßigkeitsprinzips und seine Zergliederung in die bekannten drei Stufen[19] oder die vorausschauende Anerkennung eines eigenen Grundrechts auf informationelle Selbstbestimmung[20].

Die aufgeführten Beispiele erheben bei weitem keinen Anspruch auf Vollständigkeit und dienen lediglich dazu, den Beweis zu führen, dass auf der Grundlage einer freiheitlichen und dem Rechtsstaat sowie dem Sozialstaat verpflichteten Verfassung wie dem Grundgesetz die Verfassungsrechtsdogmatik unter Führung des Bundesverfassungsgerichts und mit der tatkräftigen Mitwirkung der Staatsrechtslehre neue und wichtige Impulse vorgelegt und die internationale Entwicklung mitbeeinflusst hat. Die Bilanz der 60 Jahre ist in diesem Sinn nicht lediglich ausgeglichen, sondern ausgesprochen positiv. Ich habe daher immer einen großen Wert darauf gelegt, dieser illustren und von Vertretern anderer Rechtsdisziplinen beneideten Gesellschaft der „Vereinigung Deutscher Staatsrechtslehrer" anzugehören, wenngleich ich mich seit langem auf eine recht passive Mitgliedschaft beschränke.

B. Nationale Verfassungen und europäische Integration

Nach diesen einleitenden Worten darf ich zum eigentlichen Gegenstand meines Vortrags kommen und nach der Bedeutung einer nationalen Verfassung im Rahmen der europäischen Integration fragen. Die große Aktualität des Themas so kurz vor der Entscheidung des Zweiten Senats des Bundesverfassungsgerichts zum Vertragswerk von Lissabon[21] und der Umstand, dass die diesbezügliche Diskussion in Deutschland besonders intensiv gepflegt wird, sollten nicht den Eindruck erwecken, dass es sich um ein spezifisch deutsches Problem handelt. Die allgemeine

[17] Vgl. dort, insbesondere Kapitel IV – Solidarität – Artt. 27–35.

[18] Vgl. *Wurm* in Staudinger, BGB, Neuberarbeitung 2007, § 839, Rn. 428–548, Staatshaftung außerhalb der Amtshaftung.

[19] Geeignetheit (Tauglichkeit), Erforderlichkeit (relativ mildestes Mittel) und Angemessenheit (Übermassverbot/Proportionalität).

[20] Grundlegend BVerfG vom 15. 12. 1983, E 65, S. 1, S. 43 – Volkszählung, und dazu zuletzt *K.-H. Ladeur,* Das Recht auf informationelle Selbstbindung: Eine juristische Fehlkonstruktion?, DÖV 2009, S. 45 ff.

[21] Die mündliche Verhandlung vor dem Bundesverfassungsgericht fand am 10. und 11. Februar 2009 statt, das Urteil ist am 30. Juni ergangen.

Verfassungsdebatte hat durch den Entwurf eines Verfassungsvertrags für die Europäische Union[22] einen Höhenpunkt erreicht und wird mit oder ohne Beteiligung der mitgliedstaatlichen Verfassungsgerichte in vielen Ländern geführt[23], ohne dass es allerdings – jedenfalls bislang – zu spektakulären Unvereinbarkeitserklärungen gekommen ist. Es heißt auch nicht, das Ergebnis dieser Auseinandersetzung vorwegzunehmen, wenn man behauptet, dass die Verfassung und die Dogmatik von der Verfassung durch die – zumindest im Vergleich zum Grundgesetz nur ein bisschen jüngere – europäische Integration Veränderungen erfahren haben, die als beträchtlich und dauerhaft zu bezeichnen sind. Diese Veränderungen will ich in den Mittelpunkt meiner Ausführungen stellen, ohne freilich zu verkennen, dass ich nur einige Seiten eines vielschichtigen und hochempfindlichen Problems beleuchten kann.

I. Der Standpunkt des Grundgesetzes

Wenn wir beim Grundgesetz ansetzen, so ist bezeichnend, dass die deutsche Verfassung sich als überaus integrationsfreundlich versteht und die Weichen dafür bereits in der Präambel stellt, wo es heißt, dass das Deutsche Volk „im Bewusstsein seiner Verantwortung vor Gott und den Menschen und von dem Willen beseelt, als gleichberechtigtes Glied in einem vereinten Europa dem Frieden der Welt zu dienen," sich „kraft seiner verfassungsgebenden Gewalt dieses Grundgesetz gegeben hat"[24]. Damit gibt der Verfassungsgeber zu verstehen, dass er sich die europäische Einigung zum prioritären Ziel setzt, und leitet über auf die dezidierten Bestimmungen der Artt. 23ff., die sich der Reihe nach mit der Europäischen Union (Art. 23), der Übertragung von Hoheitsrechten auf zwischenstaatliche Einrichtungen und dem Anschluss an ein kollektives Sicherheitssystem (Art. 24), sowie der privilegierten Stellung der allgemeinen Regeln des Völkerrechts in der bundesstaatlichen Rechtsordnung beschäftigen (Art. 25) Es ist nicht nötig, auf die ausführlichen Regelungen des Art. 23 GG gesondert einzugehen, um den Nachweis zu führen, dass das Grundgesetz die europäische Integration sehr ernst nimmt und daran festhält, dass der deutsche Staat „bei der Entwicklung der Europäischen Union mitwirkt, die demokratischen, rechtsstaatlichen, sozialen und föderativen Grundsätzen und dem Grundsatz der Subsidiarität verpflichtet ist und einen diesem Grundgesetz im wesentlichen vergleichbaren Grundrechtsschutz gewährleistet" (Art. 23 Abs. 1 Satz 1 GG). Damit stellt das Grundgesetz der europäischen Inte-

---

[22] Der Entwurf wurde 2003 von einem Europäischen Konvent erarbeitet und am 29. Oktober 2004 feierlich in Rom unterzeichnet, die Ratifizierung scheiterte jedoch an den negativen Referenden in Frankreich und den Niederlanden.

[23] Vgl. die Zusammenschau vom Zentrum für Europäische Integrationsforschung ZEI an der Universität Bonn, abrufbar im Internet, http://www.zei.de/download/zei_dp/dp_c156_eschke_malick.pdf.

[24] Zur Bedeutung von Präambeln allgemein *Häberle*, Präambeln im Text und Kontext von Verfassungen, in: Listl/Schambeck (Hrsg.), Demokratie in Anfechtung und Bewährung, FS für Johannes Broermann, 1982, S. 211-249.

gration und deren Entwicklung solide verfassungsrechtliche Grundlagen zur Verfügung, gestattet ausdrücklich die Übertragung von Hoheitsrechten auf die Europäische Union und nimmt im Rahmen dieses dynamischen Prozesses auch Grundgesetzänderungen in Kauf, die es den Bedingungen und Grenzen des Art. 79 Absätze 2 und 3 GG unterwirft[25].

Vom Standpunkt des Grundgesetzes sind demnach die verfassungsrechtlichen Fundamente für die europäische Integration als im wahren Sinn des Wortes vorbildlich zu bezeichnen und lassen eigentlich erwarten, dass die europäische Einigung sich in der Bundesrepublik ohne nennenswerte Reibungen vollzieht. Tatsache ist aber, dass sich diese Erwartung in der Letzten Zeit nicht mehr erfüllt und dass Verfassungslehre und Verfassungspraxis die jüngsten Reformen auf der Ebene der Gründungsverträge mit zunehmender Skepsis[26] oder sogar unverhohlener Kritik[27] begleiten. Selbst wenn diese Kritik nicht immer mit sachlichen Argumenten geführt wird, verdient sie zumindest dann unsere volle Beachtung, wenn und soweit in diesem Zusammenhang ernste Sorgen über den schleichenden Bedeutungsrückgang des Grundgesetzes angemeldet werden[28] und die Frage erhoben wird, wie viel Integration noch verfassungsrechtlich hinnehmbar sein kann.

II. Der Standpunkt der Europäischen Union

Wenden wir uns der anderen Seite – nämlich der europäischen Integration – zu, so verläuft sie nicht unabhängig von den nationalen Verfassungsordnungen, sondern sie entsteht und entfaltet sich in enger Anlehnung an die Verfassungen der Mitgliedstaaten. Diese enge Beziehung ist nicht primär das Ergebnis ausdrücklicher Vorschriften in der Grundordnung der Europäischen Union; sie ist vielmehr systemimmanent,

- indem die Mitgliedstaaten in der Präambel zum Vertrag über die Europäische Union sich zu den Grundsätzen der Freiheit, der Demokratie, der Rechtsstaatlichkeit und der Achtung der Menschenrechte und Grundfreiheiten bekennen[29],

---

[25] Folgt man hier der h.M., wonach jede Übertragung von Hoheitsrechten materiell eine Verfassungsänderung darstellt (vgl. zum Meinungsstand: *Classen*, in v. Mangoldt/Klein/Starck, GG II, 5. Aufl., München 2005, Art. 23 Rdnr. 19 und Art. 24 Rdnr. 2), hätte der Verweis auf Art. 79 Abs. 3 GG rein deklaratorischen Charakter. Der Verweis auf Art. 79 Abs. 2 GG wäre dagegen konstitutiv, weil ohne diesen Verweis Art. 24 Abs. 1 GG die Beachtung des Art. 79 Abs. 2 GG dispensieren würde (vgl. hierzu *Randelzhofer* in: Maunz/Dürig, GG, Band III, Art. 24, Rdnr. 9).

[26] Darstellungen skeptischer Stimmen finden sich etwa bei *Brok/Selmayr*, Per Popularklage zurück nach Nizza? – Zu den Verfassungsklagen gegen den Reformvertrag von Lissabon, in: EuZW 2008, S. 487 ff.; sowie bei *Potacs*, Perspektiven europäischer Integration, in: EuR 2009, Beiheft 1, S. 266 ff.; oder bei *Hatje*, Perspektiven europäischer Integration, EuR 2009, Beiheft 1, S. 276 ff.

[27] *Murswiek*, Die heimliche Entwicklung des Unionsvertrages zur europäischen Oberverfassung – Zu den Konsequenzen der Auflösung der Säulenstruktur der Europäischen Union und der Erstreckung der Gerichtsbarkeit des EU-Gerichtshofes auf den EU-Vertrag, in: NVwZ 2009, S. 481 ff.

[28] Ebda., S. 482 ff., Ders., Das Ende des Grundgesetzes, Süddeutsche Zeitung vom 17. 4. 2009.

[29] Vgl. den 3. Erwägungsgrund der Präambel zum EU-Vertrag.

– indem die Unionsbürgerschaft an die von den Mitgliedstaaten gemäß ihrer Verfassungsordnung zu gewährende Staatsbürgerschaft gebunden wird[30],
– indem die Union nach Art. 6 Abs. 3 EUV die nationale Identität ihrer Mitgliedstaaten achtet und dieser Schutz der mitgliedstaatlichen Identität der Integrationsbereitschaft präzise Grenzen setzt[31],
– indem in einer Reihe von Bestimmungen den Mitgliedstaaten die Eigenschaft der „Herren der Verträge“ zuerkannt wird[32],
– indem die Europäische Gemeinschaft innerhalb der Grenzen der ihr durch den diesbezüglichen Vertrag zugewiesenen Befugnisse und gesetzten Ziele und unter Einhaltung des Subsidiaritäts- und des Verhältnismäßigkeitsprinzips tätig wird[33],
– indem über den engen Wortlaut von Art. 10 des Vertrags über die Europäische Gemeinschaft hinaus der Grundsatz der loyalen Zusammenarbeit konkrete Pflichten der Europäischen Gemeinschaft gegenüber den Mitgliedstaaten begründet[34] oder indem die Europäische Union durch Art. 6 Abs. 2 des einschlägigen Vertrags aufgerufen wird, die Grundrechte der Unionsbürger zu achten, wie diese sich einerseits aus der Europäischen Menschenrechtskonvention und andererseits aus den gemeinsamen Verfassungsüberlieferungen der Mitgliedstaaten als allgemeine Grundsätze des Gemeinschaftsrechts ergeben[35].

III. Die Bedeutung der nationalen Verfassung(en) für die Rechtsfortbildung in der Europäischen Union

Die gerade erwähnten Beispiele sind bei weitem nicht erschöpfend und sollten lediglich belegen, dass die nationalen Verfassungsordnungen bei der Europäischen Integration sehr wohl eine wichtige Rolle spielen und an der Rechtsfortbildung entscheidenden Anteil nehmen können. Dieses enge Verhältnis hat sehr konkrete Auswirkungen, die deutlich zum Vorschein kommen, wenn unterschiedliche

[30] Vgl. Art. 8 und 8 a Abs.1 EG-Vertrag; sowie EuGH, Urteil vom 20. Februar 2001, Rs. C-192/99 (*Kaur*), Slg. 2001, 1237.

[31] *v. Danwitz* (Fn 6), S. 783 ff.

[32] Etwa dadurch, dass die Ratifikation nach den innerstaatlichen Regelungen erfolgt: Art. 48, 49, 52 EUV.

[33] Vgl. Art. 5 EGV.

[34] Aus der Rspr. etwa: EuGH, Urteil vom 10. Februar 1983, Rs. 230/81 (*Luxemburg/Parlament*), Slg. 1983, 255, Rn. 38; EuGH, Beschluss vom 13. Juli 1990, Rs. C-2/88 (*Zwartveld*), Slg. 1990, I-3365, Rn. 17; EuGH, Urteil vom 22. Oktober 2002, Rs. C-94/00 (*Roquette Frères*), Slg. 2002, I-9011, Rn. 31; EuGH, Urteil vom 16. Oktober 2003, Rs. C-339/00 (*Irland/Kommission)*, Slg. 2003, I-11757, Rn. 71.

Aus der Literatur: *Hatje*, in: Schwarze (Hrsg.), EU-Kommentar, 2. Aufl., Baden-Baden 2009, Art. 10 EGV, Rn. 55–57; *Streinz* in: Ders., EUV/EGV, München 2003, Art. 10 EGV, Rn. 6, 47–56, der insoweit zwischen Rücksichtnahme- und Kooperationspflichten unterscheidet; *Kahl* in: Calliess/Ruffert, EUV/EGV, 3. Aufl. 2007, Rn. 70–76 m.w.N.

[35] Art. 6 Abs. 2 EUV formuliert: „Die Union achtet die Grundrechte, wie sie in der am 4. November 1950 in Rom unterzeichneten europäischen Konvention zum Schutze der Menschenrechte und Grundfreiheiten gewährleistet sind und wie sie sich aus den gemeinsamen Verfassungsüberlieferungen der Mitgliedstaaten als allgemeine Grundsätze des Gemeinschaftsrechts ergeben.“

Rechtstraditionen in den Mitgliedstaaten trotz Gemeinschaftsbezug nicht einfach nivelliert werden, sondern ihre eigenständige Bedeutung behalten und auch vor dem Gemeinschaftsrecht Bestand haben können. Das ist etwa im Rahmen einer Abwägung von Grundfreiheiten mit Grundrechten der Fall, insofern die besondere Stellung eines Grundrechts in der nationalen Verfassungsordnung vorrangig bewertet wird, mit der Folge, dass der in der Bundesrepublik Deutschland besonders ausgeprägte Schutz der Menschenwürde Eingriffe in die Freiheit des Dienstleistungsverkehrs rechtfertigt, die vielleicht anderswo nicht statthaft wären[36]. Oder bei der Überprüfung des Verhältnismäßigkeitsprinzips kommt es nicht selten vor, dass staatliche Maßnahmen, die Grundfreiheiten einschränken, als gerechtfertigt angesehen werden, selbst wenn in anderen Mitgliedstaaten das gleiche Ziel mit weniger einschneidenden Mitteln erreicht wird. Das bedeutet, dass obwohl mildere Maßnahmen vorstellbar sind, anderswo eingesetzt werden und offenbar funktionieren, die Mitgliedstaaten nicht verpflichtet sind, immer das niedrigere Schutzniveau zu übernehmen, sondern durchaus über ein Ermessen verfügen und ihre auf Tradition und Rechtskultur beruhenden Vorstellungen verwirklichen und weiter pflegen können[37]. Dies sollten im Übrigen diejenigen bedenken, die in diesem Zusammenhang dem Gerichtshof vorwerfen, dass er im Rahmen der Verhältnismäßigkeit bei der dritten Stufe des üblichen Prüfungsschemas nicht intensiv genug einsteigt, sondern dem Urheber des zur Prüfung vorgelegten Rechtsakts ein begrenztes Ermessen zuspricht[38]. Selbst wenn diese Kritik im Hinblick auf die Rechtmäßigkeitsprüfung bei Gemeinschaftsrechtsakten artikuliert wird, dürfte die Kontrolle des Verhältnismäßigkeitsgrundsatzes einheitlichen Kriterien unterliegen, gleichgültig ob Maßnahmen des Gemeinschaftsorgane auf ihre Vereinbarkeit mit höherrangigem Gemeinschaftsrecht überprüft werden oder es um die Konformität einzelstaatlicher Akte mit der Gemeinschaftsrechtsordnung geht. In dieser neueren Rechtsprechung kommt vor allem der Respekt vor Rechtstraditionen und -institutionen zum Ausdruck, die in den einzelnen Mitgliedstaaten unterschiedlich ausfallen können und möglichst aufrechterhalten werden sollen.

Die Praxis der europäischen Integration strebt daher nicht eine Rechtsvereinheitlichung um jeden Preis an, sondern sie bemüht sich um Ausgleich und friedliche Koexistenz. Im Rahmen dieser Ausgleichsfunktion kommt einer nationalen Verfassung die wichtige Aufgabe zu, die Übertragung von Hoheitsrechten auf die Europäische Union zu ermöglichen und auf diese Weise auf die Entstehung des Unionsrechts Einfluss zu nehmen sowie dessen Einführung in die nationale Rechtsordnung zu erleichtern, während auf der anderen Seite die Union das Prinzip der Einzelermächtigung zu beachten hat und überall dort, wo keine Rechtsharmonisierung stattfindet, unterschiedliche Verhältnisse und Kulturen in den Mitgliedstaaten möglichst unberührt lässt. Dass es sich dabei um eine äußerst

---

[36] EuGH, Urteil vom 14. Oktober 2004, Rs. C-36/02 (*Omega*), Slg. 2004, I-9609, weitere Beispiele bei *v.Danwitz* (Fn 6), S. 784.

[37] Zuletzt EuGH, Urteil vom 24. 4. 2009, Rs. C-518/06 (*Kommission/Italien*, noch nicht in der Slg. veröffentlicht), Rn. 63.

[38] Dazu *Calliess*, Europäische Gesetzgebung und nationale Grundrechte, in: JZ 2009, S. 113, S. 114, m.w.N.

schwierige Übung handelt, die nicht immer auf die ungeteilte Zustimmung der beteiligten Akteure stößt, darf nicht verschwiegen werden. Doch sollten die kritischen Stimmen nicht die Augen davor verschließen, dass wir seit geraumer Zeit in einer echten Rechtsgemeinschaft leben, in der sowohl die Unionsrechtsordnung als auch die nationalen Verfassungen ihren Platz gefunden haben und wohl auch in Zukunft behalten werden.

C. Offene Fragen im Verhältnis der Unionsrechtsordnung zu den nationalen Verfassungen

Diese positive Bestandsaufnahme heißt freilich nicht, dass in dem empfindlichen Verhältnis der Unionsrechtsordnung zu den nationalen Verfassungen Reibungen und Spannungen ausgeschlossen wären. Sie treten auf, wenn um die Fragen gerungen wird, (erstens) ob und inwieweit der Vorrang des Gemeinschaftsrechts auch gegenüber den Verfassungen gilt, (zweitens) wem das Letztentscheidungsrecht über die Kompetenzverteilung zwischen der Union und den Mitgliedstaaten zusteht oder (drittens) nach welchen Kriterien und in welchen Grenzen die verfassungsgerichtliche Kontrolle der Ratifikationsgesetze zu den Vertragsrevisionen erfolgt.

I. Der Vorrang des Gemeinschaftsrechts

Der Vorrang des Gemeinschaftsrechts steht zwar nicht grundsätzlich zur Debatte, muss allerdings in Bezug auf die nationalen Verfassungen seine größte Bewährungsprobe bestehen. Das Problem ist vielleicht nicht besonders akut, soweit das sog. Primärrecht betroffen ist: Dass Revisionen der Gründungsverträge Verfassungsänderungen nach sich ziehen, ist nicht ungewöhnlich und kann sogar im Mittelpunkt der innerstaatlichen Auseinandersetzung um die Verfassungsmäßigkeit des einschlägigen Ratifikationsgesetzes stehen[39]. Wie schwierig die Entscheidung über die Notwendigkeit, den Inhalt und die Grenzen einer durch eine Vertragsänderung bedingten Verfassungsrevision im Einzelfall auch sein mag, so lassen die Mitgliedstaaten im Regelfall die Frage nicht offen im Raum stehen, sondern bemühen sich um Rechtssicherheit und treffen alle möglichen Vorkehrungen, damit des neue Primärrecht sich reibungslos in die nationale Rechtsordnung einfügen kann. Anders verhält es sich mit dem Sekundärrecht, d. h. wenn Verordnungen oder hauptsächlich Richtlinien Regelungen enthalten, die mit spezifischen Verfassungsbestimmungen in Konflikt geraten können. Als Ausgangspunkt für die Lösung derartiger Konflikte dient der Satz, dass das Gemeinschaftsrecht mit allen seinen

[39] So wurde etwa bezüglich des Vertrags von Lissabon in der Tschechischen Republik vom Senat zunächst eine Entscheidung des Verfassungsgerichts eingeholt, in Polen wurde der Vertrag vom Senat erst nach umfangreichen Kompromissverhandlungen gebilligt. Die Präsidenten beider Länder haben außerdem angekündigt, den Lissaboner Vertrag erst nach einem erfolgreichen zweiten Referendum in Irland zu ratifizeren.

Bestandteilen Vorrang beansprucht gegenüber dem nationalen Recht mit ebenfalls allen seinen Bestandteilen, mit der Folge dass das gesamte Gemeinschaftsrecht letztlich dem gesamten nationalen Recht vorgeht. Doch sollte man die eventuellen Konfliktsituationen weder überbewerten noch auf der Grundlage der prägnanten, aber simplifizierenden Formel lösen, dass Gemeinschaftsrecht nationales Recht „bricht“[40].

Zum einen ist nicht sehr wahrscheinlich, dass Regelungen des Sekundärrechts mit Verfassungsnormen in Widerspruch kommen, wenn man bedenkt, dass die nationale Verfassung grob gesehen die Ausübung der Staatsgewalt regelt und sie gleichzeitig begrenzt, also auf der einen Seite die Staatsorganisation bestimmt und auf der anderen Seite den Bürgern Grundrechte gegenüber der Ausübung dieser Staatsgewalt gewährt. Es ist nicht recht vorstellbar, dass Staatsorganisationsbestimmungen oder Grundrechte Richtlinien oder Verordnungen direkt widersprechen. Wo etwas Derartiges tatsächlich und ausnahmsweise vorgekommen ist, ging es um die atypische Konstellation, dass manche Verfassungen im Zusammenhang mit Grundrechtsgewährleistungen Verbote und Beschränkungen für den Fall aufnehmen, dass ein bestimmtes Handeln als besonders unerwünscht erscheint. Das war beim Art. 12a Abs. 4 2. Satz a.F. GG der Fall, der vorsah, dass Frauen auf keinen Fall Dienst in den Streitkräften mit der Waffe leisten, und mit diesem Inhalt im Hinblick auf die Gleichberechtigungsrichtlinie insoweit problematisch erschien, als er die Frauen von lukrativen Positionen in der Armee gänzlich fernhielt[41]. Es ist bekannt, dass auf die Klage von Frau Tanja Kreil der Gerichtshof im Wege der Vorabentscheidung mit der Frage befasst worden und zum Ergebnis gekommen ist, dass eine nationale Regelung, die Frauen allgemein vom Dienst mit der Waffe ausschließt und ihnen nur den Zugang zum Sanitäts- und Militärmusikdienst erlaubt, mit der Richtlinie über den gleichen Zugang von Männern und Frauen zur Beschäftigung unvereinbar ist. Mindestens zwei Beispiele liefert die griechische Verfassung, die in Art. 16 erklärt, dass die Gründung von Universitäten durch Privatpersonen verboten ist[42], und in der besonders komplizierten und ausführlichen Bestimmung des Art. 14 Abs. 9 im Rahmen der Bekämpfung der Korruption eine sehr weitreichende Inkompatibilität zwischen den Beteiligungen einerseits an einem Presse- oder Rundfunkunternehmen und andererseits an einem Unternehmen vorschreibt, das von der öffentlichen Hand Aufträge jeder Art erhält[43].

Zum anderen werden diese wenigen Konfliktsituationen ganz überwiegend pragmatischen Lösungen zugeführt, wenn es beispielsweise zu punktuellen Verfassungsänderungen kommt, wie es mit Art. 12a GG geschehen ist, der seit 2000 bestimmt, dass Frauen lediglich auf keinen Fall zum Dienst mit der Waffe verpflich-

---

[40] Vgl. *Grabitz*, Gemeinschaftsrecht bricht nationales Recht, in: Laun/Ipsen (Hrsg.), Abhandlungen aus dem Seminar für öffentliches Recht, Heft 55, Hamburg 1966.

[41] EuGH, Urteil vom 11. Januar 2000, Rs. C-285/98 (*Kreil*), Slg. 2000, I-69.

[42] Art. 16 Abs. 8 Satz 2 der Verfassung. Um keinen Zweifel zu hinterlassen, bestimmt derselbe Artikel in Abs. 5 Satz 1, dass Universitäten ausschließlich in der Form von juristischen Personen des öffentlichen Rechts funktionieren können.

[43] Vgl. hierzu EuGH, Urteil vom 16. Dezember 2008, Rs. C-213/07 (*Michaniki*, noch nicht in der Slg. veröffentlicht).

tet werden dürfen[44]. Aber auch ohne eine formelle Verfassungsrevision lassen sich echte Krisen vermeiden, soweit es möglich ist, durch eine gemeinschaftsrechtskonforme Auslegung und Anwendung der strittigen Verfassungsnormen einen konfliktfreien Zustand herzustellen. Die Option einer gemeinschaftsrechtskonformen Interpretation ist nicht nur dann besonders geeignet, wenn das Verfahren der Verfassungsrevision anders als in Deutschland mehrstufig und damit langwierig ausgestaltet ist, mit der Folge dass es sich nicht für punktuelle Änderungen eignet. Die strittige Verfassungsnorm gemeinschaftsrechtskonform auszulegen, heißt vielmehr, jeden möglichen Widerspruch zu beseitigen, ohne an dem Text der Verfassung zu rütteln, und damit einen Ausgleich zu schaffen, ohne dass eine der in einem Spannungsverhältnis zueinander stehenden Rechtsvorschriften unbedingt weichen muss und verworfen wird. Der Grundsatz der gemeinschaftsrechtskonformen Interpretation ist eben auf einen friedlichen Ausgleich ausgerichtet und sollte daher auch und vor allem im Hinblick auf die nationalen Verfassungen vor jeder anderen Option den Vorrang haben.

II. Die Auswirkungen eines zunehmenden Verfassungspatriotismus auf den Zustand der Europäischen Union

Bereits aus diesen Ausführungen wird deutlich, dass das Verhältnis des Unionsrechts zu den Verfassungen der Mitgliedstaaten nicht als besonders kritisch zu bezeichnen ist, wenn man bedenkt, dass jedenfalls die Gründungsstaaten der Europäischen Gemeinschaften über ein halbes Jahrhundert der doppelten Bindung durch die Unionsrechtsordnung und ihre Verfassungen unterliegen und dass es dabei nicht zu ausgesprochenen Notlagen gekommen ist. Diese wohl realistische Feststellung sollte allerdings nicht darüber hinwegtäuschen, dass wir in letzter Zeit einem wachsenden Verfassungspatriotismus gegenüberstehen, der nicht zuletzt die Entwicklungen um die Europäische Union mit kleineren oder größeren Fragezeichen begleitet[45]. Dabei fällt auf, dass sogar Bezeichnungen und Symbole eine wesentliche Rolle spielen[46], wovon zunächst die theoretische Auseinandersetzung um den Entwurf eines Europäischen Verfassungsvertrags sowie die Aufgabe des entsprechenden Plans nach den negativen Referenden in Frankreich und den Niederlanden ein Zeugnis ablegen. Es darf nicht überraschen, dass das erstmalige Scheitern eines europäischen Vertragsvorhabens – noch dazu versehen mit der Qualitätsmerkmal einer „Verfassung“ – diejenigen bestärkt hat, die – einen weiteren Bedeutungsverlust der nationalen Verfassungen befürchtend – sich gegenüber dem Verfas-

[44] Art. 12a Abs. 4 Satz 2 GG in der Fassung des Gesetzes zur Änderung des Grundgesetzes (Artikel 12 a) vom 19. 12. 2000 (BGBl. I S. 1755): „Sie dürfen auf keinen Fall zum Dienst mit der Waffe verpflichtet werden.“

[45] Einen aktuellen Überblick gibt Leutheusser-Schnarrenberger, Verfassungspatriotismus als Ziel politischer Bildung, veröffentlicht in: Frankfurter Allgemeine Zeitung vom 10. April 2006, abrufbar im Internet unter: www.metatag.de/webs/fdp/sls/files/docs/Patriotismus_FAZ.doc.

[46] *Katje/Kindt*, Der Vertrag von Lissabon – Europa endlich in guter Verfassung, in: NJW 2008, S. 1761, S. 1767.

sungsvertrag negativ positioniert haben. Bereits die Ersetzung des Verfassungsvertrags durch einen „Vertrag über die Arbeitsweise der Europäischen Union“ drückt die bescheideneren Ambitionen der Herren der Verträge aus. Nimmt man hinzu, dass selbst dieses neue und weniger anspruchsvolle Projekt immer noch von einem ungewissen Schicksal markiert ist, so erhalten Auflösungserscheinungen Auftrieb, welche in einer inzwischen mehrere Jahre dauernden Periode der Rechtsunsicherheit die einzelstaatlichen Elemente und Besonderheiten begünstigen und auf diese Weise auch die Bedeutung der nationalen Verfassungen aufwerten.

Gegen einen wachsenden Verfassungspatriotismus und eine damit einhergehende kritische Beurteilung der Verfassungslage in der Europäischen Union ist – jedenfalls aus rechtlicher Sicht – nichts einzuwenden, solange der Versuch unternommen wird, auf künftige Entwicklungen Einfluss zu nehmen oder sogar bestimmte integrationsfördernde Vorschläge zum Scheitern zu bringen. Anders liegen die Dinge jedoch, wenn in der Debatte um die Annahme oder Ablehnung beabsichtigter Vertragsmodifikationen Stimmen laut werden, welche die Diskussion um die noch nicht vollzogene Reform der Europäischen Union zum Vorwand benutzen, um das bereits Erreichte infrage zu stellen und gegebenenfalls rückgängig zu machen. Damit darf ich zum letzten Abschnitt meines Vortrags übergehen und einige aktuelle Erscheinungen kommentieren, die nach meiner Ansicht sehr zu bedauern sind und mit der deutschen Verfassungslage und dem Grundgesetz insoweit zusammenhängen, als wir es mit einem echten Kreuzzug zu tun haben, der auch in diesem Land gegen die europäische Integration und die europäischen Institutionen einschließlich des Europäischen Gerichtshofs geführt wird. Um hier keinen falschen Eindruck zu erwecken: Es steht mir nicht zu, das Scheitern des Verfassungsvertrags zu bedauern oder die konkreten oder vermeintlichen Vorteile des Lissaboner Vertrags darzulegen und für dessen baldiges Inkrafttreten zu plädieren. Der Europäische Gerichtshof, den ich hier vertrete, kann und darf keine Empfehlungen aussprechen, wir sind an die geltenden Verträge und das gesetzte Recht gebunden. Die gebotene Zurückhaltung gegenüber der lex ferenda betrifft allerdings nicht die lex lata, d. h. die europäische Rechtsordnung unter Einschluss der Judikatur des Europäischen Gerichtshofs und auf diese lex lata beziehen und beschränken sich meine nachfolgenden Bemerkungen.

III. Insbesondere: Die Kritik an den Europäischen Gerichtshof

Die Kritik artikuliert sich auf verschiedene Weise und betrifft mehrere Erscheinungsformen der europäischen Integration. Um den Borgen nicht zu überspannen, werde ich mich auf zwei Gesichtspunkte konzentrieren, die mir besonders wichtig erscheinen, weil sie den Europäischen Gerichtshof und dessen Rechtsprechung im Visier haben und teilweise sogar zum Ungehorsam aufrufen[47] und wie es treffend

---

[47] Vgl. *Herzog/Gerken*, Stoppt den Europäischen Gerichtshof, in: FAZ vom 8. September 2008, abrufbar im Internet unter: www.cep.eu/fileadmin/user_upload/Pressemappe/CEP_in_den_Medien/Herzog-EuGH-Webseite.pdf.

in einem Kommentar formuliert wurde, „den Untergang des Abendlandes" heraufbeschwören[48]. Zum einen geht es um die richterliche Behandlung der Kompetenzverteilung zwischen der Europäischen Union und den Mitgliedstaaten, während andererseits in den Verfahren über die Verfassungsmäßigkeit der Zustimmungsgesetze zu den Revisionen der Gründungsverträge angeblich gefährliche Tendenzen in der Judikatur des EuGH den Ton angeben und in den Prozessstoff vor dem Bundesverfassungsgericht Eingang finden sollen.

1. Zuständigkeitsverteilung zwischen der Europäischen Union und den Mitgliedstaaten

Seit langem wird dem EuGH vorgeworfen, dass er in der Frage der Kompetenzverteilung zwischen der Union und den Mitgliedstaaten einseitig die Integrationsinteressen vertritt und die vor ihm angefochtenen Unionsrechtsakte ausnahmslos billigt[49]. Gegen diese undifferenzierte Kritik sprechen mehrere Argumente. Weil sie hauptsächlich auf statistischen Angaben beruht und die mangelnde Beachtung des Subsidiaritätsgrundsatzes durch den Gerichtshof rügt, wäre zu überlegen, in wie vielen Fällen Verfassungsgerichte, die in föderalen Staatswesen tätig werden, Bundesgesetze an dem auch in Bundesstaaten verbindlichen Subsidiaritätsprinzip scheitern lassen[50]. Es fällt ferner auf, dass die – zugegebenermaßen wenigen, aber doch existenten – Urteile, durch die der EuGH Gemeinschaftsrechtsakte wegen Kompetenzmangels annulliert hat[51], kaum Beachtung finden, weil sie möglicherweise nicht ins Konzept passen. Weiter ist zu bedenken, dass die Gemeinschaftsinstitutionen unter maßgeblicher Beteiligung der Mitgliedstaaten im Rat die Kompetenzfrage ausführlich prüfen und obligatorisch begründen und damit wenig Raum für echte Kompetenzlücken lassen. Fragt man denn auch nach konkreten Beispielen für solche eklatanten Fehlurteile des EuGH, so beschränken sich die Klagen am Ende hauptsächlich auf die 2. Richtlinie über die Tabakwerbung[52].

Ich bitte um Nachsicht, wenn ich auf diese pauschale Kritik zur Kompetenzverteilung nicht weiter eingehe, um einen anderen Aspekt der jüngsten Diskussion hervorzuheben, der mit Initiativen der Europäischen Union vorwiegend, aber nicht allein auf dem Gebiet des Strafrechts und dem Verhältnis der ersten zur dritten Säule zu tun hat. Doch möchte ich zu diesem interessanteren Teil nicht über-

---

48 *Groh*, Der Untergang des Abendlandes, von einem Kreuzzug gegen den Erfinder der europäischen Grundrechte, in: myops, Berichte aus der Welt des Rechts, Beck-Verlag München, Heft 5, Januar 2009.

49 Vgl. dazu *Calliess* (Fn 38), S. 114 m.w.N.

50 In Deutschland etwa erklärte das BVerfG in den Jahren 2003 bis 2008 insgesamt 52 Bundesvorschriften für verfassungswidrig, begründete dies aber lediglich in drei Fällen allein mit einem Zuständigkeitsverstoß.

51 Etwa EuGH, Urteil vom 30. Mai 2006, verb. Rs. C-317/04 und C-318/04 (*PNR – Parlament/Rat und Kommission)*, ABl. C 178 vom 29. 7. 2006, S. 1–2.

52 EuGH, Urteil vom 5. Oktober 2000, Rs. 376/98 (*Bundesrepublik Deutschland/Parlament und Rat*), Slg. 2000, I-8419, und EuGH, Urteil vom 12. Dezember 2006, Rs. C-380/03 (*Bundesrepublik Deutschland/Parlament und Rat*), Slg. 2006, I-11573.

gehen, ohne ein Wort zum Vorschlag eines besonderen Kompetenzgerichts zu sagen[53]. Darin kommt ein tiefes Misstrauen gegenüber dem Europäischen Gerichtshof zum Ausdruck, mit dem erklärten oder konkludenten Ziel, die Institution abzuwerten und zu schwächen. Ernsthaft kann man über einen solchen Vorschlag nicht diskutieren, es sei denn, dass man bereit ist, das unionsrechtliche Rechtsschutzsystem als solches infrage zu stellen und damit der Gemeinschaft den Charakter der Rechtsgemeinschaft streitig zu machen. Es geht nicht an, das einmalige und umfassende Rechtsschutzmodell der Europäischen Union zu preisen und gleichzeitig den maßgeblichen Träger dieses erfolgreichen Modells zu demontieren. Die Kontrolle über die Einhaltung von Kompetenzen ist ureigener Bestandteil des Legalitätsprinzips und steht demjenigen Rechtsprechungsorgan zu, das über die Rechtmäßigkeit der einer bestimmten Zuständigkeitsordnung unterliegenden Rechtsakte zu entscheiden berufen ist.

2. Das Verhältnis der ersten zur dritten Säule

Nun zu der Frage des Verhältnisses zwischen der ersten und der dritten Säule, das kürzlich sehr akut geworden ist. Ein Punkt scheint mit hier ganz besonders relevant zu sein, weil in vielen Beiträgen die Problematik unter der Rubrik „Kompetenzverteilung zwischen der Union und den Mitgliedstaaten" behandelt wird, während der Streit ausschließlich die Wahl der geeigneten Rechtsgrundlage für den Erlass des fraglichen Rechtsakts zum Gegenstand hat[54]. Es geht also nicht darum, ob eine bestimmte Zuständigkeit von der Gemeinschaft bzw. der Union beansprucht werden darf oder aber bei den Mitgliedstaaten verbleiben muss, sondern um die Frage, ob der strittige Rechtsakt zu Recht als Rahmenbeschluss ergangen ist oder die Form einer Richtlinie annehmen musste, weil Maßnahmen der ersten Säule, wenn sie durchgreifen, Vorrang haben gegenüber solchen der dritten Säule[55]. Nicht die europäische Natur des Rechtsakts steht demnach auf dem Spiel, sondern die äußere Rechtsform als Richtlinie oder Rahmenbeschluss. Anders formuliert würde die Kritik an der Rechtsprechung, wenn sie berechtigt wäre, nicht die Zuständigkeit der Mitgliedstaaten wiederherstellen, sondern die Entscheidungsmodalitäten für die Annahme des betreffenden Rechtsakts bestimmen. Ohne die Unterschiede zwischen den Rechtsetzungsverfahren in der ersten und der dritten Säule unterbewerten zu wollen, handelt es sich nicht um die Alternativen entweder Europäische Union oder Mitgliedstaaten, sondern um die weniger dramatische Wahl zwischen

[53] *Goll/Kenntner*, Brauchen wir ein europäisches Kompetenzgericht? – Vorschläge zur Sicherung der mitgliedschaftlichen Zuständigkeiten, EuZW 2002, S. 101, S. 103; *Jahn*, Europarichter überziehen ihre Kompetenzen, in: NJW 2008, S. 1788, S. 1789; weitere Nachweise bei *Everling*, Zur verfehlten Forderung nach einem Kompetenzgericht der Europäischen Union, in: Festschrift für Günter Hirsch, München 2008.

[54] EuGH, Urteil vom 10. Februar 2009, Rs. C-301/06 (*Irland/Parlament*, noch nicht in der Slg. veröffentlicht), Rn. 56 f.

[55] EuGH, Urteil vom 12. Mai 1998, Rs. C-170/96 (*Kommission/Rat*), Slg. 1998, I-2763, Rn. 16; EuGH, Urteil vom 13. September 2005, Rs. C-176/03 (*Kommission/Rat*), Slg. 2005, I-7879, Rn. 39.

Europäischer Gemeinschaft und Europäischer Union. Vor diesem Hintergrund muten die gegen die Rechtsprechung des Europäischen Gerichtshofs erhobenen Vorwürfe als zumindest übertrieben an.

3. Die Judikatur des Europäischen Gerichtshofs als Argumentationsbasis für die Begründung der Verfassungswidrigkeit des Zustimmungsgesetzes zum Vertrag von Lissabon

Übrig bleibt noch die Führung von Rechtsstreitigkeiten über die Verfassungsmäßigkeit der Zustimmungsgesetze zu den Änderungen der Gründungsverträge auf der Grundlage der Rechtsprechung des EuGH zu spezifischen Rechtsmaterien, und insbesondere zur Zuständigkeitsverteilung zwischen Europäischer Union und Mitgliedstaaten, zur Begründung eines allgemeinen gemeinschaftsrechtlichen Grundsatzes der Altersdiskriminierung sowie des Verhältnisses der ersten zur dritten Säule bei Strafrechtsregelungen oder Bestimmungen zur Datenspeicherung[56]. Die Methode ist nicht neu, insofern die Weichen dazu bereits im Maastricht-Urteil des Bundesverfassungsgerichts gestellt worden sind[57]. Dort wurde im Hinblick auf das sog. Prinzip der Einzelermächtigung ausgeführt, dass der Maastricht-Vertrag durch ausdrückliche Hinweise auf die Erfordernisse einer Vertragsänderung oder einer Vertragserweiterung die Rechtsfortbildung innerhalb der Verträge und einer deren Grenzen sprengenden, vom geltenden Vertragsrecht nicht gedeckten Rechtsetzung verdeutliche. Daher werde in Zukunft bei der Auslegung von Befugnisnormen durch Einrichtungen und Organe der Gemeinschaften zu beachten sein, dass der Vertrag über die Europäische Union zwischen der Wahrnehmung einer begrenzt eingeräumten Hoheitsbefugnis und der Vertragsänderung unterscheide, seine Auslegung deshalb in ihrem Ergebnis nicht einer Vertragsänderung gleichkommen dürfe, die für Deutschland keine Bindungswirkung entfalten würde[58]. Ohne den EuGH ausdrücklich zu benennen, schließt das Bundesverfassungsgericht einerseits durch den Hinweis auf die „richterliche Rechtsfortbildung" und andererseits durch die Verurteilung der einer Vertragsänderung gleichkommenden Auslegung von Befugnisnormen „durch Einrichtungen und Organe der Gemeinschaften" zumindest nicht aus, dass hinter einer solchen den Vertrag sprengenden und daher unzulässigen Interpretation der Gemeinschaftsrichter stehen könnte.

Die Rechtsprechung des EuGH als Argumentationsbasis für die Verfassungswidrigkeit des Zustimmungsgesetzes hat aber im gegenwärtigen Verfahren zum Lissaboner Vertrag ihren Höhepunkt erreicht. Die Entscheidung des Zweiten Senats steht noch aus, was zu Vorsicht mahnt und einer endgültigen Beurteilung der Situation entgegensteht. Doch wird es erlaubt sein, nach der Legitimation und der

---

[56] So wurde in dem Verfahren gegen die Ratifizierung des Vertragswerks von Lissabon vom Beschwerdeführer im Verfahren 2 BvR 1010/08 (Gauweiler) u. a. die „expansive Rechtsprechung" des EuGH zur Begründung angeführt.

[57] Das stellt *Steiner,* Das Spannungsfeld zwischen europäischem Gemeinschaftsrecht und deutschem Verfassungsrecht, EuZA 2 (2009), S. 140 (145 ff.), heraus.

[58] BVerfGE 89, 155 (209 f.).

Legitimität einer Methode zu fragen, die sich nicht gegen etwaige Initiativen der politischen Unionsorgane wendet, sondern den Beweis für die Verfassungswidrigkeit mit der Praxis des dem Gesetz und Recht verpflichteten Rechtsprechungsorgans der Europäischen Union führt. Nicht nur ist eine derartige Benutzung unserer Judikatur parteiisch und – soweit ich weiß – einzigartig; sie ist darüber hinaus gefährlich, weil sie dem Gerichtshof, dem die Wahrung des Rechts bei der Auslegung und Anwendung der Verträge obliegt[59], Rechtsmissachtung und Rechtsbeugung vorwirft, die unionsrechtliche Rechtsprechung für die Entstehung verfassungswidriger Zustände im nationalen Bereich für verantwortlich hält und damit offenbar bei vielen Kreisen Gehör findet[60]. Es ist eine Sache, die europäische Integration für unerwünscht und verkehrt zu halten und ihr politisch den Kampf anzusagen. Etwas völlig anderes ist es aber, im Rahmen dieses Kampfes dem Gerichtshof der Europäischen Gemeinschaften mithilfe unqualifizierter Analysen das Misstrauen auszusprechen. Hat man eigentlich bedacht, wohin das führen kann? Warum sollte eine solche Methode eigentlich auf den EuGH beschränkt sein und nicht bald die Rechtsprechung anderer unbeliebter Gerichte erfassen, deren Verdienste auf ähnliche Weise demontiert werden? Sollten die deutschen Gerichte Adressaten der teilweise polemischer Warnungen vor der Macht des EuGH sein[61], so zeigen sie sich glücklicherweise immun und versorgen unter Führung der obersten Bundesgerichte den EuGH nach wie vor mit der größten Anzahl nützlicher Vorlagen. Die deutschen Richter verhalten sich als bewusste und selbstbewusste Gemeinschaftsrichter, sie wenden sich, wenn sie es für nötig oder zweckmäßig halten, an den Gerichtshof mittels des Instruments der Vorlage und tragen maßgeblich zum unzweifelhaften Erfolg dieser lange erprobten Arbeitsteilung zwischen dem EuGH und den nationalen Rechtsprechungsorganen bei. Gerade dieses kontinuierliche Verhalten unserer Richterkollegen in den Mitgliedstaaten stimmt uns zuversichtlich und lässt uns hoffen, dass unser Beitrag zur Wahrung des Rechts bei der Auslegung und Anwendung der Verträge nicht von einer falsch verstandenen Tagespolitik bestimmt, sondern am realen Zustand des Vorabentscheidungsverfahrens gemessen wird.

D. Rückbesinnung und Ausblick

Ich bedauere sehr, dass ich aus gegebenem Anlass gehalten war, Entwicklungen entgegenzutreten, gegen die sich ein Gericht nicht wirksam und nicht publikumswirksam wehren kann. Werfen nun diese kritischen Bemerkungen ein negatives Licht auf das Grundgesetz und sein 60jähriges Jubiläum? Ich glaube nicht. Bezogen auf die europäische Einigung hält das Grundgesetz nach wie vor die geeigneten Instrumente bereit, um das bereits Erreichte zu bewahren und auch künftig auf die Integration einzuwirken. Die Lösung etwaiger Probleme und die Bereinigung un-

---

59 Art. 220 EG.

60 Vgl. Glosse von *Groh* (Fn 49).

61 Vgl. *Herzog/Gerken* (Fn 48).

befriedigender Zustände sollten nicht auf Kosten dieses einmaligen Modells einer Unionsrechtsordnung erfolgen, die aus verbindlichen und unmittelbar wirkenden Rechtsvorschriften besteht und mit einem in jeder Beziehung kompetenten Gerichtshof ausgestattet ist. Die wohlverdiente Achtung vor der nationalen Verfassung darf nicht durch die Missachtung bewährter europäischer Rechtsinstitute und -institutionen erkauft werden. Der Preis für beide Seiten könnte sonst zu hoch sein.

Im Übrigen sollte bedacht werden, dass jede Verfassung ein nicht spannungsfreies Verhältnis zum Faktor „Zeit" aufweist, insoweit sie – zumindest partiell – mit dem Anspruch auf Zeitlosigkeit auftritt und daran gemessen wird. Kürzlich haben zwei jüngere Kollegen in einem Zeitungsartikel[62] an diese Problematik erinnert und die etwas provokative Frage nach der „Verfassung mit Verfallsdatum" gestellt, d. h. nach einer Verfassung, die nach Ablauf einer bestimmten Zeit von selbst außer Kraft tritt, damit die nachfolgenden Generationen von ihrem Recht nach eigener politischer Selbstbestimmung Gebrauch machten können. Man muss nicht solche radikalen Lösungen zu eigen machen, um das Problem zu erkennen: Anpassungsfähigkeit und Flexibilität sind eigentlich das Erfolgsrezept für das Überleben einer Verfassung ohne Verfallsdatum, während die extensive Einführung von Klauseln mit Ewigkeitscharakter Hürden aufstellt, die früher oder später zu Spannungen führen und deshalb Gefahr laufen, nur auf Kosten der normativen Kraft der Verfassung gelöst werden zu können[63]. Verfassungen müssen daher auf Veränderungen wirksam reagieren und dürfen nicht mit unabänderlichen Regelungen überlastet werden. Das sollten sowohl die nationalen Verfassungsgeber und Verfassungsinterpreten als auch auf europäischer Ebene die Herren und die Anwender der Verträge ernsthaft in Erwägung ziehen.

Klaus Stern:

Lieber Herr Kollege *Skouris*, haben Sie sehr herzlichen Dank für Ihr überaus klares Referat. Sie haben die Dinge beim Namen genannt, auch die Konflikte, die Reibungen und Spannungen, die es zwischen dem Unions-, dem Gemeinschaftsrecht auf der einen Seite und dem nationalen Recht, insbesondere den nationalen Verfassungen gibt, nicht ausgespart. Dafür sind wir Ihnen besonders dankbar. Ich kann mir sehr gut vorstellen, dass viele, die zugehört haben, natürlich als prononcierte Europarechtler erfreut sind, und dass andere, die mehr dem nationalen Verfassungsrecht anhängen, oder wie Sie es gesagt haben, der Formel des „Verfassungspatriotismus", die ja *Dolf Sternberger* in anderem Zusammenhang gebraucht hat, zurückhaltend reagieren. In jedem Fall können wir heute Nachmittag eine lebhafte Diskussion beginnen. Sehr herzlichen Dank, dass Sie gekommen sind und referiert haben.

---

[62] A. Funke und B. Hartmann, Die Macht der Toten über die Lebenden. Verfassung mit Verfallsdatum? Lehren für die Grundlage der Europäischen Union, FAZ vom 15. 1. 2009, S. 8.

[63] Vgl. dazu *Schwarze*, (Fn. 4) S. 640 f.

Meine Damen und Herren, ich habe nun die Freude und Ehre meinen Kollegen *Christian Starck* von der Universität Göttingen für den nächsten Vortrag anzukündigen. Er ist Autor bedeutender Beiträge zum deutschen und europäischen Verfassungsrecht und zum südafrikanischen Verfassungsrecht und zu vielen anderen ausländischen Verfassungen. Das hat er gerade wieder dokumentiert in dem soeben erschienenen Band „Verfassungen", den ich nachdrücklich empfehle. Es ist eine Sammlung höchst wertvoller Beiträge. Ich habe ihn mit Freude gelesen, lieber Herr *Starck*. Ich bin also sehr froh, Sie für einen Vortrag gewonnen zu haben. Ihre rechtsvergleichende Arbeit ist überdies allseits bekannt, durch die Gesellschaft für Rechtsvergleichung und vor allem durch die Gründung der SIPE, der Gesellschaft für europäisches Verfassungsrecht. Herr *Starck* war lange Jahre Richter am Niedersächsischen Staatsgerichtshof. In dieser Eigenschaft haben wir gemeinsam am Landesverfassungsrecht gearbeitet. Jetzt ist er Präsident der Akademie der Wissenschaften zu Göttingen. Herr *Starck*, Sie haben das Wort.

CHRISTIAN STARCK

Das Grundgesetz heute. Deutsche und europäische Perspektiven

I. Einleitung

2009 ist das Jahr der Verfassungsjubiläen.

Vor 220 Jahren hat die französischen Nationalversammlung die Menschen- und Bürgerrechte erklärt. Die Erklärung ist zwar keine Verfassung sondern ein staatsphilosophischer Text, in dem es – für den beginnenden Konstitutionalismus Maßstäbe setzend – in Art. 16 heißt: „Eine Gesellschaft, in der weder die Gewährleistung der Rechte gesichert noch die Gewaltenteilung festgelegt ist, hat keine Verfassung."

Vor 190 Jahren ist die Verfassungsurkunde für das Königreich Württemberg zwischen dem König und der Ständeversammlung vereinbart worden. Hierbei kam noch einmal der Vertragsgedanke zum Zuge, der den leges fundamentales zugrunde lag.[1]

Vor 160 Jahren ist in Frankfurt von der deutschen verfassunggebenden Nationalversammlung die Verfassung des Deutschen Reiches beschlossen und verkündet worden; sie kam aber nicht wirklich zur Geltung; gleichwohl hatte sie Einfluss auf spätere deutsche Verfassungen.[2]

Vor 90 Jahren ist die Weimarer Reichsverfassung in Kraft getreten, die 14 Jahre später mit der Errichtung der nationalsozialistischen Diktatur faktisch ihre Geltung verlor.

Seit 60 Jahren gilt das Grundgesetz, das, vermittelt durch das Bundesverfassungsgericht und die Rechtslehre, entscheidend dazu beigetragen hat, unserer Generation ein Leben und Wirken in stabilen politischen Verhältnissen zu ermöglichen.

Nach der friedlichen Revolution in der DDR vor 20 Jahren war das Grundgesetz zur gesamtdeutschen Verfassung geworden.[3] Die Bevölkerung der DDR, der es versagt war, ihre verfassunggebende Gewalt 1949 auszuüben (Präambel des GG a. F.), hat dies in einem zweiaktigen Verfahren nachgeholt: Durch die freie Wahl der Volkskammer am 18. März 1990, bei der mehr als drei Viertel der Stimmen auf Parteien entfielen, die eine schnelle Herstellung der staatlichen Einheit auf

---

[1] *Christoph Link*, Herrschaftsordnung und bürgerliche Freiheit, 1979, S. 180 ff.

[2] *Jörg-Detlef Kühne*, die Reichsverfassung der Paulskirche. Vorbild und Verwirklichung im späteren deutschen Rechtsleben, 1985.

[3] Vgl. *Christian Starck*, Verfassungen, 2009, S. 80.

Grund des Art. 23 Satz 2 GG in der damaligen Fassung forderten, und durch die Beitrittsentscheidung der Volkskammer am 23. August 1990, bei der 294 von 400 gesetzlichen und 363 anwesenden Mitgliedern der Volkskammer für den Beitritt zum Grundgesetz stimmten. Daran ist in dieser Deutlichkeit zu erinnern, da vor Kurzem der Vorsitzende der Sozialdemokratischen Partei Deutschlands die Schaffung einer neuen gesamtdeutsche Verfassung gefordert hat.

Verfassungen haben heute fast alle Staaten; die Frage ist nur, ob sie normativ wirken, d. h., wie sie ausgelegt und gesichert werden. Die erste Hälfte des 20. Jahrhunderts brachte dem Konstitutionalismus keinen wirklichen Fortschritt. Verfassungen wurden auf eine existentialistische Weise als politisch und flexibel verstanden. Ihnen fehlte zumeist die gerichtliche Sicherung. Wo zu diesem Zweck ein Verfassungsgericht eingerichtet wurde wie in Österreich, blieb dessen Wirksamkeit schwach. Erst nach dem Zweiten Weltkrieg kann man in Europa von einem wirklichen Aufblühen der Verfassungsstaatlichkeit[4] sprechen, wie wir auf deutsch den Konstitutionalismus bezeichnen.

Dabei spielt das Grundgesetz und seine Auslegung und Sicherung durch das Bundesverfassungsgericht eine vorbildliche Rolle. Außer gewissen Einflüssen der Naturrechtsrenaissance zu Beginn haben die jeweils modischen ganzheitlichen Gesellschaftstheorien wie der Neopositivismus, der Neomarxismus, andere Materialismen und der Ökonomismus zum Verdruss ihrer Protagonisten keinen Einfluss auf die Auslegung des Grundgesetzes durch das Bundesverfassungsgericht gehabt.

So konnte das Grundgesetz Einfluss auf die Verfassunggebungen und -entwicklungen im Süden Europas seit Mitte der 70er Jahre[5] und in Mittel- und Osteuropa in den 90er Jahren des vergangenen Jahrhunderts ausüben. Als die südeuropäischen Verfassungen (Griechenland, Portugal und Spanien) in Kraft traten, galt das Grundgesetz schon 25 Jahre und es lagen 40 Bände Rechtsprechung des Bundesverfassungsgerichts vor. Anfang der 90er Jahre, als sich die mittel- und osteuropäischen Staaten demokratische Verfassungen gaben, galt das Grundgesetz über 40 Jahre und das Bundesverfassungsgericht hatte 80 Bände Rechtsprechung produziert. Über Wirkungen des Grundgesetzes auf andere Verfassungen werden heute und morgen hier noch Vorträge gehalten. Deshalb möchte ich es zunächst bei diesen Andeutungen belassen.

„Das Grundgesetz heute", wie es im Titel meines Vortrages heißt, oder „nach 60 Jahren", wie es heißen könnte, bezieht die 53 Verfassungsänderungen und die 120 Bände der Entscheidungssammlung des Bundesverfassungsgerichts mit ein. Ich will das Grundgesetz unter innerstaatlichen und europäischen Gesichtspunkten genauer betrachten und durchschauen, was mit Perspektiven (*perspicere*) gemeint ist.

Ich möchte drei innerstaatliche Problemkomplexe (II) exemplarisch betrachten: die Grundrechte (1), das parlamentarische Regierungssystem (2) und die Bundesstaatlichkeit (3). In der europäischen Perspektive (III) geht es um die bleibende Wirkung des Grundgesetzes „bei der Verwirklichung eines vereinten Europas",

---

[4] So der Titel der Festschrift für Klaus Stern zum 65. Geburtstag, 1997.

[5] *Starck* (Anm. 3), S. 363 ff.

wie es in Art. 23 Abs. 1 GG heißt (1), und um den Grundsatz der begrenzten Einzelermächtigung, der dem Art. 23 Abs. 1 GG zu Grunde liegt (2).

II. Deutsche Perspektiven

1. Grundrechte

Dass die Grundrechte Gesetzgebung, vollziehende Gewalt und Rechtsprechung als unmittelbar geltendes Recht binden, steht in Art. 1 Abs. 3 GG. Die meisten Grundrechtsartikel regeln die Kompetenz der Gesetzgebung, den Grundrechten Schranken zu ziehen. Damit sind zunächst formelle Voraussetzungen für Eingriffe in das spezielle Grundrecht festgelegt. Nur der nach der Kompetenzordnung zuständige Bundes- oder Landesgesetzgeber darf den Grundrechten Schranken setzen, aber weder beliebig noch nur in den Grenzen des Wesensgehalts.

a) Verhältnismäßigkeitsprinzip

Die materiellen Voraussetzungen für Grundrechtseinschränkungen hat das Bundesverfassungsgericht in dem aus dem Polizeirecht stammenden Verhältnismäßigkeitsprinzip gefunden[6]. Spätestens im Jahre 1958 war im Apothekenurteil die Dogmatik des Verhältnismäßigkeitsprinzips als Maßstab gesetzlicher Grundrechtseinschränkungen geprägt.[7] Erste Legitimationsgrundlage für die Beschränkung eines Grundrechts ist ein schutzwürdiges Rechtsgut. Was schutzwürdig ist, ergibt sich entweder aus der speziellen materiellen Grundrechtsschranke oder aus den sonst von der Verfassung ausdrücklich geschützten oder zumindest ihr nicht widersprechenden Rechtsgütern[8].

Die weitere Prüfungsformel lautet dann: Nach dem Grundsatz der Verhältnismäßigkeit muss die infrage stehende Grundrechtsbegrenzung geeignet sein, den Schutz des Rechtsgutes zu bewirken. Sie muss dazu erforderlich sein, was nicht der Fall ist, wenn ein milderes Mittel ausreicht. Schließlich muss sie im engeren Sinne verhältnismäßig sein, das heißt, in angemessenem Verhältnis zu dem Gewicht und der Bedeutung des Grundrechts stehen.[9] Mit diesen Kriterien sind Argumentationsanforderungen aufgestellt, die der Gesetzgeber erfüllen muss und die das Bundesverfassungsgericht überprüfen kann. Die Rechtsprechung des Bundesverfassungsgerichts zur Einschränkung der Grundrechte ist vom Europäischen Gerichtshof für Menschenrechte übernommen worden[10] und hat direkt und ver-

---

[6] Vgl. dazu *Hans Schneider*, Zur Verhältnismäßigkeitskontrolle insbesondere bei Gesetzen, in: Starck (Hrsg.) Bundesverfassungsgericht und Grundgesetz, Bd. II, 1976, S. 390, 393 ff.

[7] BVerfGE 7, 377, 378 (Leitsatz 6), 407.

[8] BVerfGE 28, 243, 261: Funktionsfähigkeit der Bundeswehr; BVerfGE 33, 23, 32: Funktionsfähigkeit der Strafrechtspflege; BVerfGE 57, 70, 99: Leistungsfähigkeit der Krankenversorgung.

[9] BVerfGE 30, 292, 316 f.; 67, 157, 173; 118, 168, 195; *Peter Lerche*, Übermaß und Verfassungsrecht, 1961; *Peter Badura*, Staatsrecht, 3. Aufl. 2003, S. 115 f.

[10] *Frowein*, in: Frowein/Peukert, EMRK-Kommentar, 2. Aufl. 1996, S. 336.

mittelt über den Gerichtshof auf Österreich und Italien[11] und andere Staaten gewirkt.[12]

Der Europäische Gerichtshof, der die gemeinschaftsrechtlichen Diskriminierungsverbote zu Beschränkungsverboten erweitert hat, wendet das Verhältnismäßigkeitsprinzip an, um unzulässige nationale Beschränkungen der Marktfreiheiten feststellen zu können.[13] In Art. 5 Abs. 4 Satz 1 EUV-Lissabon heißt es auf Akte der Union bezogen: „Nach dem Grundsatz der Verhältnismäßigkeit gehen die Maßnahmen der Union inhaltlich wie formal nicht über das zur Erreichung der Ziele der Verträge erforderliche Maß hinaus." In Art. 52 Abs. 1 der Grundrechte Charta findet sich eine ähnliche Garantie des Verhältnismäßigkeitsprinzips.

Zum Verhältnismäßigkeitsprinzip gehört auch die Erkenntnis, dass es bei der Abwägung zwischen dem Grundrecht und dem zu schützenden Rechtsgut sowie den dafür eingesetzten Mitteln nicht um eine Optimierung beider Rechtswerte geht. Diese ließe praktisch nur *eine* richtige Lösung zu und machte jede Gestaltungsfreiheit des Gesetzgebers zunichte. Deshalb ist bei der Normenkontrolle und bei der Kontrolle fachgerichtlicher Entscheidungen durch das Bundesverfassungsgericht nur zu prüfen, ob die angegriffene Einschränkung des Grundrechts „schlechthin ungeeignet"[14] oder „unverhältnismäßig" ist[15]. Es ist also ein eher negativer Prüfungsansatz zu wählen, in dem die Ungeeignetheit, Unverhältnismäßigkeit etc. auszuschließen sind, nicht mehr. Das kommt auch in dem Begriff „Übermaßverbot"[16] zum Ausdruck, das sich von einem positiven Optimierungsgebot unterscheidet.[17]

Die Benutzung des Verhältnismäßigkeitsprinzips zur verfassungsgerichtlichen Kontrolle von Gesetzen am Maßstab der Grundrechte ist eine große Errungenschaft der Rechtskultur, die – wie dargelegt – Schule gemacht hat und noch weiter machen wird. Die Errungenschaft kann zerstört werden, wenn sie übertrieben wird. Dem Gesetzgeber muss ein Gestaltungsspielraum bleiben[18]. Das Grundgesetz räumt ihm die Kompetenz zur Einschränkung der Grundrechte ein, weil es angesichts des Rahmencharakters der Verfassung nicht nur *eine* mit rechtlichen Mitteln auffindbare richtige Lösung gibt.

---

11 *Heinz Schäffer*, Die Entwicklung der Grundrechte und ihrer Interpretation, insbesondere durch die Verfassungsgerichtshöfe in Österreich und Italien, in: Starck (Hrsg.), Fortschritte der Verfassungsgerichtsbarkeit in der Wellt – Teil II, 2006, S. 97, 105 ff.; *Paolo Barile,* in: AA.VV., Il principio di ragionevolezza nella giurisprudenza della Corte costitizionale, 1994, S. 21 ff..

12 Hans Kutscher (Hrsg.), Der Grundsatz der Verhältnismäßigkeit in den europäischen Rechtsordnungen, 1985.

13 Rs 41, 123, 796/79 – Testa, Slg. 1980, S. 1997; Rs 107/83, Slg. 1984, S. 2971 – Klopp; Rs 265/87, Slg. 1989, S. 2263, 2269 – Schröder; Rs C 55/94, Slg. 1995, I – 4165 – Gebhard; siehe *Jürgen Schwarze,* Europäisches Verwaltungsrecht, Band II, 1988, S. 699 ff.; *Oliver Koch*, Der Grundsatz der Verhältnismäßigkeit in der Rechtsprechung des Gerichtshofs der Europäischen Gemeinschaften, 2003, S. 290 ff.

14 BVerfGE 71, 206, 216.

15 BVerfGE 94, 268, 285.

16 BVerfGE 90, 145, 191.

17 *Peter Lerche*, Die Verfassung als Quelle von Optimierungsgeboten?, in: Festschrift für Stern, 1997, S. 197 ff.

18 Badura/Scholz (Hrsg.), Verfassungsgerichtsbarkeit und Gesetzgebung, 1998, passim.

b) Grundrechte und Gesetz

In den den Grundrechten beigegebenen Gesetzesvorbehalten heißt es regelmäßig, dass das Grundrecht durch Gesetz beschränkt werden darf. Damit ist zumeist das Parlamentsgesetz gemeint. Seit 1972 hat das Bundesverfassungsgericht Schritt für Schritt für Sonderstatusverhältnisse[19] und für verkammerte freie Berufe[20] den Vorbehalt des Parlamentgesetzes aktualisiert und damit Verwaltungsvorschriften und Satzungen als originäre Grundrechtseinschränkungen nicht mehr zugelassen. Damit sind die Gesetzesvorbehalte und das Demokratieprinzip des Grundgesetzes erfüllt worden.

c) Grundrechtliche Schutzpflichten

Grundrechtliche Schutzpflichten gehören zum status positivus, soweit auf ihre Erfüllung ein subjektives Verfassungsrecht besteht. Zunächst sind Schutzpflichten aber die klassischen Pflichten des Staates, durch Zivilrecht und Strafrecht vor allem Leben und Gesundheit, Freiheit, Eigentum und andere Rechtsgüter seiner Bürger zu schützen. Das ist gemeint mit dem droit à la sûreté in Art. 2 der französischen Erklärung der Menschen- und Bürgerrechte von 1789.

Schutzpflichten sind nach dem Text des Grundgesetzes „grundrechtlich", wenn sie ausdrücklich in einem Grundrecht vorgesehen sind wie in Art. 1 Abs. 1 und in Art. 6. Während gemäß Art. 1 Abs. 1 Satz 2 GG die Menschenwürde zu achten und *zu schützen* Verpflichtung aller staatlichen Gewalt ist, stehen Ehe und Familie unter dem *besonderen Schutz* der staatlichen Ordnung (Art. 6 Abs. 1 GG), und jede Mutter hat Anspruch auf *Schutz* und Fürsorge der Gemeinschaft (Art. 6 Abs. 4 GG). Soweit also in engem Rahmen subjektive Rechte auf Schutz ausdrücklich im Grundgesetz verbürgt sind oder durch die Verwendung des Ausdrucks Schutz im Wege der Auslegung herleitbar sind, muss die Frage nach verfassungsrechtlichen Maßstäben auch für das „Wie" des Schutzes beantwortet werden.

Aus ihrer objektiv-rechtlichen Dimension hat das Bundesverfassungsgericht Schutzpflichten auch aus Grundrechten abgeleitet, die als reine Abwehrrechte konzipiert und formuliert sind, und hat diesen Schutzpflichten ohne weitere Begründung subjektiv-rechtlichen Charakter zugesprochen.[21] Die vom Bundesverfassungsgericht angenommene Umwertung der objektiv-rechtlich begründeten Staatsaufgabe, Sicherheit und inneren Frieden zu schützen, in ein Bündel subjektiver Rechte auf Verfassungsebene stellt eine weder vom Text noch von der Entstehungsgeschichte der Grundrechte gedeckte weitreichende Neuerung dar, die einen erheblichen Einfluss auf das ganze gewaltenteilige Verfassungssystem hat,[22] ins-

---

[19] BVerfGE 33, 1, 9 – Strafvollzug; BVerfGE 45, 400, 417 – Schule; v. Mangoldt/Klein/*Starck*, Kommentar zum Grundgesetz, Bd. 1, 5. Aufl. 2005, Art. 1 Rdnr. 295 ff.

[20] BVerfGE 33, 125, 155, 161 ff. – Fachärzte; BVerfGE 76, 171, 184 f. – Rechtsanwälte.

[21] Vor allem BVerfGE 49, 89, 141; 53, 30, 57; 77, 170, 214; 79, 174, 201 f.; 96, 56, 64; weitere Nachweise *Christian Starck*, Praxis der Verfassungsauslegung, 1994, S. 57–62.

[22] *Starck* (Rn. 21), S. 46, 64 ff., 70 ff.; *Werner Heun*, funktionell-rechtliche Schranken der Verfassungsgerichtsbarkeit, 1992, S. 68 ff.

besondere wenn es um das „Wie" des Schutzes geht. Schutzansprüche gehen auf staatliche Leistungen, die nicht unmittelbar aus Grundrechten folgen, sondern Gesetzgebung voraussetzen.[23]

Inzwischen wird man bezüglich der subjektiven Rechte auf Schutz, den grundrechtlichen Schutzrechten[24], die in ständiger Rechtsprechung aus fast allen Grundrechten abgeleitet werden, von *einer Fortbildung der Verfassung* durch das Bundesverfassungsgericht sprechen müssen, die in der Lehre – allerdings ohne viel Aufhebens – weitgehend akzeptiert worden ist[25] und auf die Rechtsprechung des Europäischen Gerichtshofs und des Europäischen Gerichtshofs für Menschenrechte ausstrahlt.[26]

Rechtsfortbildung ist in den deutschen Prozessordnungen als Aufgabe der Revisionsgerichte vorgesehen. Dagegen schweigt das Bundesverfassungsgerichtsgesetz zur Verfassungsfortbildung. In diesem Schweigen ist allerdings kein Verbot der Verfassungsfortbildung zu sehen. Rechtsfortbildung auf dem Gebiet des Verfassungsrechts muss aber in Betracht ziehen, dass die Verfassung als Rahmenordnung Raum lässt und lassen muss für politische Entscheidungen des Gesetzgebers. Verfassungsfortbildung kann auf die Entstehung neuer faktischer Verhältnisse oder die Entwicklung neuer Vorstellungen reagieren, muss aber stets die ordnende und begrenzende Funktion der Verfassung wahren.[27] Im Falle der grundrechtlichen Schutzpflichten, besser: Schutzrechte liegt der Gedanke zugrunde, dass, sofern die Grundrechte Anknüpfungspunkte für bestimmte Rechtspositionen sind, sie auch einen Anspruch auf Durchsetzung enthalten müssen.[28]

Zur ordnenden Funktion der Verfassung gehört ganz entscheidend die Austarierung des Verhältnisses von Gesetzgebung und Verfassungsgericht. Nur wenn das Bundesverfassungsgericht streng begrenzt prüft,[29] ob das Verbot des Untermaßes, das gut begründet werden muss, beachtet worden ist, wird ein Eingriff der Rechtsprechungsfunktion des Bundesverfassungsgerichts in die politische Gestaltungsfunktion der Gesetzgebung vermieden.[30]

Die regelmäßig notwendige Balancierung von Abwehrrecht und Schutzrecht muss das Übermaß- und das Untermaßverbot beachten, sie darf nicht auf eine ganz

[23] So statt vieler *Josef Isensee*, Das Grundrecht als Abwehrrecht und staatliche Schutzpflicht, in: HStRV, 1992, § 111 Rdnr. 151 ff.

[24] So die Terminologie von *Martin Borowski*, Grundrechte als Prinzipien, 1998, S. 237 f.

[25] *Klaus Stern*, Staatsrecht Bd. III/1, 1988, S. 978 ff; *H. H. Klein*, Die grundrechtliche Schutzpflicht, DVBl. 1994, S. 493; *Horst Dreier*, in: Dreier, Grundgesetz-Kommentar, 2. Aufl. 2004, Bd. I, Vorbem. Rdnr. 95 (Resubjektivierung); *Karl-E. Hain*, Ockham's Razor – ein Instrument zur Rationalisierung der Grundrechtsdogmatik, JZ 2002, S. 1036, 1041 f. stützt die Subjektivierung der Schutzpflichten generell auf Art. 1 Abs. 1 GG.

[26] *Rengeling/Szczekalla*, Grundrechte in der Europäischen Union, 2004, S. 222 ff.; *Heike Krieger*, Funktionen von Grund- und Menschenrechten, in: Grote/Marauhn (Hrsg.), EMRK/GG, 2006, S. 278 ff.

[27] *Peter Badura*, Die Normativität des Grundgesetzes, in: HStRVII, 1992, § 160 Rdnr. 15.

[28] *Peter Unruh*, Zur Dogmatik der grundrechtlichen Schutzpflichten, 1996, S. 64 f.

[29] BVerfGE 79, 174, 202: „Bei der Erfüllung dieser Schutzpflicht kommt dem Gesetzgeber wie der vollziehenden Gewalt ein weiter Einschätzungs- und Gestaltungsspielraum zu."

[30] *Chien-liang Lee*, Grundrechtsschutz unter Untermaßverbot, in: Festschrift für Starck, 2007, S. 297 ff.; *Christian Calliess*, Die Leistungsfähigkeit des Untermaßverbots, in: Festschrift für Starck, 2007, S. 201 ff. auch zum Folgenden.

bestimmte, verfassungsrechtlich allein erlaubte Lösung hinauslaufen. Zwischen der Obergrenze des Eingriffs und der Untergrenze des Schutzes liegt der Spielraum der Gesetzgebung.

2. *Parlamentarisches Regierungssystem*

a) Überlastung des Parlaments

Was soeben über die Grundrechte ausgeführt worden ist – Verhältnismäßigkeitsprinzip, Festigung der Gesetzesvorbehalte und grundrechtliche Schutzpflichten – spiegelt sich in der Gesetzgebung wider als Überlastung des Parlaments und als Abhängigkeit von der die Gesetze entwerfenden Ministerialbürokratie. Die Detailliertheit der Regelungen und die notwendige Einpassung der Gesetze in den Bestand des geltenden Rechts setzen inzwischen ein hohes Maß an Spezialwissen voraus, das in den einzelnen Ministerien vorhanden ist und das wegen des inneren Zusammenhangs des ganzen Rechts zwischen den Ministerien vernetzt werden muss. Dies gilt besonders für die ausgedehnte Sozialgesetzgebung, die das Sozialstaatsprinzip (Art, 20 Abs. 1, 28 Abs.1 GG) in die Rechtswirklichkeit umsetzt[31] und sich dabei im Rahmen der Grundrechte halten, insbesondere den allgemeinen und die besonderen Gleichhheitssätze beachten muss. Nachdem vor der Bundespräsidentenwahl im Zusammenhang mit der Finanzkrise soziale Unruhen prognostiziert worden sind, möchte ich betonen, dass bisher die Sozialgesetzgebung seit der Adenauerzeit ein wesentlicher Faktor der gesellschaftlichen Stabilität gewesen ist und wohl auch bleiben wird.

b) Neue Kompetenzen für das Parlament

In auswärtigen Angelegenheiten steht der Regierung in den Grenzen des abschließend geregelten Parlamentsvorbehalts[32] eine weitreichende Gestaltungsbefugnis zu. Auf dem Gebiet des Einsatzes der Streitkräfte hat das Bundesverfassungsgericht eine Fortbildung der Verfassung zugunsten des Parlaments vorgenommen. 1994 hat es entschieden, dass die Bundesregierung verpflichtet sei, für den Einsatz bewaffneter Streitkräfte im Rahmen eines Systems gegenseitiger kollektiver Sicherheit die vorherige konstitutive Zustimmung des Bundestages einzuholen. Das Bundesverfassungsgericht scheint zu meinen, das Ergebnis im Wege der Verfassungsauslegung gefunden zu haben.[33] Die Argumentation nähert sich aber der Verfassungsfortbildung, wenn es heißt: „Wenn nunmehr nach dem Beitritt der Bundesrepublik Deutschland zu den Vereinten Nationen und in einer veränderten weltpolitischen Lage auch weitere Fälle des Einsatzes deutscher Streitkräfte in Betracht kommen, so ist ein Parlamentsvorbehalt für diese Fälle im Grundgesetz

---

[31] Vgl. *Christian Starck*, Soziale Rechte in Verträgen, Verfassungen und Gesetzen, in: Gedächtnisschrift für Tettinger 2007, S.761, 770 ff.

[32] Art. 59 Abs. 2 Satz 1, Art. 24 Abs. 1 GG.

[33] BVerfGE 90, 286, 382 f. auch zum Folgenden.

lediglich nicht mehr ausdrücklich bestimmt; der Sache nach sollte er nicht entfallen."[34] Diese Begründung zeigt deutlich, dass ein Akt der Verfassungsfortbildung vorliegt.

3. Bundesstaatlichkeit

Eine genauere Betrachtung der Bundesstaatlichkeit kann deutlich machen, dass sie ihre Stabilität nach ihrem jeweiligen normativen Bestand hauptsächlich dem Bundesverfassungsgericht verdankt. Im Laufe der 60 Jahre der Geltung des Grundgesetzes sind die meisten der 53 Grundgesetzänderungen auf bundesstaatliche Regelungen bezogen gewesen. Die Bundesstaatlichkeit ist heute normativ eine andere als vor 60, 40 oder 20 Jahren. Nach der Wiederherstellung der staatlichen Einheit erleichterte die bundesstaatliche Struktur wesentlich den Prozess des Zusammenwachsens. Denn durch die eigene Staatlichkeit der fünf neuen Länder wird ein Teil der Staatsgewalt allein von den Repräsentanten der Bevölkerung der ehemaligen DDR getragen.

a) Verfassungsfortbildung beim Finanzausgleich

Auch hinsichtlich der Bundesstaatlichkeit zeigt sich ein Akt der verfassungsgerichtlichen Verfassungsfortbildung, und zwar auf dem Gebiet des bundesstaatlichen Finanzausgleichs. Das Bundesverfassungsgericht führt die Pflicht des Gesetzgebers ein, ein Maßstäbegesetz zu erlassen, in dem die verfassungsrechtlichen Regeln über die Verteilung des Umsatzsteueraufkommens (Art. 106 Abs. 3 Satz 4 GG), den horizontalen Finanzausgleich (Art. 107 Abs. 2 Sätze 1 und 2 GG) und die Bundesergänzungszuweisungen (Art. 107 Abs. 2 Satz 3 GG) konkretisiert und ergänzt werden.[35] In der Begründung wird einerseits davon gesprochen, dass das Grundgesetz den Gesetzgeber beauftrage, „die verfassungsrechtlichen Maßstäbe zu konkretisieren und zu ergänzen", die ihn dann bei der jährlichen Zuteilung bänden. Es heißt dann aber andererseits auch in der Entscheidung, dass der Gesetzgeber „die finanzverfassungsrechtlichen Vorgaben *in Fortbildung der bundesstaatlichen Verfassungsprinzipien* (Hervorhebung C.S.) so auszuformen (hat), dass die Finanzverfassung in zeitgerechten Maßstäben verdeutlicht wird und die Zuteilungs- und Ausgleichsfolgen jeweils gegenwartsgerecht bemessen und periodisch überprüft werden können."[36] In Wirklichkeit handelt es sich um einen Akt der Verfassungsfortbildung, dem der Gesetzgeber in derselben Weise unterworfen ist wie dem Grundgesetz.

b) Föderalismusreform 2006

Die Bundesstaatlichkeit heute ist in besonderem Maße das Ergebnis der letzten großen Verfassungsänderung. Die Grundidee der Föderalismusreform 2006 ist die

---

[34] Zustimmend bewertet durch *Christian Walter*, Hüter oder Wandler der Verfassung, AöR 125 (2000), S. 517, 547.

[35] BVerfGE 101, 158, 214 ff., 219–236.

[36] BVerfGE 101, 158, 218.

Verminderung der der Zustimmung des Bundesrates unterliegenden Gesetzgebung des Bundes. Im Austausch dafür wird die dem Bund zustehende Gesetzgebungskompetenz zugunsten der Länder reduziert.[37] Das heißt: Geringerer Einfluss der Landesexekutive über den Bundesrat auf die Bundesgesetzgebung gegen Stärkung der Landeslegislative durch Vermehrung der Landesgesetzgebungskompetenz. Dieser Reformansatz ist zu begrüßen.

Die konkurrierende Gesetzgebungskompetenz ist jetzt in drei Kategorien aufgeteilt: Der Bund hat erstens das Gesetzgebungsrecht ohne weitere Voraussetzung nach politischem Belieben (Art. 72 Abs. 1 GG). Bei bestimmten Materien findet zweitens eine Erforderlichkeitsprüfung statt, die dem alten Art. 72 Abs. 2 GG entspricht. Drittens gibt es für die in Art. 72 Abs. 3 GG aufgezählten ehemaligen Materien der Rahmengesetzgebungskompetenz die Möglichkeit abweichender Gesetzgebung durch die Länder, wenn der Bund von seiner nicht näher beschränkten konkurrierenden Kompetenz Gebrauch gemacht hat.

Was die Zustimmung des Bundesrats zu Bundesgesetzen anbelangt, soll diese entfallen, wenn das Gesetz Behörden- und Verwaltungsverfahren regelt. Als Kompensation erhalten die Länder ebenfalls die Befugnis, abweichende Regelungen über Behörden und Verfahren zu treffen (Art. 84 Abs. 1 Satz 2 GG).

In gleicher Weise wie bei der konkurrierenden Gesetzgebung der Kategorie 3 gilt das jeweils spätere Gesetz. Der Bund kann also eine landesrechtliche Abweichung wieder auf die Bahn der Bundesgesetzgebung lenken. Den Ländern bleiben allerdings 6 Monate Zeit, auf die neuerliche Bundesgesetzgebung zu reagieren.[38] Das ist sehr kompliziert. Interpretationsprobleme und praktische Schwierigkeiten sind vorgezeichnet. Das wird sich besonders zeigen, wenn es auf Gebieten mit der Möglichkeit der Abweichungsgesetzgebung um die Umsetzung von EG-Richtlinien geht. Fehlt es an der vom Europäischen Gerichtshof geforderten Eindeutigkeit und Bestimmtheit des Rechtszustandes, wird der Bund europarechtlich in Pflicht genommen, ohne dass ihm verfassungsrechtliche Instrumente zur Verfügung stehen, die erforderliche Eindeutigkeit zu garantieren.

Ungeachtet all dieser Schwierigkeiten wird die Abweichungsgesetzgebung dazu führen, dass in einigen Ländern Bundesrecht, in anderen Landesrecht gilt. Dagegen ist im Prinzip nichts einzuwenden. Wegen der von Art. 31 GG abweichenden Regelung, dass im Verhältnis von Bundes- und Landesrecht das jeweils später ergangene Gesetz gilt, dürfte es aber in einzelnen Ländern zur abwechselnden Geltung von Bundes- und Landesrecht oder bei späteren Teilregelungen zu einem komplizierten Geltungsmix kommen.[39] Diesem Teil der Föderalismusreform steht das Änderungsbedürfnis auf der Stirn geschrieben.

---

[37] Strafvollzug, Untersuchungshaftvollzug, Versammlungsrecht, Gaststätten- und Ladenschlussrecht, Besoldung und Versorgung der Angehörigen des öffentlichen Dienstes der Länder; Aufhebung der Kategorie der Rahmengesetzgebungskompetenz.

[38] Vgl. Art. 72 Abs. 3 Satz 3; Art. 84 Abs. 1 Satz 3 GG.

[39] Entsprechende Kritik bei *Ulrich Häde*, Zur Föderalismusreform in Deutschland, JZ 2006, S. 930, 932 f.; *Stefan Oeter*, in: Starck (Hrsg.), Föderalismusreform, 2007, S. 38 ff.; *Rupert Stettner*, in: Dreier, Grundgesetz Bd. II Supplementum, 2007, S. 134 f.; *Arndt Uhle*, in: Kluth (Hrsg.), Föderalismusreformgesetz, 2007, S. 142 ff.; *Peter Selmer*, Folgen der neuen Abweichungsgesetzgebung der Länder, ZG 2009, S. 33, 36 ff. m.w.N.

III. Europäische Perspektiven

Die Entwicklung der Europäischen Wirtschaftsgemeinschaft, später der Europäischen Gemeinschaft, ist eine Erfolgsgeschichte. Die Gewährleistung und allgemeine Realisierung der Freizügigkeit des Warenverkehrs, der Dienstleistungs- und Kapitalverkehrsfreiheit sowie der Niederlassungsfreiheit haben ein hohes Maß an Integration der Mitgliedstaaten bewirkt und deren wirtschaftliche Leistungsfähigkeit gesteigert. Die Erfolgsgeschichte kann man auch daran ablesen, dass die Europäische Gemeinschaft seit den 70er Jahren des letzten Jahrhunderts Jahrzehnt um Jahrzehnt um weitere Staaten anwuchs, die sich um den Beitritt bemühten. Neben der wirtschaftlichen Prosperität hat die europäische Integration auch den Frieden stärkende Wirkung, an die man immer wieder erinnern muss, besonders diejenigen, die weder den Zweiten Weltkrieg noch die Zeit danach erlebt haben.

1. Der neue Art. 23 GG als Staatsziel und Integrationsmaßstab

Nach dem 1992 neu gefassten Art. 23 Abs. 1 Satz 1 GG wirkt die Bundesrepublik Deutschland zur Verwirklichung eines vereinten Europas „bei der Entwicklung der Europäischen Union mit, die demokratischen, rechtsstaatlichen, sozialen und föderativen Grundsätzen und dem Grundsatz der Subsidiarität verpflichtet ist und einen diesem Grundgesetz im wesentlichen vergleichbaren Grundrechtsschutz gewährleistet". Diese Verfassungsnorm verfeinert und detailliert – der Entwicklung der Europäischen Gemeinschaft entsprechend – die bloße Ermächtigung des Bundes, durch Gesetz Hoheitsrechte auf zwischenstaatliche Einrichtungen zu übertragen (Art. 24 Abs. 1 GG).

Art. 23 GG normiert jetzt ein Staatsziel und legt rechtliche Maßstäbe fest, unter denen es anzustreben ist. Was die Maßstäbe anbelangt, spielt Art. 23 Abs. 1 GG in Richtung auf die Europäische Union eine ähnliche Rolle wie Art. 28 Abs. 1 und 3 GG in Richtung auf die Länder. Die suprastaatliche Union wird ebenso wie die Länder auf entscheidende Rechtsgrundsätze verpflichtet. Vielfach wird heute von Verfassungsrecht auf drei Ebenen gesprochen. Das ist missverständlich. Denn die mittlere, die nationalstaatliche Ebene ist die entscheidende. Das für die europäische Integration maßgebliche Recht wird der Bundesrepublik nicht von außen aufgedrängt, sondern beruht auf völkerrechtlichen Verträgen, die nur mit Zustimmung aller Mitgliedstaaten zustande kommen und geändert werden können. Diese sind und bleiben souveräne Staaten und als solche die Herren der Verträge. Die Europäische Union, die Deutschland – dem Staatsziel folgend – mit entwickeln soll, ist nicht auf eine eigene neue Staatlichkeit ausgerichtet, sondern soll als Staatenverbund auf völkerrechtlicher Grundlage wirken[40] wie das Bundesverfassungsgericht im Maastricht-Urteil zutreffend festgestellt hat und am 30. Juni 2009 im Lissabon-Urteil ausführlich und eingehend bekräftigt hat (dort unter C II 1 b).

[40] BVerfGE 89, 155, 195.

Das kommt im geltenden Gemeinschaftsrecht sehr schön zum Ausdruck, wenn es in Art. 190 Abs. 1 EGV heißt: „Die Abgeordneten der Völker der in der Gemeinschaft vereinigten Staaten im Europäischen Parlament werden in allgemeiner unmittelbarer Wahl gewählt." Die Gleichheit der Wahl – ein Essenziale der Demokratie – fehlt konsequenterweise. Denn Staaten schließen sich in der Europäischen Gemeinschaft zusammen. Die Zahl der Abgeordneten im Europäischen Parlament soll primär eine angemessene Repräsentation der Mitgliedstaaten gewährleisten, nicht der Unionsbürger.

Dieser Umstand wird im Lissabonner Vertrag – übrigens im Anschluss an den gescheiterten Europäischen Verfassungsvertrag – verunklart. Zwar wird in Art. 1 Abs. 2 noch von der Union der Völker Europas gesprochen. Bei der Regelung der Zusammensetzung des Europäischen Parlaments wird nicht mehr von den Mitgliedstaaten, sondern von den Unionsbürgern ausgegangen. Es heißt: „Das Europäische Parlament setzt sich aus *Vertretern der Unionsbürger* zusammen." Die Staaten kommen eher beiläufig vor, wenn es heißt: „Die Bürger sind im Europäischen Parlament degressiv proportional, mindestens jedoch mit sechs Mitgliedern je Mitgliedstaat, vertreten. Kein Mitgliedstaat erhält mehr als 96 Sitze" (Art. 14 Abs. 2 EUV-Lissabon; Art. 20 Abs. 2 EVV). Hier wird die degressiv proportionale Zusammensetzung des Europäischen Parlaments nicht wie im geltenden Recht deutlich als Folge der Union von Staaten geregelt, sondern zunächst eine Repräsentation der Unionsbürger vorgespiegelt, die demokratischen Wahlrechtsgrundsätzen entsprechend gleich sein müsste, und dann die degressiv proportionale Zusammensetzung als Ausnahmeregelung angehängt, wobei die Degressivität noch verstärkt wird von der derzeitigen Spanne 99 zu 5 auf 96 zu 6.[41]

Die klare Rechtssprache des geltenden Rechts wird zugunsten unklarer politischer Sprache aufgegeben, um dem Bürger als Wähler etwas vorgaukeln zu können, was nicht und auch in Zukunft nicht realisiert werden kann. Denn die Größe der Europäischen Union und die vielfältigen Unterschiede zwischen den 27 Mitgliedstaaten schließen die Entwicklung zu einem Bundesstaat Europa mit eigener Kompetenz-Kompetenz und der Gleichheit der Wahl aus. Je mehr Staaten Mitglieder der Europäischen Union sind, umso wahrer ist diese Aussage. Je dichter die Supranationalität werden soll, umso weniger verträgt sie geographische Erweiterungen. Nachdem die geographischen Erweiterungen stattgefunden haben und nicht mehr rückgängig gemacht werden können, ist damit die Dynamik der rechtlichen Verdichtung der Union gebremst. Sie wird supranationale Union bleiben, sich vielleicht in verschiedene Verdichtungskreise gliedern.

[41] Vgl. dazu jetzt BVerfG, Lissabon-Urteil vom 30. 6. 2009 unter C II 1 a: „Das Europäische Parlament bleibt ... wegen der mitgliedschaftlichen Kontingentierung der Sitze eine Vertretung der Völker Europas" (C II 1 a, cc)

2. Grundsatz der begrenzten Einzelermächtigung

Vom Grundgesetz aus gesehen, das den Bund ermächtigt, Hoheitsrechte auf die Europäische Union zu übertragen (Art. 23 Abs. 1 Satz 2), gilt „der Grundsatz der begrenzten Einzelermächtigung." Dieser Grundsatz bedeutet nach den Worten des Lissabonner Vertrages, dass „die Union nur innerhalb der Grenzen der Zuständigkeiten tätig (wird), die die Mitgliedstaaten ihr in den Verträgen zur Verwirklichung der darin niedergelegten Ziele übertragen haben" (Art. 5 Abs. 2 EUV). Danach bestimmen die Ziele nicht die Zuständigkeiten, sondern die Ziele dürfen nur im Rahmen der Zuständigkeiten verfolgt werden. Geradezu beschwörend wird das vorher schon in Art. 4 Abs. 1 EUV-Lissabon gesagt: „Alle der Union nicht in den Verträgen übertragenen Zuständigkeiten verbleiben gemäß Art. 5 bei den Mitgliedstaaten." Die Gründe für solch deutliche Formulierungen dürften vor allem im Scheitern des Vertrages über eine Verfassung für Europa liegen. Nur solche Gemeinschaftsakte, die sich im Rahmen der Ermächtigung halten, entfalten Vorrang vor nationalem Recht, anderenfalls wäre der Weg zu einem europäischen Bundesstaat geöffnet.[42]

Damit ist eine *Symmetrie von nationalstaatlicher Ermächtigung und unionaler Zuständigkeit* deutlich zum Ausdruck gebracht. Für den Europäischen Gerichtshof bedeutet dies eine Grenze der Rechtsfortbildung.[43] Rechtsfortbildung ist nur im Rahmen der Verbandskompetenz erlaubt. Der Europäische Gerichtshof ist zur „Wahrung des Rechts" aufgerufen (Art. 220 EGV). Er hat keinen politischen Integrationsauftrag. Motoren der Integration sind die Mitgliedstaaten. Wenn diese Motoren zu langsam laufen, mag das als unbefriedigend empfunden werden, verschafft den Organen der Europäischen Gemeinschaft und so auch dem Gerichtshof aber keine Funktion, als Ersatzmotor tätig zu werden. Denn eine die Verbandskompetenz überschreitende Auslegung der Verträge oder deren Fortbildung durch den Europäischen Gerichtshof könnte nur durch Vertragsänderung korrigiert werden, was wegen des Erfordernisses der Einstimmigkeit praktisch nicht möglich ist.

Nach geltendem Recht wahrt der Europäische Gerichtshof das Recht bei der Auslegung und Anwendung des EG-Vertrages (Art. 220 EGV); nicht zuständig ist er für die Auslegung und Anwendung des Unionsvertrages. Von der Öffentlichkeit weitgehend unbemerkt heißt es in Art. 19 Abs. 3 EUV-Lissabon, dass der Gerichtshof nach Maßgabe der Verträge entscheidet, also nicht nur des Vertrages über die Arbeitsweise der Europäischen Union, der den EG-Vertrag ersetzen soll, sondern auch des EUV-Lissabon. Dessen Art. 2 und 3 enthalten Werte und Ziele der Union, z. B. Menschenwürde, Freiheit, Demokratie, Pluralismus, Nichtdiskrimi-

---

[42] *Rudolf Streinz,* Bundesverfassungsgerichtlicher Grundrechtsschutz und Europäisches Gemeinschaftsrecht, 1989, S. 125 ff.; *Juliane Kokott,* Deutschland im Rahmen der Europäischen Union, in: AöR 119 (1994), S. 207, 216 ff. Siehe vor allem BVerfGE 89, 155, 209 ff. Siehe jetzt Lissabon-Urteil vom 30. 6. 2009 unter C I 2 e, bb.

[43] *Peter M. Huber,* in: Streinz, EUV/EGV, 2003, Art. 220, Rdnr. 27–39; *Konrad Walter,* Rechtsfortbildung durch den EuGH, 2009, S. 228 ff., 254 ff., 267 f., 310 f.

nierung, Toleranz, Gerechtigkeit, Solidarität. Dies sind Programmsätze, die in sehr allgemeinen Formulierungen Voraussetzungen der Mitgliedschaft enthalten. Diese Wert- und Zielnormen sind nicht dazu geeignet, vom Europäischen Gerichtshof für alle Mitgliedstaaten verbindlich ausgelegt zu werden und damit möglicherweise nationalstaatliches, also z. B. deutsches Verfassungsrecht und die dazu ergangene Verfassungsrechtsprechung zu korrigieren[44]. Das stünde in deutlichem Widerspruch zur doppelt normierten begrenzten Einzelermächtigung der Europäischen Union (Art. 4, 5 EUV-Lissabon). Durch die Vertragsauslegung im zitierten Lissabon-Urteil scheint diese Gefahr gebannt..

Die Kompetenzergänzungsbefugnis des Rates (Art. 308 EGV), die nicht in das System der Übertragung von Hoheitsrechten durch die mitgliedstaatlichen Parlamente passt[45], wird im Lissabonner Vertrag verschönernd „Vertragsabrundungskompetenz" genannt (Art. 352 AEUV). Sie soll in Abweichung von der doppelt zum Ausdruck gebrachten Symmetrie von staatlicher Ermächtigung und unionaler Zuständigkeit (Art. 4 Abs. 1, Art. 5 Abs. 2 EUV-Lissabon) weiterhin Zielverwirklichungen ermöglichen, für die in den Verträgen keine Befugnisse vorgesehen sind. Immerhin muss die Kommission, die solche „Vertragsabrundungen" vorschlägt, nach der geplanten Neuregelung die nationalen Parlamente im Rahmen des Verfahrens zur Kontrolle der Einhaltung des Subsidiaritätsprinzips (Art. 5 Abs. 3 EUV) auf die Vorschläge aufmerksam machen.[46] Diese haben dann die Möglichkeit, auf ihre Regierungen einzuwirken, wenn sie die „Vertragsabrundung" ablehnen. Der Rat beschließt einstimmig. Das Bundesverfassungsgericht fordert im Lissabon-Urteil vom 30. 6. 2009 – für die deutschenVerfassungsorgane bindend – eine Ratifikation auf der Grundlage des Art. 23 Abs. 1 Satz 2 und 3 GG [C II 1 b, aa (2) (d) (bb), C II 3 b, bb (3)].

Die Freiheiten des Binnenmarkts, die zunächst als Diskriminierungsverbote gedacht waren und formuliert sind, sind in der Rechtsprechung des Europäische Gerichtshofs, wie bereits erwähnt, allmählich zu umfassenden Beschränkungsverboten entwickelt worden.[47] So prüft der Europäische Gerichtshof schon lange nicht mehr nur, ob EG-Bürger gegenüber Staatsangehörigen des betreffenden Staates ungleich behandelt werden, sondern auch, ob eine nationalstaatliche Beschränkung unter dem Gesichtspunkt des Verhältnismäßigkeitsprinzips gerechtfertigt ist. Damit wird auf dem Gebiet der wirtschaftlichen Grundrechte, insbesondere der Berufsfreiheit eine starke Unitarisierung bewirkt, die bei der Niederlassungsfreiheit durchaus problematisch ist. Denn die Niederlassung bewirkt eine enge Beziehung zur Rechtsordnung des betreffenden Staates, deren Integrität das Gemeinschaftsrecht durch das Subsidiaritätsprinzip (Art. 5 EGV) schützt. Die Mit-

---

[44] Vgl. dazu warnend *Dietrich Murswiek,* Die heimliche Entwicklung des Unionsvertrages zur europäischen Oberverfassung, in: NVwZ 2009, S. 481 ff.

[45] Übersicht über die auf Art. 308 EGV gestützten Rechtsakte bei *Streinz*, in: Streinz, EUV/EGV, 2003, Art. 308 Rdnr. 35 ff.

[46] Nach Art. 6 des Protokolls über die Anwendung der Grundsätze der Subsidiarität und der Verhältnismäßigkeit obliegt es dem nationalen Parlament regionale Parlamente mit Gesetzgebungsbefugnissen (= deutsche Landtage) zu konsultieren.

[47] *Rudolf Streinz*, Europarecht, 8. Aufl. 2008, Rdnr. 797 ff.; EuGH Rs. 120/78, Slg. 1979, 649 – Cassis de Dijon.

gliedstaaten sind in erster Linie berufen, gesellschafts- und sozialpolitische Entscheidungen zu treffen und so auch das Recht der Freien Berufe zu regeln. Diese Auffassung ist durch die Rechtsprechung des Europäische Gerichtshofs inzwischen obsolet geworden. Umso wichtiger ist es, die Verträge auf Ausnahmevorschriften zu untersuchen, in denen den Mitgliedstaaten ausdrücklich Kompetenzen vorbehalten werden.

Dazu folgendes Beispiel. Zur Zeit schwebt ein Verfahren vor dem Europäischen Gerichtshof, in dem es darum geht, ob Deutschland weiterhin den Besitz und Betrieb einer Apotheke Apothekern vorbehalten darf. Art. 48 EGV, der für Niederlassungen Gesellschaften mit natürlichen Personen gleichstellt, scheint gegen die deutsche Regelung zu sprechen. Allerdings geht es bei der Organisation des Apothekenwesens und des Verkaufs von Medikamenten um Gesundheitspolitik, die primär den Mitgliedstaaten zusteht, wie sich deutlich aus Art. 152 Abs. 5 EGV ergibt: „Bei der Tätigkeit der Gemeinschaft im Bereich der Gesundheit der Bevölkerung wird die Verantwortung der Mitgliedstaaten für die Organisation des Gesundheitswesens ... in vollem Umfang gewahrt." Die Kompetenzen der Gemeinschaft bestehen in der Ergänzung der Politik und der Maßnahmen der Mitgliedstaaten (Art. 152 Abs. 1 EGV) und in deren Förderung und Unterstützung.

Warum erzähle ich diese Einzelheit hier? Ich halte es für bemerkenswert, dass die Bevollmächtigten der Bundesregierung in ihrem 27 Seiten umfassenden Schriftsatz, in dem sie die deutsche Regelung verteidigen, mit keinem Wort auf die in Art. 152 Abs. 5 EGV (ähnlich Art. 168 Abs. 7 AEUV-Lissabon) enthaltene ausdrückliche Kompetenzbeschränkung der Gemeinschaft eingehen. Die Kommentatoren sind sich darin einig, dass Art. 152, der durch den Vertrag von Amsterdam (dort Art. 129) eingeführt worden ist, die Belange des Gesundheitsschutzes innerhalb der Gemeinschaft gestärkt hat, ohne jedoch die Verbandskompetenz der Gemeinschaft in diesem Bereich wesentlich zu erweitern.[48] – In dem Schlussantrag des Generalanwalts *Yves Bot*[49] ist Art. 152 Abs. 5 EGV herangezogen und das deutsche apothekenrechtliche Fremdbesitzverbot für vereinbar mit dem Gemeinschaftsrecht beurteilt worden. Am 19. Mai 2009 hat der Europäische Gerichtshof die Sache entschieden. Er hat die Eignung und Erforderlichkeit des Fremdbesitzverbots zum Schutze der Volksgesundheit bejaht und das deutsche Fremdbesitzverbot aufrechterhalten, also materiell argumentiert und nicht gemäß Art. 152 Abs. 5 EGV die Zuständigkeit der Europäischen Gemeinschaft verneint.

IV. Schlussbemerkungen

Die *innerstaatliche Perspektive* hat ergeben, dass die Normativität des Grundgesetzes während seiner 60jährigen Geltung durch das Bundesverfassungsgericht – relativ immun gegen die sich abwechselnden Gesellschaftstheorien – gesichert worden ist.

---

[48] *Brigitte Lurger*, in: Streinz, EUV/EGV, 2003, Art. 152 Rdnr. 8; *Thomas Oppermann*, Europarecht, 2. Aufl. 1999, Rdnr. 2050 ff.

[49] Rs. C-171, 172/07.

Dass die Grundrechte nicht nur gemäß Art. 1 Abs. 3 GG, sondern tatsächlich unmittelbar geltendes Recht sind, ist dem Bundesverfassungsgericht mit seinen rational einleuchtenden Argumentationskriterien zu verdanken. Das Verhältnismäßigkeitsprinzip und der Schutzrechtscharakter der Grundrechte haben allerdings Abwägungen und Bewertungen zur Folge, die Rücksicht auf die politische Gestaltungsaufgabe der demokratisch legitimierten Gesetzgebung verlangen. Das Bundesverfassungsgericht hat den jeweiligen normativen Bestand der Bundesstaatlichkeit unter Einschluss der Finanzverfassung geschützt. Die Föderalismusreform enthält Regelungen, die nicht für die Praxis taugen.

Die *europäische Perspektive* hat die zentrale Bedeutung des Art. 23 Abs. 1 GG ergeben. Er bezeichnet ein Staatsziel und enthält zu dessen Verwirklichung verfahrensrechtliche Vorgaben und materiellrechtliche Maßstäbe. Nationales Verfassungsrecht und Völkerrecht sind die Basis für alle Tätigkeit der Organe der Europäischen Gemeinschaft/Union. Der daraus folgende Grundsatz der begrenzten Einzelermächtigung, der in Art. 4 und 5 EUV- Lissabon deutlich herausgestellt ist, ist Auslegungsmaßstab für das gesamte Europarecht. Rechtsfortbildung durch den Europäischen Gerichtshof ist nur innerhalb der Verbandskompetenz der Gemeinschaft zulässig. Die Wert- und Zielnormen der Art. 2 und 3 EUV-Lissabon sind nicht dazu geeignet, vom Europäischen Gerichtshof für alle Mitgliedstaaten verbindlich ausgelegt zu werden und damit möglicherweise nationalstaatliches Verfassungsrecht und dazu ergangene Verfassungsrechtsprechung zu korrigieren.

Klaus Stern:

Vielen Dank, Herr Kollege *Starck*. Sie haben uns eine kleine Tour d'horizon des Grundgesetzes in seinen wichtigsten Bestandteilen geboten, vor allen Dingen zur Grundrechtsdogmatik, dem parlamentarischen Regierungssystem, dem Föderalismus und zuletzt in längerer Weise zu Europa und der Bedeutung des Artikels 23. Es waren wichtige Fragen, die Sie angesprochen haben. Ich stimme Ihnen vor allen Dingen darin zu, dass die Abweichungsgesetzgebung, die Sie ja deutlich kritisiert haben, in der Praxis erhebliche Probleme aufwerfen wird. Bei Artikel 23 möchte ich gerne daran erinnern – Herr *Scholz* wird sich noch an die große Diskussion im Rahmen der Gemeinsamen Verfassungskommission erinnern –, dass seine Langatmigkeit Bedenken erweckte. Die Sachverständigen, die damals aufgerufen wurden, haben allesamt kürzere Vorschläge unterbreitet und haben das, was dann herausgekommen ist, deutlich kritisiert. Statt der sieben Absätze, die auch Herr *Lammert* als nicht gerade geglückt bezeichnet hat, waren damals sehr viel kürzere Vorschläge gemacht worden. Das Verfassungsziel Europa ist natürlich wichtig, aber wir haben hier eine Reihe von Problemen, und ich freue mich außerordentlich auf die Diskussion, denn ich könnte mir vorstellen, dass das einer der Kernpunkte unserer Diskussion nachher sein wird.

Wir erwarten jetzt das Referat von Herrn Kollegen *Cruz Villalón*. Herr Kollege *Cruz Villalón* ist Professor an der Universität Madrid Autónoma und langjähriger Präsident des spanischen Verfassungsgerichtshofs gewesen. Er ist einer derjenigen, der in vorzüglicher Weise mit dem deutschen Verfassungsrecht in Verbindung steht; er hat dementsprechend viele Beiträge geschrieben, die zum Teil auch in deutscher Sprache erschienen sind. Er ist Herausgeber des gerade zur Fortsetzung anstehenden Werkes „Ius Publicum Europaeum" und Vorstandsmitglied der SIPE, der Societas Iuris Publici Europaei. Bitte sehr, Herr *Cruz Villalón*.

PEDRO CRUZ VILLALÓN

Das Grundgesetz in der spanischen Verfassungsentwicklung (1978–2008)

Vor nunmehr 20 Jahren, anlässlich des 40. Jahrestags des Grundgesetzes, durfte ich über die besonders intensive Rezeption des deutschen Verfassungsrechts in Spanien mehrmals berichten[1]. Damals war die spanische Verfassung kaum zehn Jahre alt[2]. Meine damaligen Berichte befassten sich also überwiegend mit einer *textuellen* Rezeption, d. h. mit der Rezeption des Grundgesetzes im Text der spanischen Verfassung. Nun aber ist die spanische Verfassung schon halb so alt wie die deutsche: 30 Jahre ist sie letzten Dezember geworden. Der Schwerpunkt dieses Beitrags – „Verfassungsentwicklung" – scheint jetzt völlig berechtigt.

Sollte man die Entwicklung dieser deutsch-spanischen *Verfassungspartnerschaft* in einem Satz ausdrücken, so könne man behaupten: Aus den anmutenden Zwillings-Verfassungen Deutschlands und Spaniens sind „Teil-Verfassungen" geworden, und zwar „Teil-Verfassungen" des europäischen „Verfassungverbundes". Denn, ohne dass über die spezifische Bedeutung dieser Wandlung schon gleich zu berichten wäre, so ist nicht zu vergessen, dass dieser Jahrestag unter dem Zeichen des „Ver fassungsverbundes" hier gefeiert wird. Dieser Perspektive darf auch nicht vernachlässigt werden.

Während 1989 der Beitritt Spaniens in die Europäischen Gemeinschaften kaum drei Jahre zurück lag, so handelt es sich heute um einen Mitgliedstaat, der zusammen mit Deutschland die verschiedenen Kapitel der Integration im Laufe der Letzten zwei Jahrzehnte miterlebt hat: die des Europäischen Einheitsaktes, der Verträge von Maastricht, Amsterdam und Nizza, sowie der beiden europäischen Konvente, das der geglückten Charta der Grundrechte und das des missglückten Verfassungsvertrags. Über Lissabon scheint es angebracht, noch den Atem zu halten.

Viel Wasser ist seit 1989 überall in Europa unter den Brücken durchgeflossen. Noch bei der Würzburger Tagung der Gesellschaft für Rechtsvergleichung im September 1989 hat man nicht geahnt, was Deutschland und Europa wenige Wochen später erleben sollten.

---

[1] Tagungen in Hagen (U. Battis/E. F. Mahrenhoz/D. Tsasos (Hs.), „Das Grundgesetz im internationalen Wirkungszusammenhang der Verfassungen. 40 Jahre Grundgesetz", Berlin, 1990, pp. 93–108) und Würzburg (Chr. Starck (Hs.), Grundgesetz und deutsche Verfassungsrechtsprechung im Spiegel ausländischer Verfassungsentwicklung, Baden-Baden, 1990, pp. 193–223). Der Beitrag in Köln hatte einen spezifischeren Gegenstand, „Die Entstehung einer europäischen Grundrechtsgemeinschaft. Ein spanischer Diskussionsbeitrag" (*K. Stern*, „40 Jahre Grundgesetz. Entstehung, Bewährung, internationale Ausstrahlung", München, 1990, pp. 211–214).

[2] *P. Cruz Villalón*, „Zehn Jahre spanische Verfassung", JöR, n.F. 37 (1988), S. 87–114.

Was Spanien anbelangt, so ist der Begriff „Entwicklung" besonders angebracht, denn bis auf eine winzigen Änderung des Textes der Verfassung[3] ist es das einzige, was es gegeben hat: „Verfassungsentwicklung". Eine textuelle Rezeption der zahlreichen Änderungen des Grundgesetzes in den letzten Jahren konnte es also in Spanien prinzipiell nicht geben.

Zu würdigen ist aber heute das Grundgesetz für die Bundesrepublik Deutschland. In Betracht kommt die spanische Verfassung nur als – so könnte man es ausdrücken – Musterbeispiel der Legitimationsfunktion, welche das Grundgesetz im europäischen Verfassungsraum in den letzten drei Jahrzehnten erfüllt hat. Denn die spanische Verfassung von 1978 hat seine Legitimität teilweise im deutschen Grundgesetz gesucht und gefunden: Das Grundgesetz also als legitimitätsstiftende Verfassung. Nicht bloß Beispiel bzw. Modell, sondern gerade Legitimität.

Dabei sollte man nicht die Bedeutung insbesondere der italienischen Verfassung von 1947 und der französischen von 1958 bei der Gestaltung der spanischen Verfassung vernachlässigen; ebenso wenig, wie man aus der erwähnten deutsch-spanischen Verfassungspartnerschaft einen unvertretbar Sonderfall machen sollte.

Im Folgenden und mithilfe einiger weniger Grundbegriffe des deutschen Verfassungsrechts soll ansatzweise dargestellt werden, wie das Grundgesetz bei der Bewahrung und Fortentwicklung der spanischen Verfassung mitgewirkt hat. Was die Reihenfolge dieser Begriffe betrifft, so ist höchstens die Struktur der spanischen Verfassung darin zu spüren.

1. *Die wachsende Präsenz eines Wesengehalts der (europäischen) Verfassungen*

Die Initiative des Parlamentarischen Rats 1949, einige wenige Grundentscheidungen der zukünftigen Verfassung Deutschlands jenseits der verfassungsändernden Gewalt zu stellen, darf als einer der kühnsten Schritte dieser Zeit betrachtet werden. Der Inhalt des Artikels 79 Absatz 3 GG blieb lange Zeit eine der Singularitäten des Bonner Grundgesetzes. Wahrlich war die Unantastbarkeit der republikanischen Staatsform in den französischen und italienischen Verfassungen Begleiterscheinung, sie war aber in Tragweite und Intensität nicht mit der deutschen Formel (als Kern einer Verfassungskultur) zu vergleichen.

In der Tat machte die ständige Präsenz des Artikels 146 diese Vorkehrungen weniger „ewig". Letzten Endes sollte das Grundgesetz undifferenziert seine Gültigkeit an dem Tag verlieren, an der eine vom deutschen Volke frei beschlossene Verfassung in Kraft treten würde. Unabhängig davon, dass sich das Grundgesetz im Laufe der Jahre als die normale Verfassung des rechtsstaatlichen Deutschlands verfestigte und Artikel 146 GG sich korrelativ als Kuriosität umwandelte, zeigte die Ewigkeitsklausel ihre ganze Bedeutung. Das Bundesverfassungsgericht wurde ge-

---

[3] Die bekannten zwei Wörter „und passiv", im Art. 13.2 hinzugefügt, um das passive Wahlrecht in Folge des Maastrichtsvertrags in Gemeindewahlen zu ermöglichen. *P. Cruz Villalón*, „Weitere Zehn Jahre spanische Verfassung", JöR 48 (2000), S. 311–323.

legentlich in präzedenzloser Weise zum Richter des verfassungsändernden Gesetzgebers, nicht nur in formeller sondern auch in materieller Hinsicht.

Ab 1976 jedoch fand das Grundgesetz eine Schülerin in der portugiesischen Verfassung, die noch heute, nach den entscheidenden Änderungen der achtziger Jahre, eine detaillierte Reihe materieller Schranken der Verfassungsänderung enthält. Den Impuls allerdings dieser Vorschriften erhielt diese Verfassung aus den tiefgreifenden Wirtschaftsreformen der Revolution von 1974. Diese Vorschriften selbst wurden dennoch revidiert, noch bevor 1983 ein eigentliches Verfassungsgericht in Portugal eingesetzt wurde.

Wichtig dabei ist vor allem die Tatsache, dass und wie sich im Laufe der Jahre die Idee eines Wesensgehalts der Verfassung in ihrem abstrakten Sinne herausgebildet hat. Die ausgesprochen deutsche Ewigkeitsklausel hat langsam Nachklang in Europa gefunden, und zwar als eine der Folgen des Prozesses der europäischen Integration. Hierzu soll es genügen, auf den langen Weg von den „gemeinsamen Verfassungsüberlieferungen" bis zur Formulierung des Art. 6.1 EUV hinzuweisen.

Bemerkenswert an dieser allgemeinen europäischen Entwicklung ist, dass manche Verfassungen zusehends dabei sind, diesen Verfassungskern in doppelter Weise funktionell und teilweise inhaltlich zu formulieren, einmal als materielle Schranke der Verfassungsänderung, und zweitens als Grenze der Integrationsgewalt. Der Fall des Grundgesetzes sei zu allererst erwähnt (Artikel 79.3 und 23 GG), die portugiesische Verfassung als ein weiteres Beispiel.

Die spanische Verfassung enthielt bekanntlich keine Ewigkeitsklausel als solche. Entscheidend war dabei der Umstand, dass sie formell das Endergebnis eines komplizierten politischen Prozesses war, im Laufe dessen sich eine undemokratische, unfreiheitliche Grundordnung, mit eigenen Ewigkeitsklauseln dazu, im Wege ihrer vorgesehenen Änderungsvorschriften in eine rechtstaatliche Verfassung umwandelte. Es könnte sogar zynisch anmuten, wenn der spanische Verfassungsgeber von 1977–78 eigene Ewigkeitsklausel in die Verfassung inkorporierte[4], als er gerade dabei war, die bestehenden Ewigkeitsklauseln einfach zu ignorieren.

Stattdessen sieht die Verfassung von 1978 in den bekannten Artikeln 167 und 168 neben der ordentlichen Verfassungsänderung ein außergewöhnliches Verfahren für die „totale" Revision sowie für die Änderung einiger seiner Teile vor. Die Komplexität dieses Verfahrens erlaubt von einem funktionell unabänderbaren Teil der Verfassung zu sprechen, allerdings ohne dass sein Inhalt von einer universellen Vorstellung der spanischen Verfasstheit zu sprechen erlaube: Die Tatsache dass die gesamte Regelung der monarchischen Staatsform ausdrücklich dorthin mit hineingenommen wurde, trägt zweifellos zur Besonderheit des spanischen Verfassungskerns bei. Art. 168 span. Verfassung ist also wegen der Weite seiner Projektion unfähig, als die Formel eines Kerns der Verfassung zu fungieren. Die Idee selbst gilt aber heute auch in Spanien und zwar infolge eines sehr europäischen Verfahrens, d. h., im Wege der Rechtsprechung. Bis jetzt hat das spanische Verfassungsgericht

[4] „Gesetz über die Grundprinzipien der Nationalen Bewegung" (*Principios fundamentales del Movimiento nacional*). *Cfr. M. Medina Guerrero*, „Spanien", in, A. v. Bogdandy, P. Cruz Villalón, P.M.Huber (Hg.), „Handbuch Ius Publicum Europaeum", Bd. I, „Grundlagen und Grundzüge staatlichen Verfassungsrechts", S. 628.

von materiellen Grenzen der Verfassungsänderung abgesehen[5]. Als es dennoch mit der Vorrangklausel (spanisch „primacía") in Art. I-6 des europäischen Verfassungsvertrags befasst wurde, so hat es sich dem Konzept der immanenten Grenzen der Integrationsgewalt angeschlossen. In seiner Erklärung vor der Ratifizierung des Vertrags hat das spanische Verfassungsgericht bekanntgegeben, dass es „materielle Schranken" der europäischen Rechtsordnung seitens der spanischen Rechtsordnung gibt, die es mit folgenden Worten beschreibt:

„Diese materiellen Schranken, die nicht ausdrücklich in der Verfassungsvorschrift (d. h. Art. 93) aufgenommen sind, die aber implizit aus der Verfassung und dem wesentlichen Sinn der Vorschrift herzuleiten sind, bestehen in der Achtung der Staatssouveränität, unserer verfassungsrechtlichen Grundstrukturen sowie dem in der Verfassung verankerten System der Grundwerte und Grundprinzipien, worin die Grundrechte Eigenständigkeit grundsätzlich erhalten."[6]

Parallel zu dieser Entscheidung hatte die Regierung den Versuch unternommen, eine europäische Klausel in die Verfassung einzufügen, letzten Endes ohne Erfolg. So wurde dem konsultativen Staatsrat (*Consejo de Estado*) unter anderen der Auftrag gegeben, die Formel einer „Europa-Klausel" für die spanische Verfassung zu empfehlen. Als aufgrund der politischen Konstellation das Gutachten des Staatsrats keine Beachtung fand[7], ist die spanische Verfassungsordnung ohne einen positivierten Verfassungskern in Bezug auf Europa geblieben: Das einzige Fundament dessen ist weiterhin die erwähnte Erklärung 1/2004 des Verfassungsgerichts.

2. Eine sonderbare Rezeption: Der Verfassungspatriotismus

Der ausgesprochen deutsche Begriff des „Verfassungspatriotismus" hat eine auffällige Rezeption in Spanien erfahren, die sich aber letzten Endes neutralisiert hat. Zugegeben handelt es sich diesmal nicht um eine dogmatische Kategorie des Verfassungsrechts. Vergeblich würde man sie sowohl in der Rechtsprechung des spanischen Verfassungsgerichts als auch, so kann man vermuten, in der des deutschen finden. Aber als politologische Konstruktion ist es bei dieser Gelegenheit zu erwähnen.

Unabhängig seines Ursprungs ist der Begriff vor allem dank des Werkes *Jürgen Habermas'* außerhalb Deutschlands bekannt geworden[8]. Er hat eine gewisse Konjunktur in den vergangenen Jahren im Kontext der sogenannten Konstitutionalisierung der Europäischen Union genossen. Aber ein Versuch, den Verfassungspatriotismus in andere Mitgliedstaaten zu importieren, ist mir nicht bekannt. Außer in Spanien.

---

[5] Eher das Gegenteil. STC 206/1992 (Immunität der Parlamentarier), FJ 3.

[6] DTC 1/2004, FJ 2

[7] „El informe del Consejo de Estado sobre la reforma constitucional". Madrid, Consejo de Estado und CEPC, 2006.

[8] *D. Grimm*, „Identität und Wandel – das Grundgesetz 1949 und heute", AnwBl 7/2009, 505–510.

Hier hat die Formel einen gewissen Erfolg in den letzten Jahren gehabt. Es scheint, dass *Habermas* im November 1991 einen Vortrag in Madrid gehalten hat, der zu der Verbreitung derselben in Spanien mitgeholfen hat. Sie wurde wenige Monaten später von einem bekannten Politiker, dem Sozialdemokraten *J. J. Laborda*, übernommen[9].

Im Fall Spaniens, so die Vorstellung, sollte der „Verfassungspatriotismus" nicht so sehr einen völkischen Patriotismus verhüten, also nicht als Alternative zum Patriotismus einer präzis identifizierten Nation dienen, sondern vielmehr als Surrogat zur spanischen Verwirrung der Nationen und/oder Nationalitäten zu Hilfe kommen. Spanier wären also besser beraten, sich unter der sicheren Fahne der Verfassung zu versammeln.

Von „Verfassungspatriotismus" begann aber auch die politische Rechte zu sprechen. Sie unternahm den Versuch, den Begriff eigens auszuarbeiten. Und zwar nach der Ansicht von vielen mit weit mehr Patriotismus als mit Verfassung. Dazu kam, dass die „Nationalisten" der Peripherie – insofern als wahre Nationalisten – von der Formel, zumal in der Letzten Variante, nicht gerade schwärmten.

In der Tat, und das ist wieder bezeichnend für Spanien, in denselben Jahren hat sich der Begriff *„constitutionalista"* herausgebildet und zwar in Gegensatz zu *„nacionalista"*. Konstitutionalist im parteipolitischen oder wenigstens ideologischen Sinn wären die Kräfte, besonders in Baskenland aber auch in Katalonien, die nicht „nationalist" gesinnt sind, sei es in der ausgesprochenen „independentistischen" sei es in der mehr pragmatischen Version: Die „Nationalisten" wären also keine „Konstitutionalisten".

Es ist leicht zu verstehen, wie das Potential unter der Idee des „Verfassungspatriotismus" dabei ist, sich in Spanien zu entwerten. Mit oder ohne Patriotismus: Tatsache bleibt, und das sollte man immer wieder betonen, dass die Verfassung einen politischen Begriff ersten Ranges darstellt, der dem des Grundgesetzes zu vergleichen ist, und vielleicht sogar übertrifft. Die Verfassung bleibt in Spanien ein Pakt epochaler Bedeutung. Der Begriff des „Verfassungspatriotismus" hätte dieser Idee Substanz verleihen können.

3. Menschenwürde, Grundrechte, institutionelle Garantien, Ausstrahlungswirkung, Holocaust Denial.

Die Würde des Menschen: Diese Errungenschaft von wahrlich historischer Bedeutung aus dem Jahre 1949 blieb jahrzehntelang eine Besonderheit des Grundgesetzes. 50 Jahre später wurde sie im Portal der Charta der Grundrechte der EU proklamiert. Die spanische Verfassung ihrerseits rezipierte sie schon 1978 im seinem grundlegenden Art. 10.1[10].

---

9 „Patriotismo constitucional y Estado democrático", *Sistema*, 108 (1992).

10 Vgl., als Beispiel dieser frühen Rezeption, *I. v. Münch*, „La dignidad del hombre en el Derecho Constitucional", REDC 5 (1982), 9-34.

Die Würde des Menschen bildet in Spanien allerdings kein Grundrecht im eigentlichen Sinn, insoweit dass sie nach ständiger Verfassungsrechtsprechung die alleinstehende Begründung einer Verfassungsbeschwerde nicht bilden kann. Eines ist aber bei der Verfassungsentwicklung im Besonderen zu beobachten. Das Verfassungsgericht hat anfangs nur äußerst spärlich die Menschenwürde (“*dignidad de la persona*“) in seinem Argumentationsarsenal benutzt: Bloß sieben Fälle sind in den ersten fünf Jahren seiner Rechtsprechung festzustellen. Die Präsenz der Formel ist allerdings ständig gewachsen, so dass im Laufe des gegenwärtigen Jahrzehnts schon 88 Erwähnungen zu vermerken sind[11]. Es scheint, als ob das Gericht einen Lehrgang betreffend den Umgang mit dem Begriff zu durchlaufen hätte, bevor er dieses Werkzeug in adäquater Weise benutzen würde.

„Grundrechte“: Der Siegeszug dieses deutschen Begriffs, wenn auch älter als das Grundgesetz, ist wohlbekannt. Es ist aber das Grundgesetz, das ihm den Glanz seiner rechtlichen Bedeutung verliehen hat: „unmittelbar wirkendes Recht“. Auch dank des Grundgesetzes hat die europäische Charta ihn zum souveränen Begriff gegenüber allen möglichen Varianten erkoren.

Der spanische Fall ist deswegen interessant, weil die spanische Verfassung den Ausdruck „derechos fundamentales“ in Konkurrenz mit mehreren anderen Begriffen benutzt. Die Dogmatik dennoch ist von Anfang an gerade die der „Grundrechte“ gewesen: Sie hat den deutschen Ausdruck unmissverständlich bevorzugt und in der Form eines Plebiszits zugunsten der deutschen Dogmatik geäußert.

Erwähnenswert weiterhin ist der Streit um die Begriffe „Grundrechte“ und „verfassungsmäßige“ Rechte, der heute weitgehend überholt ist. Dies hat überhaupt nichts mit Schmitt'schen Unterscheidungen zu tun. Die spanische Verfassung privilegiert in mehrfacher Weise eine Reihe von subjektiven Rechten (Art. 14 bis 29), indem sie, sehr vereinfacht ausgedrückt, dieselben a) mit der Garantie der Verfassungsbeschwerde, b) mit dem Vorbehalt der Organgesetze und c) mit der besonders starren Verfassungsänderung dotiert. Daraus hat das Verfassungsgericht sehr früh den Schluss gezogen, dass die Grundrechte genau *die* Rechte sind, welche über diese Vorrechte verfügen. Der Rest, etwa Eigentum oder Freiheit des Berufs, der Ehe und Familie, seien eben nicht Grundrechte, sondern „verfassungsmäßige“ Rechte (*derechos constitucionales*). Interessant für unsere Entwicklung ist, dass das spanische Verfassungsgericht, genauso wie die Lehre, diese klare Abweichung gegenüber der deutschen Dogmatik langsam und vor allen Dingen sehr still, mit so wenig Lärm wie nur möglich verlassen hat[12].

„Ausstrahlungswirkung“: Um nur ein weiteres Beispiel des starken Einflusses der deutschen Dogmatik der Grundrechte zu geben, mag man erwähnen, wie vor 12 Jahren das Verfassungsgericht die Gelegenheit hatte, das deutsche Bild der „Aus-

---

[11] Insgesamt 185 Entscheidungen, wobei 25 im ersten, 69 im zweiten, 80 bis jetzt im dritten Jahrzehnt.

[12] Andere Besipiele der Präsenz der deutschen Dogmatik: Die Formel „Wesensgehalt“ erscheint kontinuerlich, z. B. CI 45/89, RI 178/89, CI 42/90, RA 214/92, RA 56/95. Das Wort „Drittwirkung“ als solche, auf deutsch, ist fünf Mal zu finden in der Rechtsprechung des Verfassungsgerichts. Vgl. *Chr. Starck*, „Derechos fundamentales y constitución“, REDC 66 (2002), 65–89.

strahlungswirkung" der Grundrechte zu benutzen: So heißt es im Urteil 160/1997,4:

„...Die Verfassung dagegen, und sehr insbesondere die Grundrechte, inspirieren unsere gesamte Rechtsordnung, bis zu seinen letzten und bescheidensten Erscheinungen. Dies kann aber nicht bedeuten, dass dieses Gericht dazu berufen sei, seine eigene Vorstellung vor jeder anderen bis zum letzten Extrem zu behaupten, in anderen Worten, inwieweit jede Interpretation des Gesetzesrechts von den Verfassungsinhalten zu bestimmen ist. Dies würde einer Ausdehnung des Bereichs der „konstitutionellen Garantien" (Art. 123.1 C.E.) gleichkommen, die die äußere Grenze unserer Jurisdiktion bildet, bis hin zur verbindlichen Interpretation der gesamten Rechtsordnung".

Daraus folgt, dass dieses Verfassungsgericht gelegentlich zu dem Schluss kommen kann, dass eine bestimmte Auslegung des Gesetzesrechts, die nicht mit der der ordentlichen Gerichte übereinstimmt, in höheren Maße mit der Verfassung im Einklang stehen kann, und es dazu führen mag, dass das Verfassungsgericht sich von der Rechtsprechung der ordentlichen Gerichte distanziert fühlt. Denn eines ist die Gewährleistung der Grundrechte, wie sie ihm anvertraut ist, und das andere, notwendigerweise völlig verschieden, ist die Gewährleistung der weitestreichenden Ausstrahlungswirkung der Verfassungsinhalte in jedwedem Sachzusammenhang, in dem das Gesetzesrecht auszulegen ist; Letzteres kann nicht der Fall sein, ohne dass es dennoch eine Verletzung eines Grundrechts seitens des Verfassungsgerichts festzustellen gebe.

Das eigenartige bei dieser Rezeption ist, dass die Idee der „Ausstrahlungswirkung der Grundrechte" auf die gesamten Rechtsordnung vom Verfassungsgericht nicht dazu in Anspruch genommen wird, um die Präsenz des Verfassungsgerichts in der Interpretation dieser Rechtsordnung in seiner Allgemeinheit zu rechtfertigen, sondern, im Gegenteil, um gerade aus dem Bereich des nicht spezifischen Verfassungsrechts herauszutreten. Diese Rechtsprechung gehört zu den verschiedenen vom spanischen Verfassungsgericht unternommenen Versuchen, seiner Jurisdiktion gegenüber der der ordentlichen Gerichte eine Grenze zu setzen.

„Holocaust Denial, oder: Wo die Geister auseinandergehen?"

In der Letzten Zeit ist allerdings eine Entwicklung im Bereich der Grundrechte festzustellen, die eine gewisse Spaltung mit der deutschen Entwicklung darstellen könnte. Vor zwei Jahren (STC 235/2007) hat das spanische Verfassungsgericht im Wege der konkreten Normenkontrolle die Frage der Verfassungsmäßigkeit der strafrechtlichen Bestrafung der Verleugnung und der „Berechtigung" (*justificación*) des Völkermords geprüft und teilweise als verfassungswidrig erklärt[13]. Das Gericht hat – in wenigen Worten gesagt – eine Verletzung der Pressefreiheit soweit festgestellt, als die Bestimmung sich auf die bloße Verneinung bezieht und, was die „Rechtfertigung" betrifft, nur insofern als verfassungsmäßig betrachtet als sie einem Fall der indirekte Anreizung oder Aufstachelung (*incitación indirecta*) zum Völkermord gleichkommt. Die Entscheidung ist allerdings nicht einstimmig erfolgt: Vier Richter haben ihre Meinung in abweichenden Sondervoten bekanntgegeben.

---

[13] *J.M. Bilbao Ubillos*, „La negación del holocausto no es una conducta punible (comentario a la STC 235/2007)", *REDC* 85 (2009), 299–352.

„Institutionelle Garantien", *„Institutgarantien"*: Man kann sich kaum deutschere Begriffe vorstellen. Beide sind gängig in der spanischen Verfassungsrechtsprechung und vor allen Dingen in der Lehre[14], ohne dass, zum Unterschied zu den Grundrechten, irgendeine Spur im Text der Verfassung festzustellen wäre[15]. Relativ früh unternahm das Gericht die Unterscheidung zwischen Grundrecht und institutioneller Garantie, und zwar in Bezug auf die verfassungsrechtlich verankerte Autonomie der Universitäten.

4. *Rechtsstaat, Verfassungsstaat, Verfasstheit, Verfassungskultur*

Rechtsstaat: Dieser wiederum deutsche Begriff findet schon im ersten Artikel der spanischen Verfassung Eingang. Der Rechtsstaat hat bekanntlich große Karriere allgemein in Europa gemacht, es sei bloß auf Art. 6.1 EUV hingewiesen, allerdings in Konkurrenz mit der „rule of law" -Formel. Schon in der Franco-Diktatur war er in Spanien, obwohl kaum zu Recht, aufgrund der Entwicklung der Verwaltungsgerichtsbarkeit ab den fünfziger Jahren, häufig benutzt.

„Verfassungsstaat" bzw. „Verfassungsstaatlichkeit": Beides sind bekannte fundamentale Formeln der Letzten Jahre, wobei die zweite schwieriger zu übersetzen ist. Parallel zu seinem Vorgänger deutet „Verfassungsstaat" auf einen materiellen Begriff der Verfassung hin. Zum Unterschied zum Rechtsstaat scheint „Verfassungsstaat" allgemein kein positivierter Begriff zu sein.

„Verfasstheit": Die in Deutschland heute verhältnismäßig gängige Formel, zusammen mit dem Adjektiv „verfasst"[16], als Zustand einer durch die Verfassung in materiellen Sinn bestimmten politische Gemeinschaft, wirkt ziemlich abstrakt, wenn man es ins Spanische übersetzt: *„constitucionalidad"*. Es wird dennoch gelegentlich benutzt als Teil des Begriffspaares *„constitucionalidad/estatalidad"*, und zwar im Kontext der Grenzen der europäischen Integration[17].

„Verfassungskultur" (*„cultura constitucional"*): Sie ist in diesen Jahren auch zu einem geflügelten Wort geworden, und zwar sowohl in Spanien als auch in den Ländern, die sich überwiegend auf Spanisch ausdrücken. Es mag dahinstehen, ob die Deutschen die ausschließliche Vaterschaft dieser Formel beanspruchen können. Dass die Deutschen dabei, und insbesondere *Peter Häberle*, eine herausragende Rolle dabei gespielt haben, sollte unbestritten sein[18]. Wie es auch immer sei, „Verfassungskultur" gehört heute zum „acquis constitutionnel" Europas und Spaniens. Wie beim „Verfassungspatriotismus", vielleicht mit weniger Klang, dafür aber mit größerer Wirkung, hat sich *„cultura constitucional"* bei uns in den letzten Jahren installiert, und zwar für eine längere Zeit.

---

[14] *J. M. Baño León*, „La distinción entre derecho fundamental y garantía constitucional en la Constitución española, REDC 24 (1988), 155–181.

[15] Der Ausdruck „Garantía de instituto" erscheint sehr gelegentlich (so STC 116/99, 341/2005), „garantía institucional" dagegen etwa 150 Mal.

[16] *D. Zacharias*, „verfasste Ordnung", Ius Publikum Euroaeum, zit., Bd. II, S. 882.

[17] *P. Cruz Villalón*, „La Constitución inédita". Madrid, 2004.

[18] *P. Häberle*, „Verfassungslehre als Kulturwissenschaft", 2. Aufl. Berlin, 1998, S. 90ff.

5. Streitbare Demokratie

Die wiederum deutsche Formel „streitbare Demokratie" („*democracia militante*") hat ihre eigene Entwicklung in Spanien erfahren. Die verfassungsgebenden Cortes haben die Idee der streitbaren Demokratie bewusst abgelehnt („negative Rezeption"). Die Rede von „Parteiverbot", „Berufsverbot" und dergleichen erweckte Verstimmungen unter den Spaniern: Die Vergangenheit, Weimar für Deutschland, Franco-Zeit für die Spanier, wirkte in entgegenstehende Richtungen.

Das Verfassungsgericht hat die Formel aufgenommen, und zwar in den letzten Jahren, um wieder die Lage in Spanien per Kontrast zu beschreiben. Spanien sei eben keine „streitbare Demokratie" da hier jedes politische Ziel und jede politische Auffassung legitim sei, die Unabhängigkeit eines Teils des Landes eingeschlossen. Es ist aber interessant festzustellen, wie diese Auffassung seitens der Verfassungsgerichts vertreten wurde, als die Verfassungsmäßigkeit des neuen Gesetzes über die Politischen Parteien geprüft wurde[19]. Das Gesetz sieht das Verbot von politischen Parteien vor, die sich unter anderem nicht ausdrücklich von den Aktivitäten terroristischer Gruppierungen distanzieren bzw. diese verurteilen. Das Verfassungsgericht sah darin keinen Ausdruck einer streitbaren Demokratie. In den späteren Jahren war es dazu berufen, die vorgesehene Ausdehnung des Verbots auf andere Parteien bzw. Wählervereinigungen zu prüfen, von denen aus verschiedenen Gründen anzunehmen wäre, dass sie als Nachfolger der verbotenen Vereinigung zu betrachten seien[20].

6. Ein zu starkes Heilmittel? Das konstruktive Misstrauensvotum in Spanien

Der Parlamentarismus des Grundgesetzes mit seinem äußerst disziplinierten Misstrauensvotum, fand begeisterte Rezeption in Spanien, nicht nur in der Verfassung sondern auch in allen Autonomiestatuten, wobei das Auflösungsrecht lockerer als in Deutschland vorgesehen ist[21]. Kein einziges Mal, weder im Staat noch in den Autonomen Gemeinschaften, ist in 30 Jahren ein Misstrauensvotum erfolgt. Die Folge ist ein parlamentarisches System, das ruhig als Legislaturregierung bezeichnet werden kann: Sobald der Leader einer Fraktion den Posten des Ministerpräsidenten

---

[19] *E. Virgala Foruria*, „El recorrido jurisprudencial de la suspensión y disolución de Batasuna: agosto de 2002 a mayo de 2007", REDC 81 (2007), 243–305.

[20] Sechs Mal in fast 30 Jahren ist sicherlich nicht viel. Interessant ist aber dass, mit der Ausnahme eines einzigen Falls in den achtziger Jahren, der Rest der Bezugnahme auf die „streibare Demokratie" seit dem neuen Parteiengesetz aus dem Jahre 2002 stattgefunden hat. So 12/2008, 235/2007, 5/2004, 85/2003 y 48/2003.

[21] Die Entwicklung des deutschen Parlamentarismus hat ständige Beachtung in Spanien gefunden. *F. Saiz Moreno*, „Acerca de la disolución del Bundestag (sentencias del Tribunal Constitucional Federal alemán de 11 y 12 de enero de 1983 y 16 de febrero de 1983", REDC 8. *E. Martínez Sempere*, „La disolución del Bundestag: análisis de la sentencia del Tribunal Constitucional Federal alemán, de 16 de febrero de 1983", REDC 12, pp. 169-205. *E. Virgala Foruria*, „La responsabilidad política del gobierno en la RFA:la moción de censura constructiva y las mociones de reprobación", REDC 21.

erlangt, kann er mit großer Sicherheit damit rechnen, dass er bis zum Ende der Legislatur bzw. bis zur frühzeitigen Auflösung des Parlaments im Amt bleibt. Mangels einer Kultur von Koalitionsvereinbarungen führt die Regelung manchmal zu Minderheitsregierungen, die ihr mühsames Fortbestehen, manchmal Woche für Woche, stets wechselnden Partner abkaufen sollen. Als „Exportprodukt" hat sich also der Parlamentarismus des Grundgesetzes als ein allzu starkes Arzneimittel bewiesen, wenn er anderen Patienten verschrieben wird.

7. Bundesstaat und Autonomiestaat: Was ist das?

Wie viel Originalität kann sich ein Staat in seiner territorialen Struktur leisten? Vielleicht ist der spanische Fall ein gutes Labor, um über diese Frage zu forschen, wenn nicht sogar um sie zu beantworten. In Sache territorialer Struktur richtet Spanien sein Augenmerk selbstverständlich auch nach Deutschland, gelegentlich allerdings mit einem nostalgischen Akzent: „Bundestreue", z. B., das hätte man in Spanien gerne[22]. Spanien gehört ohne Zweifel zusammen mit Großbritannien zu den *devolution*-Federalismen[23]. Und in der Tat: Die britische Entwicklung der Devolution seit 1998 hat Spanien weniger originell scheinen lassen[24].

Das Problem ist, dass Spanien es nicht gelingt, ein territoriales Modell weder in Deutschland noch sonstwo in Europa zu finden. Sicher ist das Flugwort „foedus semper reformandum" richtig[25], wie alle europäischen Varianten des Föderalismus zeigen. Im Fall Spanien scheint es aber manchmal, dass das Motto heißen sollte: „Foedus semper condendum", was allerdings ein Stück weiter geht.

Wie es auch sei: Spanien ist deswegen interessant für Deutschland, weil die politisch dezentralisierten Mitgliedstaaten sich gegenüber den Einheitsstaaten in der klaren Minderheit in der EU befinden. Spanien, Deutschland und det Rest der dezentralisierten Staaten tragen dazu bei, das Bild des dreistufigen „Mehrebenen-Konstitutionalismus" in der EU zu verfestigen. Gleichweise erhöht Spanien die Pluralität des europäischen Föderalismus, obwohl vielleicht in größerem Maße, als die Spanier es sich gewünscht hätten.

8. Die Verfassungsgerichtsbarkeit: Verfassungsbeschwerde und Amparo-Verfahren

Zu keinem Punkt tritt unser Verfassungs-Paar so klar hervor wie bei der Individualbeschwerde. Die deutsche Verfassungsbeschwerde und das spanische *Amparo*-Verfahren, jeweils vor dem Verfassungsgericht, in beiden Fällen auch gegenüber Entscheidungen aller richterlichen Organe, dotieren die respektiven Verfassungsgerichtsbarkeit mit dem mächtigsten aller Werkzeuge um die Konstitutionalisierung

22 11 Mal in der Verfassungsrechtsprechung ist der Ausdruck zu spüren.

23 *P. Biglino Campos*, „Federalismo de integración y de devolución". Madrid, CEPC, 2007.

24 Vgl. *E. Albertí*, „Las reformas territoriales en Alemania y España y la sostenibilidad del paradigma autonómico español", REDC 78 (3-2006), pp. 9–42.

25 Vgl. *H. Dreier*, „Deutschland" in, „Ius Publicum Europaeum", zit. S. 58.

der Rechtsordnung wahrzunehmen. Wäre das Grundgesetz diesen Weg gelegentlich nicht gegangen, so ist es unwahrscheinlich, dass der spanische Verfassungsgeber denselben Schritt gewagt hätte.

Die Entwicklung in Spanien zeigt, inwieweit dieselben Vorkehrungen dieselben Probleme mit sich bringen. Im Laufe von wenigen Jahren entstand in Spanien ein krasses Ungleichgewicht zwischen Angebot und Nachfrage[26] bei der Verfassungsgerichtsbarkeit mit schweren Folgen für die Aufgabe der Normenkontrolle, die okasionell bis zu 10 Jahren später erfolgt ist.

Die geglückte Formulierung von *R. Wahl* und *J. Wieland*, „Verfassungsrechtsprechung als knappes Gut"[27], fand derart Zustimmung in Spanien, dass die Übersetzung ihres Aufsatzes fast unmittelbar erfolgte[28]. Wenig später wurde kundig über die Ergebnisse des Kommission Benda Auskunft gegeben[29].

In dieser Entwicklung versucht Spanien die schwierige Aufgabe zu erfüllen, die Kompetenz des Verfassungsgerichts in Sachen Individualbeschwerde im Griff zu halten. Erst vor zwei Jahren und den Schritten des Bundesverfassungsgerichts folgend ist es dem Verfassungsgericht gelungen, eine tiefgreifende Änderung des Annahme-Verfahrens vom Gesetzgeber zu erreichen. Die Gesetzesnovelle von Mai 2007 hat ein eigenständiges Annahme-Verfahren für Verfassungsbeschwerden eingeführt, die in ähnlichen Zügen zu der deutschen Verfassungsbeschwerde[30] eine sogenante „Objektivierung" (*objetivación*) des „Amparo"-Verfahren beigebracht hat. Danach muss jede zur Annahme eingereichte amparo eine „besondere verfassungsrechtliche Relevanz" (*"especial trascendencia constitucional"*)[31] zu beweisen. Erst vor wenigen Monaten hat das Gericht seine Auffassung betreffend dieser Formel kundgemacht (STC 155/200, FJ 2)[32].

Das Amparo-Verfahren im Dienste des Europarechts: In diesem Punkt ist das spanische Verfassungsgericht nicht so weit wie das Bundesverfassungsgericht gegangen. Das Verfassungsgericht hat noch keine klare Rechtsprechung darüber, ob das Unterlassen seitens eines Fachgerichts Rechtsfragen dem EUGH vorzulegen, einer Verletzung der Rechtsweggarantie gleichkommt. Eine Entscheidung aus dem Jahre 2004 (STC 58/2004) kann allerdings als ein erster Schritt in diese Richtung gesehen werden[33].

---

[26] Schwerwiegender noch als in Deutschland: Waren die hier im Jahre 2007 eingereichten Verfassungsbeschwerde 6.005, so waren sie in Spanien in demselben Jahr 9.840.

[27] *R. Wahl/J. Wieland*, „Verfassungsrechtsprechung als knappes Gut", *Juristenzeitung*, 23-1996, pp. 1137–1145.

[28] Id., „La Jurisdicción Constitucional como bien escaso. El acceso al Bundesverfassungsgericht", REDC 51 (1997), 11-35.

[29] *P. López Pietsch*, „Objetivar el recurso de amparo: las recomentaciones de la Comisión Benda y el debate español", REDC 53 (1998-2), 115–151.

[30] „grundsätzliche verfassungsrechtliche Bedeutung".

[31] Art. 50.1.b, nach dem Organgesetz 6/2007, vom 24. Mai.

[32] *G. Fernández Farreres*, „La reforma de la Ley Orgánica del Tribunal Constitucional", REDC 81 (2007), 11–62. *M. Aragón Reyes*, „La reforma de la Ley Orgánica del Tribunal constitucional", REDC 85 (2009), 11–43.

[33] *Pablo J. Martín Rodríguez*, „La cuestión prejudicial como garantía constitucional. A vueltas con la relevancia constitucional del Derecho comunitario (A propósito de la STC 58/2004, de 19 de abril, asunto tasa fiscal sobre el juego)", REDC 72 (2004), 315–347.

9. Verfassungswandel anstelle von Verfassungsänderung?

Die Entwicklungen des Grundgesetzes und der spanischen Verfassung gehen im Punkt Verfassungsänderung auseinander. Das Grundgesetz, insofern als ursprünglich provisorische Verfassung Deutschlands, hat ständigen Gebrauch von der Verfassungsänderung gemacht. Anders in Spanien. Konnte man noch 1989 ruhig feststellen, dass die spanische Verfassung keine einzige Änderung im Laufe ihres ersten Jahrzehntes erfahren habe, so hat sich 20 Jahre später diese Feststellung in eine wahre Besorgnis umgewandelt. Es wird heute allgemein anerkannt, dass hierin eine Abnormalität steckt, mit Fehlwirkungen hinsichtlich der Rolle der Verfassungsgerichtsbarkeit. Eine typische relativ detaillierte normative europäische Verfassung, die die letzten 30 Jahren (gerade die letzten!) durchlaufen hat, ohne dass sie einer Änderung ihres Textes bedürfte, stößt notwendigerweise auf Erstaunen, wenn nicht auf Skepsis.

So erscheint heute die spanische Verfassung als möglicherweise die älteste Europas. Und die Frage taucht fast wie von selbst auf: Ist auf den nochmals deutschen Begriff des Verfassungswandels Bezug zu nehmen? Anders als in Deutschland ist die Entwicklung der spanischen Verfassung nicht mithilfe dieses Begriffs verstanden worden[34]. Und das obwohl der Begriff, als *„mutación constitucional"* latinisiert, wohlbekannt ist[35]. Die Kluft oder wenigstens die Distanz zwischen dem Verfassungstext und dem „Verfassungszustand" ist immer gewachsen, ohne dass die Verfassungsänderung zu Hilfe gekommen sei[36].

10. Grundgesetz und spanische Verfassung vor dem Hintergrund des Verfassungsverbundes

Schon zu Anfang wurde angedeutet, dass im Laufe paralleler Verfassungsentwicklungen das Grundgesetz und die spanische Verfassung als „Teil-Verfassungen" innerhalb des europäischen Verfassungsverbundes heute erscheinen. In Spanien ist man mehr mit dem Begriff des „Mehrebenen" oder „multilevel" Konstitutionalismus als mit dem des „Verfassungsverbundes" vertraut, der etwas fremd zumutet und dessen Übersetzung schon einige Schwierigkeiten bereitet.

„Teil-Verfassung", seinerseits, ist bis jetzt in Spanien kaum benutzt worden. Die Formel könnte missdeutet worden, insofern als es den Eindruck von einer „unvollständigen" Verfassung erwecken könnte. „Teil-Verfassungen" teilen aber vieles im Verfassungsverbund miteinander. Denn die meisten Begriffe der staatlichen Verfassungen sind nicht nur europäisch geprägt und sogar bestimmt, sie sind vergemein-

---

[34] Vgl. „Sachregister" des „Ius Publicum Europaeum", zit. Während *H. Dreier* den Ausdruck fünf Mal benutzt, so wird er seitens *Medina Guerrero* für Spanien gar nicht benutzt.

[35] Vgl. die spanische Übersetzung von *K.Hesse*, „Grenzen der Verfassungswandlung", in, ders., „Escritos de Derecho Constitucional", 2. Aufl. Madrid, CEPC, 1992.

[36] *A. V. Sànchez Urrutia*, „Mutación constitucional y fuerza normativa de la Constitución. Una aproximación al origen concepto", REDC 58 (2000), 105–137.

schaftet: Von der Nationalität bis hin zu den Grundrechten und den Staatsgewalten. Die mitgliedstaatlichen Verfassungen ergänzen sich gegenseitig, und das gilt auch für unser Paar. Artikel 23 GG zum Beispiel gilt im Mitgliedstaat Spanien, als er die Qualität des europäischen Verfassungsverbundes maßgebend bestimmt. Die Pluralität der Europa-Klauseln in den Staatsverfassungen erhöht zweifellos die Komplexität des Verfassungsverbundes. Auf der anderen Seite, aus der Perspektive der Mitgliedstaaten, trägt der Verzicht auf solche Klauseln, wie es der Fall in Spanien ist, zur Irrelevanz der entsprechenden Staatsverfassung beim Aufbau des europäischen Verfassungsverbundes bei.

Zum Schluss: Das Grundgesetz und die spanische Verfassung hatten vor 20 Jahren vieles gemein. Es handelte sich aber um eine überwiegend geistige oder kulturelle Gemeinschaft. Heute dagegen besitzt diese deutsch-spanische Verfassungsgemeinschaft auch rechtliche Relevanz, und das ist vielleicht die auffallendste Entwicklung der Letzten 20 Jahre. Aber die kulturelle Dimension bleibt weiterhin wichtig. Das Grundgesetz und die deutsche Verfassungsrechtsprechung haben noch eine grenzüberschreitende Rolle im europäischen Verfassungsraum zu spielen. Das spanische Beispiel sollte es gezeigt haben.

Klaus Stern:

Sehr herzlichen Dank auch Ihnen, Herr Kollege *Cruz Villalón*. Sie haben in rechtsvergleichender Art und Weise die spanische und die deutsche Verfassung zusammengeführt. Ich fand es sehr bemerkenswert, dass Sie den Begriff „Verfassungspatenschaft“ gebraucht haben, den ich, soweit mir die Literatur bekannt ist, als neu empfinde; er bringt eigentlich das zum Ausdruck, was das Grundgesetz für die spanische, die portugiesische, auch die griechische und die Verfassungen Ostmitteleuropas bedeutet. Das ist doch ein sehr wichtiger Begriff.

Zum Verfassungspatriotismus, den Sie erwähnt haben und in diesem Zusammenhang vor allen Dingen auf *Habermas* hingewiesen haben: Ich glaube, wenn ich mich nicht irre, war *Dolf Sternberger* derjenige, der in einem Artikel in der Frankfurter Allgemeinen Zeitung den Begriff geprägt hat; *Habermas* hat ihn nur übernommen. Man muss das vielleicht noch mal nachprüfen, ob es zeitgleich war, aber ich meine, dass *Sternberger* der erste gewesen ist.

Sie haben uns vor allen Dingen durch die Topoi Verfassungskultur, Bundesstaatlichkeit, Verfassungsgerichtsbarkeit gezeigt, wie viele Gemeinsamkeiten zwischen beiden Verfassungen bestehen; das ist sehr wichtig für die Diskussion.

DISKUSSION

Klaus Stern:

Wir kommen jetzt zur Diskussion. Ich bitte vom Mikrofon aus zu sprechen. Wir werden die Diskussion auf Tonband aufnehmen und deswegen bitte ich darum, den Namen und gegebenenfalls den Universitätsort zu nennen und in das Mikrofon zu sprechen.

Georg Ress:

Ich habe eine Frage an Herrn *Starck*. Wenn ich Herrn *Starck* recht verstanden habe, so hat er in seiner Analyse der Entwicklung des Europäischen Gemeinschaftsrechts die These vertreten, dass es bestimmte Bereiche gibt oder geben sollte, die nicht der Rechtsprechungskompetenz des EuGH unterfallen. Vielleicht habe ich Sie missverstanden, aber Sie haben argumentiert, es gebe Bereiche, die so weit und unklar und wertbezogen formuliert sind, dass darin eine zu große Entscheidungsmacht des EuGH liegen könnte. Ich weise nur darauf hin, dass meiner Ansicht nach mit jeder Gerichtsbarkeit auf nationaler Ebene, aber auch auf internationaler Ebene natürlich eine Rechtsfindungs- gewisse und Fortbildungskompetenz notwendigerweise verbunden ist.

Zweitens weise ich darauf hin, dass der EuGH in der Vergangenheit und meiner Ansicht nach zu Recht allgemeine Rechtsgrundsätze formuliert hat – im Übrigen im Einklang mit der Rechtsprechung zum Recht internationaler Organisationen überhaupt –, die vor allen Dingen den gesamten Grundrechtsschutz innerhalb der Gemeinschaft repräsentieren. Man kann sich wenig Bereiche vorstellen, wo der Gerichtshof nicht aus der Fülle der Verfassungsordnungen im Wege der Rechtsvergleichung solche allgemeinen Rechtsgrundsätze entwickelt hat, also relativ allgemeine Kategorien benutzt und ausgelegt hat. Deswegen hat mich erstaunt, dass Sie die These vertreten, dass es bestimmte Bereiche – ich nehme an: im Lissabonner Vertrag – geben könnte, die nicht der Rechtsprechungskompetenz des EuGH unterliegen. Denn, was bisher im Rahmen des Unionsrechts ein großer Mangel ist, dass es nämlich Bereiche gibt, die überhaupt gar keiner gerichtlichen Rechtskontrolle unterliegen, das soll ja gerade durch den Lissabonner Vertrag behoben werden.

Peter Badura:

Herr Vorsitzender, verehrte Kollegen, meine Damen und Herren. Es ist eine sehr gute Idee gewesen, dass wir das Jahr 60 des Grundgesetzes gerade unter dem Blickwinkel der europäischen Integration betrachten. Nicht nur wegen der ausstehenden Entscheidung des Bundesverfassungsgerichts, sondern schon wegen des Vertrages selbst und auch wegen der Erweiterung der Union stehen wir ja an einem gewissen Scheidewege. Und die Worte, die man verwendet, um darüber zu sprechen, so wie Verfassung, Verfassungskultur, Verfassungsverbund und so weiter, sind in meinen Augen zum Teil eine Verlegenheit in der Beurteilung dessen, was hier tatsächlich stattfindet und zu erwarten ist.

Ich möchte zunächst natürlich eindeutig unterstreichen, was von verschiedenen Rednern gesagt worden ist, nämlich dass das Grundgesetz von Anbeginn in ganz klarer und entschiedener Weise sich für die Integration Deutschlands in der neuen Form in eine Europäische Union oder eine Integration einfügen soll und dass das auch nicht nur wirtschaftlich gemeint war, sondern eine politische Finalität hatte und haben sollte, die ja die eigentliche Schwierigkeit ist, wenn wir fragen: Was ist denn eigentlich die Europäische Union, diese supranationale Föderation, die kein Staat, kein Bundesstaat, aber auch mehr ist als nur eine Art Verein von einzelnen Staaten.

Sicher ist doch richtig, dass der Staat in der heutigen Zeit und vor allem ein Staat wie Deutschland in Europa, nur als integrierter Staat überhaupt lebensfähig ist und bleiben kann, in der Weltwirtschaft, in den Verhältnissen der Politik weltweit, also auf der einen Seite nur als ein Staat in einer solchen Integration seinen Bürgern noch hinreichend Frieden, Wohlfahrt und so weiter gewährleisten kann; auf der anderen Seite aber lesen wir im Unionsvertrag etwas von der nationalen Identität, die respektiert werden soll, wobei man schon da fragen kann, was genau das ist und was bedeutet der Respekt.

Das Wort „Mehrebenensystem" ist auch vor allem in dem Vortrag des spanischen Kollegen mehrfach erwähnt worden. Ich muss sagen, dass ich dem Ausdruck sehr skeptisch gegenüber stehe. Es ist ein Ausdruck der politischen Soziologie, der, wie ich finde, die eigentlichen institutionellen Fragen und Erscheinungen dieser Föderation eher verhüllt als auch nur ein Erklärungsausgangspunkt sein kann. Schon für den Bundesstaat, finde ich, ist das ein nicht gelungener Begriff, denn es sind eben zwar äußerlich betrachtet mehrere Ebenen – Bund und Länder –, aber die beruhen ja auf unterschiedlichen Voraussetzungen und die politischen Entscheidungsgrundlagen und Legitimitäten lassen sich doch nicht einfach nivellieren, indem man sagt, dass sind halt mehrere Ebenen, die wir irgendwie organisieren müssen.

Also dieser Ausdruck – Mehrebenensystem – verhüllt in meinen Augen die Verschiedenartigkeit der politischen und rechtlichen Gründe, die hier und dort bestehen, und kann auch für das Verhältnis gerade der Union zu den Mitgliedstaaten, glaube ich, letzten Endes nicht viel nützen, also er kann jedenfalls nicht die eigentliche Fragestellung klar herausbringen.

Auch der Ausdruck „Verfassungsverbund", der ja hier sogar im Thema erscheint, ist vielleicht eine gewisse Tochter von diesem Gedanken des Mehrebenensystems und er antizipiert, dieser Begriff „Verfassungsverbund", die Aufhebung der nur durch die staatliche Vergemeinschaftung erreichbaren Garantie für Frieden, Recht und Wohlfahrt. Wenn man dann den Ausdruck „Teilverfassungen" auch noch hört und sich fragt, ja, was sind denn die Teilverfassungen? Ist die deutsche Verfassung eine Teilverfassung? Ja, von was denn? Oder ist es so, dass die Europäische Union eine Verfassung hat und ist eine Teilverfassung von was anderem?

Also der Ausdruck „Verfassungsverbund" ist in meinen Augen genauso missverständlich wie der Ausdruck Mehrebenensystem. Also stehen wir vor der Frage, die auch der Präsident des Bundestages heute Vormittag ja so gestellt hat, nach der Legitimität und der Ergänzung und der vielleicht notwendigen Ergänzung der demokratischen Legitimität der Entscheidungen, die durch die Europäische Union getroffen werden. Soll die jetzt partielle Rechtsgemeinschaft der Union vollendet werden in der Weise, dass also ein Schritt weiter gegangen wird. Natürlich haben wir eine Verfassung in Europa, weil ja überall, wo öffentliche Gewalt ausgeübt wird, es notwendig ist, die auch irgendwie rechtlich zu binden. In Ordnung. Aber es ist nicht dasselbe wie die Verfassung der Französischen Republik oder wie unser Grundgesetz. Deswegen ist der Ausdruck „Verfassung" mehrdeutig.

Sollen wir also die Rechtsgemeinschaft der Union vollenden durch demokratische Weiterführung etwa des Parlaments oder sollen wir bei der jetzt erreichten Grundlinie vor der Schwelle der Bundesstaatlichkeit stehen bleiben? Ist es wirklich eine neue und auch auf Dauer haltbare besondere Erscheinung einer überstaatlichen Föderation, die wir hier vor uns haben?

Es ist ja eine Eigentümlichkeit, dass die Europäische Union keine verfassunggebende Gewalt hat. Sie hat ja noch nicht mal eine verfassungsändernde Gewalt. Auf der anderen Seite ist die Europäische Union mit ihrem vorrangigen Recht in der Lage, die verfassunggebende Gewalt der Mitgliedstaaten und die verfassungsändernde Gewalt der Mitgliedstaaten zu binden. Wir sind ja gar nicht mehr frei als Mitgliedstaaten. Oder wir müssen austreten. Also, das zeigt, dass wir hier eine Art Schwebezustand, aber vielleicht auch eine neuartige Erscheinung des Staatslebens haben, die auf Dauer funktionieren kann, zumindest in Europa funktionieren kann, unter den Voraussetzungen, die hier auch vorhin genannt worden sind, von Herrn Skouris, der das betont hat: Die Rechtskultur, das ist wichtig, und die Tradition sollen nicht einfach überrollt worden, indem man den Binnenmarkt und die damit zusammenhängenden Befugnisse und Aufgaben für allein und wesentlich maßgeblich hält.

Hans Herbert von Arnim:

Wir haben über die Verfassung der Bundesrepublik Deutschland gesprochen, und zwar über die formellen Verfassungen, die jeweils in den Urkunden stehen. Dabei kam meines Erachtens die Verfassung im materiellen Sinne, etwa das Wahlrecht, das Recht der Parteien und der Abgeordneten, zu kurz. Lassen Sie mich zum Wahlrecht zwei Bemerkungen machen und zum Abgeordnetenrecht noch eine dritte.

Wir haben, wenn ich recht sehen, im Wahlrecht zwei völlig unterschiedliche Entwicklungen der Rechte des Staatsbürgers, also des Citoyen, einerseits und der Freiheitsgrundrechte des Bourgeois andererseits. Die Rechte des Bourgeois – das wurde vor allen Dingen von Herrn *Starck* hervorgehoben –, also der status negativus und der status positivus, wurden von den Gerichten und der Lehre intensiv herausgearbeitet und immer weiter ausgebaut. Dagegen leiden die Rechte des Citoyen, besonders sein wichtigstes Recht, das Wahlrecht, Not. Das sieht man zum Beispiel daran, dass bei Europawahlen drei Viertel aller Abgeordneten, die Deutschland in das Europäische Parlament entsendet, vorher schon feststehen, lange bevor die Wähler sich überhaupt dazu äußern konnten. Und auch die große

Mehrheit der Abgeordneten des Bundestages, die am 27. September gewählt werden, steht jetzt schon fest. Nicht die Bürger, sondern die Parteien entscheiden, wer in die Parlamente einzieht – entgegen der verfassungsrechtlich garantierten Unmittelbarkeit und Freiheit der Wahl. Sie kennen die Zusammenhänge: starre Listen, sichere Wahlkreise etc. Woran liegt es, dass hier die Rechte des Bourgeois und die des Citoyen mit völlig unterschiedlichen Maßstäben gemessen werden? Würden wir die Methoden, die für die Entwicklung der Freiheitsgrundrechte des Bourgeois entwickelt wurden und die Herr *Starck* in Erinnerung gerufen hat – Verhältnismäßigkeitsprinzip, Wesensgehaltsgarantie usw. –, auf die Rechte des Citoyen anwenden, wäre es offensichtlich, dass mindestens die starren Listen verfassungswidrig sind. Ist das Messen mit so völlig unterschiedlichen Maßstäben wirklich gerechtfertigt?

Zum Wahlrecht in Europa noch eine zweite Bemerkung: Interessant ist ja, dass eine Regionalpartei wie zum Beispiel die CSU oder eine politische Vereinigung mit regionalem Schwerpunkt wie die Freien Wähler etwa 1,3 Millionen Stimmen braucht, um die in Deutschland auf das ganze Bundesgebiet bezogene Fünf-Prozent-Klausel zu überspringen. Diese 1,3 Millionen Stimmen würden vier kleinen Mitgliedstaaten und allen dortigen Parteien zusammen ausreichen, um 24 Abgeordnete ins Europäische Parlament zu schicken. Gut, grenzüberschreitend gibt es keine Gleichheit des Wahlrechts in Europa. Der Luxemburger hat das vielfache Stimmgewicht eines Deutschen, und das ist derzeit hinzunehmen; wir haben eben große und kleine Mitgliedstaaten. Gibt es aber nicht auch Grenzen der Ungleichheit? Die gewaltigen Unterschiede, die sich zum Beispiel bei regionalen Parteien und politischen Vereinigungen zeigen, intensivieren die Ungleichheit ja noch gewaltig, und das wäre abstellbar und lässt sich auch nicht durch zwingende Gründe des Gemeinwohls rechtfertigen.

Und noch eine dritte Bemerkung, diesmal zu den Abgeordneten: Herr *Starck* hat darauf hingewiesen: Wir haben 27 Völker, und die Abgeordneten werden als Repräsentanten dieser Völker gewählt und nicht als Repräsentanten eines europäischen Volks. Deswegen haben wir auch 27 verschiedene nationale Wahlrechte. Steht es dazu aber nicht in Widerspruch, wenn jetzt – nach der Europawahl vom 7. Juni 2009 tritt ja das neue europäische Abgeordnetenstatut in Kraft –, alle Europaabgeordneten das gleiche Heimatgehalt von etwa 7500 Euro monatlich bekommen können. In Brüssel erhalten sie ja schon lange alle das Gleiche: 298 Euro Tagegeld, 4202 Euro monatliche Kostenpauschale, Ersatz der Reisekosten, ein gut ausgestattetes Büro und sehr hohe Mitarbeitererstattungen. Da bekommen alle Abgeordneten das Gleiche, und das ist im Prinzip auch in Ordnung. Aber zuhause bedeutet das gleiche Gehalt bei völlig unterschiedlichen Preis- und Einkommensverhältnissen, dass in Rumänien, Ungarn und in vielen anderen Mitgliedstaaten mit niedrigem Einkommensniveau plötzlich die Brüsseler Abgeordneten ein Mehrfaches der Gehälter ihrer nationalen Staatspräsidenten bekommen. Ist das eigentlich noch sinnvoll? Der Gleichheitssatz verlangt ja nicht nur, Gleiches gleich, sondern auch, Ungleiches ungleich zu behandeln, und die unterschiedlichen Preis- und Einkommensverhältnisse in den Mitgliedstaaten bewirken, dass derselbe Eurobetrag von Mitgliedstaat zu Mitgliedstaat völlig unterschiedliche Kaufkraft besitzt und den

Europaabgeordneten eine ganz unterschiedliche Stellung in der Einkommenshierarchie verschafft. Das neue Statut bringt für die allermeisten Abgeordneten eine gewaltige Erhöhung, und für niemanden eine Senkung seines bisherigen Einkommens.

Wir haben von einem Referenten gehört, dass die Sozialpolitik in Europa eine große Rolle spielt. Haben hier die europäischen Abgeordneten etwa eine wundersame Sozialpolitik für sich selbst geschaffen?

Vassilios Skouris:

Ich fühle mich zwar nicht direkt angesprochen, doch möchte ich einen kurzen Kommentar zu dem machen, was Herr *Badura* angemerkt hat. Bei der Frage der verwendeten Begriffe, um das Gebilde der Europäischen Union, der Europäischen Gemeinschaft oder das Verhältnis der Mitgliedstaaten zu diesem Gebilde wiederzugeben, habe ich genau denselben Eindruck wie Sie, dass nämlich alle diese Begriffe auch ein Zeichen von Verlegenheit sind, weil man nicht in der Lage ist, mit dem herkömmlichen Begriffsinstrumentarium diese sehr empfindlichen und diffizilen Verhältnisse und Entwicklungen zusammenzufassen oder zu erfassen. Was ist jedoch die Folge davon? Wenn die Folge davon ist, dass man sich auf die Suche nach neuen Begriffen macht oder eine neue Theorie vorschlägt, kann ich das nur begrüßen. Ich fürchte aber, dass zumindest Teile der Staatsrechtswissenschaft im Rahmen dieser Problematik das Gebilde selbst verwerfen, weil man meint, es nicht mit dem herkömmlichen Instrumentarium erfassen zu können, wohingegen ich es immer als eine Pflicht der Rechtswissenschaft gesehen habe, dies, was im realen Leben geschieht, mit der nötigen Sorgfalt zu erklären.

Was die Frage der Verfassungsänderungen betrifft, die auch angesprochen wurde, sollte man nicht übersehen, dass solche Verfassungsänderungen und Verfassungsrevisionen auch zustande kommen können im Anschluss an internationale Bindungen, die ein Staat eingeht. Es ist also keine Besonderheit der Europäischen Union beziehungsweise der Europäischen Einigung, dass sie nachhaltige Auswirkungen auf die nationale Verfassung hat, sondern das kann genauso gut das Ergebnis anderer internationaler Verpflichtungen sein. Zum Beispiel wissen wir, dass der Beitritt zu den Vereinten Nationen für einige Staaten mit sehr starken verfassungsrechtlichen Entwicklungen verbunden ist, wenn diese Staaten lange Zeit der Vereinten Nationen ferngeblieben sind, weil sie ein besonderes Problem hatten, beispielsweise mit der Neutralität.

Christian Starck:

Ich möchte im Anschluss an Herrn *Skouris* zunächst auf Herrn *von Arnim* eingehen. Alles, was Herr *Skouris* gesagt hat, unterstütze ich unter dem Gesichtspunkt des geltenden Rechts, wonach es sich um Bürger der Mitgliedstaaten handelt, die im Europäischen Parlament repräsentiert sind. Dann ist das alles logisch und richtig. Wenn wir aber den Lissabonner Vertrag zu Grunde legen, in dem es heißt, das Europäische Parlament sei eine Repräsentation der Unionsbürger, dann stimmt das nicht mehr, was Sie gesagt haben. Auf diesen Unterschied habe ich in meinem Vortrag Wert gelegt und ich möchte diesen Unterschied nochmals betonen. Herr *von Arnim*, das ist eine Antwort auch auf Ihre Frage. Herrn *Skouris*' Antwort ist völlig richtig unter dem Gesichtspunkt der Bürger der Mitgliedstaaten. Wenn man die Mitgliedstaaten einigermaßen gleichmäßig behandeln will, muss man ein degressives System der Repräsentation einführen. Wie das auszusehen hat, ist schwer zu beantworten. Ich neige allerdings zu der alten Regelung, da es sich unter meinen Prämissen um Vertreter der Mitgliedstaaten, also um Repräsentanten der Bürger der Mitgliedstaaten handelt.

Herr *Ress* hat die Frage der Rechtsfortbildung aufgeworfen und gesagt, jedes Gericht müsse die Kompetenz der Rechtsfortbildung haben. So ist es in unseren Prozessordnungen geregelt; in jeder einzelnen Prozessordnung steht, dass das betreffende oberste Bundesgericht die Kompetenz der Rechtsfortbildung hat. Für das Bundesverfassungsgericht ist die Rechtsfortbildung nicht gesetzlich geregelt, aber ich habe zum Ausdruck gebracht, dass das für das Bundesverfassungsgericht selbstverständlich auch gilt. Es kommt entscheidend auf die Argumentation an, wie man Rechtsfortbildung begründet. Rechtsfortbildung sollte nicht heimlich geschehen und gesagt werden, es sei Auslegung. Beim Europäischen Gerichtshof sehe ich einen Unterschied zu den deutschen obersten Bundesgerichten und zum Bundesverfassungsgericht, und zwar deshalb, weil der Europäische Gerichtshof ein Gerichtshof ist, der in einer Einheit tätig wird, die kein Staat ist, somit keine Kompetenzkompetenz hat. Deswegen ist Rechtsfortbildung dort ganz streng gebunden an die Verbandskompetenz, innerhalb der Rechtsfortbildung selbstverständlich möglich und sinnvoll ist. Aber immer dann, wenn man sagt, die Europäische Union müsse sich weiterentwickeln, zusätzliche Kompetenzen erhalten – ich erinnere an die 60er, 70er Jahre, wo das immer so gesagt worden ist –, kommt auch der Europäische Gerichtshof ins Spiel, der Motor der Weiterentwicklung sein müsse. Das ist nicht die Aufgabe des Europäischen Gerichts. Motoren der europäischen Entwicklung müssen die Mitgliedstaaten auf Grund parlamentarischer Entscheidungen sein, wie ich in meinem Vortrag ausgeführt habe. Eine Ergänzung dazu: Das Verhältnismäßigkeitsprinzip, das man in der Europäischen Gemeinschaft aufgegriffen hat, war die zwingende Konsequenz der Ergänzung der Diskriminierungsverbote durch die Beschränkungsverbote. Wenn man die Diskriminierungsverbote ausdehnt auf Freiheitsansprüche, muss man das Verhältnismäßigkeitsprinzip einführen. Das ist ganz logisch und vernünftig gewesen. Das würde ich auch nicht als Rechtsfortbildung betrachten, allenfalls die Ergänzung der Diskriminierungsverbote ist möglicherweise Rechtsfortbildung gewesen, aber lassen wir das jetzt offen im Einzelnen. Dann haben Sie gefragt, wie ich eigentlich dazu komme zu sagen, es gebe bestimmte Grundsätze, über die der Europäische Gerichtshof nicht entscheiden soll oder die er nicht als Maßstab verwenden soll. Dazu will ich noch einmal Folgendes hervorheben: Der jetzige EU-Vertrag, das haben Sie ja auch gesagt, ist nicht Grundlage für die Rechtsprechung des EuGH. Und nun wird das plötzlich geändert. Ich meine, das hätte deutlicher artikulieren werden müssen. Das ist in der Diskussion völlig untergegangen. Jetzt wird das von einigen Autoren – Kirchhof, Murswiek, die beiden habe ich zufälligerweise gelesen – artikuliert. Und das ist einfach nicht anständig, das hätte im Bundestag richtig erörtert werden müssen, was das für Konsequenzen hat. Mehr wollte ich dazu auch nicht sagen.

Herr *Badura,* Worte, die in den Verträgen vorkommen, da schließe ich mich Herrn *Skouris* an, müssen juristisch ausgelegt werden. Und das Wort nationale Identität kommt in Art. 6 Abs. 3 EUV vor. Dazu ein Beispiel: Vor einiger Zeit hat die Kommission den Entwurf einer Datenschutzrichtlinie verteilt. Danach wäre es in Deutschland nicht mehr möglich gewesen, die Kirchensteuer zu erheben, weil es dem Staat verboten werden sollte, nach der Religion zu fragen. Das war französisches Denken. Man hat – auf Landesministerebene, weil die Länder für die Kirchensteuer zuständig sind – gesagt, dass es nicht angehe, die Kirchensteuer nicht mehr erheben zu können. Darüber ist die Kommission mit großer Arroganz hinweggegangen. Der Einsatz des Bundeskanzlers war notwendig, um den Entwurf der Datenschutzrichtlinie so zu ändern, dass die Kirchensteuer weiter erhoben werden kann. Das war eine Frage der nationalen Identität, die geschützt werden muss. An diesem Beispiel sieht man, dass dieser Begriff notwendig ist. Denn auf dem Gebiet des Verhältnisses von Staat und Kirche unterscheiden sich die Mitgliedstaaten erheblich Die Kompetenz der Europäischen Union reicht nicht in dieses Gebiet. Stichwort Verfassungsverbund: da möchte ich Ihnen zustimmen. Ich löse das Problem für mich immer so, dass die Hauptsache die nationalstaatliche Verfassung ist, die nach oben und nach unten Voraussetzungen aufstellt (Art. 23 Abs. 1, Art 28 Abs. 1 GG). Ich selber störe mich an der Anwendung des Verfassungsbegriffs auf die europäischen Verträge nicht. Aber es muss immer Klarheit darüber bestehen, welchen Ursprung und welche Funktion diese Verfassung hat. Es ist keine Verfassung, die erlassen worden ist vom Volk oder von einer verfassunggebenden Versammlung, die Kompetenzkompetenz hat. Gerade nicht. Es werden bestimmte Kompetenzen auf die Europäische Union durch völkerrechtlichen Vertrag übertragen und unter diesem Gesichtspunkt ist die Verfassung auch auszulegen. Sie haben gesagt, die Europäische Union, also die Verträge, binden die verfassunggebende Gewalt der Mitgliedstaaten. So ist das. Aber woran liegt das? Das liegt daran, dass vorher völkerrechtliche Verträge abgeschlossen worden sind. Und man muss sich dann, auch wenn man eine verfassunggebende Gewalt einsetzt, an diese völkerrechtlichen Verpflichtungen halten. Es sei denn – das ist für uns Deutschland theoretisch gedacht – wir geben uns eine neue Verfassung und treffen Regelungen, die inkompatibel mit dem EG-Recht sind. Und dann muss man austreten.

Pedro Cruz Villalón:

Ich habe an sich wenig zu sagen, nach den weisen Worten meiner Vorgänger, die besser als ich über die Schwierigkeiten, die diese Begriffe uns Juristen bereiten, gesprochen haben. Es sind Bilder, die schon im Titel unseres Kongresses stehen: „Verfassungsverbund" vor allem, aber dann auch „Teilverfassungen" und „Mehrebenensystem". Einige davon habe ich einerseits kritisiert, andererseits angenommen. Ich finde, Juristen brauchen oft solche Bilder, auch wenn sie nur teilweise erklären. Wir befinden uns in einem Zustand des dauerhaften Überganges von vertrauten zu unvertrauten Begriffen, der Jahrzehnte dauern kann. Heute ist der Begriff des Bundesstaates eine Selbstverständlichkeit, vor etwa 160 Jahren war er keine.

Claus Dieter Classen:

Nachdem verschiedentlich die Integrationsoffenheit des Grundgesetzes betont wurde, würde ich gerne ein bisschen Wasser in den Wein gießen, auch gerade was das Bundesverfassungsgericht anbetrifft. Artikel 23 gibt zwar vor, dass die Bundesrepublik mitwirkt an der Europäischen Union. Der französische Verfassungsrat hat aus einer vergleichbaren Bestimmung in Frankreich abgeleitet, dass es auch zu den verfassungsrechtlichen Verpflichtungen von Frankreich gehört, seine Verpflichtungen aus dem Gemeinschaftsrecht korrekt zu erfüllen und etwa bei der verfassungsgerichtlichen Kontrolle von Gesetzen, die der Umsetzung von Richtlinien dienen, auch grob überprüft, ob sie den gemeinschaftsrechtlichen Vorgaben entsprechen, und gegebenenfalls auch eine entsprechende Rügekompetenz für sich in Anspruch nimmt. Hier könnte man sich noch etwas mehr Europafreundlichkeit vom Verfassungsgericht erhoffen.

Eine zweite Bemerkung zum Thema Demokratie: Herr *Starck*, Sie haben eben angesprochen, dass Artikel 23 und Artikel 28 in eine ähnliche Richtung gingen. Ich glaube, dass man einen zentralen Unterschied in der Formulierung nicht vergessen darf: Artikel 28 spricht von Demokratie und Rechtsstaat im Sinne des Grundgesetzes, Artikel 23 hat insoweit diesen Verweis auf das Grundgesetz nicht, spricht nur ganz offen von Demokratie und Rechtsstaat. Von daher kann ich nur Herr *Skouris* zustimmen, der im Hinblick auf Wahlrecht und Ähnliches betont hat, wie unterschiedlich die demokratischen Traditionen im Einzelnen sind. Wenn der Lissabonner Vertrag zwar einerseits auf die Unionsbürger abstellt und nicht mehr auf die Völker, andererseits aber noch die degressive Proportionalität im Primärrecht verankert, dann ist das insoweit eine sicherlich aus deutscher Sicht ungewohnte, aber vielleicht eben doch letztlich auch zu akzeptierende Konkretisierung des Demokratieprinzips.

Und schließlich eine Bemerkung zum Thema Kompetenz: Den Ausdruck „Motor der Integration" findet man ja nicht in irgendeinem Urteil des Europäischen Gerichtshofes. Auch Ihre Aussage, Herr *Starck*, dass sich der Gerichtshof bei der Rechtsfortbildung an der Verbandskompetenz ausrichten muss, steht, glaube ich, nicht im Widerspruch zur Rechtsprechung des Europäischen Gerichtshofs. Die spannende Frage ist ja dann immer, wer letztlich entscheidet. Die Rechtsprechung aus den 60er Jahren zur unmittelbaren Wirkung von Gemeinschaftsrecht wurde sorgfältig aus den Verträgen abgeleitet. Da kann man sicher drüber streiten, aber es ist aus den Verträgen abgeleitet. Zur Rechtsprechung zu den Richtlinien in der 70er Jahren hat das Verfassungsgericht ausgeführt, dass es sich zwar um eine Rechtsfortbildung handele, die aber mehr die Rechtsdurchsetzung im technischen Sinne betreffe. Was die Grundfreiheiten anbetrifft, so haben Sie selber ja für die Grundrechte deutlich gemacht, was das Verfassungsgericht aus dem Text alles abgeleitet hat, was da nicht wirklich angelegt war. Das entspricht sozusagen dem Wesen von Rechtsprechung. Und wenn Artikel 23 die Übertragung von Hoheitsrechten gestattet, gehört dazu eben auch die Übertragung der Rechtsprechungskompetenzen mit dazu. Der EuGH entscheidet nach Vertrag über die Kompetenzabgrenzung. Damit hat es sich. Der alte Artikel 24 des Grundgesetzes hatte ja am Ende noch eine Aussage zur internationalen Schiedsgerichtsbarkeit und macht damit aus meiner Sicht deutlich, dass die Bundesrepublik Deutschland eben auch gerade mit Blick auf die Jurisdiktionskompetenz integrationsoffen ist. Von daher kann ich mit den Aussagen des Bundesverfassungsgerichts zum Thema „ausbrechender Rechtsakt" und Ähnliches nicht wirklich etwas anfangen.

Detlef Merten:

Ich möchte unmittelbar zu Herrn *Classen* antworten. Ich glaube, dass seine These, Artikel 23 GG meine nicht die rechtsstaatlichen und föderativen Grundsätze im Sinne des Grundgesetzes, nicht richtig ist. Artikel 23 Absatz 1 ist nicht nur ein Staatsziel, sondern, wie wir gesagt haben, eine „Struktursicherungsklausel", die sicherstellen soll, dass die grundsätzlichen Strukturen der Europäischen Union mit denen des Grundgesetzes übereinstimmen. Das ist ganz deutlich für den Grundrechtsschutz, aber es bedeutet eben auch, dass die grundsätzlichen föderativen rechtsstaatlichen (ein deutscher Begriff!) und demokratischen Grundsätze im Sinne des Grundgesetzes gewahrt werden.

Markus Kotzur:

Ich darf an eine Bemerkung von Herrn *Badura* und die Antwort von Herrn *Skouris* auf diese Bemerkung anknüpfen. Der Terminus Verfassungsverbund mag in der Tat vielleicht zunächst eine Verlegenheitslösung sein und es ist auch kein Zufall, dass das normativ Neue dieses Integrationsprozesses durch einen eher deskriptiven Begriff beschrieben wird, den die Juristen den Politikwissenschaften oder der politischen Soziologie entlehnen und der Verbundbegriff scheint ja auch ein wenig naturwissenschaftlich impliziert. Vielleicht kann man aber diesen Denkanreiz, dieses Beschreibende auch als eine fruchtbare Kraft, Herr *Cruz Villalón* hat es angedeutet, begreifen, und hier meine Nachfragen.

Ich glaube, dass der Verbundbegriff auch darstellen will, dass jenes Eingebundensein nicht zwingend zu einer Relativierung der eigenen Verfassungssubstanz führen muss. Das Grundgesetz ist vielleicht das beste Beispiel. Die volle Souveränität der Bundesrepublik Deutschland steht in einem sehr engen Bedingungszusammenhang mit der Einbindung der Bundesrepublik in die europäische Integration: „als Glied in einem vereinten Europa dem Frieden der Welt zu dienen". Die Souveränitätsverluste, die mit der Hoheitsrechtsübertragung verbunden sind, mögen in der Gesamtschau vielleicht auch Souveränitätsgewinne im Rahmen dieses Verbundenseins bedeuten können.

Und ein zweiter Punkt: Der Verbund macht sehr stark deutlich, dass er von Rezeptionszusammenhängen und damit von Vergleichung lebt, wie sie Herr *Schambeck* und Herr *Cruz Villalón* ja ganz stark zum Ausdruck gebracht haben. Hier meine erste Frage, die auch auf ein kleines Pausengespräch mit Herrn *Müller* zurückgeht: Ist dieser Verbund, dieses Vergleichen vielleicht sogar so zu begreifen, dass auch europäische Staaten, die nicht notwendigerweise Unionsmitglieder sind, hier ihren Beitrag leisten, nämlich die Schweiz als eine Herzkammer Europas, die auch viel beitragen kann zu der Verfassungssubstanz Europas, die dann wiederum aufgegriffen wird vom EuGH, gerade in seiner berühmt gewordenen Rechtsprechung zu den allgemeinen Rechtsgrundsätzen, aus denen die Grundrechte gewonnen werden. Wenn man diese Verfassungssubstanz, die aus den mitgliedstaatlichen Rechtskulturen und Rechtstraditionen gewonnen ist, zu Grunde legt, und das sei meine abschließende Frage an Herrn *Starck*, besteht dann vielleicht doch die Chance oder die Hoffnung, dass die Rechtsprechung des EuGH, die sich nun erweitert nach dem Vorschlag von Lissabon auch auf die Werte und Ziele des Unionsvertrages erstreckt, dass hier nicht nur die Gefahr besteht, dass der EuGH sich nun anmaßt, Solidarität etc. entgegen mitgliedstaatlicher Rechtstraditionen zu interpretieren, sondern dass der EuGH viel stärker auch eingebunden sein wird in diesen Lern- und Rezeptionszusammenhang und dass die Werte und Ziele der Union bei den mitgliedstaatlichen Verfassungsgerichten und dem europäischen Verfassungsgericht in guten Händen sind und diese guten Hände teilweise auch als „Treuhänder" fungieren. Danke.

Christoph Degenhart:

Ich möchte noch kurz an Herrn *Merten* anschließen, was die demokratischen Grundsätze betrifft. Wir sollen ja doch den Artikel 23 im Zusammenhang sehen, und immerhin haben wir dort in Absatz 1 auch den Hinweis auf Artikel 79 Absatz 2 und 3. Also ich denke, Demokratie, Rechtsstaat und so weiter, die Grundsätze des Artikel 23 Absatz 1 Satz 1, sind doch die des Grundgesetzes, jedenfalls im Rahmen des 79 Grundgesetz. Den Zusammenhang sollten wir hier nicht außer Betracht verlieren.

Eine andere Frage zu Herrn *Starck*. Wenn Sie gestatten, wie sprechen ja nicht nur über den Verfassungsverbund, sondern ganz allgemein über das Grundgesetz. Ich fand Ihre Anmerkungen zur Föderalismusreform als eine eigentlich glänzende Bestätigung der Bemerkungen des Bundestagspräsidenten von heute Morgen. Was nämlich das Zustandekommen der Föderalismusreform betrifft, was Grundgesetzänderungen betrifft, so sind wir hier in einem Zustand der Verfassungskultur, den ich relativ bedenklich finde. Das Grundgesetz sollte den Rahmen für die politische Gestaltung darstellen und für das Agieren der politischen Kräfte. Hier im Rahmen der Föderalismusreform ist das Ganze mehr oder weniger zum Spielball, zur Verhandlungsmasse der politischen Kräfte geworden. Hier wird eine Kompetenz zugestanden, hier wird wieder was zurückgenommen, hier gibt man ein bisschen Zustimmungsrechte ab, dafür kriegt man die Gaststätten und das Rauchverbot vielleicht noch zugewiesen.

Und ich möchte eigentlich auch nicht Ihrer Auffassung beipflichten, dass hier die Kompetenzen der Länder gestärkt wurden, denn die Änderungen des 72 Absatz 2, mit der die Rechtsprechung des Bundesverfassungsgerichts mit einem Federstrich praktisch ausgehebelt wurde, bedeutet doch in entscheidenden Bereichen einen entscheidenden Verlust der Länder.

Zu den europarechtlichen Fragen. Herr *Starck*, Sie beschreiben Entwicklungen, die an sich nicht sein dürften, die Sie aber doch als eingetreten oder bereits im Kommen befindlich beschreiben. Mich würde interessieren, was für Konsequenzen Sie daraus ziehen, was etwa die Entwicklung des Europäischen Parlaments zu einem Parlament der Völker, einer Vertretung der Völker der Europäischen Union betrifft, wo praktisch ein europäischer demos fingiert wird, jedenfalls im Lissabonner Vertrag. Bedeutet es jetzt, dass das Europäische Parlament nicht mehr hinreichend demokratisch legitimiert ist oder welche Konsequenzen wollen Sie hieraus ziehen?

Und, darf ich auch an Sie, Herr Stern, noch eine Frage stellen? Sie sprachen einleitend vom Urvertrauen, das gegeben sein müsse für die demokratische Ordnung des Grundgesetzes. Mir war nicht ganz klar, meinen Sie das Vertrauen des Bürgers in den Staat und in die Verfassung oder sollte dieses Vertrauen nicht auch in der anderen Richtung bestehen, denn ich habe den Eindruck, in der Verfassungs- und Gesetzgebung der Letzten Jahre, dass das Urvertrauen des Staates in seine Bürger nicht mehr gewährleistet ist. Sollte nicht auch in dieser Richtung eine Art Urvertrauen bestehen?

Pedro Cruz Villalón:

Was die Bemerkungen von Herrn *Kotzur* betreffen: Ich bin wieder davon überzeugt, dass wir diese Begriffe oder ähnliche brauchen. Ich bin nicht sicher, ob „Teilverfassung" der richtige Ausdruck ist, oder ob „Multilevelkonstitutionalismus" oder vielleicht noch „Netzwerkkonstitutionalismus" richtiger sind. Ich bin aber der Meinung, dass wir auf solche Begriffe angewiesen sind. Wir müssen uns die Gegenwart vorstellen, wenn nötig mithilfe solcher Bilder. Es hat manchmal sehr geglückte Formulierungen gegeben, wie die vom „europäischen Verfassungsraum" von *R. Bieber.* Der Ausdruck ist schon alt, aber ich finde, er hat uns Dienste geleistet.

Christian Starck:

Herr *Classen*, Sie haben die Frage aufgeworfen zum Verhältnis von Artikel 23 und Artikel 28 des Grundgesetzes in Opposition zu meiner Aussage. Dazu sind schon zwei zusätzlichen Bemerkungen gekommen, denen ich mich anschließe. Ich würde aber sagen, das Entscheidende ist für mich, dass der Artikel 23 materielle Maßstäbe setzt für den Beitritt. Das werden Sie auch nicht bestreiten können. Es sind die Begriffe Demokratie, Grundrechte und dergleichen, bei den Grundrechten heißt es sogar „im Sinne dieses Grundgesetzes". Jetzt zur Verbandskompetenz: Wer entscheidet über deren Ausdehnung? Das ist eine interessante Frage. Ich hatte in meinem Vortrag schon auf den Unterschied hingewiesen zwischen der Rechtsfortbildungskompetenz des Bundesverfassungsgerichts in einem Staatswesen mit einer Verfassung – durch verfassunggebende Gewalt entstanden – und einem Gericht eines Staatenverbundes. Der Staatenverbund bekommt von den souveränen Mitgliedstaaten Kompetenzen übertragen und eine Rechtsfortbildung kann somit nur im Rahmen dieser übertragenen Kompetenzen stattfinden. Wenn Sie dann fragen, wer entscheidet darüber, dann kann ich nur sagen, im Maastricht-Urteil hat das Bundesverfassungsgericht dieses Problem – ziemlich unscharf – mit dem Kooperationsverhältnis in den Griff zu bekommen versucht. Ich könnte mir sogar vorstellen, dass in einer Sache, die an das Bundesverfassungsgericht kommt, das Gericht eine unerlaubte Rechtsfortbildung durch den Europäischen Gerichtshof feststellt. Mal sehen, was dabei herauskommt. Mehr kann ich dazu nicht sagen.

Herr *Kutzor,* beschreibende Begriffe, das finde ich sehr schön. Man bildet sich diese Begriffe selber. Ich habe in meinem Vortrag die Worte „Verfassungsverbund" und „Dreiebenenverfassung" nicht verwendet, ich brauche diese Begriffe nicht für meine Deduktionen. Ich halte diese Ausdrücke nicht für ergiebig und weiterführend. Am Schluss haben Sie gesagt, wir sollten Vertrauen haben in die Einbindung der gemeineuopäischen Prinzipien und daran festhalten und hoffen, dass der Europäische Gerichtshof alles gut macht. Ich hoffe auch. Aber ich kann mir nicht hundertprozentig sicher sein. Als Jurist liebe ich dann schon den Versuch, klare Schranken festzulegen oder mit klaren Begriffen zu arbeiten.

Herr *Degenhart,* zur Föderalismusreform haben Sie gesagt, dass diese ein sehr interessanter Beitrag gewesen sei. Wer macht eigentlich den Entwurf für diese Verfassungsänderungen? Und da haben Sie zutreffend gesagt, das sind die beiden großen Parteien mit den Ländern zusammen. Diese einigen sich darauf, in welchem verfassungsrechtlichen Rahmen man in Zukunft regieren will. Ich sehe kaum eine Möglichkeit, davon abzukommen. Man könnte selbstverständlich sagen, bei Verfassungsreformen grundsätzlicher Art muss zunächst ein Sachverständigengremium eingerichtet werden – so wie der Herrenchiemseer Konvent – und der muss zunächst etwas ausarbeiten und dann erst dürfen die Abgeordneten des Bundestages und die Länderminister an die Arbeit gehen. Das wäre eine Möglichkeit. Ob das Letzten Endes zu einer anderen Qualität führt, weiß ich nicht. Dann noch zum Europäischen Parlament: Ich weiß nicht, ob wir uns gegenseitig richtig verstanden haben. Ich hatte unterschieden zwischen Bürgern der Mitgliedstaaten und Unionsbürgern. Und meine These war die, dass ich mit dem Ausdruck Bürger der Völker der Mitgliedstaaten einverstanden bin. Auf dieser Basis ist die Zusammensetzung des Europäischen Parlaments stimmig. Im Lissabonner Vertrag wird für die Wahlen jetzt von Unionsbürgern gesprochen. Dagegen habe ich argumentiert. Wenn man nämlich Unionsbürger sagt, sieht man die Union nicht mehr zusammengesetzt aus Mitgliedstaaten sondern als Ganzes. Und dann muss man das Wahlrecht ändern, dann muss man den Gleichheitssatz beachten. Ich plädiere gar nicht dafür. Ich bin sehr zufrieden mit dem Staatenverbund. Und deshalb habe ich auch gar keine Kritik an dem Wahlrecht.

Vassilios Skouris:

Noch ein ganz kurzes Wort zu der Rubrik „Gleichheit der Wahl", die Herr *von Arnim* aufgeworfen hat. Ich meine, die Gleichheit der Wahl sollte man nicht schematisch in dem Sinne sehen, dass sie unbedingt bedeutet, dass jede Stimme das gleiche Gewicht haben muss. Das ist nämlich auch nicht auf der Ebene der Mitgliedstaaten immer der Fall. Beispielsweise kann es auch in der Bundesrepublik je nach Wahlergebnis vorkommen, dass viele Stimmen nicht repräsentiert werden oder wegfallen, wenn eine Partei an der Fünfprozentklausel scheitert. Und wenn es dann zwei, drei oder vier Parteien mit vier Prozent sind, dann werden mehr als 15% der Bundesbürger nicht repräsentiert.

Ich darf weiter zu dem Fragenkreis „Aufgaben des Europäischen Gerichtshofs einschließlich der Rechtsfortbildung" Stellung nehmen. Ich hatte heute Morgen in meinem Vortrag versucht darzustellen, dass es vielleicht nicht hinnehmbar ist, wenn ein Rechtsprechungsorgan einem anderem Rechtsprechungsorgan die Grenzen dessen Rechtsfortbildung und dessen Kompetenzen aufzeigt. Ich würde das Kooperationsverhältnis zwischen zwei Gerichtshöfen dahin verstehen, dass man die gegenseitigen Zuständigkeiten respektiert. Wenn Kooperationsverhältnis heißen sollte, dass ich über alle Fragen entscheide und auch noch darüber bestimme, ob und was du entscheiden darfst – das, meine Damen und Herren, geht nicht.

Bei der Frage der Auslegung von Artikel 23 des Grundgesetzes darf ich zu bedenken geben, ob es nicht vielleicht ratsam wäre, zwischen einerseits der Übertragung von Kompetenzen auf die Europäische Union und andererseits der Mitwirkung der Bundesrepublik in der Europäischen Union zu unterscheiden. Das betrifft vor allem die Frage der Eröffnung einer Überprüfungsmöglichkeit für nationale Rechtsprechungsorgane. Sollte diese Überprüfungsmöglichkeit nicht nur bestehen, wenn die Übertragung einer Kompetenz stattfindet, sondern auch dann immer eröffnet sein, wenn immer die Bundesrepublik in der Europäischen Union tätig wird, dann würde jede Ausübung der übertragenen Kompetenz unter Beteiligung der Bundesrepublik daraufhin zu überprüfen sein, ob sie mit demokratischen, rechtsstaatlichen, sozialen und föderativen Grundsätzen des Grundgesetzes vereinbar sei. In einem vereinten Europa mit 27 Mitgliedstaaten und 27 verschiedenen nationalen Verfassungen würde eine solche weite Interpretation zu einer Lähmung der Europäischen Union führen.

Albrecht Weber:

Ich würde gern anschließen an das, was Präsident *Skouris* gesagt hat, weil dies auch meiner Einschätzung entspricht. Ich kann mich insofern kurz fassen, da auch Herr Kollege *Classen* darauf eingegangen ist. Es fällt immerhin auf, dass die nationalen Verfassungsgerichte in den letzten Jahren immer wieder auf die Kompetenzfrage gestoßen sind. Dies gilt vor allem für den französischen Verfassungsrat und zuletzt auch das tschechische Verfassungsgericht, das sich – ähnlich wie das Bundesverfassungsgericht im Maastricht-Urteil – eine Letztentscheidungskompetenz über die Frage einer Überschreitung von Kompetenzen vorbehalten hat. Ich kann mir schwer vorstellen, in welchem Fall nationale Verfassungsgerichte eine Kompetenzüberschreitung europäischer Organe im Rahmen des Lissabonner Vertrags entscheiden sollen. Als das Bundesverfassungsgericht sich über eine Ultra-vires-Kontrolle im Maastricht-Urteil äußerte, hat Herr Kollege *Frowein* einmal pointiert festgestellt, er könne sich nur einen Fall vorstellen, nämlich wenn der Kommissionspräsident einen Haftbefehl ausstellte. Das mag etwas zugespitzt sein, traf aber wohl den Kern der Sache. Man kann argumentieren, dass sich im Zuge des Kompetenzzuwachses seit Maastricht – insbesondere im Rahmen des Verfassungsvertrags und im Lissabonner Vertrag- sich eine Kontrolle der nationalen Verfassungsgerichte nicht unbedingt aufdrängt. Normalerweise wird der EuGH im Stande sein, die Frage der exklusiven Kompetenzen, der geteilten Kompetenzen, der unterstützenden, koordinierenden und ergänzenden Maßnahmen sowie der Methode der offenen Koordinierung zu überprüfen; sollte es sich um offensichtliche „Ausreißer" handeln, wäre eine Prüfungskompetenz der Verfassungsgerichte allenfalls vertretbar.

Nach diesen Überlegungen möchte ich Herrn *Skouris* noch eine Frage stellen zur Richtlinienauslegung im Hinblick auf die nationale Verfassung. Mir scheint dies etwas weit zu gehen, da sich die richtlinienkonforme Auslegung normalerweise auf das nationale Gesetzesrecht bezieht. Wenn man aber das Sekundärrecht über die Verfassung im Sinne der Verengung nationaler verfassungsrechtlicher Auslegung erhebt, sehe ich gewisse Probleme. Das scheint mir auch eine Legitimationsfrage zu sein und ist nicht das gleiche wie eine verfassungskonforme Auslegung.

Klaus A. Vallender:

Ich habe zwei kurze Bemerkungen zu den Ausführungen des Kollegen *Starck.*

Herr *Starck,* Sie sprachen zum innerstaatlichen Aspekt und zum europäischen; meine Frage betrifft die innerstaatliche Perspektive. Sie haben da zu den verschiedenen Strukturprinzipien der Verfassung, Rechtsstaat, Demokratie und Föderalismus, gesprochen. Meine Bemerkungen sind gerichtet auf die Legitimationsbasis in diesem Zusammenhang. Als Sie vom Gesetzgebungsprozess sprachen, sagten Sie, es bestehe bei der Gesetzgebung eine Ministerialbürokratie und diese sorge dafür, dass die Einheit der Rechtsordnung gewahrt bleibe; dies namentlich damit keine Widersprüche bei der „Feinregulierung" entstünden, die wir im Sozialstaat haben. Mir scheint das unter dem Demokratieaspekt gefährlich, vor allem wenn man die Ergebnisse anschaut, die komplexen Regelungen, die für die Bürgerinnen und Bürger kaum noch verständlich sind. Herr Kollege Degenhart hat das angedeutet: das Urvertrauen, das bestehen sollte in einer Demokratie, das ist da eigentlich kaum noch zu erkennen.

Die zweite Bemerkung bezieht sich auf ihre Ausführungen betreffend Wiedervereinigung, und zwar des Beitritts der neuen Bundesländer zur Bundesrepublik nach dem bis zum September 1990 geltenden Artikel 23 GG. Sie sagten da, die Legitimation liege darin, dass zunächst einmal die Volkskammer demokratisch aus freien Wahlen hervorgegangen sei und zweitens dass die Volkskammer sich dann mit großem Mehr dafür entschieden habe, der Bundesrepublik Deutschland beizutreten. Mir scheint das von einer Außensicht, insbesondere von einer schweizerischen Außensicht aus betrachtet, eine sehr schwache Legitimationsbasis zu sein.

Ihre Meinung hierzu würde mich interessieren.

Rainer Wahl:

Ich wollte noch einmal zu der Frage, Präsident Skouris, zurückkehren, die Sie in Ihrem Referat angesprochen hatten und auf die sie auch eben noch einmal betont eingegangen sind. Das ist die Frage, wer die Norm über Kompetenzverteilung interpretiert. Die normative Ausgangssituation dazu ist: Die Staaten übertragen Hoheitsrecht im Sinne der Einzelermächtigung an die Europäische Union. Die Antwort auf die Frage, wer den Umfang dieser übertragenen Hoheitsrechte interpretiert, die Sie und einige andere Redner gegeben haben, war eindeutig und sie ließ keine Zweifel zu: Selbstverständlich interpretiere die obere Ebene, also der Europäische Gerichtshof; die Staaten könnten zu dieser Interpretation nicht berechtigt sein. Ehe man dieser Lösung zustimmen kann, sollte man das Vorverständnis erfragen, das hinter dieser so sicher geäußerten Auffassung steht. Und dabei stellt sich dann die Frage, ob man zu dieser Lösung anders kommen kann als mit einem Verständnis oder Vorverständnis von einer Hierarchisierung zwischen den Europäischen Union und den Mitgliedsstaaten. Diese Verständnis ist und wäre nicht gerade sehr attraktiv für die Staaten und eine EU oder ein EuGH, die sich ausdrücklich darauf berufen würden, gerieten in Akzeptanzprobleme: Deshalb gerät die Alternative, dass die Staaten zur Interpretation ihrer Übertragung berechtigt sind, wieder ins Blickfeld.

Der Haupteinwand im Europarecht dagegen richtet sich gegen die Gefahr der uneinheitlichen Interpretation der Übertragung. Es heißt immer wieder, man müsse, das was durch die Verträge übertragen sei, einheitlich interpretieren, sonst würde der Vertragsinhalt in 27 Versionen auseinanderfallen. Von der gängigen Lösung im Europarecht, dass nämlich der EuGH einheitlich interpretiert geht nun aber auch eine Gefahr aus, nämlich die Gefahr, dass die Staaten, die die Subjekte und Akteure der Übertragung sind, gar nicht wissen, was sie eigentlich übertragen, und gar nicht wissen können, wie breit das Übertragene später ausgelegt wird – man kann wohl sagen: eine wenig attraktive Situation.

Es stehen sich also zwei Sichtweisen gegen, die beide Wichtiges zur Sprache bringen. Keine der beiden Auffassungen kann für sich eine vollständige Lösung beanspruchen. Dann kann man die Situation nur mit einem Begriff kennzeichnen, der aus der Lehre vom Bund und vom Bundesstaat bekannt ist: es besteht eine Schwebelange. Für sie ist, um es zu wiederholen, kennzeichnend, dass keine der angebotenen Interpretationen überzeugen kann. Was wäre die Folge, wenn die Beteiligten diese Interpretation akzeptierten? Es bliebe am Ende nichts anders übrig, als gegenseitig aufeinander Rücksicht zu nehmen. Dann muss man so miteinander umgehen, dass man im Verhalten miteinander die beiden gegensätzlichen Verständnisse ernst nimmt und deshalb zu Selbstbegrenzungen kommt.

Vielleicht war die Formel vom Kooperationsverhältnis so ein Wort, das in diese Richtung zielte. Mich würde in diesem Zusammenhang noch interessieren, welche direkten Beziehungen es unter dem Dachbegriff des Kooperationsverhältnisses zwischen den nationalen Verfassungsgerichten und dem EuGH gibt. Sie haben vorhin gesagt, dass es eigentlich kaum Konfliktfälle zwischen dem EuGH und den Verfassungsgerichten gäbe. Vielleicht ist das auch ein Folge dieser Kooperation, dass man sich aufeinander zu bewegt und die Frage des Letztentscheidungsrechts nicht zur Entscheidung stellt.

Günter Püttner:

Ich habe zunächst eine Anregung an Herrn *von Arnim*. Ehe Sie behaupten, dass man in den europäischen Ländern für 1000 Euro jeweils mehr oder weniger bekommt, sollten Sie das empirisch nachprüfen. Ich hatte in Rumänien Gelegenheit dazu und konnte feststellen, dass man fast das Gleiche bekommt wie hier. Nur das Einkommenssystem ist anderes. Neben den niedrigen offiziellen Gehältern gibt es Schattenzahlungen, die hier nicht bekannt sind und die verfälschend wirken. Aber im Supermarkt zahlt man ebenso viel wie hier. Das muss man bei der Beurteilung berücksichtigen.

Dann möchte ich noch eine Anmerkung machen über etwas, das mich bedrückt. Wir haben hier 60 Jahre Grundgesetz gefeiert und dessen Bedeutung gewürdigt. Aber wenn ich in Kommissionen, in denen ich noch mitarbeite, mit Wirtschaftswissenschaftlern zusammen bin, dann stelle ich fest, dass diese Kollegen vom Recht und auch vom Grundgesetz nur wenig halten. Recht ist für sie eine Nebensache, fast gleichzusetzen mit lästiger Bürokratie, eigentlich von keiner besonderen Bedeutung. Auch der Staat müsse endlich ein Unternehmen werden, müsse managementartig geführt werden und so weiter und so fort. Ich bedaure, dass es uns offenbar also nicht gelungen ist, auch diesen Mitmenschen die Bedeutung und den Wert des Grundgesetzes verständlich zu machen. Und da die Wirtschaftswissenschaftler sich heute für den Nabel der Welt halten, liegt hier eine besondere Gefahr. Ich kann nur die Jugend aufrufen, hier gegenzusteuern. Es müssen die Bedeutung des Staates und des Grundgesetzes wieder mehr in den Vordergrund gerückt werden. Vielleicht hilft uns dabei die Wirtschaftskrise, weil jetzt plötzlich die, die bisher gar nichts vom Staat hielten, nach ihm rufen. Aber ob dieser Umstand auf Dauer helfen wird, müssen wir noch sehen. Also mein Appell: Wir müssen die Bedeutung des Grundgesetzes auch gegenüber Nichtverfassungsrechtlern wieder stärker zur Geltung bringen.

Julia Iliopoulos-Strangas:

Gestatten Sie mir zwei Bemerkungen:

Meine erste Bemerkung betrifft das Hauptthema unserer Diskussion vom heutigen Nachmittag: Kompetenzen der Mitgliedstaaten und Rechtsfortbildung durch den EuGH. Ich beziehe mich insbesondere auf die von Herrn *Starck* geäußerten Besorgnisse. Zunächst einmal zur *Rechtsfortbildung durch den EuGH*. Obwohl ich von der Disziplin des Verfassungsrechts herkomme und großen Wert auf die Einhaltung der in den nationalen Verfassungen vorgesehenen Modalitäten und Grenzen der Übertragung von Hoheitsrechten auf die Gemeinschaft bzw. Union lege, muss ich anerkennen, dass das bisherige Vorgehen des EuGH bei der Rechtsfortbildung grundsätzlich zu überzeugen vermag. Beispielsweise wiesen die Gründungsverträge ein schwerwiegendes Manko in Sachen Grundrechtsschutz auf. Von daher ist es sehr zu begrüßen, dass der EuGH Gemeinschaftsgrundrechte als ungeschriebene allgemeine Rechtsgrundsätze des Gemeinschaftsrechts entwickelt hat. Was die Frage der *verbleibenden mitgliedstaatlichen Kompetenzen* angeht, so ist daran zu erinnern, dass auch wenn die Mitgliedstaaten „Herren der Verträge" waren und bleiben, doch bereits von Anfang an in den Gründungsverträgen eine relativierende Flexibilitätsklausel enthalten war (vgl. jetzt Art. 308 EGV [Vorschriften für unvorhergesehene Fälle – Kompetenzergänzung]). Dies spricht dafür, dass die Mitgliedstaaten eine quasi „informelle" Kompetenzergänzung der Gemeinschaft für unvorhergesehene Fälle nicht ausschließen wollten. Allerdings sieht nun der Lissabonner Vertrag Änderungen vor (vgl. Art. 352 AEUV), die für solche Kompetenzergänzungen besondere Bedingungen aufstellen und dem Anwendungsbereich derartiger Maßnahmen materiellrechtliche Grenzen setzen. So hat gemäß Art. 352 Abs. 2 AEUV die Kommission im Rahmen des Verfahrens zur Kontrolle der Einhaltung des Subsidiaritätsprinzips die nationalen Parlamente auf die Vorschläge aufmerksam zu machen, die sich auf diesen

Artikel stützen. Nach dem ebenfalls neuen Absatz 3 dürfen die auf diesem Artikel beruhenden Maßnahmen keine Harmonisierung der Rechtsvorschriften der Mitgliedstaaten in den Fällen beinhalten, in denen die Verträge eine solche Harmonisierung ausschließen. Schließlich kann dieser Artikel aufgrund seines ebenfalls neuen Absatzes 4 nicht als Grundlage für die Verwirklichung von Zielen der gemeinsamen Außen- und Sicherheitspolitik dienen. Wenngleich somit alle diese Vorkehrungen eine entsprechende Rechtsfortbildung durch den EuGH einschränken, bleibt es dennoch dabei, dass eine starre Kompetenzabgrenzung zwischen den Mitgliedstaaten und der Gemeinschaft/Union offensichtlich nicht möglich und erwünscht ist. Nicht zuletzt könnte man im Zusammenhang mit der Kompetenzfrage auf den Umstand hinweisen, dass die Mitgliedstaaten selbst in der Grundrechtecharta – mit welcher Begründung auch immer – Grundrechte in Bereichen garantiert haben, für welche die Union noch keine Kompetenzen besitzt. Wie auch immer die Rechtswirkung solcher Rechte zu interpretieren sein mag, werden sie doch sicherlich bei der künftigen Rechtsfortbildung durch den EuGH eine Rolle spielen.

Meine zweite Bemerkung gilt der Frage, wie man das Recht dieses neuen Gebildes, das die Union darstellt, nennen soll. Ich stimme mit Herrn *Kotzur* völlig darin überein, dass hier Begriffe verwandt werden, welche die europäische Konstruktion lediglich beschreiben. Was bringen in der Tat für einen Juristen Begriffe wie „Multilevel-Konstitutionalismus" oder „Teilverfassungen"? Das sind rechtspolitische Begriffe, an die sich keine präzisen Rechtsfolgen anknüpfen lassen. Die Bezeichnung der „Verträge" als „Verfassung" hätte meines Erachtens – und ich bin nicht die Einzige, geschweige denn die Erste, die das behauptet – überwiegend psychologische Gründe, um die Union ein wenig voranzubringen. Auf die Kompetenzverteilung zwischen der Union und den Mitgliedstaaten hätte diese Bezeichnungsfrage keine Auswirkungen. In Anschluss an die Rechtsprechung des Europäischen Gerichtshofs für Menschenrechte über die „autonomen Begriffe" der Europäischen Konvention für Menschenrechte wäre das Wort „Verfassung" im Bereich des Unionsrechts als ein autonomer Begriff zu werten, der nicht mit dem auf der mitgliedstaatlicher Ebene verwendeten Begriff „Verfassung" gleichzustellen wäre.

Klaus Stern:

Wir kommen jetzt zu den Schlussworten und ich bitte die Redner, eine Drei-Minuten-Grenze einzuhalten. Herr *Schambeck*, Bitte sehr.

Herbert Schambeck:

Zunächst will ich Herrn Kollegen von Arnim sagen, achtundzwanzig Jahre Parlamentarier gewesen zu sein und deshalb auch die Aufgaben sowie finanziellen Inanspruchnahmen eines Politikers zu kennen. Sie begleiten einen auch in die Pension, die für einen, der im öffentlichen Leben steht kein Ruhestand ist. Aus diesem Grund ersuche ich bei einem Politiker neben den Einkommen u. a. auch seine ihn begleitenden notwendigen Ausgaben, wie die Notwendigkeit von Spenden und Repräsentation zu bedenken.

Weiters will ich im Zusammenhang mit dem Bemühen um die neue Grundordnung der EU davor warnen, den Begriff Verfassung zu gebrauchen. In meinem

Beitrag zur Festschrift für Walter Barfuss habe ich schon 2002 davor gewarnt. Viele Menschen verbinden nämlich mit diesem Begriff der Verfassung den eines Staates und stellen sich leider mit einer Verfassung der EU dann die EU als Oberstaat vor. Dieser soll aber nicht angestrebt werden, zumal wir die EU, um das deutsche Bundesverfassungsgericht zu zitieren, als Staatenverbund verstehen.

Gerade diese Diskussion um die neue Grundordnung der EU zeigt, wie vielfältig das Europaverständnis innerhalb dieser Staatengemeinschaft ist, von denen jedes Mitgliedsland seinen jeweils eigenen Weg zur Teilnahme an der Integration Europas beschritten hat. Mir ist dies im Mai dieses Jahres besonders deutlich geworden, als ich eingeladen war, an der Universität von Breslau, dem heutigen polnischen Wroclaw, an einer von Prof. Boguslaw Banaszak verdienstvoll initiieren und glänzend geleiteten internationalen Konferenz über den Einbau des EU-Rechtes in das jeweils innerstaatliche Recht teilzunehmen.

Betrachten wir die Entwicklung des sich integrierenden Europa in Gegenwart und Vergangenheit, wozu ich kürzlich anlässlich von Gastvorlesungen im rumänischen Pitesti über die Geschichte der Europaidee von der Antike bis ins 13. Jahrhundert und den Weg der EU nach Lissabon Gelegenheit hatte, können wir feststellen, dass die Europaidee eine sehr lange Tradition von Jahrhunderten hat, dass es aber der opferreichen Tragik zweier Weltkriege sowie autoritärer und totalitärer Regime, wie des Kommunismus und Nationalsozialismus bzw. Faschismus bedurfte, bis es zu diesem organisierten Für- und Miteinander der Staaten in Europa kam, die mit der Wirtschafts- und Währungsgemeinschaft auch als Rechts- und Wertegemeinschaft eine Friedenszeit entstehen ließen.

Bei diesem eschatologischen Bedenken des Laufes europäischer Geschichte müssen wir uns aber fragen, wie wäre die Entwicklung auf unserem Kontinent ohne diese Kriege und Herrschaftssysteme mit ihren Unmenschlichkeiten, deren Folgen zu dieser Integration hinführte, verlaufen? In Beantwortung dieser Frage sollten wir aus der Geschichte lernen und uns um eine möglichst umfassende allgemeine Anerkennung der Grundwerte auch in der Politik bemühen, sowie den Relativismus in der Demokratie, auf den Joseph Kardinal Ratzinger schon vor seiner Wahl zum Petrusnachfolger und seither immer wieder hinwies, zu verkraften suchen. Als Christen sollten wir, gerade jetzt zwischen Ostern und Pfingsten, diese Aufgabe mit Optimismus annehmen und dem Ziel einer humanen Ordnung mit Frohsinn in Eigenverantwortung entgegengehen. Gerade diese Eigenverantwortung will ich besonders betonen, weil es zum Glück keine kriegerischen und ideologischen Gegensätze gibt, die uns, wie im vergangenen Jahrhundert, in „Zugzwang" bringen könnten!

Klaus Stern:

Ein wunderbares Schlusswort. Herr *Skouris.*

Vassilios Skouris:

Zwei Bemerkungen darf ich hinzufügen. Zunächst einmal zu der Frage von Herrn *Weber.* Die richtlinienkonforme Auslegung der nationalen Verfassung ist ja keine Pflicht, sondern eine Option, eine Möglichkeit, die besteht, wenn man feststellt, dass es einen Konflikt gibt zwischen einer Richtlinie und einer Vorschrift der nationalen Verfassung. Dann gibt es zwei Alternativen. Entweder man ändert die nationale Verfassung oder man legt sie so aus, dass sie mit der Richtlinie vereinbar ist. Deswegen meine ich, dass es besser wäre, wenn man die Möglichkeit der richtlinienkonformen Auslegung vorzieht, damit die Verfassung, also der Verfassungstext keinen Schaden daran nimmt.

Meine zweite Bemerkung betrifft den Diskussionsbeitrag von Herrn *Wahl.* Ich fühle mich doch etwas missverstanden, wenn ich gesagt haben sollte, dass der Europäische Gerichtshof ausschließlich zuständig ist, über die Frage des Umfangs der Übertragung von Kompetenzen auf die Europäische Union zu entscheiden. Der Umfang der Übertragung einer Kompetenz ist eine Frage, die sich zunächst einmal im politischen Bereich entscheidet. Wenn die Kompetenzübertragung aber die Form einer Vertragsregelung nimmt, weil etwa im Vertrag steht, dass der Rat auf Vorschlag der Kommission und mit Zustimmung des Parlaments bestimmte Maßnahmen auf einem Gebiet ergreift, ist das natürlich eine normale Vertragsauslegung, wie wir sie eben täglich vollziehen. Ich darf diese Gelegenheit nutzen, um dem Eindruck entgegenzuwirken, dass wir bei unseren Beziehungen zu den nationalen Verfassungsgerichten besondere Probleme haben. Das trifft im weiten Umfang überhaupt nicht zu. Zum einen legen mehrere Verfassungsgerichte dem Gerichtshof Fragen im Rahmen des Vorabentscheidungsverfahrens vor, zuletzt auch das italienische Verfassungsgericht, das, wie Sie wissen, zusammen mit dem deutschen Bundesverfassungsgericht aus einer Reihe von Gründen, die ich jetzt mangels Zeit nicht ausführen kann, eine doch sehr reservierte Stellung gegenüber dem Institut der Vorlage eingenommen hatte. Auf der anderen Seite haben wir sehr oft und sehr viele Begegnungen mit Vertretern der nationalen Verfassungsgerichte, es besteht also ein echtes Kooperationsverhältnis, auf das wir großen Wert legen.

Ich sehe, dass ich meine Zeit überzogen habe. Ich darf mich bei allen Diskussionsteilnehmern für ihre Bemerkungen bedanken und kehre bereichert nach Luxemburg zurück.

Christian Starck:

Zur Frage von Herrn *Weber.* Ich habe unterschieden zwischen Rechtsfortbildung und Vertragsauslegung. Zur Rechtsfortbildung möchte ich Folgendes sagen. Wenn man sich die Kommentare ansieht, gehen diese durchaus darauf ein, wie weit Rechtsfortbildung möglich, d. h. erlaubt ist. Es wird immer auf die Verbandskompetenz hingewiesen. Selbst, wenn es jetzt kein besonderes Gericht gibt, das darüber zu entscheiden hat, ist es Aufgabe der Rechtslehre, Kriterien für diese wichtige Unterscheidung zu entwickeln. Der Europäische Gerichtshof ist verpflichtet, jede Rechtsfortbildung unter dem Gesichtspunkt der Verbandskompetenz sorgfältig und überzeugend zu begründen. Über die Auslegung des EU-Vertrages haben bis jetzt die politischen Organe entschieden. Und das ist geändert worden. Warum? Ich habe eine Begründung nicht gehört.

Herr *Vallender,* die Legitimation des Beitritts der DDR zum Grundgesetz habe ich nicht begründet allein mit dem Volkskammerbeschluss, sondern damit, dass bei der ersten freien Wahl im März 1990 dreiviertel der Wähler Parteien gewählt haben, die sich für die Wiedervereinigung nach Artikel 23 erklärt haben. Das war der erste Schritt, der zweite Schritt war der Beschluss der Volkskammer.

Herr *Püttner*, ganz kurz zu Ihnen. Ich habe mir mein Thema selbst wählen können und mir wurde nicht aufgegeben, über die Ökonomie und die Betrachtung des Grundgesetzes durch die Ökonomie zu sprechen Deshalb habe ich über diese sehr interessanten Fragen nicht gesprochen.

Zum Schluss möchte ich mich für die anregenden Diskussionsbeiträge bedanken.

Pedro Cruz Villalón:

So schnell wie möglich, zwei Bemerkungen. Einmal betreffend die Zuständigkeit des EuGH und der nationalen Verfassungsgerichte. In Spanien haben wir keinen Art. 23. Absatz 1 Satz 1 GG, aber hätten wir ihn, so meine ich nicht, dass die Kompetenz des Verfassungsgerichts dadurch gewachsen wäre. Man sollte sich vorstellen, und vielleicht ist man sich dessen in Deutschland nicht so hundertprozentig bewusst, dass das Bundesverfassungsgericht nicht das durchschnittliche europäische Verfassungsgericht ist. So wie vom Barcelona F.C. behauptet wird, er sei „mehr als ein Fußballklub", so ist das Karlsruher Gericht ein klein bisschen mehr als ein durchschnittliches Verfassungsgericht.

Zuletzt eine kurze Bemerkung zu den „Begrifflichkeiten", die Frau *Iliopoulos-Strangas* erwähnt hat. Ich meine wieder, sie sind nötig. Es gibt so viele Leute im Moment, die dabei sind, über den „Dialog" zwischen den höchsten Gerichten zu sprechen. So viele. Und dennoch: Was heißt hier Dialog? Und überhaupt: Seit wann führen die Gerichte Gespräche untereinander? Bis jetzt waren die Gerichte entweder oben oder unten, in Beziehung zu anderen. Und so war die Sache erledigt. „Dialog" ist wieder mal bloß ein Bild. Aber Juristen müssen auch ständig erzogen werden. Und zu dieser Erziehung sind gelegentlich Bilder nötig.

Klaus Stern:

Vielen Dank, Herr *Cruz Villalón*. Meine Damen und Herren, ich danke allen Referenten sehr herzlich für Ihre Referate. Ich danke den Diskussionsrednern und allen sonstigen Teilnehmern.

Klaus Stern:

Guten Morgen, meine Damen und Herren. Ich freue mich, die Sitzung eröffnen zu können und als ersten Referenten Herrn Bundesverfassungsgerichtspräsidenten *Papier* anzukündigen. Es hieße Eulen nach Athen zu tragen, ihn vorzustellen. Dennoch sollten ein paar Worte namentlich im Interesse unserer ausländischen Kollegen über ihn gesagt werden.

Herr *Papier* ist zuerst 1974an die Universität Bielefeld berufen worden, 1992 ging er dann nach München. 1998 wurde er Vizepräsident des Bundesverfassungsgerichts; seit 2002 ist er Präsident des Bundesverfassungsgerichts und sitzt in dieser Eigenschaft dem Ersten Senat vor. Dass er zahlreiche herausragende Publikationen aufweisen kann, ist bekannt. Sie sind dem Verwaltungsrecht, dem Verfassungsrecht und dem Europarecht gewidmet.

Darunter sind natürlich einige ausgezeichnete Kommentierungen von Grundgesetzartikeln, im Großkommentar von *Maunz/Dürig*, besonders Artikel 14, der ja demnächst vermutlich mit Sicherheit wieder in nähere Betrachtung rücken wird. Außerdem ist er zusammen mit Herrn Kollegen *Merten* Herausgeber des Handbuchs der Grundrechte, bei dem viele Anwesende mitarbeiten. Herr *Merten* hat mir versichert, in diesem Jahr werden noch einige Bände erscheinen, der nächste Band im Juni, wenn ich das richtig mitbekommen habe. Das darf ich zu unserer und Ihrer Freude hier bekannt geben. Wir haben also einen prominenten Referenten vor uns; und wir sind sehr gespannt auf seine Ausführungen. Herr Kollege *Papier*, ich darf sie zu Ihrem Referat bitten.

HANS-JÜRGEN PAPIER

Die Bedeutung des Grundgesetzes im Europäischen Staatenverbund*

In den sogenannten „Wonnemonat" Mai fallen drei Gedenktage, die für die Verfasstheit unseres deutschen und europäischen Gemeinwesens von zentraler Bedeutung sind. Zu nennen ist hier zunächst die Verkündung des deutschen Grundgesetzes am 23. Mai 1949. Der 60. Jahrestag dieses Ereignisses wird schon seit Tagen und Wochen in den Medien und auf Konferenzen wie dieser, am letzten Wochenende auch mit einem Staatsakt sowie einem Bürgerfest – wie ich finde zu Recht – gefeiert. Denn 60 Jahre Grundgesetz bedeuten – allerdings leider zunächst nur für einen Teil unseres Volkes – 60 Jahre leben in Frieden und Freiheit. Die Länge dieser Periode ist in dieser Kombination einmalig in unserer Geschichte.

Dass dies möglich war, hängt meines Erachtens aufs Engste mit den beiden anderen Gedenktagen zusammen, die wir im Monat Mai gefeiert haben. So jährte sich am 5. Mai die Unterzeichnung der Satzung des Europarates ebenfalls zum 60. Mal. Diese Organisation, der im Jahr 1950 auch die Bundesrepublik Deutschland beigetreten ist und der mittlerweile 47 Staaten angehören, wurde von ihren Gründungsmitgliedstaaten in der Überzeugung geschaffen, „dass die Festigung des Friedens auf der Grundlage der Gerechtigkeit und internationalen Zusammenarbeit für die Erhaltung der menschlichen Gesellschaft und der Zivilisation von lebenswichtiger Bedeutung ist".[1] Damit bestätigten die Gründungsmitgliedsstaaten des Europarats „ihre unerschütterliche Verbundenheit mit den geistigen und sittlichen Werten, die das gemeinsame Erbe ihrer Völker und von jeher die Quelle für Freiheit der Einzelperson, politische Freiheit und Herrschaft des Rechts sind, jene Prinzipien, welche die Grundlage jeder wahren Demokratie bilden". Eine Frucht des in diesem Geiste vereinbarten Europarates war insbesondere die Europäische Menschenrechtskonvention.

Zu nennen als für die Verfasstheit Deutschlands und Europas wichtigen Gedenktag im Mai ist schließlich der 9. Mai, der von der EU als „Europatag" gefeiert wird. An diesem Tage des Jahres 1950 trat der französische Außenminister *Robert Schuman* mit einer Erklärung an die Öffentlichkeit, die als „Schuman-Erklärung" in die Geschichte eingegangen ist. Zur Erhaltung des Friedens in Europa schlug er vor, die deutsche und die französische Kohle- und Stahlproduktion einer gemeinsamen Hohen Behörde zu unterstellen, in einer Organisation, die den anderen europä-

* Meinem wissenschaftlichen Mitarbeiter beim BVerfG, Herrn Richter am Verwaltungsgericht Dr. Jens Hofmann, danke ich für seine wertvolle Hilfe bei der Abfassung des Manuskripts.

[1] Erster Erwägungsgrund der Satzung des Europarates vom 5. Mai 1949.

ischen Ländern zum Beitritt offen steht.[2] Dieser Vorschlag wurde unter anderem vom damaligen deutschen Bundeskanzler *Konrad Adenauer* sowie dem damaligen italienischen Ministerpräsidenten *Alcide de Gasperi* ohne Vorbehalte angenommen. Mit der im Folgejahr gegründeten Montanunion ist der Grundstein für den heute bestehenden „Europäischen Staatenverbund" gelegt worden.

I. Die EU als „Staaten- und Verfassungsverbund"

Die Methode zur fortschreitenden europäischen Einigung hatte im Grunde schon *Robert Schuman* in seiner Erklärung vom 9. Mai 1950 vorgegeben. Darin war er der Ansicht, dass sich Europa nicht mit einem Schlage herstellen lasse und auch nicht durch eine einfache Zusammenfassung. Es werde durch konkrete Tatsachen entstehen, die zunächst eine Solidarität der Tat schaffen.[3] Durch diesen – von manchen auch „elitengeführten Gradualismus"[4] genannten – Entwicklungsstil hat Europa seinen heutigen Zustand erreicht, der mit dem gescheiterten Verfassungsvertrag eine endgültige Gestalt bekommen sollte und mit dem Vertrag von Lissabon – sollte er in Kraft treten – vielleicht auch erhalten wird.

Wie wohl allgemein bekannt, beabsichtigt der Zweite Senat des Bundesverfassungsgerichts – dem ich übrigens nicht angehöre –, in der nächsten Zeit eine Entscheidung über die Vereinbarkeit des Vertrags von Lissabon mit dem Grundgesetz zu treffen. Zum Ausgang dieses Verfahrens kann und möchte ich daher heute verständlicherweise keine Aussage treffen.

Hinweisen möchte ich mit Blick auf den heutigen Zustand der EU jedoch auf Folgendes: Selbst nach dem gescheiterten Europäischen Verfassungsvertrag hätte die EU kein Bundesstaat werden sollen, sondern ein Gemeinwesen eigener Art. Dies wurde nicht zuletzt durch die Wahl des Leitspruchs deutlich gemacht. Er lautete: „In Vielfalt geeint"[5] oder auf Latein: „*in* pluribus unum". Dagegen lautet der Wahlspruch der Vereinigten Staaten von Amerika, die ja bekanntlich ein Bundesstaat sind: „*e* pluribus unum", „aus vielen Eines".[6] An diesem feinen, aber wichtigen Unterschied kann man – wie ich meine – erkennen, dass selbst der gescheitere Europäische Verfassungsvertrag nicht die – im Jahre 1946 von *Winston Churchill* noch geforderten – „Vereinigten Staaten von Europa" gründen wollte.[7]

Das Bundesverfassungsgericht hat daher bereits in seiner Entscheidung zum Vertrag von „Maastricht" einen neuen Begriff für die Europäische Union entwickelt, nämlich den des „Staatenverbunds".[8] Damit hat man für die teils supranationale, mit unmittelbar wirkender Hoheitsgewalt ausgestattete Union einen Begriff

2 Vgl. dazu: *Haltern,* Europarecht, 2005, S. 30 ff.
3 Zitiert nach *Haltern,* Europarecht, 2005, S. 33.
4 *Wallace/Smith,* West European Politics 18/3 (1995), S. 137 (140), zitiert nach *Haltern,* Europarecht, 2005, S. 36.
5 Vgl. Art. I-8 EVV.
6 Vgl. *Höffe,* in: Kulturstiftung des Bundes, Heft April 2007, S. 23.
7 Dazu: *Haltern,* Europarecht, 2005, S. 30 f.
8 Vgl. BVerfGE 89, 155 (181 ff.).

gewählt, der zwischen den im 19. Jahrhundert entwickelten Topoi des „Bundesstaates" und des „Staatenbundes" vermittelte.[9]

Das vom Bundesverfassungsgericht entwickelte „Verbundmodell" hat sich in der Rechtswissenschaft mittlerweile als Leitbild für verschiedene Bereiche des Gemeinschaftsrechts durchgesetzt. Im Anschluss an die Begriffsschöpfung „Europäischer Staatenverbund" ist mit Blick auf die verfassungsrechtlichen Quellen in der EU und ihre Verflochtenheit ein „Europäischer Verfassungsverbund" identifiziert worden,[10] welcher Gegenstand dieses Kongresses ist. Mit dem Begriff „Europäischer Verfassungsverbund" soll deutlich gemacht werden, dass nationales und europäisches Verfassungsrecht zwei Ebenen bilden, die materiellrechtlich, funktional und institutionell zu einem einheitlichen System verbunden sind.[11]

Aber auch unterhalb der Ebene des Verfassungsrechts, nämlich in den gerade im Europarecht oft komplizierten „Niederungen" des Verwaltungsrechts hat sich das „Verbundmodell" zur Qualifizierung des Phänomens durchgesetzt, dass die Kommission und die mitgliedstaatlichen Verwaltungen Europarecht nicht mehr getrennt voneinander vollziehen, sondern bei dessen Umsetzung in vielfältiger Weise kooperieren. Die Verwaltungskooperation in der EU reicht dabei vom bloßen Informationsaustausch bis hin zur gemeinsamen Entscheidungsfindung und Konzeptentwicklung. Man spricht daher insoweit vom „Europäischen Verwaltungsverbund".[12]

Sowohl durch diese vernetzte Verwaltungstätigkeit als auch durch die Verflechtung der verfassungsrechtlichen Grundlagen in der EU stellen sich besondere Herausforderungen für den Rechtsschutz, die meines Erachtens am besten ebenfalls durch ein Verbundmodell gelöst werden sollten, nämlich durch eine komplementäre Aufgabenteilung und eine prozedurale Kooperation der Gerichte in der EU, also durch einen „Europäischen Rechtsprechungsverbund".[13] Für den Grundrechtsschutz in der EU werde ich später hierauf zurückkommen.

II. Zur Bedeutung von Art. 23 GG für den „Europäischen Staatenverbund"

Doch lassen Sie mich zunächst auf die Bestimmung unseres Grundgesetzes eingehen, die auf deutscher Seite das Fundament für die Brücken bildet, die im „Europäischen Staatenverbund" durch die jeweiligen Vertragsgesetze zur EU geschlagen werden,

[9] Dazu: *Herzog*, in: Herzog/Hobe, Die Europäische Union auf dem Weg zum verfassten Staatenverbund: Perspektiven der europäischen Verfassungsordnung, 2004, S. 19.

[10] Vgl. *Pernice*, VVDStRL 60 (2001), S. 148 (153).

[11] Vgl. *Pernice*, VVDStRL 60 (2001), S. 148 (153); *Schmidt-Aßmann*, in: Hoffmann-Riem/Schmidt-Aßmann/Voßkuhle, Grundlagen des Verwaltungsrechts, Band I, 2006, § 5 Rn. 14.

[12] Vgl. *Schmidt-Aßmann*, in: Hoffmann-Riem/Schmidt-Aßmann/Voßkuhle, Grundlagen des Verwaltungsrechts, Band I, 2006, § 5 Rn. 16 ff.; *J. Hofmann*, Rechtsschutz und Haftung im Europäischen Verwaltungsverbund, 2004, S. 23 ff.; *Siegel*, Entscheidungsfindung im Verwaltungsverbund, 2009, S. 11, 224 ff.

[13] Vgl. *J. Hofmann*, Rechtsschutz und Haftung im Europäischen Verwaltungsverbund, 2004, S. 364.

nämlich Art. 23 GG.[14] Hier, in dieser Verfassungsbestimmung, konnte nach Vollendung der deutschen Einheit die Grundlage für die europäische Einigung ihren speziellen Sitz im Grundgesetz finden.[15] Art. 24 GG, der bis dahin für Deutschland die verfassungsrechtliche Grundlage für die europäische Integration gebildet hatte und Ausdruck des im Grundgesetz niedergelegten Prinzips der „offenen Staatlichkeit" ist, war vom Verfassungsgesetzgeber – wohl zu Recht – für weitere Integrationsschritte nicht mehr als ausreichend angesehen worden.[16] Insbesondere die Länder forderten mehr Mitsprache bei der Entscheidungsfindung auf EU-Ebene.[17]

Das Bundesverfassungsgericht musste Art. 23 Abs. 1 GG schon kurze Zeit nach dessen Änderung zum „Europaartikel" des Grundgesetzes auf den „Vertrag von Maastricht" anwenden, und zwar im Hinblick auf das Strukturprinzip der Demokratie. Dort ging es um die Frage, ob das deutsche Zustimmungsgesetz zum Vertrag von Maastricht durch die Verlagerung von Aufgaben und Befugnissen des Bundestages auf die EU das durch Art. 38 GG gewährleistete Recht – nämlich durch Wahlen an der Legitimation von Staatsgewalt teilzunehmen und auf deren Ausübung Einfluss zu nehmen – so entleere, dass das demokratische Prinzip, wie es Art. 79 Abs. 3 in Verbinung mit Art. 20 Abs. 1 und 2 GG für unantastbar erklären, verletzt worden sei.[18]

Wie wir alle wissen, hat das Bundesverfassungsgericht diese Frage für den Vertrag von Maastricht verneint. Es hat damals ausgeführt, dass im Rahmen einer supranationalen Organisation wie der EU die demokratische Legitimation nicht in gleicher Weise hergestellt werden könne, wie innerhalb einer durch eine Staatsverfassung einheitlich und abschließend geregelten Staatsordnung.[19] Vielmehr ist es dort davon ausgegangen, dass eine doppelgleisige demokratische Legitimation den Anforderungen des Art. 23 Abs. 1 GG genügen könne, und zwar zum einen vermittelt über das Europäische Parlament, aber zum anderen auch vermittelt über die demokratische Rückkopplung des Handels der nationalen Ratsvertreter an die nationalen Parlamente.[20] Zugleich hat das Bundesverfassungsgericht damals entschieden, dass Rechtsakte der europäischen Einrichtungen und Organe, die sich nicht mehr im Rahmen des Vertrags hielten, der dem deutschen Zustimmungsgesetz zugrundeliege, im deutschen Hoheitsgebiet nicht verbindlich sein könnten.[21]

In Kürze dürfte das Bundesverfassungsgericht wieder Gelegenheit haben, Art. 23 GG auf ein Zustimmungsgesetz anzuwenden, allerdings kann ich mich hier – wie bereits gesagt – zu dem den Vertrag von Lissabon betreffenden Zustimmungsgesetz nicht äußern. Erwähnen möchte ich an dieser Stelle jedoch, dass sich auch in den Verfassungen der anderen Mitgliedstaaten der EU „Integrationsklauseln" finden",

[14] Leicht abgewandeltes Bild der „Brücke" von *P. Kirchhof*, in: Isensee/Kirchhof, HStR VII, 1992 § 183 Rn. 65, der Art. 24 Abs. 1 GG selbst als Brücke bezeichnete.

[15] Vgl. Änderung des GG durch Art. 4 Nr. 2 des Einigungsvertrages vom 31. Augsut 1990, BGBl II S. 889.

[16] Vgl. dazu: *Scholz*, in: Maunz/Dürig, GG, Art. 23 Rn. 1–3 (Stand: Oktober 1996).

[17] Vgl. dazu: *Scholz*, in: Maunz/Dürig, GG, Art. 23 Rn. 9 (Stand: Oktober 1996).

[18] BVerfGE 89, 155 (182).

[19] Vgl. BVerfGE 89, 155 (182).

[20] Vgl. BVerfGE 89, 155 (184 ff.).

[21] Vgl. BVerfGE 89, 155 (188).

wie etwa in Art. 88-I bis 88-V der Verfassung der französischen Republik. Hinsichtlich der genannten Bestimmungen der französischen Verfassung ist besonders interessant, dass der Conseil constitutionnel ihnen sogar die verfassungsrechtliche Pflicht zur Umsetzung von Richtlinien entnimmt, was zur Folge hat, dass der Conseil constitutionnel Parlamentsgesetze an EG-Richtlinien selbst messen kann.[22] Diese verfassungsrechtliche Umsetzungspflicht solle nach Ansicht des Conseil constitutionnel nur dann entfallen, wenn die Umsetzung einer Richtlinie gegen eine Regel oder ein Prinzip verstoße, das der Verfassungsidentität Frankreichs innewohne, es sei denn, der Verfassungsgesetzgeber hätte dem zugestimmt.[23]

Diese „Integrationsklauseln" der nationalen Verfassungen, die von mitgliedstaatlicher Seite auf die Bildung eines „Europäischen Verfassungsverbundes" abzielen, finden auf der Seite des EU-Vertrages übrigens eine Entsprechung. Kernbestimmung des derzeit geltenden EU-Vertrages ist insoweit Art. 6 EU-Vertrag.[24] Dort ist nicht nur geregelt, dass die Union die nationale Identität der Mitgliedstaaten achtet – eine Formulierung, die an den erwähnten Verfassungsvorbehalt des Conseil constitutionnel erinnert.[25] Vielmehr werden dort auch die Strukturprinzipien der EU benannt – nämlich Freiheit, Demokratie, Achtung der Menschenrechte und Grundfreiheiten sowie Rechtsstaatlichkeit. Zugleich wird dort auf die entsprechenden Grundsätze der Mitgliedstaaten und deren Verfassungsüberlieferungen verwiesen.[26] Diese Bezugnahmen auf die Verfassungsüberlieferungen der Mitgliedstaaten sind ein wichtiges Merkmal des „Europäischen Verfassungsverbundes".

III. Zum Grundrechtsschutz im „Europäischen Staatenverbund"

Lassen Sie mich nun jedoch zum Grundrechtsschutz im „Europäischen Staatenverbund" kommen. Er stellt – wie ich meine – den Kernbereich des „Europäischen Verfassungsverbundes" dar, weil diesbezüglich die „Verfassungsbestimmungen" in der EU am weitestgehendsten miteinander verwoben sind.

1. Vielfalt an Grundrechtsverbürgungen

Der oben bereits erwähnte, vom gescheiterten Verfassungsvertrag gewählte Leitspruch der EU „In Vielfalt geeint" hätte auch den Grundrechtsschutz in Europa beschreiben können. Die Vielfalt des Grundrechtsschutzes liegt offen zu Tage: In

[22] Vgl. Conseil constitutionnel, Decision Nr. 2006-540 DC vom 27. Juli 2006, Rn. 17 ff.; Conseil constitutionnel, Decision Nr. 2004-496 DC vom 10. Juni 2004, Rn. 7; *Mayer/Lenski/Wendel*, EuR 2008, S. 63 (69 ff.).

[23] Vgl. Conseil constitutionnel, DecisionNr. 2006-540 DC vom 27. Juli 2006, Rn. 19; *Mayer/Lenski/Wendel*, EuR 2008, S. 63 (69 f.).

[24] Vgl. *Schmidt-Aßmann*, in: Hoffmann-Riem/Schmidt-Aßmann/Voßkuhle, Grundlagen des Verwaltungsrechts, Band I, 2006, § 5 Rn. 15.

[25] Vgl. zum Begriff der „nationalen Identität": *Puttler*, in: Calliess/Ruffert, EUV – EGV, Kommentar, 3. Aufl. 2007, Art. 6 EUV, Rn. 44 ff.

[26] Vgl. Art. 6 Abs. 1 und 2 EU.

Europa existieren auf drei Ebenen Grundrechtsverbürgungen mit jeweils eigener Gerichtsbarkeit. Über die Einhaltung der Garantien der Europäischen Menschenrechtskonvention wacht der Europäische Gerichtshof für Menschenrechte in Straßburg, über die Auslegung der EU-Grundrechte entscheidet der Gerichtshof der Europäischen Gemeinschaften in Luxemburg und für die Kontrolle der Einhaltung der mitgliedstaatlichen Grundrechte existiert in vielen Mitgliedstaaten der EU ein nationales Verfassungsgericht.

Diese Vielzahl an Grundrechtsverbürgungen und Grundrechtsgerichten ist zunächst etwas Positives für die Bürger Europas, denn ein Mehr an Grundrechtsschutz ist besser als ein zu Wenig. Gleichwohl besteht aufgrund der Vielfalt die Gefahr, dass der Rechtsschutz für den Bürger unübersichtlich und damit ineffektiv wird, weil er nicht weiß, an welches Gericht er sich wenden muss oder welche Maßstäbe für seinen Fall gelten. Auch kann die Verdoppelung oder gar Verdreifachung der Rechtsschutzebenen in einer nicht unerheblichen Zahl von Fällen zu einer unangemessen langen Verfahrensdauer führen.

Diesen Gefahren kann zunächst durch eine dialogische und rezeptive Angleichung der materiellen Grundrechtsstandards begegnet werden. Dies geschieht heute schon dadurch, dass zum Beispiel das Bundesverfassungsgericht bei seinen Entscheidungen die Rechtsprechung des EGMR berücksichtigt. Dies hat das Bundesverfassungsgericht letztes Jahr im Fall „Caroline von Hannover“ wieder hervorgehoben.[27] Auch der EuGH orientiert sich bei der Auslegung der EU-Grundrechte an den Entscheidungen des EGMR. Darüber hinaus zieht der EuGH bei seiner Grundrechtsrechtsprechung rechtsvergleichend die Verfassungsüberlieferungen der Mitgliedstaaten heran.[28] Umgekehrt können auch die mitgliedstaatlichen Gerichte bei der Auslegung ihrer Grundrechte einzelne, bislang nur im Gemeinschaftsrecht anerkannte Aspekte des Grundrechtsschutzes rezipieren. Durch einen solchen Dialog der Verfassungsgerichte in der Gemeinschaft könnte gewissermaßen ein Wettbewerb um die beste Lösung angestoßen werden, ohne dass die Vielfalt des Grundrechtsschutzes, die wegen nationaler Besonderheiten zum Teil erforderlich ist, verloren geht.[29]

Den genannten Gefahren, die durch die Vielzahl der Grundrechtsverbürgungen und Rechtsschutzmöglichkeiten für die Effektivität des Grundrechtsschutzes entstehen, ist zudem auch durch eine sich ergänzende Aufgabenverteilung und durch eine verfahrensmäßige Kooperation der Gerichtshöfe zu begegnen. Dieses Ziel eines komplementären und kooperativen Grundrechtsschutzes in Europa ist in großem Umfang schon Wirklichkeit, aber auch hier sind ständige Verbesserungen und Weiterentwicklungen notwendig.

---

[27] BVerfGE 120, 180 (199 ff.).

[28] Vgl. Art. 6 Abs. 2 EUV sowie Art. 6 Abs. 3 EUV i.d.F. des Vertrags von Lissabon sowie Art. 52 Abs. 4 EUGrCh.

[29] Ähnlich: *Haltern*, Europarecht, 2005, S. 459.

2. Komplementarität des Grundrechtsschutzes

Lassen Sie mich das näher erläutern, und zwar zunächst die komplementäre Verteilung der Aufgabe des Grundrechtsschutzes. Soll die – von den Völkern Europas in den letzten gut 50 Jahren als politisch notwendig angesehene – Übertragung von Hoheitsrechten auf die Europäische Gemeinschaft nicht sinnlos sein, bedarf es einer einheitlichen Geltung des Gemeinschaftsrechts. Daher wurde dem EuGH von den Mitgliedstaaten auch das Recht eingeräumt, über die Auslegung von Gemeinschaftsrecht insgesamt und über die Gültigkeit sekundären Gemeinschaftsrechts – das heisst von EG-Verordnungen, -Richtlinien oder -Entscheidungen – zu befinden. Um diesem von unserem Grundgesetz gestatteten Erfordernis des Anwendungsvorrangs des Gemeinschaftsrechts Rechnung zu tragen, prüft das Bundesverfassungsgericht sekundäres Gemeinschaftsrecht schon seit längerem grundsätzlich nicht mehr am Maßstab der deutschen Grundrechte, solange der EuGH gegen dieses einen wirksamen Schutz der Grundrechte generell gewährleistet, der dem vom Grundgesetz jeweils als unabdingbar gebotenen Grundrechtsschutz im Wesentlichen gleich zu achten ist.

Wie das Bundesverfassungsgericht im Jahr 2007 in seiner das Treibhausgas-Emissionshandelssystem betreffenden Entscheidung klar gestellt hat,[30] überprüft es auch deutsche Rechtsvorschriften nicht mehr am Maßstab des Grundgesetzes, soweit damit zwingende gemeinschaftsrechtliche Vorgaben umgesetzt werden. Rechtsvorschriften der EU enthalten aber nicht nur zwingende Vorgaben, sondern belassen den Mitgliedstaaten recht häufig auch Umsetzungsspielräume. Beispielhaft zu nennen ist hier nicht nur die Treibhausgas-Emissionshandelsrichtlinie, sondern etwa auch die Vorratsdatenspeicherungsrichtlinie. Soweit hier nach dem Gemeinschaftsrecht für Deutschland ein Umsetzungsspielraum verbleibt, übt das Bundesverfassungsgericht seine Gerichtsbarkeit weiterhin voll aus.

Nach dem Verständnis des EuGH scheinen die EU-Grundrechte mit Blick auf die Mitgliedstaaten allerdings nicht nur Geltung zu beanspruchen, soweit das Gemeinschaftsrecht zwingende Vorgaben enthält, sondern auch soweit den Mitgliedstaaten im Anwendungsbereich des Gemeinschaftsrechts ein Gestaltungsspielraum verbleibt. Welche Bereiche des mitgliedstaatlichen Handelns konkret darunter fallen, ist allerdings noch nicht abschließend geklärt. Der EuGH verwendete bislang die Formulierung, dass die Mitgliedstaaten „im Anwendungsbereich des Gemeinschaftsrechts" an die Gemeinschaftsgrundrechte gebunden sind.[31] Hierzu gehört nicht nur die Anwendung von EG-Verordnungen durch die mitgliedstaatliche Verwaltung. Vielmehr ist auch der deutsche Gesetzgeber an die Gemeinschaftsgrundrechte gebunden, und zwar zum einen bei der Umsetzung von Richtlinien[32] sowie zum anderen beim Erlass von Regelungen, mit denen die

[30] Vgl. BVerfGE 118, 79 (95 ff.).

[31] Seit EuGH, Urteil vom 18. Juni 1991, Rs. C-260/89 – „ERT" –, Slg. 1991, S. I-2925, Rn. 42.

[32] Vgl. Art. 4 RL 2006/24/EG (Vorratsdatenspeicherung); EuGH, Urteil vom 27. Juni 2006, Rs. C-540/03 – „Familienzusammenführungs-RL" –, EuZW 2006, S. 566 Rn. 62 f.

Grundfreiheiten des Binnenmarktes, wie die Dienstleistungs- oder Niederlassungsfreiheit, aus Gründen des Gemeinwohls eingeschränkt werden – etwa aus Gründen der öffentlichen Sicherheit oder des Umweltschutzes.

Ein besonders weitgehender Beispielsfall hierfür stellt die Rechtssache „Carpenter“[33] dar: In dem Fall war die philippinische Ehefrau eines britischen EU-Bürgers, der zu erheblichem Teil Dienstleistungen im EU-Ausland erbrachte, von den britischen Behörden ausgewiesen worden. Darin sah der EuGH eine Verletzung der – und das ist bemerkenswert – EG-Dienstleistungsfreiheit des britischen Bürgers, weil das EU-Grundrecht auf Achtung seines Familienlebens durch Ausweisung seiner drittstaatsangehörigen Ehefrau nicht hinreichend beachtet worden sei.

Ein weiteres Beispiel ist die Sache „Mangold“[34]. Dort hat der EuGH – aus dem „platonischen Rechtshimmel“ wie sogar ein Generalanwalt kritisierte[35] – einen allgemeinen Rechtsgrundsatz des Verbots der Altersdiskriminierung entwickelt. An diesem Diskriminierungsverbot, das in den mitgliedstaatlichen Verfassungen so bisher nur in Finnland existierte,[36] hat er dann die Befristungsregeln des deutschen Arbeitsvertragsrechts gemessen, obwohl die Umsetzungsfrist der einschlägigen Antidiskriminierungs-Richtlinie noch nicht abgelaufen war und damit der Bezug zum Gemeinschaftsrecht nur durch Art. 13 EG – einer bloßen Kompetenzvorschrift – eröffnet war. In einer neueren Entscheidung hat der EuGH allerdings wieder davon Abstand genommen, aus dem Vorhandensein bloßer EG-Rechtssetzungskompetenzen die Anwendbarkeit der Gemeinschaftsgrundrechte abzuleiten.[37]

An diesem – schon bisher gegebenen – weiten Hineinwirken[38] der EU-Grundrechte in das Handeln der Mitgliedstaaten würde sich wohl auch bei Inkrafttreten des Vertrags von Lissabon und der EU-Grundrechte-Charta nichts ändern. Zwar ist dort festgelegt[39], dass die Charta die Zuständigkeiten der EU in keiner Weise erweitert. Die Charta bestimmt auch,[40] dass die Mitgliedstaaten ausschließlich bei der „Durchführung des Rechts der Union“ an die EU-Grundrechte-Charta gebunden sind. Diese Formulierung klingt jedoch nur enger als die Formel vom „Anwendungsbereich“. In den Erläuterungen zur Charta wird dagegen klargestellt,

---

[33] EuGH, Urteil vom 11. Juli 2002, Rs. C-60/00, EuZW 2002, S. 603.

[34] EuGH, Urteil vom 22. November 2005, Rs. C-144/04, EuZW 2006, S. 17 ff., Rn. 66 ff.

[35] Schlussanträge vom 15. Februar 2007, Rs. C-411/05, Rn. 79 ff. (insbes. 86 und 138).

[36] Ein solches Verbot kannte bislang nur die Verfassung Finnlands (vgl. § 6 Abs. 2 Verf. Finnlands); *Hölscheidt*, in: Meyer, Die Charta der Grundrechte der Europäischen Union, 2. Aufl. 2006, Art. 21 Rn. 15.

[37] Vgl. Urteil vom 23. September 2008, Rs. C-427/06 – „Bartsch/Bosch“ –, JZ 2008, S. 1157. Siehe zum Ganzen auch: Temming, NZA 2007, S. 1193 (1197), insbesondere auch zur Herleitung des Grundsatzes des Verbots der Altersdiskriminierung, unter anderem aus Art. 21 der EUGrCh.

[38] Weiteres Beispiel: Der EuGH hat § 30 UWG-Österreich, der ein Werbeverbot für bestimmte Waren aus einer Konkursmasse enthält, an dem EU-Grundrecht der Meinungsfreiheit gemessen und für verhältnismäßig erachtet, obwohl die Maßnahme eine nicht unter das Verbot von Art. 28 EG fallende Verkaufsmodalität betraf und auch nicht unter die Dienstleistungsfreiheit fiel, vgl. EuGH, Urteil vom 25. März 2004, Rs. C-71/02 – „Karner“ –, Slg. 2004, S. I-3025 Rn. 43 ff.

[39] Art. 51 Abs. 2 EUGrCH, Art. 6 Abs. 2 EU-Vertrag i.d.F. des Vertrags von Lissabon.

[40] Art. 51 Abs. 1 EUGrCh.

dass die bisherige Rechtsprechung des EuGH fortgelten soll. Damit ist die Sorge vor einer Erweiterung der Befugnisse der EU durch die Grundrechtsrechtsprechung des EuGH nicht völlig von der Hand zu weisen, was sich auch am Protokoll zum Vertrag von Lissabon über die Anwendung der EU-Grundrechte-Charta auf Polen und das Vereinigte Königreich zeigt.

Von manchen wird in diesem Zusammenhang für die EU eine ähnliche Unitarisierung des Grundrechtsschutzes prognostiziert, wie sie in den Vereinigten Staaten im Laufe ihrer Geschichte stattgefunden hat.[41] Dort ist zwar eine Bindung der US-Bundesstaaten an die bundesrechtliche Bill of Rights vom US-Supreme Court relativ spät – nämlich erst zu Beginn des letzten Jahrhunderts – angenommen worden. Gleichwohl wird dort heute von einer solchen Bindung der Bundesstaaten ausgegangen.[42] Ich meine, diese doch sehr stark föderal geprägte Entwicklung kann für die EU, die ja kein Bundesstaat ist, sondern von einer begrenzten Kompetenz der EU ausgeht, kein Modell sein.[43]

Man mag zwar recht drastische Beispiele konstruieren können, die für eine möglichst weitgehende Bindung der Mitgliedstaaten an die EU-Grundrechte sprechen können. So hatte Generalanwalt *Jacobs* im Jahre 1992 in der Rechtssache „Konstandinidis" die Frage aufgeworfen, ob es sein könne, dass sich ein EU-Bürger, der sich in Ausübung seines Freizügigkeitsrechts in einem anderen Mitgliedstaat aufhalte, in dem Diebstahl durch Abhacken der rechten Hand bestraft werde, nicht auf EU-Grundrechte berufen könne und gewissermaßen wie der Apostel und römische Bürger *Paulus* berechtigt sei zu rufen: „civis europaeus sum".[44]

Dem ist jedoch entgegenzuhalten, dass selbst in Mitgliedstaaten der EU, in denen es für den Einzelnen keine Möglichkeit gibt, Gesetze durch ein Verfassungsgericht auf Grundrechtsverletzungen prüfen zu lassen,[45] eine Individualbeschwerde zum Europäischen Gerichtshof für Menschenrechte möglich ist.[46] Darüber hinaus kann es durch eine Bindung jeglichen mitgliedstaatlichen Handelns an die Gemeinschaftsgrundrechte sogar zu einer Verdreifachung Grundrechtsschutzes kommen. Eine solche sollte meines Erachtens vermieden werden, schon allein um den Betroffenen nicht die Durchführung von drei „verfassungsrechtlichen" Verfahren, nämlich zum EuGH, – in Deutschland – zum Bundesverfassungsgericht und zum EGMR zuzumuten, zumal hier zusätzlich die Gefahr besteht, dass die Entscheidungen der verschiedenen Rechtsschutzebenen bezüglich der jeweiligen Grundrechtsgewährleistung divergieren. Beide Aspekte können insbesondere dann zum Tragen kommen, wenn es nicht allein um Grundrechtsschutz gegen einseitig staatliches Handeln, sondern um die staatliche Abwägung verschiedener – wider-

---

[41] Vgl. dazu *Ladenburger,* in: Stern/Tettinger, Europäische Verfassung im Werden, 2006, S. 83 (105).

[42] Vgl. *Haltern,* Europarecht, 2005, S. 431 f.; *Brugger,* Einführung in das öffentliche Recht der USA, 2. Aufl. 2001, S. 103 ff.

[43] Vgl. *Rengeling/Szczekalla,* Grundrechte in der EU, 2004, Rn 301.

[44] Generalanwalt *Jacobs,* Schlussantrag vom 9. Dezember 1992, Rs. C-168/91, Rn. 45 ff.; dazu *Haltern,* Europarecht, 2005, S. 456 f.; *Ladenburger,* in: Stern/Tettinger, Europäische Verfassung im Werden, 2006, S. 83 (93).

[45] Wie etwa in Frankreich, vgl. *Mayer/Lenski/Wendel,* EuR 2008, S. 63 (65).

[46] Vgl. *Rengeling/Szczekalla,* Grundrecht in der EU, 2004, Rn 298.

streitender – grundrechtlich geschützter Individualinteressen in sog. mehrpoligen Rechtsverhältnissen geht.

Daher sollte – insbesondere bei der Umsetzung von Richtlinien – die Bindung der Mitgliedstaaten an die EU-Grundrechte nur soweit gelten, als sie zwingende Vorgaben umsetzen. Hier sei angemerkt, dass das Kriterium der verbindlichen Determinierung eines Handelns bzw. das Bestehen eines Entscheidungsspielraums auch bei der Schadenszurechnung und damit der Abgrenzung der Staatshaftung zwischen der EU und den Mitgliedstaaten angewandt wird.[47] Bei Beachtung einer solchen Grenzziehung wäre meines Erachtens ein modus vivendi zwischen den nationalen Verfassungsgerichten und dem EuGH gefunden, der akute Konflikte in Grundrechtsfragen praktisch ausschließen dürfte.

3. Effektiver Grundrechtsschutz durch prozedurale Kooperation

Bei dieser an sich sinnvollen und notwendigen Aufteilung der Zuständigkeiten darf freilich der Rechtsschutz des Einzelnen, der sich eine „Lösung aus einem Guss" – also gewissermaßen einen „Europäischen Rechtsprechungsverbund" – wünscht, nicht auf der Strecke bleiben. Den Gefahren für die Effektivität des Grundrechtsschutzes ist nicht nur durch eine komplementäre Aufgabenverteilung, sondern auch durch eine verfahrensmäßige Kooperation der Gerichtshöfe zu begegnen.

Wendet sich daher ein Kläger vor einem nationalen Gericht gegen eine staatliche Maßnahme, die auf zwingenden Vorgaben des Gemeinschaftsrechts beruht, muss das Gericht – und zwar um dem Bürger einen effektiven Rechtsschutz zu gewähren – die betreffende Gemeinschaftsvorschrift an den EU-Grundrechten prüfen und die Vorschrift – falls es sie mit diesen für unvereinbar hält – dem Europäischen Gerichtshof zur Entscheidung vorlegen. Zur Wahrnehmung dieser für einen effektiven Rechtsschutz notwendigen Kooperationsmöglichkeit mit dem EuGH sind insbesondere die nationalen Fachgerichte berufen.[48] Der Grundrechtsschutz durch das Bundesverfassungsgericht ist nämlich im Verhältnis zu dem von den Fachgerichten gewährten subsidiär. Gleichwohl erscheint es nicht völlig ausgeschlossen, dass eines Tages auch das Bundesverfassungsgericht dem Gerichtshof eine Frage nach der Gültigkeit eines Gemeinschaftsrechtsakts vorlegt, und zwar wenn ein fachgerichtliches Verfahren nicht erforderlich oder nicht möglich war.[49]

---

[47] Vgl. BGH, NJW 1994, S. 585 „Irak-Embargo"; BGH, NVwZ-RR 1993, S. 449 „Nichtzuteilung einer Milchreferenzmenge"; EuGH, Urteil vom 19. Mai 1992, verb. Rs. C-104/89 u. C-37/90 – „Mulder u. a." –, NVwZ 1992, S. 1077 Rn. 9; *J. Hofmann*, Rechtsschutz und Haftung im Europäischen Verwaltungsverbund, 2004, S. 300 ff. (inbes. 310).

[48] Vgl. BVerfGE 118, 79 (97).

[49] Dies kann insbesondere dann in Betracht kommen, wenn das Bundesverfassungsgericht einen Gemeinschaftsrechtsakt für grundrechtswidrig hält, aber noch keine Entscheidung des Gerichtshofs dazu ergangen ist und die vorherige Durchführung eines fachgerichtlichen Verfahrens, in dessen Rahmen ein Vorabentscheidungsersuchen hätte gestellt werden können, aus verfassungsprozessualen Gründen nicht erforderlich oder nicht möglich war. Auslegungsfragen haben bereits gestellt der Österreichische Verfassungsgerichtshof (vgl. EuGH, Rs. C-465/00, Slg. 2003, S. I-4989) sowie die italienische Corte costituzionale (vgl. Sentenza 13. 2. 2008 No. 102 – Tasse di Lusso Sardegna); dazu: *P. M. Huber*, DVBl 2009, S. 574 (582).

Verortet man so mit der genannten „Emissionshandelsentscheidung" des Bundesverfassungsgerichts die Pflicht zur Vorlage der Frage nach der Gültigkeit eines Sekundärrechtsakts verfassungsrechtlich nicht mehr allein im Recht auf den gesetzlichen Richter aus Art. 101 Abs. 1 Satz 2 GG, sondern auch in der Garantie effektiven Rechtsschutzes, kommt zudem die Möglichkeit in Betracht, eine strengere verfassungsrechtliche Prüfung durchzuführen als bei einer bloßen Prüfung am Willkürmaßstab des Art. 101 Abs. 1 Satz 2 GG.[50] Es könnte daher darüber nachgedacht werden, wegen Art. 19 Abs. 4 GG eine Vorlage schon dann zu verlangen, wenn vernünftige Zweifel an der Gültigkeit eines Sekundärrechtsakts bestehen.[51]

Allerdings erscheint mir in diesem Zusammenhang der Hinweis wichtig, dass für das Bundesverfassungsgericht – anders als für die Fachgerichte – die Gemeinschaftsgrundrechte sowie das übrige Gemeinschaftsrecht kein Entscheidungsmaßstab sind, und zwar auch nicht über Art. 2 Abs. 1 und die sich aus Art. 20 Abs. 3 GG ergebende Bindung der Gerichte an Recht und Gesetz.[52] Entscheidungsmaßstab ist für das Bundesverfassungsgericht nur das Grundgesetz. Hat jedoch ein deutsches Fachgericht hinsichtlich eines Gesetzes nicht nur europarechtliche Zweifel, sondern hält es dieses zudem für verfassungswidrig, kommt neben einem Vorabentscheidungsersuchen zum EuGH auch eine Vorlage nach Art. 100 Abs. 1 GG in Betracht.[53] Ein irgendwie geartetes Prioritätsverhältnis zwischen beiden Vorlageverfahren besteht nicht, jedenfalls nicht nach deutschem Recht.

Die Überprüfung einer deutschen Regelung am Maßstab des Grundgesetzes und des Europarechts muss ferner nicht notwendigerweise zu gleichen Ergebnissen kommen – zumal wenn auf europarechtlicher Ebene nicht am Maßstab der Grundrechte, sondern anderer Bestimmungen, wie der Grundfreiheiten des Binnenmarktes geprüft wird. Dies wurde zuletzt bei den Entscheidungen des Bundesverfassungsgerichts und des EuGH zur Zulässigkeit von Tariftreueregelungen im Rahmen der Vergabe öffentlicher Aufträge deutlich. Der EuGH hat hier eine be-

---

[50] Art. 234 Abs. 2 EG berechtigt auch die mitgliedstaatlichen Instanzgerichte bei Zweifeln an der Gültigkeit eines entscheidungserheblichen Sekundärrechtsakts zur Vorlage. Zur Vorlage verpflichtet sind die Instanzgerichte nach Art. 234 EG jedoch erst, wenn sie einen Sekundärrechtsakt für ungültig halten und ihn deshalb „verwerfen" wollen (vgl. insbesondere EuGH, Urteil vom 10. Januar 2006, Rs. C-344/04 – „Int. Air Transport Association" –, EuZW 2006, S. 112; früher bereits: EuGH, Urteil vom 22. Oktober 1987, Rs. 314/85 – „Foto-Frost" –, Slg. 1987, 4199; sowie Urteil vom 6. Dezember 2005, Rs. C-461/03 – „Gaston Schul" –, Slg. 2005, S. I-10513). Letztinstanzliche Gerichte sind dagegen grundsätzlich zur Vorlage verpflichtet, wenn nicht die richtige Anwendung des Gemeinschaftsrechts derart offenkundig ist, dass für vernünftige Zweifel kein Raum bleibt (vgl. EuGH, Urteil vom 15. September 2005, Rs. C-495/03 -„Intermodal Transports BV"-, Slg. 2005, S. I-8151).

[51] Dadurch würde zum einen erreicht, dass der hier zur Grundrechtsprüfung berufene EuGH auch dann über die Gültigkeit von Sekundärrecht entscheiden könnte, wenn daran lediglich vernünftige Zweifel bestehen und nicht erst dann, wenn das vorlegende Instanzgericht von der Ungültigkeit des Rechtsakts überzeugt ist. Zum anderen kann bei einem solchen Verständnis von Art. 19 Abs. 4 GG in der Nichtvorlage ein Verfahrensfehler gesehen werden, mit dem nach der VwGO die Revisionsinstanz unabhängig von der grundsätzlichen Bedeutung der Sache erreichbar wäre (vgl. zur notwendigen Verbesserung der prozeduralen Kooperation auch: *J. Hofmann*, Rechtsschutz und Haftung im Europäischen Verwaltungsverbund, 2004, S. 288 ff., m.w.N.).

[52] Vgl. BVerfGE 31, 145 (174 f.); 82, 159 (191); 110, 141 (154 f.); 115, 276 (299).

[53] Vgl. BVerfGE 116, 202 (214 f.), 106, 275 (204 ff.; 85, 191 (203 ff.).

stimmte nationale Regelung europarechtlich beanstandet, die nach der Entscheidung des Bundesverfassungsgerichts am Maßstab des Grundgesetzes gemessen zulässig war.[54]

IV. Schluss

Zum Schluss meines Referats möchte ich festhalten, dass das Grundgesetz auch 60 Jahre nach seiner Verkündung trotz seiner Einbettung in einen „Europäischen Verfassungsverbund" gerade hinsichtlich des Grundrechtsschutzes eine gewichtige Rolle spielt und auch weiter spielen sollte. Zur Erhaltung der Vielfalt in der Einheit, die seit der Antike ein Wesensmerkmal von Europa gewesen ist, sollte der Grundrechtsschutz in der EU komplementär und kooperativ ausgestaltet sein.

Wie wichtig gerade auch der Rechtsprechungsdialog zwischen dem EuGH und den nationalen Verfassungsgerichten für den Grundrechtsschutz in der EU ist, hat sich immer wieder bewiesen. So hat die sogenannte „Solange I"-Entscheidung des Bundesverfassungsgerichts aus dem Jahr 1974[55] sicherlich dazu beigetragen, dass der EuGH damit begonnen hat, auf Gemeinschaftsebene einen ausreichenden Grundrechtsschutz zu entwickeln.[56]

Das Urteil des EuGH vom letzten September in Sachen „Kadi und Al Barakaat"[57], in dem er eine Bindung des EuGH an für die Mitgliedstaaten völkerrechtlich verbindliche UN-Terrorlisten abgelehnt und Grundrechtsschutz gegen die diese umsetzenden EG-Verordnungen gewährt hat, zeigt wohl ebenfalls, dass die Entscheidungen des Bundesverfassungsgerichts vom EuGH zur Kenntnis genommen und rezipiert werden. Denn das Bundesverfassungsgericht hatte zuvor schon mehrmals – etwa in einer Entscheidung zum Europäischen Patentamt[58] sowie in seinem Emissionshandelsbeschluss[59] – festgestellt, dass eine Bindung an zwingende Vorgaben einer anderen Ebene nur dann mit den in Art. 23 Abs. 1 GG genannten Rechtsgrundsätzen des Grundgesetzes vereinbar ist, wenn auf dieser anderen Ebene ein dem grundgesetzlichen Standard entsprechendes System des Rechtsschutzes und des Grundrechtsschutzes vorhanden ist.

Auch das in Art. 23 Abs. 1 GG niedergelegte Strukturprinzip der Demokratie ist im „Europäischen Verfassungsverbund" von steter Relevanz. Ihm kommt insbesondere auch für die tägliche Praxis der doppelgleisigen demokratischen Legitimation der EU besondere Bedeutung und eine gewisse Appellfunktion zu. So sind zunächst wir, die Bürger, dazu aufgerufen, uns an der Wahl zum Europäischen Parlament zu beteiligen und eine spezifisch europapolitisch ausgerichtete Wahlentschei-

---

[54] Vgl. BVerfGE 116, 202 und EuGH, Urteil vom 3. April 2008, Rs. C-346/06 – „Rüffert" –, NJW 2008, S. 3485.

[55] BVerfGE 37, 271.

[56] Vgl. *Haltern*, Europarecht, 2005, S. 425 ff.

[57] Urteil vom 3. September 2008 – verb. Rs. C-402/05 P und 415/05 P.

[58] BVerfG, Beschluss der 4. Kammer des Zweiten Senats vom 4. April 2001 – 2 BvR 2368/99 –, NJW 2001, S. 2705.

[59] BVerfGE 118, 79 (97).

dung zu treffen. Darüber hinaus richtet sich der Appell des Art. 23 Abs. 1 GG aber auch an die Mitglieder des deutschen Bundestages und mahnt diese, ihrer Kontrollfunktion gegenüber den deutschen Regierungsvertretern im Rat gerecht zu werden. Bei dieser Aufgabe sind die nationalen Parlamente die natürlichen Hüter des Subsidiaritätsprinzips. Vernachlässigen sie diese Aufgabe, erscheint jedes Lamento über ein etwaig kompetenzüberschreitendes Handeln der EU-Organe unglaubhaft. Es gilt nämlich noch immer der Satz: „Wer Europarecht sät, wird insoweit den Verlust nationaler Handlungsspielräume ernten". Wer leichtfertig und ausgiebig sät – weil offenbar das Saatgut politisch nichts kostet – soll sich nicht über die reiche Ernte an Gemeinschaftsrecht und über die immer karger werdenden Böden des nationalen Rechts beklagen. Er darf sich allerdings auch nicht beklagen, dass er sich der Frage stellen muss, ob die verfassungsrechtlichen Grenzen der Integration erreicht oder gar überschritten sind.

Klaus Stern:

Herzlichen Dank, Herr *Papier*, für Ihr feines Referat! Sie haben sich vor allen Dingen dem hochsensiblen Bereich der Grundrechtssysteme auf der europäischen und auf der nationalen Eben gewidmet und dabei Wege aufgezeigt, wie man hier Konfrontationen ausweichen kann, die sich in der Rechtsprechung der Höchstgerichte zeigen können. Auf diesen Feldern ist es wichtig, auch aus der Sicht des Bürgers, dass die Konflikte minimiert werden. Ich bin Ihnen sehr dankbar, dass Sie die Position des nationalen Grundrechtsschutzes gestärkt, ohne den europäischen Grundrechtsschutz vernachlässigt zu haben. Ich glaube wir haben dadurch eine gute Vorlage für die Diskussion bekommen, wie die Lösungen aussehen könnten. Ich fand Ihre differenzierte Lösung sehr sinnvoll. Zum Schluss Ihr schönes Wort, „Wer Verfassungsrecht säht, wird Verfassungsrechtsprechung ernten", übertragen auf den Bereich des Europäischen Gemeinschaftsrechtes, das gilt natürlich beiderseits und das führt dazu, dass die Gerichtsbarkeiten immer wichtiger werden. Vielen Dank noch einmal, dass Sie gekommen sind.

Unser nächster Referent heute Vormittag ist Herr Kollege *Ziller* von der Universität Pavia. Wir freuen uns, dass wir damit einen Kollegen, ich scheue jetzt zu sagen, aus dem italienischen Sprachraum haben. Wir haben jemanden, der zurzeit in Italien wirkt, aber an vielen deutschen und ausländischen Universitäten, Paris, Florenz, bereits tätig gewesen ist, und damit gewissermaßen in allen Sprachen versiert ist. Er könnte das, was er sagen wollte, glaube ich in Französisch, Englisch, Italienisch, Spanisch sagen. Aber er spricht auf einer Konferenz in Deutschland zu 60 Jahre Grundgesetz dankenswerter Weise in deutscher Sprache, darüber freuen wir uns ganz besonders. Bitte sehr, Herr Kollege *Ziller*.

JACQUES ZILLER*

Der Europäische Verfassungsverbund ohne Verfassungsvertrag

1. Aus Anlass des 60. Geburtstags des Grundgesetzes der Bundesrepublik Deutschland hätte man von einem französischen Staatsrechtler erwarten können, den Einfluss des gegenwärtigen deutschen Verfassungsrechts auf das Verfassungsrecht seines Nachbarlandes Frankreich zu behandeln.

Da die heutige Verfassung vom 4. Oktober 1958 neuneinhalb Jahre jünger als das Grundgesetz ist, und angesichts der hergebrachten Intensität der Austauschprojekte zwischen deutschen und französischen Staatsrechtslehrern erschiene ein solches Vorhaben als sinnvoll. Man könnte dazu den sehr wichtigen Einfluss, den Raymond Carré de Malberg – der nach dem Ersten Weltkrieg Inhaber eines Lehrstuhls für Staatsrecht an der Universität Straßburg war – auf manche wichtige Konzepte der Verfassung der Fünften Republik ausübte, erwähnen.

Nichtsdestotrotz könnte sich ein Vortrag über den Einfluss des Grundgesetzes auf die französische Verfassung nur als eine ziemlich beschränkte Übung erweisen, da im Großen und Ganzen dieser Einfluss nur in zwei Themen bemerkbar ist. Dazu sei erwähnt, dass in der Vorbereitung des Verfassungstextes von 1958 der Einfluss der französischen Staatsrechtlehrer sehr gering war. Die erste Fassung wurde eigentlich von Mitgliedern des obersten französischen Verwaltungsgerichts – dem *Conseil d'Etat* –, und zwar Michel Debré, Justizminister im Kabinett De Gaulle, und ein paar jüngeren seiner Mitarbeiter wie etwa Yves Guéna. Weitere Änderungen wurden fast ausschließlich von erfahrenen Politikern vorgeschlagen, die meistens von den Verfassungsentwicklungen in Deutschland fast keine Ahnung hatten.

Es ist nicht zu bezweifeln, dass die vom Bundesverfassungsgericht entwickelten Methoden der Verfassung- und Gesetzesauslegung in der Rechtsprechung des französischen Verfassungsrates – des *Conseil Constitutionnel* – einen Niederschlag gefunden haben, vor allem seit der Periode, in der Georges Vedel – einer der wichtigsten Staatrechtslehrer seiner Generation – als Mitglied des Verfassungsrates fungierte, eine Periode eben ab der ersten Hälfte der siebziger Jahre, in der sich die Rechtsprechung in der abstrakten Normenkontrolle entwickelt hat. Dies betrifft jedoch vor allem Methoden wie die der verfassungskonformen Auslegung, nicht aber die Fragen der Organstreitigkeiten, in denen der Verfassungsrat nur eine begrenzte Zuständigkeit hat, oder die der Grundrechte, deren Fragestellung völlig anders als

* Ordentlicher Professor für EU Recht an der Università degli Studi di Pavia, ehemaliger ordentlicher Professor für Staats- und öffentliches Recht an der Universität Paris 1 Panthéon-Sorbonne und am Europäischen Hochschulinstitut Florenz.

in Deutschland ausgestaltet ist, da es im Verfassungstext von 1958 keinen Katalog der Grundrechte gibt. Auch in Sachen Beziehungen mit den Europäischen Gemeinschaften bzw. Union gab es wenig Anlass zu einer Einflußnahme.

Das zweite Thema, wo sich ein Einfluss des Grundgesetzes wiederfinden kann, ist äußerst begrenzt: Es handelt sich um die Rezeption des konstruktiven Misstrauensvotums im Statut Französisch-Polynesiens seit 1984.

So lag es für den Verfasser als Inhaber eines Lehrstuhls für Recht der Europäischen Union an der Universität Pavia auf der Hand, sich eher mit EU-Recht und Grundgesetz auseinanderzusetzen, nämlich mit dem Thema der Beziehungen zwischen der Europäischen Union und den Mitgliedstaaten im Lichte des Lissabonner Vertrags.

2. Mit Hinblick auf das erste Jahrzehnt des XXI. Jahrhunderts wird womöglich gefragt, ob es nicht eine verpasste Chance für eine Europäische Verfassung gewesen ist.

Die Verfassungsdebatte in der Europäischen Union wurde am 12. Mai 2000 mit einer Rede des Außenministers Joschka Fischer an der Humboldt-Universität wieder in Schwung gesetzt. Sieben Jahre später erklärte der Europäische Rat in Brüssel am 22. Juni unter Vorsitz von Bundeskanzlerin Angela Merkel, dass das „Verfassungskonzept" „aufgegeben" sei. Es handelte sich um ein Zugeständnis seitens der großen Mehrheit der Regierungen der Mitgliedstaaten an deren Amtskollegen, die mit dem am 29. Oktober 2004 unterzeichneten Vertrag über eine Verfassung für Europa sogenannte „Schwierigkeiten" hatten, in Frankreich und den Niederlanden wegen gescheiterter Volksabstimmungen, in Polen und der Tschechischen Republik wegen einer eher euro-skeptischen Haltung der politischen Spitze des Staates, und in Großbritannien, weil die Regierung nicht mehr dazu bereit war, den Verfassungsvertrag in einer Volksabstimmung zu unterstützen.

Dieses Zugeständnis hat zwar das Zustandekommen des Lissabonner Vertrags ermöglicht, der ja inhaltlich dem Verfassungsvertrag entspricht und am 13. Dezember 2007 von allen Mitgliedstaaten unterschrieben wurde, aber mit der Volksabstimmung vom 12. Juni 2008 kamen wieder Zweifel an, ob der neue Vertrag überhaupt in Kraft treten würde.

Mit dieser letzten Frage werde ich mich hier nicht auseinandersetzen und auch nur wenig mit der Frage, ob das „Aufgeben" des sogenannten „Verfassungskonzeptes" in der Ratssitzung vom Juni 2007 eigentlich eine Wende war oder nicht.

3. Hier sei lediglich darauf gedeutet, dass der Europäische Rat genau folgendes erklärt hat (*vom Verfasser hervorgehoben*):

> „1. Die RK [Regierungskonferenz] wird gebeten, einen Vertrag (nachstehend „Reformvertrag" genannt) zur Änderung der bestehenden Verträge auszuarbeiten, damit die Effizienz und die demokratische Legitimität der erweiterten Union sowie die Kohärenz ihres auswärtigen Handelns erhöht werden können. *Das Verfassungskonzept, das darin bestand, alle bestehenden Verträge aufzuheben und durch einen einheitlichen Text mit der Bezeichnung „Verfassung" zu ersetzen, wird aufgegeben.* Mit dem Reformvertrag sollen in die bestehenden Verträge, die weiterhin in Kraft bleiben, die auf die RK 2004 zurückgehenden Neuerungen in der nachstehend im Einzelnen beschriebenen Weise eingearbeitet werden."

Es scheint hier nützlich, die Analyse des Niederländischen Staatrates zu zitieren, der in seiner Stellungnahme vom 12. September 2007 über die RK[1] unter dem Punkt 3.4 „Symbole" folgendes erklärte (*vom Verfasser vom Niederländischem übersetzt und hervorgehoben*):

„Aus dem Namen des Vertrages über eine Verfassung für Europa sprach eine Einsicht über den Europäischen Kooperationsverbund *(Europese samenwerkingsverband*). Die bestehenden Verträge wurden aufgehoben und durch einen Vertrag ersetzt, der als ein die gesamte Verfassungsordnung umfassendes verbindliches Verfassungsdokument in der politischen Geschichte Europas ein Novum war."

„Auf eine solche Ambition wird mit dem neuen Dokument verzichtet. Die bestehenden Verträge werden nicht abgeschafft. Die im Vertrag über eine Verfassung für Europa aufgenommenen Staatssymbole der Europäischen Einheit, wie Flagge, Hymne und Leitspruch, und die terminologische Anpassung der europäischen Legislativakten an „Gesetz" und „Rahmengesetz" werden im vorgeschlagenen Reformvertrag nicht übernommen. Auch wird nicht mehr eindeutig der Vorrang des EU-Rechts im Vertragstext kodifiziert."

„Der Sinn dieser Veränderungen darf nicht unterschätzt werden. Terminologie und Symbole erwecken in der EU gewöhnlich Erwartungen der Bürger und bilden potenzielle Orientierungsschwerpunkte für die weitere Entwicklung in der Union, sowohl dessen Politik mit deren integrationseigener Dynamik als auch dessen Rechtsprechung mit seiner typischen Betonung der teleologischen Auslegung. Die Vertragsterminologie und Symbolik haben in der Vergangenheit in der Entwicklung der EU eine wichtige Rolle gespielt. Es besteht kein Grund anzunehmen, dass es in der Zukunft anders sein wird."

„[...] Der vorgeschlagene Reformvertrag spricht in diesem Zusammenhang eine deutliche Sprache. Aus diesem Reformvertrag ist es, anders als im Vertrag über eine Verfassung für Europa nicht möglich, Argumente für einen allmählichen Ausbau der EU in einem mehr ausgesprochenen staatlichen oder föderalen Sinne abzuleiten."

Der Niederländische Staatsrat hatte aber selber vier Jahre früher darauf hingewiesen und erinnert daran auch in der eben zitierten Stellungnahme (unter Punkt 3) dass:

„Bei der Beurteilung einer Möglichkeit und Wünschbarkeit hatte dieser Rat erwägt, dass *die Zustimmung zum Vertrag* über eine Verfassung für Europa, in der die Grundrechte verankert sind und durch welche auf die Pfeilerstruktur verzichtet wird, *gewissermaßen mit einer Grundgesetzänderung auf nationaler Ebene verglichen werden kann*".

Dies hätte aber eine Volksabstimmung in den Niederlanden nicht zugelassen und erklärt auch warum es weiter hieß:

„Dieser Rat verwies jedoch in seiner Stellungnahme ausdrücklich auf die Unterschiede zwischen einer (nationalen) Verfassung und dem Vertrag über eine Verfassung für Europa. *Der Vertrag über eine Verfassung für Europa konnte nicht mit einem*

---

[1] W02.07.0254/B, zu finden bei http://www. raadvanstate.nl/adviezen/.

nationalen Grundgesetz gleichgestellt werden. Die EU ist eben nicht in im Sinne eines Staates zu deuten."

Deswegen wurde ja auch die Volksabstimmung von 2005 als zulässig gedeutet.

4. Kehrt man nun zu der schon erwähnten Rede Außenminister Fischers im Jahre 2000 zurück[2], ist es die Mühe wert, darüber nachzudenken, dass es sich keineswegs um einen Aufruf für das baldigen Zustandekommen einer EU-Verfassung handelte (*vom Verfasser hervorgehoben*):

„*Die Souveränitätsteilung von Föderation und Nationalstaaten setzt einen Verfassungsvertrag voraus*, der festlegt, was europäisch und was weiterhin national geregelt werden soll. [...] *Die klare Zuständigkeitsregelung zwischen Föderation und Nationalstaaten in einem europäischen Verfassungsvertrag sollte die Kernsouveränitäten und nur das unbedingt notwendig europäisch zu Regelnde der Föderation übertragen*, der Rest aber bliebe nationalstaatliche Regelungskompetenz. *Dies wäre eine schlanke und zugleich handlungsfähige Europäische Föderation, voll souverän und doch auf selbstbewussten Nationalstaaten als Glieder dieser Föderation beruhend.* Zudem wäre dies auch eine Föderation, die von den Bürgern durchschaut und verstanden würde, weil sie ihr Demokratiedefizit überwunden hätte." [...]

„Diese drei Reformen: die Lösung des Demokratieproblems sowie das Erfordernis einer grundlegenden Neuordnung der Kompetenzen sowohl horizontal, d. h. zwischen den europäischen Institutionen, als auch vertikal, also zwischen Europa, Nationalstaat und Regionen, *wird nur durch eine konstitutionelle Neugründung Europas gelingen können, also durch die Realisierung des Projekts einer europäischen Verfassung, deren Kern die Verankerung der Grund-, Menschen- und Bürgerrechte, einer gleichgewichtigen Gewaltenteilung zwischen den europäischen Institutionen und einer präzisen Abgrenzung zwischen der europäischen und der nationalstaatlichen Ebene sein muss.*"

Dazu fügte Außenminister Fischer hinzu:

„*Zunächst dem Ausbau verstärkter Zusammenarbeit zwischen denjenigen Staaten, die enger als andere kooperieren wollen*, wie dies bereits auch in der Wirtschafts- und Währungsunion und bei Schengen der Fall ist." [...]

„*Ein möglicher Zwischenschritt hin zur Vollendung der politischen Union könnte dann später die Bildung eines Gravitationszentrums sein. Eine solche Staatengruppe würde einen neuen europäischen Grundvertrag schließen, den Nukleus einer Verfassung der Föderation.* Und auf der Basis dieses Grundvertrages würde sie sich eigene Institutionen geben, eine Regierung, die innerhalb der EU in möglichst vielen Fragen für die Mitglieder der Gruppe mit einer Stimme sprechen sollte, ein starkes Parlament, einen direkt gewählten Präsidenten. Ein solches Gravitationszentrum müsste die Avantgarde, die Lokomotive für die Vollendung der politischen Integration sein und bereits alle Elemente der späteren Föderation umfassen." [...]

---

[2] Joschka Fischer: „Vom Staatenverbund zur Föderation – Gedanken über die Finalität der europäischen Integration" Rede am 12. Mai 2000 in der Humboldt-Universität in Berlin. [ONLINE]. [Berlin]: Auswärtiges Amt, [14. 1. 2005]. Verfügbar unter HTTP://www.auswaertiges-amt.de/www/de/infoservice/download/pdf/reden/2000/r000512a.pdf.

„Für alle diejenigen, die teilnehmen wollen, aber dazu die Bedingungen nicht haben, muss es Heranführungsmöglichkeiten geben. Transparenz und eine Mitwirkungsoption für alle EU-Mitglieder und -Kandidaten wären wesentliche Faktoren für die Akzeptanz und Realisierbarkeit des Projekts.“ [...]

„Der letzte Schritt wäre dann die Vollendung der Integration in einer Europäischen Föderation. [...] Der Schritt von der verstärkten Zusammenarbeit hin zu einem Verfassungsvertrag – und genau dies wird die Voraussetzung der vollen Integration sein – bedarf dagegen eines bewussten politischen Neugründungsaktes Europas.“

„Dies, meine Damen und Herren, ist meine persönliche Zukunftsvision: *Von der verstärkten Zusammenarbeit hin zu einem europäischen Verfassungsvertrag* und die Vollendung von Robert Schumanns großer Idee einer Europäischen Föderation.“

5. Nun scheint es deutlich, dass der Verfassungsvertrag von 2004 eigentlich nicht diesem vier Jahre früher erwähnten „Zwischenschritt eines europäischen Grundvertrags“ entsprach und auch nicht entsprechen konnte, da es sich mit dem Vorschlag des Verfassungskonvents eigentlich um eine Konsolidierung der schon bestehenden Verträge zwischen allen Mitgliedsstaaten, inklusive Großbritannien handelte, und nicht um einen „europäischen Grundvertrag“, den „Nukleus einer Verfassung der Föderation“.

Bei der Eröffnungssitzung des Europäischen Konvents am 28 Februar 2003 hatte dessen Vorsitzender Valéry Giscard d'Estaing wohl darauf hingedeutet, dass der Konvent darüber debattieren sollte, wie es in einer noch nicht definierten Zukunft zu einer Europäischen Verfassung kommen könnte, die auf Basis der Vorschläge des Konvents entstehen könnte. Eine solche Verfassung in der Form eines neuen Vertrages wurde aber nur fünf Monate später erwähnt. Am 18. Oktober wurde es in einem Dokument verdeutlicht, damals aber kaum merkbar, unter dem französischen bzw. englischen Titel der Skizze des Vertrages über eine Verfassung Europas: *„Traité instituant une Constitution pour l'Europe“* – *„Treaty establishing a Constitution for Europe“*, wörtlich „Vertrag, der eine Verfassung für Europa gründet“.

So entstand der Grund für ein Missverständnis, das einen großen Einfluss auch auf die französische Debatte in Vorbereitung der Volksabstimmung hatte, wie sie sich ab dem Sommer 2004 bis zum 29 Mai 2005 entwickelte.

6. Es wurde ab 2003 und wird heute noch viel über das Thema Vertrag oder Verfassung geschrieben. In dieser Debatte handelt es sich aber, soviel ich bisher lesen konnte, immer nur um die Frage, ob eine Verfassung außerhalb eines Staatswesens denkbar ist, ob sie in der Form eines völkerrechtlichen Vertrages erscheinen kann.

Wenig wurde darüber aber geschrieben, was die Folgen einer auf völkerrechtlicher Vertragsbasis bestehenden Verfassung der Europäischen Gemeinschaften oder Union sind. Ob eine solche Vertragsbasis nun den Namen „zur Gründung der Europäischen Gemeinschaft“, „über die Europäische Union“, „über – oder zur Gründung – eine(r)Verfassung für Europa“, oder noch „über die Arbeitsweise der Europäischen Union“ trägt ist, in dieser Hinsicht völlig irrelevant, und es ist auch aus rechtlicher Perspektive irrelevant, ob aus einem solchen Vertrag der Anschein eines möglichen Staatswesens hervorkommt oder nicht.

Aus der vertragsrechtlichen Grundlage leiten sich besondere Merkmale des sogenannten „Europäischen Staatenverbundes" her, die es seit den Römischen, bzw. Pariser Verträgen gab, die mit dem Vertrag von Lissabon weiter bestehen würden und die weder vom Maastrichter Vertrag verändert worden sind, noch vom Verfassungsvertrag verändert worden wären. Es sei hier übrigens darauf hingewiesen, dass der Begriff Staatenverbund besonders schwierig zu übersetzen ist, und leider nur wenig zur Klärung der europäischen Debatte helfen kann.

7. Die bisher beste Zusammenfassung dieser Merkmale findet sich nach wie vor in den Aussagen des Europäischen Gerichtshofes im Falle *Van Gend en Loos* vom 8. Februar 1963. In seiner Antwort auf eine Frage eines niederländischen Finanzgerichtes namens *Tariefcomissie* antwortete nämlich der EuGH (*vom Verfasser hervorgehoben*):[3]

> „Die Tariefcommissie stellt in erster Linie die Frage, ob Artikel 12 in dem Sinne unmittelbare Wirkung im innerstaatlichen Recht hat, dass die einzelnen aus diesem Artikel Rechte herleiten können, die vom nationalen Richter zu beachten sind."
>
> „*Ob die Vorschriften eines völkerrechtlichen Vertrages eine solche Tragweite haben,* ist vom Geist dieser Vorschriften, von ihrer Systematik und von ihrem Wortlaut her zu entscheiden."
>
> „Das Ziel des EWG-Vertrages ist die Schaffung eines gemeinsamen Marktes, dessen Funktionieren die der Gemeinschaft angehörigen einzelnen unmittelbar betrifft; damit ist zugleich gesagt, *dass dieser Vertrag mehr ist als ein Abkommen, das nur wechselseitige Verpflichtungen zwischen den vertragsschließenden Staaten begründet.* Diese Auffassung *wird durch die Präambel des Vertrages bestätigt,* die sich nicht nur an die Regierungen, sondern auch an die Völker richtet. *Sie findet eine noch augenfälligere Bestätigung in der Schaffung von Organen, welchen Hoheitsrechte übertragen sind,* deren Ausübung in gleicher Weise die Mitgliedstaaten wie die Staatsbürger berührt. *Zu beachten ist ferner, dass die Staatsangehörigen der in der Gemeinschaft zusammengeschlossenen Staaten dazu berufen sind,* durch das Europäische Parlament und den Wirtschafts- und Sozialausschuss zum Funktionieren dieser Gemeinschaft beizutragen."

Gemeinschaftsrechtler betonen seit Jahrzehnten im *Van Gend en Loos*-Urteil eher den folgenden Absatz, wo der Gerichtshof schrieb:

> „Auch die dem Gerichtshof im Rahmen von Artikel 177, der die einheitliche Auslegung des Vertrages durch die nationalen Gerichte gewährleisten soll, zukommende Aufgabe ist ein Beweis dafür, dass die Staaten davon ausgegangen sind, die Bürger müssten sich vor den nationalen Gerichten auf das Gemeinschaftsrecht berufen können.
>
> „Aus alledem ist zu schließen, *dass die Gemeinschaft eine neue Rechtsordnung des Völkerrechts darstellt, zu deren Gunsten die Staaten, wenn auch in begrenztem Rahmen,*

---

[3] Urteil des Gerichtshofes vom 5. Februar 1963. – Antrag auf Vorabentscheidung im Sinne Von Artikel 177 des EWG-Vertrages, Enthalten in der Entscheidung der Tariefcommissie in Amsterdam vom 16. August 1962 in dem Rechtsstreit: N.V. Algemene Transport – En Expeditie Onderneming Van Gend und Loos Gegen Niederlaendische Finanzverwaltung. – Rechtssache 26-62. Sammlung der Rechtsprechung, Deutsche Ausgabe Seite 3.

ihre Souveränitätsrechte eingeschränkt haben, eine Rechtsordnung, deren Rechtssubjekte nicht nur die Mitgliedstaaten, sondern auch die einzelnen sind. Das von der Gesetzgebung der Mitgliedstaaten unabhängige Gemeinschaftsrecht soll daher den Einzelnen, ebenso wie es ihnen Pflichten auferlegt, auch Rechte verleihen."

Heutzutage ist zwar die *Van Gend en Loos*-Entscheidung weitgehend auch bei Staatsrechtlern und Rechtstheoretikern bekannt, aber man vergisst zu oft den darauf folgenden Satz, in dem es heißt:

„Solche Rechte entstehen nicht nur, wenn der Vertrag dies ausdrücklich bestimmt, sondern auch auf Grund von eindeutigen Verpflichtungen, die der Vertrag den einzelnen wie auch den Mitgliedstaaten und den Organen der Gemeinschaft auferlegt."

Dies erscheint EG- und Völkerrechtlern als selbstverständlich, und darum konzentrieren diese sich eher auf den Grundsatz der direkten Anwendbarkeit. Wie bekannt folgt aus diesem Grundsatz, dass eindeutig, präzise und bedingungslos formulierte Gemeinschaftsrechtsklauseln die Grundlage von subjektiven Rechten sind, deren Einhaltung vom Einzelnen vor jedem Gericht in den Mitgliedstaaten eingefordert werden kann.

8. Die *Van Gend en Loos*-Entscheidung hat vor fast einem halben Jahrhundert die rechtliche Fragestellung definiert, die noch immer gilt: Die Verfassungscharta der EG bzw. EU ist in einem Abkommen zwischen souveränen Staaten eingebettet, das „wechselseitige Verpflichtungen" schafft, deren Einhaltung in erster Linie die Mitgliedstaaten betrifft und in zweiter Linie die vom Vertrag gegründeten Organe. Dieses ist und bleibt von einem Grundgesetz zu unterscheiden, das zwar die Grundlage für Rechte und Verpflichtungen sowohl für Bürger und Organe als auch für mögliche Teilstaaten und Körperschaften ist, aber nicht auf „wechselseitigen Verpflichtungen" dieser Teilstaaten oder Körperschaften beruht.

Im Unterschied zu den meisten anderen völkerrechtlichen Verträgen gewähren zwar die EG- bzw. EU-Verträge direkten Zugang zur gerichtlichen Kontrolle, aber man darf nicht aus den Augen verlieren, dass es sich dabei um ein System handelt, das eben auf die Einhaltung derer Verpflichtungen durch die Mitgliedstaaten und die Organe der Union zielt, wie ja von der Systematik der im EG-Vertrag geregelten Rechtsbehelfe umfangreich bewiesen wird.

Daraus erfolgen eine Reihe von wichtigen Merkmalen, von denen hier insbesondere drei erwähnt werden, weil sie auf exemplarische Weise den Unterschied zwischen Verträgen und Staatsverfassungen zum Vorschein bringen, nämlich den Grundsatz der begrenzten Einzelermächtigung, den des Vorranges des EG-Rechts und die Natur der in vertragsrechtlichen Grundlagen eingebetteten Zuständigkeiten.

9. Zum ersten der Grundsatz der begrenzten Einzelermächtigung. Es soll zunächst erwähnt werden, dass die in der deutschen Fassung des Verfassungsvertrag (Artikel I-11) und des Lissabonner Vertrages (Artikel 4 und 5 EU Vertrag) gebrauchte Formulierung meines Erachtens nicht die Allgemeingültigkeit der Konzepte wie in der Englischen bzw. Französischen Fassung zum Vorschein bringt, wo es sich um *„principle of conferral"* oder *„principe d'attribution"* handelt, obwohl die

verschiedenen Sprachfassungen ja rechtstechnisch gesehen genau das gleiche aussagen.

In Artikel I-11 des Verfassungsvertrag sowie in Artikel 4 und 5 EU-Vertrag infolge des Lissaboner Vertrages heißt der Grundsatz der begrenzten Einzelermächtigung, dass die Europäische Union, wie übrigens zurzeit auch die Gemeinschaften „nur innerhalb der Grenzen der Zuständigkeiten tätig, die die Mitgliedstaaten ihr in den Verträgen zur Verwirklichung der darin niedergelegten Ziele übertragen haben", sind.

Diese Formulierung des Grundsatzes steht eigentlich auch seit dem Maastrichter Vertrag in Artikel 5 EG-Vertrag. Es handelte sich ja damals, was das Recht betrifft, um nichts Neues: Es ging lediglich darum, einen allgemeinen Grundsatz des Völkerrechtes, der für alle internationalen Organisationen inklusive der Vereinten Nationen gilt, zu betonen. Wie wir in Frankreich sagen: *„Cela va sans dire, mais cela va encore mieux en le disant"* (etwa: Es geht, ohne dass man es sagt, aber wenn man es sagt, geht es noch besser).

Im Verfassungsvertrag stand dann zusätzlich bei Artikel I-11: „Alle der Union nicht in den Verträgen übertragenen Zuständigkeiten verbleiben bei den Mitgliedstaaten." Als ob dies nicht deutlich genug wäre, wurde nicht nur der Inhalt von Artikel I-11 Verfassungsvertrag (über Grundsätze, im Titel „Zuständigkeiten") mit dem Lissabonner Vertrag in der neuen Fassung des Artikels 5 EU-Vertrag eingebettet. Es wurde dazu noch im Artikel 4 EU-Vertrag, der ansonsten die Formulierung von Artikel I-5 über „Beziehungen zwischen der Union und den Mitgliedstaaten" übernimmt, auch hinzugefügt: „Alle der Union nicht in den Verträgen übertragenen Zuständigkeiten verbleiben bei den Mitgliedstaaten." Also genau derselbe Satz in zwei aufeinanderfolgenden Artikeln. Dazu heißt es dann noch in einer Erklärung Nr. 18 „zur Abgrenzung der Zuständigkeiten": „Die Konferenz unterstreicht, dass gemäß dem in dem Vertrag über die Europäische Union und dem Vertrag über die Arbeitsweise der Europäischen Union vorgesehenen System der Aufteilung der Zuständigkeiten zwischen der Union und den Mitgliedstaaten alle der Union nicht in den Verträgen übertragenen Zuständigkeiten bei den Mitgliedstaaten verbleiben."

All diejenigen, die darauf beharrt haben, es sei unentbehrlich, dieses dreimal zu betonen, machten ja im Grunde genommen nichts anderes als Hamilton, einer der Väter der Verfassung der Vereinigten Staaten von 1787, der als Argument in der Ratifizierungsdebatte im Staate New York versprach, dass sobald wie möglich der Verfassung ein Zusatzartikel hinzugefügt werden sollte. Tatsächlich wurde auf seinen Vorschlag das berühmte *Xth Amendment* angenommen, in dem es heißt „The powers not delegated to the United States by the Constitution, nor prohibited by it to the States, are reserved to the States respectively, or to the people." (Die Machtbefugnisse, die von der Verfassung weder den Vereinigten Staaten übertragen noch den Einzelstaaten entzogen werden, bleiben den Einzelstaaten oder dem Volke vorbehalten[4]). Damals ging es ja auch wie heutzutage in Europa darum,

[4] Übersetzung der Botschaft der Vereinigten Staaten in Deutschland, http://usa.usembassy.de/etexts/gov/gov-constitutiond.pdf

etwas schriftlich zu bestätigen, was ja für einen guten Juristen selbstverständlich war.

Der Unterschied jedoch ist, dass es damals um eine Verfassung ging, diesmal aber um einen völkerrechtlichen Vertrag. Dabei sieht es also aus, als ob die Zuständigkeiten der Mitgliedstaaten aus dem Vertrag stammen würden und nicht aus derer staatlicher Verfasstheit. Dieses Paradoxon scheint ja vielen Gegnern einer Verfassung für die EU entgangen zu sein...

10. *Als zweite wichtige Folge* der vertragsrechtlichen Natur der Europäischen Verfassungscharta wird die heftige Debatte um den Grundsatz des Vorrangs erwähnt, die ja sowohl während des Europäischen Konvents 2002–2003 als auch während der darauffolgenden Regierungskonferenz entstand und dann wieder während der Kampagne zur Volksabstimmung in Frankreich weiter geführt wurde, ohne aber jemals zu einem Ende zu kommen.

Der 2002 verfasste Text des Konvents sagte „Die Verfassung und das von den Organen der Unionen in Ausübung der der Union übertragenen Zuständigkeit gesetzte Recht haben Vorrang vor dem Recht der Mitgliedstaaten".

Für Gemeinschaftsrechtler war dies ja nichts Besonderes, da der EuGH diesen Grundsatz schon 1964 im berühmten Falle *Costa gegen ENEL*[5] als Folge des EWG-Vertrages bezeichnet hatte (*vom Verfasser hervorgehoben*):

> *„Zum Unterschied von gewöhnlichen internationalen Verträgen hat der EWG-Vertrag eine eigene Rechtsordnung geschaffen, die* bei seinem Inkrafttreten *in die Rechtsordnungen der Mitgliedstaaten aufgenommen worden und von ihren Gerichten anzuwenden ist.* Denn *durch die Gründung einer Gemeinschaft* für unbegrenzte Zeit, die mit eigenen Organen, mit der Rechts- und Geschäftsfähigkeit, mit internationaler Handlungsfähigkeit und insbesondere mit echten, aus der Beschränkung der Zuständigkeiten der Mitgliedstaaten oder der Übertragung von Hoheitsrechten der Mitgliedstaaten auf die Gemeinschaft herrührenden Hoheitsrechten ausgestattet ist, *haben die Mitgliedstaaten, wenn auch nur auf einem begrenzten Gebiet, ihre Souveränitätsrechte beschränkt und so einen Rechtskörper geschaffen, der für ihre Angehörigen und sie selbst verbindlich ist.*"
>
> „Diese Aufnahme der Bestimmungen des Gemeinschaftsrechts in das Recht der einzelnen Mitgliedstaaten und, allgemeiner, *Wortlaut und Geist des Vertrages haben zur Folge, dass es den Staaten unmöglich ist, gegen eine von ihnen auf der Grundlage der Gegenseitigkeit angenommene Rechtsordnung nachtragliche einseitige Maßnahmen ins Feld zu führen.*" [...]
>
> „Die Verpflichtungen, die die Mitgliedstaaten im Vertrag zur Gründung der Gemeinschaft eingegangen sind, wären keine unbedingten mehr, sondern nur noch eventuelle, wenn sie durch spätere Gesetzgebungsakte der Signatarstaaten infrage gestellt werden könnten." [...]
>
> *„Aus alledem folgt, dass dem vom Vertrag geschaffenen,* somit aus einer autonomen Rechtsquelle fließenden *Recht wegen dieser seiner Eigenständigkeit keine wie immer*

---

[5] Urteil des Gerichtshofes vom 15. Juli 1964. – Antrag auf Vorabentscheidung im Sinne von Artikel 177 des EWG-Vertrags, enthalten im Beschluss des Friedensgerichts in Mailand vom 20. Februar 1964 in der vor ihm anhängigen Streitsache Flamingo Costa gegen E.N.E.L. – Rechtssache 6-64. Sammlung der Rechtsprechung Deutsche Ausgabe Seite 1253.

gearteten innerstaatlichen Rechtsvorschriften vorgehen können, wenn ihm nicht sein Charakter als Gemeinschaftsrecht aberkannt und wenn nicht die Rechtsgrundlage der Gemeinschaft selbst infrage gestellt werden soll."

Man sollte hier betonen, dass die *Costa*-Rechtsprechung den Unterhändlern des Vertrages zur Erweiterung der EWG auf Dänemark, Irland, Norwegen und das Vereinigte Königreich reichlich bekannt war. Es war ja auch der britischen Regierung und dem Britischem Parlament bekannt, das ja die *European Communities Act 1972* verabschiedete, um den Gerichten des Königreichs zu ermöglichen, die Gemeinschaftsverträge und das sekundäre Gemeinschaftsrecht anzuwenden. Obwohl manche Akademiker, und auch Politiker wie z. B. der ehemalige französische Premier- und spätere Außenminister Michel Debré den EuGH heftig kritisiert hatten, wurde von keiner der beteiligten Regierungen versucht, die Grundlagen der *Van Gend en Loos*- und *Costa*-Rechtsprechungen zu verändern. Jedoch haben dreißig Jahre später vor allem die Vertreter von Regierung und Parlament des Vereinigten Königreichs im Verfassungskonvent und später in den Regierungskonferenzen 2003–2004 und 2007 versucht, den Grundsatz des Vorranges gewissermaßen aus dem Weg zu schaffen oder wenigstens zu verheimlichen.

Der vom Verfassungskonvent erarbeitete Vertragsvorschlag enthielt die bereits zitierte Klausel in Artikel 10, d. h. im Titel über die Zuständigkeiten der EU. Es erschien damals als eine logische Folge der Tatsache, dass es sich damit nicht um eine allgemeine Vorherrschaftsklausel handelte, wie diese etwa vom Wortlaut der Amerikanische *„Supremacy"* Klausel zu folgen erscheint. Im Artikel VI der Verfassung der Vereinigten Staaten heißt es: *„This Constitution, and the Laws of the United States which shall be made in Pursuance thereof [...] shall be the supreme Law of the Land"*.

Bei dem EG-Grundsatz des Vorrangs handelt es sich um ein Prinzip zur Regelung möglicher Kollisionen zwischen EG und nationalem Recht, die ja nur bei der Ausübung derer Zuständigkeiten durch die Mitgliedstaaten im Geltungsbereich des Gemeinschaftsrechts entstehen können. Es sei darauf hingewiesen, dass der englische Wortlaut des Verfassungsvertrages das Wort *„primacy"* benutzt, das dem französischem *„primauté"* bzw. dem italienischen *„primato"* entspricht, und eben nicht das von der englischsprachigen Literatur zum Gemeinschaftsrecht bevorzugte *„supremacy"*.

Im September 2003, gerade vor Eröffnung der Regierungskonferenz, wurde die Klausel nach oben verschoben, nämlich im Artikel I-6 über das Unionsrecht, das gleich nach dem Artikel über die Beziehungen zwischen der Union und den Mitgliedstaaten kommt. Zu den Gründen dieser Verschiebung gibt es keine offizielle Erklärung.

Während der Regierungskonferenz beharrte die britische Regierung nur darauf, dem Verfassungsvertrag eine Erklärung hinzuzufügen, mit dem Wortlaut „Die Konferenz stellt fest, dass Artikel I-6 die geltende Rechtsprechung des Gerichtshofs der Europäischen Gemeinschaften und des Gerichts erster Instanz zum Ausdruck bringt." Da diese Erklärung genauso wie der Verfassungsvertrag überholt ist, ist es nicht mehr der Mühe wert, diesen rechtstechnisch seltsamen Wortlaut zu analysieren – unter anderem ist nicht deutlich, warum auf das Gericht erster Instanz verwiesen wird. Inzwischen gab es nämlich die gescheiterten Volksanträge von 2005 und die daraufhin folgende Entscheidung der britischen Regierung, die Ratifizierungsdebatte *sine die* zu verschieben.

Ende 2006 wurde wieder von britischer Seite, diesmal aber mit Hilfe der niederländischen Regierung, darauf mit Beharrlichkeit hingewiesen, dass der neue Reformvertrag keine Vorrangsklausel enthalten sollte. Um zu vermeiden, dass der eine oder andere Gerichtshof der Mitgliedstaaten daraus den Verfall dieses auf Rechtsprechung basierenden Grundsatzes lesen würde, wurde aber eine Erklärung Nr. 17 „zum Vorrang" zum Lissabonner Vertrag angenommen, in der es heißt:

> „Die Konferenz weist darauf hin, dass die Verträge und das von der Union auf der Grundlage der Verträge gesetzte Recht im Einklang mit der ständigen Rechtsprechung des Gerichtshofs der Europäischen Union unter den in dieser Rechtsprechung festgelegten Bedingungen Vorrang vor dem Recht der Mitgliedstaaten haben."
>
> Darüber hinaus hat die Konferenz beschlossen, dass das Gutachten des Juristischen Dienstes des Rates zum Vorrang in der Fassung des Dokuments 11197/07 (JUR 260) vom 22. Juni 2007 dieser Schlussakte beigefügt wird:
>
> „Nach der Rechtsprechung des Gerichtshofs ist der Vorrang des EG-Rechts einer der Grundpfeiler des Gemeinschaftsrechts. Dem Gerichtshof zufolge ergibt sich dieser Grundsatz aus der Besonderheit der Europäischen Gemeinschaft. Zum Zeitpunkt des ersten Urteils im Rahmen dieser ständigen Rechtsprechung (Rechtssache 6/64, Costa gegen ENEL, 15. Juli 1964 *1*)) war dieser Vorrang im Vertrag nicht erwähnt. Dies ist auch heute noch der Fall. Die Tatsache, dass der Grundsatz dieses Vorrangs nicht in den künftigen Vertrag aufgenommen wird, ändert nichts an seiner Existenz und an der bestehenden Rechtsprechung des Gerichtshofs."

Die Fußnote zum Falle Costa gegen ENEL gibt den letzten Paragrafen des in diesem Aufsatz bereits zitierten Auszuges wieder. Hier soll nicht der merkwürdige, aber rechttechnisch eindeutige Wortlaut dieser Erklärung kommentiert, sondern es werden drei Folgen des Grundsatzes des gemeinschaftsrechtlichen Vorrangs erwähnt, die es von einer Vorherrschaftsklausel im Sinne des Verfassungsrechts unterscheiden.

11. *Erstens.* Im Unterschied zum amerikanischen Verfassungsrecht, das ja kein Konzept der Konkurrierenden Gesetzgebung kennt, kennt das EG-Recht kein ausgedehntes Konzept der sog. „preemption" (Sperrwirkung). Die Tatsache, dass die Gemeinschaft seine Gesetzgebungsmacht in einem Zuständigkeitsbereich ausübt, verbietet den Mitgliedstaaten nicht, in diesem Bereich selber Gesetze zu erlassen, solange diese nicht mit geltendem Gemeinschaftsrecht kollidieren – mit Ausnahme von EG-Verordnungen; die als solche direkt anwendbar sind und deren Inhalt nicht in einer Regelung innerstaatlichen Rechts aufgenommen werden darf.

Dies wird auch in einer Erklärung Nr. 18 „zur Abgrenzung der Zuständigkeiten" zum Lissabonner Vertrag wiederholt.

12. *Zweitens* soll darauf hin gedeutet werden, dass der Grundsatz der gemeinschaftsrechtskonformen Auslegung, die den Gerichten der Mitgliedstaaten obliegt,

genau gesehen nicht auf dem Grundsatz des Vorrangs beruht. Dieser wirkt ja als Kollisionsnorm nur im Falle einer Unvereinbarkeit zwischen einer Bestimmung nationalem Rechts und einer Bestimmung des Gemeinschaftsrechts, die die Merkmale der direkten Anwendbarkeit gemäß der *Van Gend en Loos*-Rechtsprechung besitzt.

Die Pflicht zur entsprechenden Auslegung soll anhand der Rechtsprechung des EuGHs ja nicht zur einer Auslegung *contra legem* führen, sondern nur dazu, dass die dem Gemeinschaftsrecht freundlichere Auslegung des nationalen Rechts bevorzugt wird, wenn solch eine Auslegung möglich ist. Die Pflicht zur gemeinschaftsrechtskonformen Auslegung ist deswegen in der Rechtsprechung als Folge des in Artikel 10 EG-Vertrag eingebetteten Grundsatzes der loyalen Zusammenarbeit zu verstehen. Dieser Grundsatz wurde im Artikel I-4 des Verfassungsvertrages übernommen wurde und mit dem Lissabonner Vertrag in Artikel 4 EU-Vertrag.

13. *Drittens* wird mit dem Lissabonner Vertrag deutlich, dass dem europarechtlichen Prinzip des Vorrangs keine Ewigkeitsklausel verbunden ist, die dem Begriff der Vorherrschaft entsprechen würde. Artikel 50 des zukünftigen Vertrages über die Europäische Union, der gemäß Artikel I-60 des Verfassungsvertrags den freiwilligen Austritt aus der Union regelt, gibt damit eine solide Grundlage für die sehr interessante Stellungnahme des Polnischen Verfassungsgerichtshofs in seiner Entscheidung vom 11. Mai 2005 im Falle des Beitrittsvertrags. Dort heißt es nämlich[6] (*vom Verfasser hervorgehoben*):

„Eine solche Kollision läge vor, wenn es zu einem nicht überwindbaren Widerspruch zwischen einer Verfassungsnorm und einer Norm des Gemeinschaftsrechts kommen würde – einem Widerspruch, dem man nicht durch Auslegung abhelfen kann, welche die verhältnismäßige Autonomie des europäischen und des innerstaatlichen Rechts berücksichtigt. *Eine Kollision dieser Art kann keinesfalls durch die Annahme des Vorrangs der Regelungen des Gemeinschaftsrechts gegenüber denen der Verfassung beseitigt werden.* Sie kann auch nicht dadurch gelöst werden, dass die geltende Verfassungsnorm *ipso iure* außer Kraft tritt oder nur noch für Bereiche gilt, die von der ihr zuwiderlaufenden Gemeinschaftsregelung nicht erfasst sind. *In einer solchen Situation müsste vielmehr das Volk als Souverän oder das zur Vertretung des Volkes von Verfassungs wegen befugte Organ der staatlichen Gewalt die Entscheidung treffen, ob die Verfassung geändert wird, entsprechende Änderungen in den gemeinschaftlichen Regelungen angestrebt werden oder – im äußersten Fall – Polen aus der Europäischen Union austritt.*"

Wie gesagt wurde diese Entscheidung am 11. Mai 2005 erlassen, also mit voller Kenntnis des Wortlautes von Artikel I-60 Verfassungsvertag.

14. *Als dritte wichtige Folge* des vertragsrechtlichen Charakters der EG- bzw. EU-Verfassungscharta sei etwas über die Natur der in vertragsrechtlichen Grundlagen eingebetteten Zuständigkeiten der EG bzw. EU gesagt.

Es wurde während des Verfassungskonvents, während der darauffolgenden RK und auch in Frankreich während der Debatte zur Volksabstimmung viel über den

---

[6] Urteil vom 11. Mai 2005, K 18/04 Mitgliedschaft Polens in der europäischen Union (der Beitrittsvertrag), auf der englischsprachigen Website des Verfassungsgerichtshofs erhältlich http://www.trybunal.gov.pl/eng/summaries/documents/K_18_04_DE.pdf

III. Teil des Verfassungsvertrages debattiert, der als Text einer Verfassung als viel zu lang und viel zu detailliert kritisiert wurde. Gerade der Inhalt dieses dritten Teils wird mit dem Lissabonner Vertrag in den bestehenden Verträgen von Rom und Maastricht fast ohne Änderung eingebettet. Dieses wiederum sollte kein Erstaunen auslösen, da der Großteil des III. Teiles ja genau den Inhalt der bestehenden EU- und vor allem EG-Verträge übernahm. Es wurde aber auch dem Verfassungskonvent vorgeworfen, diesen dritten Teil in seinem Projekt eingebaut zu haben. Diese Art Kritiken übersahen ein wichtiges Dilemma, das manche im Verfassungskonvent auch sehr deutlich vor Augen hatten.

Der Konvent hätte natürlich ein Projekt mit dem I., II. und IV. Teil vorschlagen können, in der Hoffnung, dieses würde, wie damals die Verfassung der Vereinigten Staaten, zur Ratifizierung den Mitgliedstaaten vorgelegt werden. Die Verfassung der Vereinigten Staaten als Bundesstaat ist nämlich seit zweihundert Jahren in Kraft, ohne dass der frühere Vertrag, auf dem der Staatenbund zwischen den 13 Kolonien beruhte, die *„Articles of Confederation"*, jemals aufgehoben worden sei. Wenn es mit dem aus nur drei Teilen bestehenden Verfassungsvertrag so gegangen wäre, hätte der EuGH Zuständigkeitskonflikte zwischen Union und Mitgliedstaaten auf Grund Artikel I-11 bis I-17 über die Zuständigkeiten der Union schlichten können, wie es etwa in Deutschland das Bundesverfassungsgericht auf Grund Artikel 70 bis 74 tut.

Dies genau wollten die meisten Regierungen und auch eine Reihe von Teilnehmern am Konvent verhindern, und darum wurde eben in Artikel I-12 (6) geschrieben „Der Umfang der Zuständigkeiten der Union und die Einzelheiten ihrer Ausübung ergeben sich aus den Bestimmungen des Teils III zu den einzelnen Bereichen". Ohne Teil drei hätte dies etwa gelautet: „Der Umfang der Zuständigkeiten der Union und die Einzelheiten ihrer Ausübung ergeben sich aus den Bestimmungen des Vertrages zur Gründung der Europäischen Gemeinschaft und des Vertrages über die Europäische Union", und die Römischen und die Maastrichter Verträge hätten dementsprechend von einem Vertrag wie etwa dem von Amsterdam oder Lissabon modifiziert werden müssen. Dies hätte ja sicher nicht zur Vereinfachung des Vertragsrechts beigetragen, was ja eine der Aufgaben des Konvents war.

Mit dem Lissabonner Vertrag werden die Bestimmungen von Artikeln I-11 bis I-17 des Verfassungsvertrags über die Zuständigkeiten der Union buchstäblich übernommen, und nämlich in den Artikeln 2 bis 6 des Vertrages über die Arbeitsweise der Union (AU) sowie im Vertrag über die Europäische Union (im Falle des Artikel I-16 über die Gemeinsame Außen- und Sicherheitspolitik).

Die Ausübung dieser Zuständigkeiten bleibt nach wie vor vom Wortlaut der betreffenden Rechtsgrundlagen der Verträge begrenzt, wie es ja auch mit Teil III des Verfassungsvertrags gewesen wäre. Dies ist auch der Grund, weshalb die Artikel I der EU- und AU-Verträge nach Lissabon betonen, dass beide Verträge „rechtlich gleichrangig" sind, und wofür die Bestimmungen über Zuständigkeiten der Union im AU-Vertrag, und nicht im EU Vertrag ihren Platz finden. Es sei übrigens hier betont, dass der Lissabonner Vertrag keineswegs die Zuständigkeit des EuGH auf den Inhalt des (heutigen) EU Vertrags ausdehnt. Die Zuständigkeit des EuGH gibt es schon unter geltenden Recht für die Materien des sogenannten 3. Pfeilers –

auch wenn die Rechtswege gegenüber denen des EG Vertrags weniger ausgedehnt sind – und sie wird mit dem Lissabonner Vertrag nicht auf die Materien des sogenannten 2. Pfeilers ausgedehnt.

15. Eine Rechtsgrundlage des EG- bzw. EU-Rechts besteht üblicher Weise aus vier Bestandteilen, die in einen oder mehreren Artikeln des Vertrags niedergelegt werden: *i)* die Erwähnung bzw. Beschreibung des Bereichs der gemeinsamen Handlung, *ii)* die Bestimmung der Rechtsinstrumente (Richtlinie, Verordnung oder Beschlüsse, usw.) die in diesem Bereich benutzt werden können, *iii)* das Verfahren, das von den jeweiligen EU-Organen zu achten ist, und *iv)* die spezifischen Zwecke, die in dieser Handlung zu beachten sind.

Im Vertrag von Rom gab es solche spezifischen Zwecke nur im Bereich der Agrarpolitik. Andererseits war das Konzept der Bereiche der EG-Tätigkeit sehr breit, insofern als es sich jedenfalls um die Errichtung und das Funktionieren des Gemeinsamen Marktes handelte. Mit der Europäischen Einheitsakte vom Jahre 1986 begannen die Herren der Verträge immer mehr Spezifizierungen der Zwecke in den rechtlichen Grundlagen der neuen Bereiche einzubauen, die in den meisten Fällen als zusätzliche Schranken für ein gemeinsames Handeln wirken, mit Ausnahme der Umweltpolitik, die besonders ausgedehnte Ziele kennt. Dazu wurde in den neuen Vertragsklauseln auch immer häufiger betont, dass die gemeinschaftsrechtlichen Maßnahmen keine Harmonisierung der Rechtsvorschriften der Mitgliedstaaten beinhalten sollen.

Daraus folgt, dass ein Kompetenzkatalog, wie der der Artikel I-11 bis I-17 des Verfassungsvertrages ohne dessen dritten Teil, eigentlich eine breite Ausdehnung der Zuständigkeiten der EU mit sich gebracht hätte. Wie etwa in der Verfassung der Vereinigten Staaten und in vielen Verfassungen von Föderal- oder Regionalstaaten enthält nämlich solch ein Kompetenzkatalog nur die Bezeichnung des Inhabers der Zuständigkeit in einem besonderen Bereich, nicht aber die anderen Schranken zur Ausübung dieser Zuständigkeit.

Eine Abgrenzung, wie sie in den Rechtsgrundlagen in den EG- bzw. EU-Verträgen zu finden ist, ist grundsätzlich mit dem völkerrechtlichen Grundsatz der begrenzten Einzelermächtigung verbunden, nicht mit den Grundsätzen einer Staatlichen Verfassung in der liberalen Tradition, die die Zwecke der jeweiligen Politik dem Gesetzgeber und der Regierung überlässt. Bei solchen Zwecken handelt es sich ja nicht um Staatsziele im Sinne etwa des deutschen Verfassungsrechts, sondern um typische politische Orientierungen, die normalerweise die jeweilige Parlamentarische Mehrheit in einem Gesetz niederschreibt.

Wie kann man also die in Deutschland wachsende Kritik gegen eine unendliche Ausdehnung der EU Zuständigkeiten erklären? Wenn man Unaufrichtigkeit und schlechte Information beiseite lässt, scheint es, dass sich zwei Faktoren kombinieren, die auch überzeugte Befürworter einer Vertiefung der europäischen Zusammenarbeit zu solchen Kritiken führt, anhand der einen oder anderen EG- oder EU-Regelung, oder auch noch anhand der einen oder anderen Entscheidung des EuGH.

Einerseits kann der Eindruck entstehen, dass die gerade erwähnten Schranken, die die Herren der Verträge in den Klauseln festlegen, wenig Wirkung haben.

Typisch wird dazu öfters unterstrichen, dass der EuGH nur in sehr wenigen Einzelfällen eine Europäische Rechtsakte wegen fehlender Rechtsgrundlage für nichtig erklärt hat und dass er bisher niemals solch eine Nichtigkeitserklärung aufgrund der Verletzung des Subsidiaritätsprinzips ausgesprochen hat.

Solch eine Schlussfolgerung erweist sich aber falsch, wenn man sich näher die Praxis anschaut. Über Rechtsgrundlage und Subsidiaritätsprinzip gibt es eigentlich täglich Auseinandersetzungen, vor allem zwischen den Juristischen Diensten der Kommission, des Parlaments und des Rates, in denen der Juristische Dienst des Rates eigentlich als Hüter der mitgliedstaatlichen Zuständigkeiten erscheint. Es soll hier unterstrichen werden, dass letzten Endes der Rat, nicht etwa die Kommission oder das Parlament im Zweifelsfall über die geeignete Rechtsgrundlage entscheidet, und dass die Beamten des Rates sich völlig darüber bewusst sind, dass der Rat letzten Endes aus Regierungsmitgliedern der Mitgliedstaaten besteht.

In der Regel sind also Fälle, in denen die fragliche Benutzung einer Rechtsgrundlage dem EuGH unterbreitet wird, nur Fälle, in denen tatsächlich Anlass für Zweifel besteht. Und in solchen Fällen entscheidet der EuGH auch logischerweise mit einer gewissen Zurückhaltung gegenüber den EU-Organen, die die Legislativgewalt ausüben, und nicht etwa als Vertreter der einzelnen Mitgliedstaaten. Seine Funktion als Gericht besteht ja in erster Linie darin, die Einhaltung der vertragsrechtlichen Verpflichtungen durch die Mitgliedstaaten zu gewährleisten, und nicht hauptsächlich darin, die Mitgliedsstaaten vor von ihnen durch Vertrag errichteten Organen zu schützen, die ja selber im Rat vertreten werden und letzten Endes die Herren der Verträge sind.

Die Frage, ob ein Mitgliedstaat die Effektivität des Gemeinschaftrechts achtet, ist von einer anderen Art als die Frage, ob die Organe der Gemeinschaft im Rahmen von deren Zuständigkeit agieren. Eine Begrenzung zur Entscheidungsmöglichkeit des EuGH in Streitigkeiten betreffend die Ausdehnung der EG/EU-Zuständigkeiten erfolgt eigentlich nicht so sehr aus dem Inhalt der Rechtsgrundlagen in den Verträgen – die Schranken zur Tätigkeit von Parlament, Rat und Kommission legen, indem sie Verfahren, Rechtsinstrumente und Zwecke der Tätigkeit deutlich machen –, sondern aus den Grenzen des Anwendungsbereichs des EG/EU-Rechts, das aus der Gesamtheit der Bereiche der gemeinsamen Handlung besteht.

Anderseits ist auch zu betonen, dass die sogenannten EU- bzw. EG-Zuständigkeiten funktioneller Natur sind, und deswegen auch zweckgebunden, und dass deshalb deren Abgrenzung nicht mit der Abgrenzung staatlicher Zuständigkeiten übereinstimmt, die sich aus der hoheitsrechtlichen Zuständigkeit des Staates ergeben, die also als Resultat aus dessen Herrschaft über ein Gebiet und über die Bevölkerung dieses Gebietes zu verstehen ist. Die EG und die EU, die auf völkerrechtlichen Verträgen beruhen, sind eben kein Staat im Sinne des Völkerrechts: Sie haben weder ein eigenes Gebiet noch eine eigene Bevölkerung, wie von der Enthaltung jeglicher Entscheidung der EG-Organe bei der Wiedervereinigung Deutschlands bewiesen. Mit dem Verfassungsvertrag wäre damit überhaupt nichts geändert gewesen, wider allen möglichen Anschein.

In der heutigen Welt ist erwiesen, dass Zuständigkeiten nicht von einem einzigen Träger in ihrer Gänze ausgeübt werden können, sondern fast immer die

Zusammenarbeit mehrerer Träger benötigen. Darüber, dass damit die demokratische Kontrolle über die Ausübung der Zuständigkeiten reichlich erschwert wird, besteht kein Zweifel. Deswegen scheint es mir im Rahmen eines „Staatenverbundes" besonders fraglich, sich solch eine Lösung von einer Verfassung zu erhoffen.

Fazit

1. Der Europäische Verfassungsverbund beruht auf völkerrechtlichen Verträgen, und deswegen ist der sogenannte Europäische Staatenverbund aus rechtlicher Sicht nicht etwa ein „Zwischending" zwischen Bundesstaat und Staatenbund. Schon die Quasi-Unmöglichkeit, den Begriff Staatenverbund in anderen Sprachen zu übersetzen[7], deutet darauf hin[8]. Der Staatenverbund ist vielleicht eine besondere Art von Staatenbund, bleibt aber ein Staatenbund.
2. Mit dem Vertrag über eine Verfassung für Europa hätte zwar vielleicht der Anschein einer Annäherung der Europäischen Union zu einem Bundesstaat Grundlagen gehabt, aber es handelte sich nicht um eine neue Art Verfassungsvertrag, der eindeutig als Zwischenschritt auf dem Wege einer Europäischen Föderation ausgelegt werden konnte.
3. Deswegen sollte eigentlich die Entscheidung vom Juni 2007, das „Verfassungskonzept" „aufzugeben", nicht als Schlusswort der europäischen Verfassungsdebatte gedeutet werden. Ob und wie es weitergehen kann und soll, bleibt wie vor einem Jahrzehnt eigentlich unvorhersehbar.
4. Eine Vertiefung der akademischen Auseinandersetzung betreffend die besonderen Merkmale der vertragsrechtlichen Grundlage der EU-Verfassung ist besonders wünschenswert, weil sie zum besseren Verständnis der Besonderheiten der EU/EG-Zuständigkeiten unentbehrlich ist. Die Anwendung staatsverfassungsrechtlicher Begriffe der Kompetenz auf vertragsrechtlich basierten Zuständigkeiten führt andernfalls zu Fehldeutungen, die letzten Endes weder den Zwecken der Wissenschaft des öffentlichen Rechts, noch der europäischen Zusammenarbeit gerecht sind.

---

[7] Eine Ausnahme ist wohl die niederländische Sprache, s. unter 3.

[8] Dieser Vortrag ist die schriftliche Fassung der am 26 Mai 2009 im Rahmen des Kongresses „Das Grundgesetz für die Bundesrepublik Deutschland im Europäischen Verfassungsverbund" vorgetragenen Rede. Inzwischen ist auch deutlich geworden, dass auch das Bundesverfassungsgericht sich der Schwierigkeit einer Übersetzung des Begriffs Staatenverbund im Klaren ist. Die englische Fassung, dessen Entscheidung über den Vertrag von Lissabon gebraucht daher auch nur das deutsche Wort Verbund, und deswegen ist auch die Definition des Staatenverbundes als „*eine enge, auf Dauer angelegte Verbindung souverän bleibender Staaten, die auf vertraglicher Grundlage öffentliche Gewalt ausübt, deren Grundordnung jedoch allein der Verfügung der Mitgliedstaaten unterliegt und in der die Völker – das heißt die staatsangehörigen Bürger – der Mitgliedstaaten die Subjekte demokratischer Legitimation bleiben*" besonders wichtig. BVerfG, 2 BvE 2/08 vom 30. 6. 2009, Absatz-Nr. 230. Dazu kommt auch, dass das Bundesverfassungsgericht weiter auch den Begriff „europäische Vereinigung" anstatt von Staatenverbund benutzt (Absatz-Nr. 249).

Klaus Stern:

Sehr herzlichen Dank, Herr Kollege *Ziller*, für Ihr schönes Referat, mit dem Sie noch einmal das Schicksal des Europäischen Verfassungsvertrages aufgezeigt und vor allen Dingen es unternommen haben, die Frage zu beantworten: War es eine Chance für eine Europäische Verfassung, dass das Verfassungskonzept, so wie es in der Konferenz von 2007 beschlossen wurde, aufgegeben wurde, oder gibt es doch Entwicklungen, die dem Verfassungsvertrag eine neue Gestalt geben können und damit den Verfassungsverbund festigen werden? Ich glaube, wir haben auch hier eine sehr gute Diskussionsgrundlage.

DISKUSSION

Jürgen Schwarze:

Wir haben zwei ausgezeichnete Referate heute Morgen gehört. Ich möchte einige Bemerkungen zu dem Referat von Herrn Präsidenten *Papier* machen. Er hat uns hier ein Modell der Kooperation des Rechtsschutzes und des Grundrechtsschutzes zwischen Europäischem Gerichtshof und nationalen Verfassungsgerichten vorgestellt und diesem Modell der Kooperation möchte ich ausdrücklich zustimmen. Er hat sich dabei zu Recht auf die jüngere Entwicklung der Verfassungsgerichtsbarkeit in Frankreich und in der Bundesrepublik berufen. Dort, wo Spielräume für politisches Handeln bestehen mit Blick auf das Gemeinschaftsrecht, ist die Kontrolle durch die nationalen Verfassungsgerichte geboten. Dort, wo zwingendes Recht anzuwenden ist, bleibt es beim Rechtsschutz durch den Europäischen Gerichtshof. Ich möchte ausdrücklich sagen, dass dieses Modell einem Schwebezustand entspricht, in dem wir heute leben, zwischen Mitgliedstaaten und Union. Unsere Versuche, juristische Begriffe für diesen Schwebezustand zu erfinden, unsere Möglichkeiten sind begrenzt. Es bleibt vielleicht bei der Formulierung von *Hans-Peter Ipsen*, dass die Gemeinschaft nach wie vor ein Gebilde sui generis ist und nicht darüber hinausgeht. Zu diesem System gehört die Kooperation und gehört die Kontrolle der Subsidiarität. Mehr als das, was wir gegenwärtig erreicht haben, auch mit den Regeln des Lissabonner Vertrages, ist im Kreise der Staaten Europas im Konsens nach meiner Überzeugung einstweilen und auch auf mittelfristige Sicht nicht erreichbar. Der Vertrag von Lissabon umschreibt aus meiner Sicht diesen Kompromisszustand, mit dem wir leben. Und ich finde, die wechselseitige Kontrolle und die wechselseitige Einwirkung zwischen Europäischem Gerichtshof, auch dem Gerichtshof für Menschenrechte in Straßburg, und den nationalen Verfassungsgerichten sind positiv und ein charakteristisches Zeichen dieses Systems. Man kann es auch beschreiben als Challenge und Response. Der eine übt Kritik in Solange I, der andere reagiert und in Solange II wird dann diese Reaktion positiv aufgenommen. Präsident *Papier* hat durchaus auch die Kritikfelder beschrieben. Nach meinem Dafürhalten sollte die leichtfertige Bildung allgemeiner Rechtsgrundsätze auf europäischer Ebene in Zukunft unterbleiben, um nicht einen Fall wie Mangold zu provozieren. In gleicher Weise hat dann aber auch der Europäische Gerichtshof tatsächlich die Kritik am Grundrechtsschutz aufgenommen, zuerst im Außenverhältnis bei dem Rechtsschutz gegenüber den Terroristenlisten. Nach meinem Dafürhalten ist diese Entscheidung ein ganz hervorragendes Urteil des Europäischen Gerichtshofes. Und daran, wie es zustande gekommen ist, haben natürlich die nationalen Verfassungsgerichte ihren Anteil. Wir sollten mehr auf diesen wechselseitigen Prozess von Challenge und Response in der Zukunft setzen. Selbstverständlich gibt es Entscheidungen des Europäischen Gerichtshofes, die Kritik hervorrufen. Aber in welchem Gerichtssystem ist dies nicht der Fall? Wir sollten uns deshalb davor hüten, die Kritik an einzelnen Entscheidungen des Gerichtshofes überzubewerten und sie jedenfalls nicht in eine prinzipielle Kritik umzumünzen. Wenn ich also an den Fall zu den Terroristenlisten denke, dann ist die Entscheidung des Gerichtshofes positiv, und ich will durchaus auch aus der letzten Woche eine Entscheidung des Gerichtshofes zum Gesundheitsschutz erwähnen, wo der Gerichtshof ausdrücklich die Zuständigkeit der Mitgliedstaaten, die im Vertrag angelegt ist, respektiert hat. Das System könnte also gut funktionieren als Challenge und Response zwischen beiden Gerichtsbarkeiten, ohne dass eine echte Konfliktsituation eintreten müsste. Vielmehr sollte auch in Zukunft das Gebot verantwortungsvoller Kooperation zwischen beiden Gerichtsbarkeiten gelten.

Fritz Ossenbühl:

Ich möchte einige Anmerkungen machen zu dem ebenso klaren wie eindrucksvollen Vortrag von Herrn *Papier.* Unser Thema ist ja die Bedeutung des Grundgesetzes im europäischen Zusammenhang. Welche Bedeutung hat das Grundgesetz im Rahmen der europäischen Integration? Diese Bedeutung hat mehrere Aspekte. Zum einen kann die Vorbildfunktion des Grundgesetzes genannt werden. Hinzu kommt die Legitimationsfunktion des Grundgesetzes für die europäische Integration sowie dessen Sicherungs- und Sperrfunktion. Das Grundgesetz legitimiert und verpflichtet dazu, die europäische Integration voranzutreiben. Aber es soll auch einem Übermaß und Unmaß an Integration entgegenwirken. Das Grundgesetz soll Strukturprinzipien sichern. Dazu gehören zum einen die Grundrechte, zum andern aber auch die rechtsstaatlichen Strukturprinzipien und insbesondere das Demokratieprinzip, das bisher insgesamt zu sehr ins Abseits gestellt worden ist. Sie, Herr *Papier,* haben uns die Merkwürdigkeiten des Grundrechtsschutzes im europäischen Bereich geschildert. Ursprünglich hatten wie in diesem Bereich keine Grundrechte. Deshalb prüfte das Bundesverfassungsgericht nach dem Solange I-Beschluss europäische Akte am Maßstab der Grundrechte des Grundgesetzes. Dann kam Anfang der 80er Jahre Solange II, in dem das Bundesverfassungsgericht der Sache nach feststellte, es bestehe jetzt eine blühende europäische Grundrechtsordnung – ob das richtig war, lasse ich dahingestellt –, die einen Schutz gegen europäische Akte am Maßstab der nationalen Grundrechte grundsätzlich erübrigt. Heute leben wir sozusagen in einem Grundrechtswohlstand. Wir haben inzwischen Grundrechte auf drei Ebenen mit je einem eigenen Grundrechtsgerichtshof. Früher haben wir nach Ersatz gesucht für den Mangel an europäischen Grundrechten, die uns gegen europäische Akte absichern, heute müssen wir uns überspitzt gesagt vor einem allzu breiten und tiefen Eindringen europäischer Grundrechte in die nationale Rechtsordnung schützen, weil mit deren Geltungserstreckung ins nationale Recht auch der Europäische Gerichtshof seine Jurisdiktionsgewalt in den innerstaatlichen Bereich ausgreift und zur Konkurrenz für die nationalen Grundrechte und deren Hüter in Gestalt des Bundesverfassungsgerichts mutiert. Das ist ein Problem, das die Gerichte sozusagen unter sich ausmachen müssen. Es gibt nirgends einen Grundsatz, der uns in dieser Frage weiterhilft.

Was mir wichtiger erscheint, ist die ganz andere Frage, wie im Prozess der europäischen Integration die Strukturprinzipien, unten ihnen vor allem das Demokratiegebot, abgesichert werden können. Dieses Problem scheint unlösbar zu sein, weil das auf europäischer Ebene der Integration eigene Entscheidungssystem notwendigerweise ein bündisches Entscheidungssystem ist, welches von den auf repräsentativer demokratischer Grundlage bestehenden nationalen Entscheidungssystemen grundsätzlich verschieden und aus deren Sicht demokratisch defizitär ist. Auf diese Weise ergeben sich für die Rechtsentstehung aus der Kombination beider Entscheidungssysteme höchst merkwürdige Besonderheiten. Die Mitgliedstaaten übertragen Hoheitsrechte auf die Europäische Union. Dort geraten sie in die Hände der Exekutive. Die Exekutivorgane erzeugen demokratisch defizitäres, nämlich exekutives Recht. Dieses Recht wird weitergeleitet an die nationalen demokratisch legitimierten Gesetzgeber. Der Deutsche Bundestag setzt das europäische Exekutivrecht in nationales Recht um. Durch den Bundestagsbeschluss scheint dieses europäische demokratisch defizitäre Recht wieder demokratisch voll aufgeladen zu werden. In Wirklichkeit bleibt es das, was es bei seiner Entstehung war, jedenfalls dann, wenn die Umsetzung in nationales Recht keine eigene politische Entscheidung mehr gestattet. Das ist also ein ganz merkwürdiger Kreislauf der Rechtsentstehung, wenn man es aus der Sicht des grundgesetzlichen Demokratiegebotes betrachtet. Ich kritisiere das nicht, sondern stelle das zunächst nur fest, füge aber die Frage an, wie man das demokratische Prinzip davor bewahren kann, dass es nicht im europäischen Integrationsprozess völlig abhanden kommt. Denn mit jede Aufgabenübertragung ist notwendigerweise ein Demokratiedefizit verbunden. Das hat auch Herr *Lammert* gestern beschrieben.

Wenn nun die Aufgabenübertragung ohne Begrenzung betrieben wird, dann kann es sein, dass das Demokratieprinzip nicht nur sozusagen quantitativ deminuiert wird, sondern dass von ihm plötzlich so wenig an Substanz noch übrig bleibt, dass das Demokratiegebot praktisch überhaupt nicht mehr zum Tragen kommt.

Die Struktursicherungsklausel des Art. 23 Abs. 1 GG steht auch unter dem Vorbehalt des Art. 79 Abs. 3 GG. Das bedeutet: Hier ist eine verfassungsrechtliche Schwelle markiert, die auch im Prozess der europäischen Integration nicht überschritten werden darf. Dann ist es verfassungsrechtlich unzulässig, dass im Wege der Salami-Taktik Jahr für Jahr oder in anderen Abständen immer mehr Hoheitsrechte übertragen und damit Demokratiedefizite erzeugt werden, die sich letztlich zu einer Aushöhlung des Demokratiegebotes summieren. Angesichts dieses Problems kommt Ihr wunderbares Bild, Herr *Papier*, zum Tragen: Wer Europarecht sät, der wird Europarecht ernten. Und wer immer mehr Europarecht sät, der wird eines Tages, wie Sie ebenfalls mit Recht gesagt haben, auf einem kargen Acker leben müssen. Und dann wird man sich – möglicherweise zu spät – fragen, was – um im Bilde zu bleiben – die Bäuerinnen und Bauern Deutschlands auf diesem (demokratisch) kargen Acker noch pflanzen sollen. Und jetzt kommt für mich ein entscheidender Punkt. Man kann die sich stellende Frage des „Bis hierher und nicht weiter" nicht allein dem Bundesverfassungsgericht aufbürden. Ich sage „aufbürden". Dies deswegen nicht, weil das Gericht dann in eine Zwangslage kommt. Wenn nämlich Verträge schon abgeschlossen wurden, Übertragungsverträge zwischen 27 und womöglich mehr Staaten, und dann noch in einem dieser Staaten gesagt werden soll, ob der neue Schritt verfassungsrechtlich zulässig ist oder nicht, dann steht das Bundesverfassungsgericht unter einem gewaltigen politischen Druck, der es schwer möglich macht, noch unbeeinflusst zu entscheiden. Und deshalb meine ich, sollte man überlegen, ob man nicht die Kontrolle vorverlagert, und zwar vor das Übertragungsgesetz. Und vor allen Dingen muss ich betonen, dass Hüter der Verfassung eben nicht nur das Bundesverfassungsgericht ist, sondern Hüter der Verfassung auch jedes andere Staatsorgan ist, auch und insbesondere das Parlament. Deshalb kann es nicht Aufgabe sein zu sagen, Europa ist der Weg und das Ziel zugleich. Wir geben mal Gas, gucken nicht, ob da irgendwo noch eine verfassungsrechtliche Barriere ist, sondern fahren weiter drauf los, ohne zu wissen, wo wir ankommen, in der Annahme, es wird schon gut gehen und richtig sein. Das entspricht nicht der Verfassungsrechtslage des Grundgesetzes. Nach dem Grundgesetz müssen Grenzen gezogen werden. Und dazu ist es erforderlich, dass eine Bestandsaufnahme gemacht und festgestellt wird, ob schon ein Zustand erreicht ist, für den die Schranke gilt „Bis hierher und nicht weiter", oder ob aufgezeigt wird, welche Strecke des Wegs noch gegangen werden kann. An dieser Aufgabe muss gearbeitet werden. Aber das Diskussionsklima dafür ist schlecht. Wer überhaupt die Frage stellt, ob wir schon zu weit gegangen sind, der gilt als Häretiker. Im europäischen Diskussionsraum gibt es ja nur die Europhoriker und die Euroskeptiker. Jeder, der sich äußert, wird in diese Dichotomie eingeteilt und entsprechend stigmatisiert. Und das ist natürlich verderblich. Nach meinem Dafürhalten ist die viel wichtigere Aufgabe als die des Grundrechtsschutzes die Bestandsaufnahme und Prüfung, wie man verhindern kann, dass unsere Staatsstrukturprinzipien über Bord gehen, insbesondere das demokratische Prinzip soviel an Substanz verliert, dass wir es eigentlich beerdigen müssen. Es tut wieder Besinnung not darauf, wozu diese Staatstrukturprinzipien dienen sollen und deshalb streng verteidigt werden müssen.

Claus Dieter Classen:

Ich habe zunächst eine Frage an Herrn *Ziller.* Sie haben am Ende die Frage angesprochen, die ja auch bei Herrn *Skouris* schon eine gewisse Rolle gespielt hat: Warum werden so wenige Rechtsakte vom EuGH als kompetenzwidrig qualifiziert? Dabei haben Sie zunächst, dem stimme ich zu, darauf hingewiesen, dass ja vorab schon eine erhebliche juristische Kontrolle stattfindet. Sie haben dann gesagt, dass, wenn ein Rechtsakt diese vorherigen juristischen Kontrollen insbesondere des Rats überwunden hat, der EuGH durchaus gut daran täte, dann den politischen Organen einen gewissen Beurteilungsspielraum zu überlassen, sich selber zurück zu halten. Da tue ich mich etwas schwer. Bei Beurteilungsspielräumen in materiellrechtlichen Fragen, etwa bei der Frage, ob eine Maßnahme geeignet oder erforderlich ist, z. B. in wirtschaftsrechtlichen Fragen und Ähnlichem, da kann ich mir gut vorstellen, dass ein Gericht sagt, wir sind Juristen, wir sind keine Ökonomen, wir halten uns hier ein bisschen zurück. Bei Kompetenzfragen tue ich mich mit diesem Argument des Beurteilungsspielraumes etwas schwer.

Ich habe dann zwei Fragen an Herrn *Papier.* Was mich an sich sehr gefreut hat, ist die starke Rolle des Kooperationsgedankens und insbesondere auch die starke Rolle, die das Vorlageverfahren in diesem Zusammenhang eingenommen hat als

Instrument einer Kooperation der verschiedenen Gerichtsbarkeiten. Ich habe in diesem Zusammenhang zwei konkrete Fragen.

Zum einen: Sie haben die Frage angesprochen, ob man sich unter gewissen Voraussetzungen einen strengeren Prüfungsmaßstab vorstellen kann bei der Frage, ob nationale Fachgerichte ihrer Vorlagepflicht Rechnung getragen haben, und haben in diesem Zusammenhang Artikel 19 Absatz vier erwähnt.

Meine Frage: Kann man nicht auch aus Artikel 101 einen etwas strengeren Prüfungsmaßstab ableiten, wenn man sich die Rechtsprechung des Bundesverfassungsgerichts zu Artikel 100 Absatz zwei in Erinnerung ruft, also zur Vorlagepflicht im Zusammenhang mit allgemeinen Regeln des Völkerrechts. Die Argumente, die dort vom Verfassungsgericht angeführt werden für eine deutlich strengere Kontrolle, nämlich einerseits der Wunsch nach Einheitlichkeit und andererseits die Sorge vor Haftung, gelten natürlich im Europarecht um so mehr, gerade hinsichtlich der Haftung, wo auch der Einzelne einen Anspruch geltend machen kann.

Eine zweite Frage, auch zur Vorlagepflicht. Sie haben erfreulicherweise angesprochen oder, besser gesagt, angedeutet die Möglichkeit, dass auch das Bundesverfassungsgericht selber einmal gerade in Verfahren, wo vorher keine fachgerichtliche Kontrolle stattgefunden hat, Fragen zur Gültigkeit vorlegen könnte. Zugleich haben Sie gesagt, dass in bestimmtem Zusammenhang auch Fragen der Auslegung einer Richtlinie für das Verfassungsgericht von Bedeutung sein können, weil sie etwa Spielräume des nationalen Grundrechtsschutzes markieren. Je offener die Datenschutzrichtlinie formuliert ist, desto mehr Grundrechtsschutz können Sie kontrollieren. Zu den Grenzen kann sich ja mal eine Frage stellen, die unter Umständen auch so offen ist, dass man dem Europäischen Gerichtshof eine entsprechende Frage stellen kann. Frage also, nachdem Sie es explizit nur auf die Gültigkeit formuliert haben: Können Sie sich grundsätzlich vorstellen – zum konkreten Fall der Datenschutzrichtlinie will ich jetzt ungern etwas fragen, weil das bei Ihnen anhängt –, dass auch Auslegungsfragen gerade in diesem Kontext der Reichweite des nationalen Grundrechtsschutzes einmal Gegenstand einer Vorlage sein können? Vielen Dank.

Georg Ress:

Ich möchte dem Referat von Herrn *Papier* grundsätzlich zustimmen, auch in der Frage, wieweit die Anwendung europäischer Grundrechte auf den Umsetzungsvorgang des europäischen Rechts reicht. Hier wird es sicher, wie ja schon betont wurde, im Sinne von Checks und Balances gewisse Probleme geben, aber ich würde sagen, sofern der EuGH hier eine vernünftige Kooperation wahrt, wird man wahrscheinlich Ihren Vorschlägen folgen.

Ebenso wie Sie halte ich die *Kadi*-Rechtsprechung über die Kontrolle von Ausführungsakten von Resolutionen des Sicherheitsrates geradezu für notwendig. Ich habe immer bedauert, dass der Straßburger Gerichtshof in einem *obiter dictum* die Kontrolle grundsätzlich abgelehnt hat mit dem Hinweis, dass regionale internationale Gerichte für eine solche Kontrolle ungeeignet sind, weil man damit zusätzliche Maßstäbe an die Rechtmäßigkeit von Resolutionen des Sicherheitsrates, die ja universell konzipiert sind, anlegen würde. Solange es auf der internationalen Ebene keine Kontrolle derartiger in die Individualsphäre eingreifender Entscheidungen gibt, muss es eine wie auch immer geartete gerichtliche Kontrolle auf der regionalen Ebene geben. Das kann gar nicht anders sein, solange es beim IGH an einer solchen Anrufungsmöglichkeit fehlt.

Zur Vorlagepflichtverschärfung wollte ich nur hinzufügen, dass ja auch der Straßburger Gerichtshof unter dem gleichen Aspekt, Verletzung des Rechts auf den gesetzlichen Richter (Artikel 6 EMRK, Zugang zum Gericht) die Frage der Vorlage an den EuGH prüft, also sozusagen noch eine Kontrolle anschließt an das Bundesverfassungsgericht. Bisher hat sich der Straßburger Gerichtshof insofern ähnlich wie das Bundesverfassungsgericht zurückgehalten und eine Willkürüberprüfung vorgenommen. Das ist nicht im Verhältnis zum Bundesverfassungsgericht besonders relevant, aber im Verhältnis zu einer Reihe anderer Staaten, bei denen es an einer derartigen intensiven Prüfung fehlt. Man kann sich vorstellen, dass auch in diesem Punkt hier eine Kooperation zwischen dem Straßburger Gerichtshof und dem Bundesverfassungsgericht Ergebnisse zeitigen wird.

Dann wollte ich eine Bemerkung als Völkerrechtler zu dem Referat von Herrn *Ziller* machen. Herr *Ziller* hat sehr richtig auf die Probleme der Rechtsprechung über den Vorrang des Gemeinschaftsrechts hingewiesen. Ketzerisch könnte man sagen, der Vorrang steht bisher nicht in den Gemeinschaftsverträgen. Der Vorrang ist etwas, was der Gerichtshof aus dem Geiste der Verträge entwickelt hat. Ich meine, die Staaten haben schon auf diese Rechtsprechung intensiv reagiert, und zwar über ihre Verfassungsgerichte. Nicht nur das Bundesverfassungsgericht hat Vorbehalte gegen die Vorrangidee oder Vorrangwirkung anmeldet und schon im *Solange I*-Beschluss gesagt, das sei nicht ein normaler Vorrang, sondern auch andere Verfassungsgerichte, z. B. Spaniens und Italiens, haben sich gegen eine pauschale Vorrangwirkung des Gemeinschaftsrechts gegenüber jedwedem nationalen Rechtsakt, vor allem Verfassungsrecht, ausgesprochen. Das ist auch eine völkerrechtlich relevante Kooperation. Man könnte sagen, hier ist vom EuGH ein Rechtsinstitut entwickelt worden, das auf nationaler Ebene in einer gewissen Weise nicht die volle Resonanz gefunden hat und daher auch nicht voll akzeptiert worden ist. Und folglich existiert es im Rechtssinne nur soweit, soweit sich eine Art Konsens über diese Rechtswirkung herausgebildet hat. Das begrenzt von Vornherein natürlich die Idee des Vorranges und entspricht den von Herrn *Schwarze* erwähnten Checks und Balances. Das ist nicht nur eine staatsphilosophische Idee, sondern das ist eine völkerrechtlich relevante Vorgangsweise, weil es eine spätere Praxis der Vertragsstaaten bei der Auslegung des EG-Vertrages darstellt.

Theo Öhlinger:

Ich habe eine kurze Frage an Herrn *Papier* und eine kleine Bemerkung, die sich zum Teil mit dem deckt, was gerade Herr *Ress* ausgeführt hat, zu Herrn *Ziller.* Herr *Papier*, der österreichische Verfassungsgerichtshof judiziert auch, wie Sie es für das Bundesverfassungsgericht dargestellt haben, und zwar von Anfang an schon, dass er nationale Gesetze nicht am Maßstab der nationalen Verfassung prüft, wenn diese Gesetze vollständig durch Gemeinschaftsrecht determiniert sind. Eine Solange I oder II-Periode gab es bei uns, wir sind ja viel später beigetreten, nicht. Er prüft nur, soweit ein solches Gesetz einen Spielraum ausnützt, und hebt dann unter Umständen das Gesetz als verfassungswidrig auf. Daraus entsteht aber folgendes Problem. Mit der Aufhebung dieses Gesetzes wird den nationalen Behörden, die dieses Gesetz anwenden sollten, um einer Verpflichtung der Gemeinschaft nachzukommen, jegliche Rechtsgrundlage entzogen. Dieses Problem betrifft nicht immer nur wenige Fälle. Und es betrifft auch nicht immer nur Fälle, die man vielleicht mit einer rückwirkenden neuen Gesetzgebung ohne Weiteres lösen könnte. Es wurde einmal ein Bundesgesetz aufgehoben, das fast wörtlich eine Richtlinie wiedergab, aber vom Bund erlassen wurde. Der Verfassungsgerichtshof sagte, dieses Gesetz falle in die Kompetenz der Länder. Das ist eine Frage, die nicht gemeinschaftsrechtlich vordeterminiert ist. Daher hob er es auf. Das hat einigen Fällen die Rechtsgrundlage entzogen. Wie löst man die daraus resultierende Verletzung des Gemeinschaftsrechts?

Zu Herrn *Ziller*. Ich komme aus einem Land, in dem man mit der Bezeichnung „Verfassung" für das Primärrecht der EU nie Probleme hatte. Es gibt im Übrigen auch Statuten anderer internationaler Organisationen, wenn ich mich recht erinnere zum Beispiel der UNESCO, die sich als Verfassung bezeichnen. Es mag dies aber auch mit dem Zustand unserer Verfassung zusammenhängen, den Herr *Schambeck* gestern so anschaulich geschildert hat. Wir haben den Verfassungsbegriff von Vornherein nicht so aufgeladen. Ich stimme dir vollkommen zu, dass der eigentliche verfassungsrechtliche Gehalt des EU-Primärrechtes durch Van Gend & Loos und Costa vs. ENEL begründet worden ist, allerdings Entscheidungen, die nicht typisch völkerrechtlichen Auslegungsregeln folgen und die eine neue Qualität des EU-Rechtes begründet haben, die weit über das Völkerrecht hinausgeht. Ich kann nicht ganz deiner doch etwas geringen Einschätzung des Vorrangs, wie er dann im Verfassungsvertrag postuliert worden wäre, folgen. Ich glaube nicht, dass der Vorrang in der Judikatur des EuGH nur als eine bloße Kollisionsregel verstanden wird. Auch das Beispiel der gemeinschaftsrechtskonformen Auslegung beschränkt sich nicht nur immer darauf, dass man sagt: der Text lässt zwei Auslegungen offen, eine davon ist EU-konform, wir nehmen daher diese. Es gibt Fälle, in denen der EuGH praktisch eine korrigierende Auslegung innerstaatlichen Rechtes von den nationalen Gerichten erwartet hat. Es gibt auch ein Judikat, dass der Vorrang nicht einmal vor Strukturprinzipien nationaler Verfassungen Halt macht. Ich kenne allerdings kein Gericht, jedenfalls kein Verfassungsgericht, sofern es überhaupt zu dieser Frage Judikatur gibt, das dies akzeptiert hätte. Der Verfassungsvertrag hätte die Vorrangregel in einer apodiktischen und völlig uneingeschränkten Weise so formuliert, dass man alle diese schon im Ansatz in der Judikatur des EuGH enthaltenen Gehalte des Vorranges nicht mehr bestreiten hätte können. Insofern hätten wir in Österreich gerade mit dieser Bestimmung Probleme gehabt. Es wurde die Frage diskutiert, ob man darüber nicht eine Volksabstimmung durchführen müsste nach den Maßstäben unserer Verfassung. Die Abstimmungen in Frankreich und den Niederlanden haben uns dieses Problems dann freilich enthoben. Danke.

Markus Kotzur:

Ich darf unmittelbar an Herrn *Öhlinger* anknüpfen. Ich glaube, Herr *Ziller* hat sehr deutlich gemacht, dass mit der Entscheidung von *van Gend & Loos* der EuGH jenen konstitutionellen Nucleus entdeckt hat, der im Gemeinschaftsrecht schon immer angelegt war. Und damit hat sich der EuGH selbst auch als so etwas entdeckt wie ein Verfassungsgericht. Diese Entdeckung blieb allerdings, solange der europäische Integrationsprozess auf das wirtschaftliche Moment verengt war, weithin unbeachtet und weckte auch keine so große Besorgnis. Als in *Les Verts* der EuGH selber die Gründungsverträge als Verfassung bezeichnet hat, ist auch nicht jene Diskussion losgebrochen, die wir dann, mit der *Fischer*-Rede in Deutschland ausgelöst, erlebt haben. Ich glaube, um Herrn *Tsatsos* zu zitieren, dass in der Tat das heutige Primärrecht schon sehr viele „verfassungsqualitative Momente" enthält, die im Rahmen des Prozesses von Lissabon einfach nur fortgeführt, nachgeführt und konsolidiert werden, und insofern war wohl sowohl *Fischers* Rede von der konstitutionellen Neugründung fehlleitend und fehlgehend, ebenso wie jetzt die Aufgabe der Verfassungsidee, denn jene bereits enthaltenen konstitutionellen Momente, so glaube ich, kann man überhaupt nicht mehr aufgeben. Diese sind in der Eigendynamik dieses Vertrages einfach mit enthalten. Eine Verfassungsgeburtsstunde ist sicherlich *van Gend & Loos* und später *Costa/ENEL* gewesen. Daran möchte ich eine Frage anschließen, die auch auf den Vortrag von Präsident *Papier* Bezug nimmt. Von der Funktionslogik dieser Verfassung haben Sie zwei Aspekte sehr deutlich betont, nämlich das Vorabentscheidungsverfahren und die *Solange*-Idee, und ich glaube, das sind in der Tat zwei Funktionsbedingungen, die die Kooperation zwischen nationalen Verfassungsgerichten und EuGH als Verfassungsgericht ernst nehmen können und die hier steuernd wirken können. Insofern eine große Zustimmung zu der Idee, dass das Vorabentscheidungsverfahren auch unterstützend wirkt, dass das Vorabentscheidungsverfahren stärker noch als bisher auch von den nationalen Verfassungsgerichten wahrgenommen werden sollte und dass für die wechselseitige Verantwortungsbalance zwischen nationalen und europäischen Gerichten auch ausgreifend in den internationalen Raum die *Solange*-Idee eine sehr taugliche Grundlage bildet. Deshalb meine Frage: Könnte man vielleicht pointiert formulieren, wenn gerade der EuGH auch die *Solange*-Idee sehr ernst nimmt und seiner Rechtsprechung zu den Grundrechten und vielleicht auch zu den Strukturprinzipien, die er dann zu respektieren hat, zu Grunde legt, müssen wir uns vor einem „Quo usque tandem?", das wir dem EuGH entgegenschleudern müssten, vielleicht nicht mehr fürchten? Vielen Dank.

Bernhard Kempen:

Lieber Herr *Stern*, es ist gewiss zu früh, eine Bilanz zu ziehen, aber es muss erlaubt sein, im Wege einer kurzen Zwischenbilanz ein Wort des Dankes zu sagen und auch ein großes Kompliment zu machen, und zwar Ihnen und der Fritz-Thyssen-Stiftung, denen es gelungen ist, an zwei Tagen ein geradezu fantastisches Programm zu veranstalten.

Am heutigen Tag hat der Präsident des Bundesverfassungsgerichts zu uns gesprochen, und am gestrigen Tag der Präsident des Europäischen Gerichtshofs. Möglicherweise ist die Tatsache, dass die beiden Präsidenten an verschiedenen Tagen sprechen und nicht in einem Block zusammengefasst sind, bereits ein erster zarter Hinweis darauf, dass es um das Kooperationsverhältnis, das viel beschworene und viel besprochene, dann doch nicht zum Besten bestellt ist. Mir scheint, dass man dieses Verhältnis vielleicht doch eher als ein Zerrüttungsverhältnis oder jedenfalls als ein Verhältnis andauernder Disharmonie beschreiben müsste, wovon die von Ihnen initiierten Arbeitstreffen gar nicht ablenken können. Es ist offenbar nötig, dass man sich trifft, um auf einer eher menschlichen Ebene zu kommunizieren und darüber hinwegzukommen, dass wir es rechtlich mit einem ganz, ganz tiefen Graben zu tun haben, und dieser Graben ist, so fürchte ich, auch gar nicht wirklich zu überschreiten. Letzten Endes ist eine Diskrepanz vorhanden, die rechtslogisch gar nicht aufzulösen ist. Auf der einen Seite die völkerrechtliche Verpflichtung, die Vertragspflichten aus dem Unionsvertrag und dem Gemeinschaftsvertrag zu erfüllen, und auf der anderen Seite die verfassungsrechtliche Struktursicherungsklausel, die uns in Deutschland dazu verdammt, die staatliche Identität, aber auch die rechtsstaatliche, demokratiestaatliche, föderale Struktur sicherzustellen. Wie soll das aufgelöst werden, ohne dass ein Gericht dem anderen gegenüber einen Vorrang behauptet? Deswegen bleibt nur die pragmatische Lösung, das Kooperationsverhältnis zu verbessern, und ich sehe das in besseren Händen beim deutschen Bundesverfassungsgericht als beim Europäischen Gerichtshof, wo, so scheint mir jedenfalls, das Bewusstsein, dass es in Deutschland eine Notwendigkeit gibt, dem ausbrechenden europäischen Rechtsakt oder auch der Aufgabe staatlicher Identität Einhalt zu gebieten, noch gar nicht vorhanden ist. So jedenfalls nach dem gestrigen Eindruck, als Präsident *Skouris* mit einem gewissen Unverständnis reagiert hat, als ihm gleichsam die Anmutung bewusst wurde, dass man sich in Deutschland anschickt zu kontrollieren, ob der Lissabon-Vertrag das Licht der Welt erblicken wird oder auch, ob zukünftige Rechtsakte des Gemeinschaftsrechts mit dem für uns für wesentlich gehaltenen Grundrechtsstandard vereinbar sind. Ich hätte einige Anregungen, wie man das Kooperationsverhältnis verbessert. Ein erster Schritt könnte ja sein, dass man sich dafür einsetzt, die Nichtigkeitsklage gegen EG-Verordnungen – und zwar unmittelbar – zu befördern. Sie ist nach dem derzeitigen Stand des EG-Rechts so nicht vorhanden, sonder nur auf Ausnahmefälle beschränkt. Und man fragt sich eigentlich, warum? Warum den Umweg über das doch mit mancherlei Unsicherheit behaftete Vorabentscheidungsverfahren? Nun ist das etwas, was Sie nicht in Karlsruhe machen können, aber es ist natürlich eine politische Aufgabe, die die Bundesregierung im Rahmen des europäischen Konzerts übernehmen könnte.

Und andererseits könnte Karlsruhe überlegen, ob in diesem Kooperationsverhältnis nicht die Dogmatik, die wir jetzt ansatzweise entwickelt haben, weiter verfeinert werden könnte, und ich habe mich heute gefreut zu hören, dass der Begriff „zwingende Vorgaben des Gemeinschaftsrechts" offenbar ein Einstieg in eine weiter differenzierte Überprüfungsdogmatik ist, die allerdings verbesserungsbedürftig ist. Die Formel aus dem Maastricht-Urteil, dass letztlich Karlsruhe seine Jurisdiktionsgewalt nur dann wahrnehmen wird und kann, wenn dargetan ist, dass der Grundrechtsstandard auf der europäischen Ebene generell abgesunken ist, scheint mir wenig praktikabel und auch wenig plausibel zu sein. Denn von einem generellen Absenken des Grundrechtsstandards ist in Artikel 23 Absatz 1 nicht die Rede, sondern da ist davon die Rede, dass der Grundrechtsstandard im Wesentlichen der gleiche sein soll.

Und eine weitere Bemerkung, die an das anschließt, was eben Herr *Ossenbühl* vorgetragen hat: Ich glaube, wir müssen uns, und das 60jährige Jubiläum heute und das 50jährige der Römischen Verträge im letzten Jahr gibt allen Anlass dazu, doch sehr deutlich die Frage stellen, wo denn eigentlich die Reise hingehen wird. Welche Bedeutung wird die Bundesrepublik Deutschland haben, wenn sich unsere europäischen Mitspieler darauf verstehen, die Europäische Union über einen Staatenverbund hinaus in ein staatsähnliches, jedenfalls mit Souveränität begabtes Gebilde zu überführen? Was wird dann unsere Rolle sein? Werden wir dann de lege lata überhaupt mitspielen können oder wollen? Oder müssen wir nicht von Vornherein sagen, das wird im Legalitätsrahmen des Grundgesetzes mit uns nie zu machen sein. Ich würde sogar soweit gehen und behaupten, es wäre unseren Staatsorganen geradezu untersagt, daran mitzuwirken, ein Gebilde zu schaffen, dass die staatliche Identität der Bundesrepublik preisgibt. Den normativen Anhaltspunkt dafür bietet aus meiner Sicht Artikel 146 Grundgesetz, aber auch Artikel 79 III, der gewissermaßen als ungeschriebene Ewigkeitsklausel das Aufrechterhalten der staatlichen Identität beinhaltet.

Antonio D'Atena:

Ich möchte einige kurze Bemerkungen dem Begriff Europäische Verfassung widmen.

Was den Verfassungsvertrag anbetrifft, stimme ich mit dem Kollegen *Ziller* überein. Der Verfassungsvertrag war keine Verfassung, weder im formellen Sinne noch im materiellen Sinne. Im formellen Sinne wegen der Regeln der Einstimmigkeit, die meiner Meinung nach mit dem Begriff Verfassung nicht im Einklang ist. Im materiellen Sinne wegen seines allumfassenden Charakters. Es war eine Art Sammelsurium, wenn ich so sagen darf, und dieser allumfassende Charakter entspricht nicht dem typischen Inhalt einer Verfassung.

Das bedeutet meiner Meinung nach aber nicht, dass man nicht heute von einer Europäischen Verfassung sprechen kann. Vor allem in einem ganz allgemeinen Sinne, wie man zum Beispiel von der Verfassung des Völkerrechts spricht, man denke zum Beispiel an die berühmten Schriften von *Alfred Verdross*.

Aber was Europa anbetrifft, denke ich, mit dem Wort Verfassung kann man auch mehr sagen. Diese Verfassung, die sozusagen zwischen den Normen der Verträge verstreut ist, entspricht inhaltlich und grundsätzlich der Tradition unseres Konstitutionalismus. Die wichtigste Lücke, die man ihr vorwirft, scheint mir nicht entscheidend. Ich beziehe mich auf das Nichtvorhandensein von einem Grundrechtskatalog. Man darf nicht vergessen, dass das auch für die ersten Bundesverfassungen galt, die *Nawiasky*, wegen ihrer komplementären Beziehung zu den Verfassungen der Mitgliedstaaten, zutreffend als Teilverfassungen betrachtete.

Bezüglich Europa glaube ich, dass man richtigerweise sagen kann, dass wir jetzt in einem multilevel constitutionalism oder, wie ich heute gehört habe, in einem Verfassungsverbund leben. Danke.

Hermann-Josef Blanke:

Herr Präsident *Papier*, an Sie möchte ich in aller Kürze zwei Fragen richten und beziehe mich auf Ihre zentrale These, dass dann, wenn Spielräume der Mitgliedstaaten bei der Umsetzung von Richtlinien bestehen, hieraus ein nationaler Grundrechtsschutz durch die nationalen Gerichte folgen muss. Wer würde sich nicht zu einem komplementären Grundrechtsschutz in der Zusammenarbeit zwischen europäischen und nationalen Gerichten bekennen? Gleichwohl versuche ich, in dem von Ihnen behandelten Segment ein wenig gegen den Strich zu bürsten, und möchte fragen: Gibt es nicht durchaus ein berechtigtes Interesse des Europäischen Gerichtshofes (Entscheidungen zur „Familienzusammenführungsrichtlinie" sowie „Bostock"), auch in diesen den Mitgliedstaaten verbleibenden Spielräumen grundrechtlichen Rechtsschutz zu sichern? Und ich frage mich, ob – unbeschadet dieser nationalen Spielräume – die zielorientierte und effektive Umsetzung von Richtlinien in den Mitgliedstaaten auch einen Grundrechtsschutz in diesen Bereichen durch den Europäischen Gerichtshof nicht geradezu erforderlich macht. Diese Frage habe ich für mich noch nicht endgültig beantwortet, aber ich stelle fest, dass wir angesichts Ihrer Argumentation scheinbar eine neue Wegmarke im Verhältnis zwischen dem Europäischen Gerichtshof und den nationalen Gerichten erreicht haben.

Bisher habe ich die Rechtsprechung des Bundesverfassungsgerichts in „Solange II" und im Bananenmarkt-Urteil so verstanden, dass das Bundesverfassungsgericht letzte grundrechtliche Reservate schützen will und schützen muss, nämlich dann, wenn der aus nationaler Verfassungsperspektive unabdingbar gebotene Grundrechtsschutz auf europäischer Ebene „im Wesentlichen" nicht gleichwertig gesichert ist. Dieses Kriterium bildet aber nicht den geeigneten Maßstab, an dem Sie prüfen können, ob die den Mitgliedstaaten verbliebenen Spielräumen eine nationale Grundrechtskontrolle erforderlich machen. Vielmehr verstehe ich die Argumentation in den Entscheidungen „Emissionshandel I und II" in dem Sinne, dass die grundrechtliche Maßstabsbildung bei vorhandenen nationalen Umsetzungsspielräumen beim Bundesverfassungsgericht verbleiben muss, weil es diese Kontrolle nicht aus der Hand geben will. Dies knüpft an das an, was Herr Kollege *Ossenbühl* gesagt hat; auch ich bin der Ansicht, dass dies die Gerichte „unter sich ausmachen" müssen. Ob dies allerdings so einfach und pragmatisch möglich ist, weiß ich nicht.

Eine zweite Bemerkung, die an Ihre Vorbemerkungen und an Ihre Schlussbemerkung anknüpft, bezieht sich nahezu „zwangsläufig" auf die demokratische Legitimation der Union. Die Frage ist kurz und knapp: Kann das, was im Maastricht-Urteil über die ergänzende Rolle des Europäischen Parlamentes hinsichtlich der demokratischen Legitimation der Union ausgeführt worden ist, uns bei der Prüfung weiterführen, ob künftige Kompetenzübertragungen durch ein ausreichendes Maß demokratischer Legitimation gedeckt sind? Damit ist ja eine demokratische Legitimation von Gewaltausübung auf europäischer Ebene gemeint. Wird in dieser Rechtsprechung des Bundesverfassungsgerichts nicht an „Voraussetzungen" angeknüpft, die absehbar gar nicht in Europa geändert werden können, beispielsweise die ungleichmäßige Vertretung der Völker im Europäischen Parlament, und stellt man damit nicht Barrieren auf, die auf unabsehbare Zeit zu einer Argumentation führen, wie sie hier Herr *Ossenbühl* vorgetragen hat und der ich nicht folge, dass nämlich jeder Kompetenztransfer nach Europa zwingend zu einem Verlust an demokratischer Legitimation führen muss? Wenn man dies mit der einstweilen bloß ergänzenden Rolle des Europäischen Parlaments bei der Vermittlung demokratischer Legitimation begründet, dann sehe ich keinen Ausweg, wie die notwendigen Kompetenzübertragungen – Sie nennen es das „Säen" von EG-Recht – durch eine demokratische Legitimation auf der Ebene der Union kompensiert werden können. Können notwendige Kompetenzübertragungen, das heißt die Supranationalisierung der Bereiche der Justiz- und Innenpolitik durch den Lissabonner Vertrag, wirklich als ein Säen von Europarecht bezeichnet werden? Diese Frage müssen wir uns stellen, denn das ist ein Kernbereich des Lissabonner Vertrags, in dem die Mitgliedstaaten Kompetenzen verlieren.

Siegfried Magiera:

Auch ich möchte mich bei beiden Vortragenden für die Referate bedanken, die zum vertieften Nachdenken anregen. Aus Zeitgründen muss ich mich auf zwei allgemeinere Bemerkungen beschränken – zunächst zum Verständnis der Europäischen Union als Gemeinwesen, sodann zum europäischen Integrationsprozess. Versuche, die Europäische Union in das System organisierter Gemeinwesen einzuordnen, enden schnell mit der Feststellung, dass sie zwischen einem staatlichen Gebilde und einer internationalen Organisation angesiedelt ist. Wenn sie als eine Organisation sui generis oder als Staatenverbund bezeichnet wird, so dient dies der Verständigungsmöglichkeit, aber kaum einer wegweisenden Kategorisierung. Hervorzuheben ist vielmehr, dass die Europäische Union im Wesentlichen eine Rechtsgemeinschaft ist, deren Existenz bisher nahezu ausschließlich auf dem Zusammenhalt der Rechtsordnung beruht, die sich in einem Korridor zwischen national- und internationalrechtlich geprägten Bestimmungen bewegt. Dieser Korridor erscheint für ihre kontinuierliche Entwicklung besonders geeignet zu sein, weil er Impulse und Anleihen – je nach aktuellem Bedarf – aus beiden Rechtsquellen ermöglicht. In diesem Zusammenhang hätte ich eine Frage an Herrn *Ziller*. Mir scheint es, als ob Sie den Völkerrechtscharakter der europäischen Verträge betonen wollen. Hierzu möchte ich, auch unter Bezugnahme auf frühere Arbeiten u. a. von Herrn *Schwarze*, anmerken, dass sich der Europäische Gerichtshof bei der Auslegung des Gemeinschaftsrechts kaum an das Völkerrecht anlehnt, sondern europarechtsspezifische Kriterien entwickelt hat, die sich stärker an dem staatlichen Methodenkanon orientieren.

Ein Hauptmerkmal, wenn nicht das entscheidende, der Europäischen Union war es bisher, dass sie sich in ständiger Bewegung befindet, die vor allem – sozusagen wesensmäßig – zu einer Verlagerung von ursprünglich staatlich wahrgenommenen Kompetenzen auf die gemeinschaftliche Ebene führte. Zunehmend stellt sich die Frage, wo die Grenze liegt, wenn die Mitgliedstaaten nicht ihre Identität oder gar ihre Existenz verlieren sollen. Die Europäische Gemeinschaft war zwar von Anfang an auf einen immer engeren Zusammenschluss der europäischen Völker ausgerichtet, nicht jedoch auf deren Verschmelzung und damit auf eine Beseitigung der Mitgliedstaaten. Seit dem Vertrag von Maastricht wird dies zusätzlich verdeutlicht, indem die Union die Identität ihrer Mitgliedstaaten zu achten und ihre Kompetenzen gemäß dem Subsidiaritätsprinzip wahrzunehmen hat.

Zum Integrationsprozess ist festzustellen, dass er manchen Beobachter verunsichert, weil er auf kein fest bestimmtes Ziel gerichtet scheint. Ein endgültiges Ziel – sei es „Bundesstaat", „nicht Bundesstaat", „nie Bundesstaat" usw. – dürfte kaum konsensfähig und auch wenig hilfreich sein. Der Integrationsprozess ist aufgrund Neuartigkeit und Einmaligkeit ein genuin politischer, nur schrittweise aushandelbarer und gangbarer Prozess. Dementsprechend haben sich die Mitgliedstaaten seit dem Vertrag von Maastricht verstärkt darauf verständigt, die grundlegenden Werte und Ziele für die Union festzulegen, die ihre Verfassungsordnungen prägen und die den europäischen Einigungsprozess leiten sollen. Allgemein hat sich gezeigt, dass der Integrationsprozess kontinuierlich voranschreiten konnte, weil er von den dazu legitimierten repräsentativen Organen gesteuert wurde. Mehr Repräsentativität als bei der Gestaltung des Verfassungsvertrages, dessen Inhalt weitgehend in den Vertrag von Lissabon übernommen wurde, lässt sich im europäischen Rahmen kaum vorstellen oder gar verwirklichen. Dass dieses Optimum bisher am „Volk" gescheitert ist, muss uns zum vertieften Nachdenken und daraus gewonnenem Handeln bewegen. Vor allem muss konkreter festgestellt werden, wo die Grenzen zwischen repräsentativen und unmittelbaren demokratischen Verfahren in einem zugleich rechtsstaatlichen Gemeinwesen verlaufen. Unter den derzeitigen Rahmenbedingungen und nach den bisherigen Erfahrungen glichen die in einigen Mitgliedstaaten durchgeführten Abstimmungen eher einem Fremdkörper als einem Teil eines homogenen Ganzen im Rahmen der weitgefächerten Vertragsverhandlungen.

Aus Zeitgründen kann ich leider nicht näher ausführen, was ich noch zur Richtlinienumsetzung anmerken wollte. Aber ich möchte Herrn Präsidenten *Papier* ausdrücklich darin zustimmen, dass bei Richtlinien, die den Mitgliedstaaten einen Entscheidungsspielraum lassen, dieser allein von den einzelnen Mitgliedstaaten auszufüllen ist. Wenn es dann Unterschiede zwischen den Mitgliedstaaten gibt, entspricht dies gerade dem Ziel der Richtlinie. Im Übrigen muss sich die Umsetzung natürlich im Rahmen des Gemeinschaftsrechts halten. Schwierigkeiten bestehen insoweit bei der Berücksichtigung von Grundrechten, wenn diese auf gemeinschaftlicher und staatlicher Ebene eine unterschiedliche Tragweite haben sollten. Hier scheint mir noch keine gesicherte Rechtspraxis zu bestehen, so dass weiterhin nach angemessenen Lösungsmöglichkeiten zu suchen ist.

Jacques Ziller:

Ich möchte vier Punkte erwähnen. Zunächst als Antwort sowohl an die Herren *Magiera* und *Schwarze* als auch Herrn *Öhlinger* und Herrn *D'Atena*. Ich bin völlig überzeugt, dass wir uns in einem Schwebezustand befinden und dass weder klassisches Verfassungsrecht der Letzten 50 Jahre noch klassisches Völkerrecht genügen. Mein Eindruck – ich weiß nicht, inwiefern das auf die deutsche Debatte zutrifft, sicher aber auf die Debatte in Italien, in Frankreich und im englischen Sprachraum, das heißt dort, wo über diese Fragen auf Englisch geschrieben wird – ist, dass man in den letzten Jahren viel zu viel nur auf die Frage eingegangen ist, inwiefern dieser Schwebezustand, dieses „Ding", cet objet politique non identifié, einem Staat vergleichbar ist, und dass man eben doch zu wenig darauf reagiert, dass, ob man es will oder nicht, die Mitgliedstaaten bisher das Instrument eines völkerrechtlichen Vertrages benützt haben. Ich selber hatte kein Problem damit, ob das „Verfassung" heißt oder nicht. In Frankreich war die Debatte so, dass die Tatsache, dass es Verfassung hieß, obwohl der Inhalt eigentlich zum größten Teil der des EG- und EU-Vertrags in der geltenden Form war, sicher dazu beigetragen hat, dass sehr viele – schlecht informierte, aber auch gut informierte – Leute gesagt haben, nein, das will ich nicht als Verfassung. Und da, muss ich gestehen, haben wir wahrscheinlich nicht gut darüber nachgedacht, dass der österreichische Begriff von „Verfassung" eben nicht dem französischen entspricht. Aber dazu noch: Die Niederländer und die Briten, die ja als pragmatische Völker bezeichnet werden, haben ja auch in einer Weise auf die Verfassung reagiert, die nicht vorhersehbar war.

Zweitens, vor allem bezüglich der Frage von Herrn *Ossenbühl* und auch der Bemerkungen der Herren *Kotzur* und *Kempen*. Zu der Haltung des EuGH – schade, dass Herr Skouris nicht mehr dabei ist, denn er könnte das sicher viel besser als ich sagen – würde ich mir zu, der EuGH sollte allgemein mehr oder weniger Zurückhaltung ausüben. Das kann ich nicht anhand der einen oder einer anderen Entscheidung sagen. Was ich sagen wollte, ist, dass man nicht vergessen sollte, dass es eine Logik der Verträge gibt. Und die Logik ist die der Rechtswege. Wenn der EuGH dazu kommt, auf einen Nichtigkeitsantrag zu reagieren, dann ist es logisch – wenigstens dann, wenn er es mit Legislativakten zu tun hat –, dass er eine gewisse Rücksicht ausübt. Eben wie ein Verfassungsgericht mehr Rücksicht ausübt als ein Verwaltungsgericht, wenn ein Verfassungsgericht ein Gesetz gegenüber der Verfassung prüft und ein Verwaltungsgericht eine Verwaltungsmaßnahme gegenüber einem Gesetz. Da, glaube ich, gibt es eine Logik, die im Rechtsweg der Nichtigkeitsklage eingebaut wird. Ich finde es schade, aber so ist es eben, dass man diesen Rechtsweg nicht erweitert hat. Die kleine Erweiterung, die mit Lissabon kommt, macht das nicht zu irgendeiner Verfassungsbeschwerde. Die Antwort ist meistens, dass man dann den EuGH überfordere, weil dann zu viele Klagen kämen. Ja, das ist eine Tatsache. Aber es ist eben so, dass man hier einen besonderen Rechtsweg hat, der auch nicht der Rechtsweg ist, wo die meisten Bedenken, aus Deutschland zum Beispiel, kommen.

Da, wo die Bedenken kommen, und da komme ich zu einem dritten Punkt, scheint mir, ist meistens – nicht immer, aber meistens – bei Vorabentscheidungsverfahren. Und da ist es auch so, dass die Antwort des EuGH von der Frage gewissermaßen, nicht 100prozentig, aber doch etwa 90prozentig, bedingt wird. Und in diesem Falle ist die Frage nicht: „Wirst du, EuGH, diese europäische Rechtssetzung für nichtig oder nicht nichtig erklären, weil sie eben nicht im Zuständigkeitsraum des Vertrags ist?" Sondern die Frage lautet: „Wie soll ich das EG-Recht verstehen?" Ob man es mag oder nicht, es ist, finde ich, eine Logik. Der EuGH ist schließlich das Gericht, das im Vertrag eingebettet ist. Und die Logik hier führt eben dazu zu sagen, ja, ich werde sehen, inwieweit dieser Vertrag offen – mit gewissen Schranken – ausgelegt werden kann. Es ist kompliziert, das so schnell zu erklären. Dazu müsste man bedenken, dass es die Struktur des Dialogs gibt. Auf der einen Seite reagiert der EuGH auf eine Frage. Auf der anderen Seite kann er etwas machen, das, soviel ich weiß – leider ist *Herr Skouris* nicht da – sehr wenig getan worden ist: Der EuGH kann nämlich einen Mitgliedstaat bitten, Stellung zu nehmen. Das ist wenigstens in einem Fall schon 1978 geschehen: Im Falle *Hansen*, wo der Generalanwalt *Capotorti* erwirkt hat, dass der EuGH die französische Regierung gebeten hat, Stellung zu nehmen in einem Vorabentscheidungsverfahren. Da ging es um die staatliche Struktur Frankreichs. Ich nehme daher an, wenn der EuGH in den 70er Jahren, in einer Zeit, in der der er sicher sehr voran trieb, wenn er schon damals darauf achtete, nicht etwas zu entscheiden ohne wenigstens zu wissen, was der Mitgliedstaat dachte, würde er es heute wahrscheinlich auch so machen. Das Interessante am Fall *Hansen* ist, dass sowohl Generalanwalt *Capotorti* als auch der EuGH selber genau die Formulierung übernommen haben, die die französische Regierung bei der Stellungnahme zu der Frage über die Staatsstruktur verwendet hat. Also ich glaube, Instrumente für diesen Dialog, oder wie man es nennen will, gibt es im Rahmen des EG-Rechts viel mehr als in anderem Rahmen.

Und als Letztes, zu der Bemerkung von Herrn *Ress*: Ich stimme völlig mit Ihnen überein. Darum probiere ich, auch wenn es nicht so einfach ist, zwischen Vorrang und Vorherrschaft zu entscheiden. Nicht ich selber habe das so als erstes entdeckt, sondern das spanische Verfassungsgericht. Und da ist ja auch die Idee. Es scheint mir völlig legitim, dass jedes Gericht seine eigene Rolle, seine eigene Legitimität hat. Straßburg hat als Legitimität darauf zu achten, dass die Mitgliedstaaten den Vertrag beachten gegenüber deren Bürger oder den Einzelnen, die auf diesem Gebiet leben. Luxemburg muss darauf achten, dass die Mitgliedstaaten ihre Verpflichtungen einhalten, noch dazu in einem sehr komplizierten Gefüge von Organen. Das Bundesverfassungsgericht, der Conseil constitutionnel, hat von seiner eigenen Lage auszugehen, und es ist ja logisch, dass man theoretisch zu Unterschieden kommt. In der Praxis, haben wir bisher gesehen, sind diese gelöst worden.

Und damit komme ich zum Ende. Als ich 1969 anfing zu studieren, war in der französischen Verfassungsliteratur das große Hauptthema, was geschehen wird, wenn der Conseil D'État und der Conseil constitutionnel nicht übereinstimmen. Das war wirklich die große Frage. Heute spricht man überhaupt nicht mehr davon. Theoretisch bleibt das Problem da. In der Praxis nicht.

Hans-Jürgen Papier:

Meine Damen und Herren, ich muss sehr stark zusammenfassen. Ich bitte um Nachsicht, wenn ich nicht auf alle zehn Redebeiträge eingehe, dann säßen wir ohne Mittagspause noch bis heute Abend hier. Ich will zwei Grundsatzfragen herausgreifen. Die eine, die Herr *Ossenbühl* angesprochen hat, lautet sinngemäß: Wann ist die verfassungsrechtlich unüberwindbare Schwelle der Verlagerung von Souveränitätsrechten oder Hoheitsrechten überschritten? Theoretisch ist das alles ziemlich klar: Artikel 23 GG, der neue Europaartikel, lässt Übertragungen ausdrücklich zu, vorher war es Artikel 24 GG; aber Art. 23 Abs. 1 GG setzt deutlich Grenzen, und zwar unter Bezugnahme auf Artikel 79 Absatz 3 GG. Also das, was wir unter die Ewigkeitsklausel subsumieren, gilt im Grunde auch als Grenze der

Integration. Es ist nun die ausgesprochen große Schwierigkeit zu bewältigen, diese Grenzen zu bestimmen. Abstrakt mag das noch relativ leicht fallen, aber wenn es dann um die konkreten Vertragswerke geht, wird es schwierig. Sie werden gemerkt haben, dass ich dieses Thema bewusst ausgeklammert habe, weil dies im Grunde die Kernfrage des Verfahrens vor dem Zweiten Senat ist. Und es ist ja auch nicht so, Herr *Ossenbühl*, dass das alles bisher nicht diskutiert wurde. Die zweitägige Verhandlung vor dem Bundesverfassungsgericht behandelte vorrangig diese Frage. Erstaunlich ist nur, und da gebe ich Ihnen Recht, dass man offenbar erst ein Verfahren vor dem Bundesverfassungsgericht und das Ansetzen einer mündlichen Verhandlung brauchte, damit sowohl in den Medien als auch in der Politik diese Fragen überhaupt diskutiert wurden. Der ganze Verabschiedungsprozess in Deutschland einschließlich der Aussprache im Deutschen Bundestag und der medialen Begleitung lief ohne vergleichbare Problematisierung ab, wenn ich das richtig verfolgt habe. Dass man Grundsatzprobleme des demokratischen Prinzips eigentlich erst während des Verfahrens vor dem Bundesverfassungsgericht diskutiert, halte ich für bedenklich.

Man muss auch sehen, dass der Auftrag der Regierungskonferenz von Laeken, der dann hinführte zum Entwurf eines Verfassungsvertrages, noch die Formulierung enthielt, man möge prüfen, ob die Kompetenzen der EU präziser gefasst werden können, und es sei auch zu überlegen, ob man Zuständigkeiten in gewissen Bereichen wieder zugunsten der Mitgliedstaaten zurückführen könne. Man hat in der Folge zwar Überlegungen zu den Kompetenzen der Europäischen Union angestellt, hat dabei aber weniger an ein Zurückfahren gedacht, sondern eher an eine Erweiterung. Ich bitte um Nachsicht, wenn ich diese Fragen hier nicht weiter vertiefe.

Es ist gestern von Herrn *Skouris* auch der Fall der strittigen Kompetenzgrundlage angesprochen worden. Er sprach insbesondere die Vorratsdatenspeicherungsrichtlinie an. Ich hatte leider wegen anderer Termine nicht die Gelegenheit, am Nachmittag an der Diskussion teilzunehmen. Ich weiß nicht, ob das in der Diskussion erörtert worden ist. Herr *Skouris* formulierte, es sei im Grunde eine zweitrangige Frage, welche Kompetenzgrundlage nun in Anspruch genommen werde, ob nun die aus der ersten oder die aus der dritten Säule; entscheidend sei, dass die Gemeinschaft oder die Union überhaupt zuständig sei. Meines Erachtens muss insoweit allerdings zwischen EU-Zuständigkeiten mit einstimmigem und solchen mit mehrheitlichem Beschlussverfahren unterschieden werden. Ich nehme wieder das Beispiel der Vorratsdatenspeicherungsrichtlinie. Diese sollte ursprünglich als Rahmenbeschluss ergehen, im Rahmen der dritten Säule. Dann stellte sich aber heraus, dass eine dort erforderliche Einstimmigkeit nicht zu erzielen war, weil mehrere Staaten – übrigens nicht Deutschland – dagegen waren. Daraufhin hat man die Vorratsdatenspeicherung als Maßnahme der Harmonisierung des Binnenmarktes auf der ersten Säule weiterbetrieben. Man führte Artikel 95 EG-Vertrag an und argumentierte, die einheitlichen Vorratsdatenspeicherungsregelungen dienten ja auch der Wettbewerbsangleichung, obwohl ganz ersichtlich diese Vorratsdatenspeicherung vorrangig strafprozessualen und polizeilichen Zwecken dienen sollte. Also, kurzum: Es ging eben nicht nur um eine formale Frage, sondern auch um die Frage, ob

Einstimmigkeit oder Mehrheitsentscheidung. Die Frage der Geltung und Bedeutung der besagten EU-Richtlinie ist auch in dem beim Bundesverfassungsgericht anhängigen Verfassungsbeschwerdeverfahren von nicht geringer Bedeutung. Dass der EuGH diese Richtlinie nicht aus Kompetenzgründen für nichtig erklärt hat, weil die Vorratsdatenspeicherung in der dritten Säule hätte geregelt werden müssen, erscheint keineswegs als bloße Formalfrage. Als Rahmenbeschluss wäre eine EU-Regelung nicht zustande gekommen, weil keine Einstimmigkeit bestand. Ich will das nur als Beispiel dafür erwähnen, dass es zwischenzeitlich Bereiche gibt, die über den „Zauberkasten" des Artikels 95 EG-Vertrag geregelt werden, obwohl sie eigentlich mehr andere Kompetenzbereiche wie die der polizeilichen und justiziellen Zusammenarbeit betreffen. Das ist ein wirkliches Problem.

Eine zweite Bemerkung: Ich möchte Ihre Grundsatzfrage nach den Grenzen des Souveränitätsverzichts oder der Übertragung von Hoheitsrechten hier nicht weiter behandeln; das ist ja wie gesagt Gegenstand des Verfahrens zum Lissaboner Vertrag vor dem Bundesverfassungsgericht. Aber nun noch einige Bemerkungen zu den Rechtsschutzfragen, die ich ja in den Vordergrund meines Referates gestellt habe. Es freut mich, hier überwiegend Zustimmung zu bekommen. Es ist sinnvoll, in diesem Zusammenhang immer wieder an das Kooperationsverhältnis oder an den Kooperationsgedanken zu erinnern. Es ist ja nicht so, dass die Gräben, wie hier betont wurde, so völlig unüberwindbar sind. Es wurden hin und wieder, *Herr Schwarze* hat völlig zu Recht darauf hingewiesen, von der einen gerichtlichen Seite Bedenken geäußert, dann wurde von der anderen gerichtlichen Seite reagiert, und schließlich wurden die ursprünglichen Bedenken wieder aufgegeben. Es findet also ein Dialog zwischen den Gerichten statt, und zwar nicht nur ein Dialog durch regelmäßige Treffen, sondern auch ein Dialog über die Entscheidungen. Hier bin ich auch im Hinblick auf die Zukunft optimistisch. Was etwa die Entscheidung zu den UN-Terrorlisten anlangt, war abzusehen, dass, wenn der EuGH eine gerichtliche Überprüfung bei von den UN veranlassten Listings nicht vornimmt, in einem deutschen Fall das Bundesverfassungsgericht eine Prüfung verlangen würde. In der Tat hat der EuGH – im Gegensatz zum Gericht erster Instanz, das sich ja noch an die UN-Vorgaben gebunden gefühlt hatte – eine Überprüfung auch der von den UN veranlassten Listings vorgenommen – völlig zu Recht wie ich finde. Also ich bin gar nicht so pessimistisch, was das Kooperationsverhältnis anlangt.

Es ist darauf hingewiesen worden, der Gedanke, dass bei vom EU-Recht belassenen Spielräumen der nationalen Gesetzgebung auch der nationale Grundrechtsschutz eingreift, decke sich eigentlich nicht mit dem Vorbehalt in den Solange-Beschlüssen und der Maastricht-Entscheidung. Ich will dazu nur sagen, dass es sich eben um eine Fortentwicklung und Präzisierung der bisherigen Rechtsprechung durch den Beschluss des Ersten Senates zur Emissionshandelsrichtlinie handelt.

Nun noch ein letztes Wort, wenn Sie gestatten, zu den gerichtlichen Vorlagen zum Bundesverfassungsgericht und zum EuGH und zu deren Anforderungen. Bisher übt das Bundesverfassungsgericht die Kontrolle in Bezug auf das Unterlassen von Vorlagen an den EuGH über den Artikel 101 Abs. 1 Satz 2 GG aus und sagt, das sei eine Frage des gesetzlichen Richters. Ich könnte das noch differenzierter ausdrücken, aber ganz allgemein gesprochen läuft das mehr auf eine Willkürprüfung hinaus, die hier vorgenommen wird. Man will bei Rügen der Verletzung des Prinzips des gesetzlichen Richters oder des Anspruchs auf den gesetzlichen Richter vermeiden, dass das Bundesverfassungsgericht etwa jeden Geschäftverteilungsplan eines Gerichts und jede mögliche Verletzung des Geschäftsverteilungsplans im Einzelnen unter dem Aspekt der Wahrung des gesetzlichen Richters überprüfen muss. Deshalb findet im Grunde nur eine Willkürprüfung statt, ob also wirklich aus unsachlichen Gründen der Geschäftsverteilungsplan nicht eingehalten worden ist. Das hat sich nun übertragen auf die Nichtvorlagerüge. Hier geht es aber auch um eine Frage der Effektivität des Rechtsschutzes. Der Bürger muss jedenfalls an einer Stelle die Möglichkeit haben, die Frage etwa der Gültigkeit einer gemeinschaftsrechtlichen Verordnung gerichtlich überprüfen zu lassen. In allen Fällen, in denen der nationale Richter diese Überprüfung nicht selbst vornehmen kann, aber die Möglichkeit einer Vorlage an den EuGH hat, stellt sich die Frage, inwieweit er wenigstens von dieser Vorlagemöglichkeit Gebrauch zu machen und eine Entscheidung des EuGH herbeizuführen hat. Irgendein Gericht muss dem Bürger in dieser Frage effektiven Rechtsschutz geben können. Das ist auch eine Frage des Artikels 19 Absatz 4 GG und für mich Anlass, nicht nur einer Willkürprüfung, sondern gegebenenfalls auch einer eingehenderen Prüfung einer objektiven Verletzung der Vorlagepflicht das Wort zu reden. Man könnte diese Frage theoretisch auch beim Artikel 101 GG ansiedeln, das will ich gar nicht bestreiten, nur der Weg über den Artikel 19 Absatz 4 GG wäre ein Weg, um neue Gedanken auch leichter durchzusetzen. Mir schwebt schon lange vor, in dieser Beziehung auch eine Konkordanz herzustellen zwischen den Anforderungen des EuGH an eine Vorlageverpflichtung einerseits und unserer Rechtsprechung zur Grundrechtsverletzung wegen Nichtvorlage andererseits. Aber das ist noch nicht Rechtsprechung, das muss ich ganz offen sagen, derzeit gibt es insoweit noch Diskrepanzen. Der EuGH stellt Kriterien für die Vorlage nach Artikel 234 EG-Vertrag auf, die sich mit unserer Willkürrechtsprechung leider nicht in jeder Hinsicht decken. Auf Dauer, finde ich, ist das kein angemessener Zustand. Da müsste man eine Harmonisierung anstreben.

Sie haben gemerkt, Herr Kollege *Stern*, meine sehr verehrten Damen und Herren, dass ich nicht auf die Stimmen eingegangen bin, die ganz allgemein und ganz generell dem Gerichtshof der Europäischen Gemeinschaft gewissermaßen eine vorsätzliche Usurpation von Kompetenzen, ja die vorsätzliche Verletzung geltenden Rechts unterstellen. Das liegt mir völlig fern und ist meines Erachtens eine völlig unangemessene Kritik. Aber ich bin schon dafür, dass man auch gewisse Mängel, gewisse Fehlentwicklungen anspricht. Das habe ich getan mit meiner leichten Kritik an der Mangold-Entscheidung, das habe ich auch getan in Bezug auf die EuGH-Entscheidung zur Vorratsdatenspeicherungsrichtlinie. Es gibt eben einzelne Fehlentwicklungen und einzelne problematische Entscheidungen, aber die hat es bei uns auch gegeben. Darauf muss man mit Kritik reagieren und ich kann vielfach feststellen, dass berechtigte Kritik – keine unberechtigte oder fast beleidigende Globalkritik, sondern sachlich begründete Kritik im Einzelfall – auch aufgenommen wird. Wenn ich bedenke, was der Generalanwalt in Nachfolgeverfahren zur Mangold-Entscheidung gesagt hat, da kann ich nur zustimmen. Er hat ziemlich deutlich die Mangold-Entscheidung kritisiert und der Europäische Gerichtshof ist ja dann auch in wichtigen Einzelheiten in der späteren Judikatur von der Mangold-Entscheidung abgerückt. Also, ich bin da gar nicht so skeptisch, und ich sehe keine andere Möglichkeit, als diesen Weg der Kooperation und der gegenseitigen Ergänzung zu wählen und weiterzugehen.

Klaus Stern:

Vielen Dank. Der Beifall hat Ihnen gezeigt, lieber Herr *Papier*, lieber Herr *Ziller*, dass selbst die nahende Mittagspause nicht daran gehindert hat, dass man Ihren Ausführungen immer noch mit großer Aufmerksamkeit gefolgt ist. Ich habe Ihnen beiden ganz besonders herzlich zu danken; dass ich es jetzt schon tue, hängt damit zusammen, dass Sie beide anderer Dienstpflichten wegen heute Nachmittag uns verlassen müssen. Ich glaube, der Beifall, der gerade aufgebraust ist, hat Ihnen deutlich gemacht, dass wir sehr glücklich sind, dass wir Sie beide als Referenten gewonnen haben. Beide Referate sind von unterschiedlichen Standpunkten aus an ein hochwichtiges Thema herangegangen; ich meine, es waren Referate, die, wenn sie gedruckt sind, von ganz besonderer Bedeutung auch für die Entwicklung des Verhältnisses des Verfassungsvertrags zu dem Lissabonner Vertrag sind. Dabei werden die Gerichtsbarkeiten, besonders der Rechtsschutz in den Grundrechtsbereichen, eine große Rolle spielen.

Meine Damen und Herren, ich darf Herrn Kollegen *Wyrzykowski* aufrufen. Er ist Professor an der Universität Warschau, war dort langjähriger Dekan, aber auch an anderen Universitäten tätig und ist seit 2001 Richter am polnischen Verfassungsgerichtshof, der ja, wie wir wissen, starke Ähnlichkeit mit dem Bundesverfassungsgericht aufweist. Er ist Mitglied der polnischen Akademie der Wissenschaften. Soeben ist sein Buch erschienen über die Gemeinschaft der Rechtskultur mit wertvollen Vorträgen in deutscher und polnischer Sprache. Herr *Wyrzykowski*, Sie haben das Wort.

MIROSLAW WYRZYKOWSKI

Von der Verfassungsrezeption zum Dialog – Das Grundgesetz und der polnische Konstitutionalismus

1. Vor 20 Jahren im Prozess der politischen und verfassungsrechtlichen Umgestaltung der ost- und mitteleuropäischen Staaten wurden in einem besonders intensiven Ausmaß die verfassungsrechtlichen Konstruktionen und – in geringerem Ausmaß – auch die Verfassungspraxis der westeuropäischen Demokratien als Vorbild verwendet[1]. Damals war eine massive Rezeption öffentlichen Rechts in diesen Staaten zu beobachten. Dabei bedienten sich die Gesetzgeber fast aller bekannten Rezeptionstechniken, um fremde Normen, Rechtsinstitutionen, Verfahren und Garantien zu übernehmen. Charakteristisch für diesen Vorgang ist einerseits das Ausmaß der Rezeption, andererseits das öffentliche Recht als Gegenstand der Rezeption. Besonders interessant ist das Phänomen der massiven Rezeption des öffentlichen Rechts. Traditionell werden dem öffentlichen Recht Eigenschaften zugeschrieben, die die Rechtsrezeption eher zu behindern denn zu begünstigen scheinen.

Voraussetzung für eine massive Rezeption von Verfassungskonzeptionen ist das Vorhandensein ähnlicher, für die Rezeption relevanter Umstände, insbesondere historisch-kultureller, politischer, sozialer und wirtschaftlicher Art.

Dort fand damals eine freiwillige Rezeption statt, die auf der Entscheidung der politisch legitimierten Staatsorgane beruht. Die Umstände dieser Rezeption bestätigten die These von der notwendigen Annäherung von Rechtssystemen, die auf ähnlichen politischen und ideologischen Voraussetzungen beruhen. Sie bestätigen auch die These, dass die wirtschaftliche, soziale und politische Rückständigkeit die Rezeption des Rechts fördert; der rezipierende Staat versucht, neue Wege für die rasche Entwicklung zu öffnen.

Fraglich bliebt jedoch, ob die wirtschaftlichen und sozialen Verhältnisse des rezipierenden Staates die notwendigen Voraussetzungen für eine effektive Rezeption bieten.

Als neues Element kommt in den ost- und mitteleuropäischen Staaten ein politisches, ideologisches und verfassungsrechtliches Vakuum hinzu. Dieses Vakuum verlangt nach schnellen und vollständigen politischen und verfassungsrechtlichen Entscheidungen.

Trotz der (unterschiedlich) intensiven Kommunikation mit dem Westen und dem damaligen „Bekenntnis" der rezipierenden Staaten zum allgemeinen europäischen

[1] *L. Garlicki*: Der Einfluss des Grundgesetzes auf ausländisches Recht: Polen, in: K. Stern (Hrsg.): 40 Jahre Grundgesetz, Verlag C. H. Beck München 1990, S. 291 ff.

Kulturerbe konnte dieses Modell der Rezeption die Wirkung der Rezeption wesentlich abschwächen und die Wahrscheinlichkeit einer bloßen Schein- oder Formalrezeption wesentlich erhöhen.

2. Die Klausel des demokratischen Rechtsstaates. Die Geschichte der Einführung der Klausel des demokratischen Rechtsstaates in die Verfassung der Republik Polen wurde ganz ausführlich beschrieben. Es geschah unter folgenden Umständen:

Eines der Elemente des politisch erfolgreichen Kompromisses, der im Rahmen der „Gespräche am Runden Tisch“ ausgehandelt wurde, war eine Verfassungsänderung (damals der Verfassung der Volksrepublik Polen vom 1952), die die am Runden Tisch getroffenen Vereinbarungen miteinbezog. Die ab dem 8. April 1989 gültigen Veränderungen betrafen solche Fragen wie die Wiedereinführung des Senats als zweiter Parlamentskammer, des Präsidenten als Staatsoberhauptes an Stelle der kollegialen Parlamentsmacht in Gestalt des Staatsrates, weiter – auf Gesetzesniveau – die Wahlrechtsnovelle, die vollkommen freie und demokratische Wahl zum Senat und die freiheitlich begrenzte, aber im Vergleich zu früheren Umständen schon fortschrittliche Wahl zum Sejm.

In Folge der Parlamentswahlen am 4. Juni 1989 entstand eine grundsätzlich neue politische Lage. Es hatte sich gezeigt, dass die bisherigen politischen Parteien (die kommunistische Partei und zwei Satellitenparteien) nicht im Stande waren, eine parlamentarische Mehrheit zu bilden. Eine solche Mehrheit wurde erst mit der Beteiligung der gerade wieder legalisierten „Solidarnosc“ (verboten nach der Einführung des Kriegsrechts im Dezember 1981) erreicht. Dies waren die innerstaatlichen Umstände in Polen. Die Außenumstände, also die Lage in anderen Ostblockstaaten hat sich langsam verändert (zum Beispiel – die nach Österreich über Ungarn flüchtenden DDR-Bürger, Anfang der politischen Verhandlungen in Ungarn und in der Tschechoslowakei – auch deren „Runde Tische“ im Herbst 1989). Erst aber der Fall der Berliner Mauer hat dem eine neue politische Dynamik gegeben. Polen war keine einsame, von politisch verfeindeten Nachbarn umgebene Insel mehr. Paradoxerweise wurden die Nachbarn immer noch dem sozialistischen Lager angerechnet.

Die Veränderungen in Polen und im Ausland – sowie die beschlossene Einführung des freien Marktes – haben eine Verfassungsänderung als notwendige Folge gehabt. Trotz fehlender guter Bedingungen, eine vollständige, neue Verfassung zu erarbeiten, war die Zeit geeignet, eine durch das Parlament beschlossene Änderung der Verfassungsordnung vorzunehmen.

Der Sejm hat einen Unterausschuss zur Verfassungsnovelle berufen, der in rund 15 Stunden einen Systemwechsel in Polen vorbereitet hat. Der Ausschuss hat die Abschaffung der Präambel und zwei erster Kapiteln (Grundlage des politischen Systems und Grundlage der gesellschaftswirtschaftlichen Ordnung) vorgeschlagen. An Stelle von zwei Kapiteln hat man sieben Artikel empfohlen, die solche Fragen regelten wie Gewährleistung der Volkssouveränität (anstatt „dem werktätigen Volk in Stadt und Land“), politischer Pluralismus (anstelle „leitender und führender Rolle der kommunistischen Partei), Dezentralisierung der öffentlichen Gewalt, Gewährleistung des privaten Eigentums und Gleichheit der wirtschaftlichen Sektoren aus der Sicht des Eigentums.

Am interessantesten war jedoch die Einführung der Klausel des demokratischen Rechtsstaates an Stelle der „sozialistischen Demokratie" und „sozialistischen Gesetzmäßigkeit". Die verfassungsrechtliche Neuheit bestand nicht nur in der Einführung einer neuen Ordnungsstruktur, aber auch, und das war ganz wichtig – im Verwerfen der bisher gültigen Verfassungsidee und -praxis. Das war die symbolische Funktion der Verfassung in der Periode der grundsätzlichen Änderungen.

Die Verfassungsneuheit war bedeutsam, deshalb auch so attraktiv, aber nicht weniger wichtig war das – beim Verabschieden der Verfassungsnovelle schlecht vorhersehbare – normative Potenzial der Klausel des demokratischen Rechtsstaates. Das normative Potenzial war für die nächsten 20 Jahre des polnischen Konstitutionalismus von grundlegender Bedeutung. Bloß nur wenige wussten was „der demokratische Rechtsstaat" ist. Auch die Mitglieder des Parlamentsunterschusses, als sie den vorgeschlagenen Entwurf angenommen haben, weil er neu, interessant und attraktiv war – waren sich nicht ganz bewusst, worum es ging. Unter diesen Umständen konnte ich mich auch nicht wundern, als ich um 3 Uhr in der Früh durch das klingelnde Telefon geweckt wurde. Es war die Ausschussvorsitzende, die festgestellt hat, bis morgen müsse ich eine Begründung des Entwurfes zur Verfassungsnovelle für die parlamentarische Plenarsitzung vorbereiten. Die Aufgabe war schwierig, aber schon ausführbar. In die Hand nahm ich das von der Humboldt Stiftung geschenkte Buch vom *Klaus Stern:* Das Staatsrecht der Bundesrepublik Deutschland, Band I (1. Aufl. 1977), und auf der Seite 616 fortfolgende habe ich die Definition des demokratischen Rechtsstaates und Analysen dazu gefunden. Und so konnte ich eine Synthese vorbereiten, die am nächsten Tag (eigentlich an demselben) von einem berichtenden Abgeordneten dargestellt wurde.

Dann hat sich gezeigt, dass die Klausel des demokratischen Rechtsstaates das grundlegende Instrument zum Rechtssystemwechsel in Polen war. Eine Analyse der Rechtsprechung des polnischen Verfassungsgerichtshofes aus den Jahren 1990–1997 zeigt deutlich, dass die Klausel eine Grundlage war, auf die 90% aller vom Gerichtshof entschiedenen Sachen gestützt waren[2]. Wenn man Entscheidungen liest, kann man den Eindruck gewinnen, dass die polnische Verfassung aus nur einem Artikel bestand, und zwar „Polen ist ein demokratischer Rechtsstaat". Der Verfassungsgerichtshof hat viele Grundsätze und Unter-Grundsätze daraus abgeleitet, die dann einen Niederschlag in der Verfassung vom 1997 gefunden haben (beispielhaft – Justizgewahrleistung, Verhältnismäßigkeit, Übermaßverbot, Recht auf Privatleben, richterliche Unabhängigkeit, Schutz der erworbenen Rechte).

3. Ein anderes Beispiel der Rechtsrezeption. Im Frühjahr 1990 wurde ein Verfassungsausschuss ins Leben berufen, der einen Entwurf der polnischen Verfassung erarbeiten soll. Der Ausschuss wurde in drei Unterausschüsse aufgeteilt, aus denen einer das Kapital über Grundfreiheiten und Grundrechte des Individuums vorbereiten sollte. Als der Unterausschuss den fertigen Entwurf dargestellt hat, hat sich gezeigt, dass er dem ersten Kapitel des deutschen Grundgesetzes sehr ähnelt. Hät-

---

[2] *L. Garlicki*: Die deutsche Einheit und die deutschen Enflüsse auf die Gestaltung des polnischen Verfassungssystems 1989–1999, in: K. Stern (Hrsg.): Deutsche Wiedervereinigung, Bd. V Zehn Jahre Deutsche Einheit, Carl Heymanns Verlag KG, S. 71 ff.

ten alle gewusst, dass unter fünf ständigen Experten im Ausschuss vier Stipendiaten der Humboldt-Stiftung waren (die Betreuer: *Rudolf Bernhardt*, *Peter Badura*, *Bruno Simmma* und *Klaus Stern*)[3] wäre die Verwunderung bei manchen und die Anerkennung bei den anderen nicht so groß.

Noch ein anderes, ziemlich charakteristisches Beispiel aus der ersten Periode, in der die deutschen Strukturen, Ideen und Erfahrungen auf den polnischen Grund durchdrangen: Im polnischen Parlament hat man sich auf die Debatte über Grundsätze des Versammlungsgesetzes vorbereitet. Eine auf die Diskussion eingeladene Rechtswissenschaftlerin hat mich um Rat gebeten. Während des Gesprächs nahm ich den „Sartorius" in die Hand und wir begannen das „Versammlungsgesetz" zu analysieren. Wir haben uns gedacht, wenn es in Deutschland gut funktioniert, warum sollten wir die schon erprobte Idee nicht in Polen verwirklichen, wo die Rechtsstaatlichkeit zum ersten und wichtigsten Verfassungsgrundsatz geworden ist. Wenn also einer nach den Quellen des polnischen Versammlungsgesetzes sucht, dann muss er eine ganz einfache rechtsvergleichende Studie vornehmen.

4. Kanzlerdemokratie. Das Kanzlersystem war für den Verfassungsausschuss der Nationalversammlung sowie die Verfassungslehre über den ganzen Zeitraum der Verfassungsentstehung 1990–1997 von Interesse (sowohl in der Periode der Verfassungsentstehung, wie auch bei den Versuchen das Funktionieren der verfassungsrechtlichen Lösungen zu beurteilen).

Verschiedene Auffassungen des Kanzlersystems haben zu Streitigkeiten geführt. Die eine Ansicht sieht vor, dass das Kanzlersystem nur „eine Abwandlung der parlamentarischen Kabinettsregierung, die in einer verfassungsrechtlichen Verstärkung des Kanzlers bestand, der nicht primus inter pares ist. Das Wesen des Kanzlersystems macht die ordnungspolitisch hervorgehobene Rolle des Kanzlers als selbstständigen Leiter und Oberhaupt der Exekutive aus. Weiter, es ist nur der Kanzler, der die politische Verantwortung vor dem Bundestag trägt, die Minister sind ausschließlich vor dem Bundeskanzler verantwortlich."

Die andere Ansicht geht davon aus, dass das Kanzlersystem für die Bundesrepublik Deutschland geeignet ist. Insbesondere wird die Struktur und praktische Funktion des konstruktiven Misstrauensvotums unterstrichen und das Kanzlersystem wird vor allem mit diesem Rechtsinstitut identifiziert.

Ohne die Streitigkeit zu entscheiden soll an dieser Stelle auf Beispiele hingewiesen werden, wie der Verfassungsausschuss des Sejm der zehnten Amtsperiode (also gewählt in teilweise freien Parlamentswahlen am 4. Juni 1989) Elemente des Kanzlersystems in den Verfassungsentwurf aufgenommen hat – d. h. das konstruktive Misstrauensvotum. Auch die Vertreter der Verfassungsrechtslehre haben, als Antwort auf den sog. Verfassungsfragebogen, die Vorteile des in der Bundesrepublik Deutschland erprobten Systems der Regierungsernennung (aber mit dem Vertrauensvotum gegenüber der ganzen Regierung) oder aber das konstruktive Misstrauensvotum unterstrichen.

---

[3] Die polnischen Stipandiaten waren (entsprechend): *Zdzislaw Kedzia*, *Miroslaw Wyrzykowski*, *Roman Wieruszewski* und *Jerzy Zajadlo*.

Die sog. Kleine Verfassung vom 1992 (die die Beziehungen zwischen den Organen der Legislative und der Exekutive regelte) wies einen normativen Ausnahmecharakter aus. Die Kleine Verfassung regelte sowohl das normale („destruktive") Misstrauensvotum, wie auch das konstruktive Misstrauensvotum. Gemäß den damaligen Regelungen (Art. 66 Abs. 4 der Kleinen Verfassung) durfte der Sejm mit absoluter Mehrheit beim Aussprechen des Misstrauensvotums gegenüber der Regierung gleichzeitig den neuen Premier wählen und ihm die Bildung einer neuer Regierung anvertrauen. Der Sejm hat dieses Recht nur einmal, am 1. März 1995 angewendet. Und zwar in außerordentlichen Umständen, weil man nur den Premier und nicht die ganze Regierung wechseln wollte. Das Misstrauensvotum wurde nicht durch die Opposition, sondern durch die Regierungskoalition gegenüber eigener Regierung ausgesprochen. Ähnlich wie in Deutschland hat man nur einmal über beide Anträge (das Misstrauensvotum und die Wahl eines neuen Premiers) – die zusammen einen Akt bildeten – abgestimmt. Das konstruktive Misstrauensvotum war eine hervorragende Erwiderung auf die kritisch beurteilte Idee des Regierungssystems sowie die ihr folgende ordnungsgemäße Staatspraxis, die wiederum Grund für eine schwache Regierungsstabilität war. Das konstruktive Vertrauensvotum sollte die Tendenz zur „Italienisierung" der polnischen Politik in diesem Bereich umkehren. Die ernsthafteste Einwirkung auf die Einführung der politischen Verantwortung der Regierung – kein normales Misstrauensvotum gegenüber der Regierung, nur das konstruktive Misstrauensvotum – hatte die Erfahrung des am 28. Mai 1993 abgestimmten Misstrauensvotums und der Sturz der Regierung Frau *Hanna Suchocka*, sowie die darauf folgende Ausschreibung neuer Parlamentswahlen.

Das in der Verfassung der Republik Polen vom 1997 eingeführte konstruktive Misstrauensvotum hat tatsächlich die Regierungsbeständigkeit erhöht – vielleicht auch all zu sehr. Gemäß den Art. 158 spricht der Sejm dem Ministerrat das Misstrauen mit der Mehrheit der gesetzlichen Abgeordnetenzahl aus. Ein diesbezüglicher Antrag muss von mindestens 46 Abgeordneten gestellt werden und den Kandidaten für das Amt des Vorsitzenden des Ministerrates benennen. Wird der Beschluss vom Sejm angenommen, nimmt der Präsident der Republik Polen den Rücktritt des Ministerrates entgegen und beruft den neuen vom Sejm gewählten Vorsitzenden des Ministerrates und die übrigen Mitglieder des Ministerrates auf dessen Vorschlag und nimmt ihnen den Eid ab. Ein Antrag kann nicht früher als sieben Tage nach seiner Einbringung zur Abstimmung gebracht werden. Ein erneuter Antrag kann nicht früher als drei Monate nach Vorlage des vorigen Antrags gestellt werden. Der erneute Antrag darf vor Ablauf von drei Monaten gestellt werden, wenn er von mindestens 115 Abgeordneten (und nicht 46 Abgeordneten, wie beim ersten Antrag) eingebracht wird.

In den Jahren 1997–2009 war der angeführte Mechanismus der Regierungsstabilisierung so effektiv (wegen keiner Anwendung des konstruktiven Misstrauensvotums und beim fehlenden normalen Misstrauensvotum), dass in zwei Parlamentsamtsperioden die Regierungen über ein Jahr lang bis zum Amtszeitende Minderheitsregierungen waren. Berechtigt ist daher die Zweifelsfrage, ob dies ein wirkliches Ziel des konstruktiven Misstrauensvotums war oder es nur ein unerwünschter Nebeneffekt einer Lösung ist, die eigentlich die Regierungsstabilität bewahren soll.

Gleichzeitig, ganz am Rande soll man unterstreichen, dass man im politischen und wissenschaftlichen Diskurs einen Ersatzausdruck fürs „Kanzlersystem" bevorzugt, und zwar das „Premierregierungssystem". Es hängt mit der unterschiedlichen Ordnungsstellung des Kanzlers in der Bundesrepublik Deutschland und des polnischen Premiers ab. Der Premier legt die Grundsätze der Politikausübung des Ministerrates nicht fest und hat keine Befugnisse, die Einhaltung dieser zu gewährleisten (wie es ursprünglich geplant war, sogar noch im einheitlichen Verfassungsentwurf, der zur 2. Lesung im Januar 1997 dem Sejm vorgelegt wurde; es ähnelte der Idee der Kanzlerstellung in der Bundesrepublik Deutschland, die im Art. 65 S.1 GG ausgedrückt ist). Letztendlich besagt die polnische Verfassung, dass der Premier – ohne die Kompetenzen zur Festlegung der Politikausübungsprinzipien durch den Ministerrat zu haben – „gewährleistet die Durchführung der Politik des Ministerrates und bestimmt die Weise ihrer Durchführung", was in der Praxis seine Kompetenzen einschränkt.

Ich habe auch den Eindruck, dass der Grund einer gewissen Distanz zur Anwendung des Begriffes Kanzlersystem in den geschichtlichen Assoziationen steckt, die nicht immer mit positiven Konnotationen verbunden sind. Die erste Assoziation mit dem Kanzlerbegriff eines Durchschnittspolens ist die des eisernen Kanzlers, also *Bismarcks*. Wenn man den historischen Kontext berücksichtigt, dann klingt die Bezeichnung „Premierregierungssystem" einfach besser als „Kanzlersystem".

5. Ich will mich auf die eben angeführten drei Beispiele beschränken. Viel wichtiger sind doch die Schlussfolgerungen. Vor allem die Frage, warum die Rezeption des deutschen Verfassungsgedanken (ausgedruckt in Rechts-, Verfassungs- und Systemstrukturen, aber auch in Ideen und in der Argumentation) so einfach und effektiv erfolgen konnte.

Die neuen Mittel- und Osteuropäischen Demokratien verwandten oft und gerne die Ergebnisse des gegenwärtigen Konstitutionalismus. Die Ideen, für die die Zeit gekommen ist, alte, gut bekannte und geprüfte Ideen sind. Der von *P. Häberle* rekonstruierte ,,Idealtypus des europäischen Verfassungsstaates" stützte sich auf folgende Prinzipien: die Menschenwürde, die pluralistische Demokratie, die Grundrechte, die Rechtsstaatlichkeit und den Sozialstaat, die lokale Selbstverwaltung und die Subsidiarität der zentralen Staatsgewalten, den Regionalismus bzw. Föderalismus, die Toleranz und den Schutz von Minderheiten. Alle diese Prinzipien gehören zu den *principes généraux de droit reconnus par les nations civilisées* und bilden das Fundament eines *ius publicum europaenum*. Sie schaffen die notwendigen Elemente einer allgemeinen Theorie des demokratisch-liberalen Konstitutionalismus. Mit der immer generelleren Akzeptanz dieser Ideen und Ideale wächst die Tendenz zur Angleichung der verfassungsrechtlichen Konzeptionen und Vorstellungen. Sie sind zwar noch nicht Ausdruck eines ,,gemeineuropäischen Verfassungsrechts", weil – wie *Häberle* zu Recht feststellt – ,,Europa als solches kein Verfassungsstaat ist", aber die Grundelemente des Verfassungsideals der demokratischen Staaten in Europa sind gemeinsame, allgemein akzeptierte und unbestritten notwendige Elemente des gegenwärtigen Konstitutionalismus.

Die neuste Geschichte bestätigt die Bedeutung der intellektuellen und ideellen Grundlagen für die Effektivität einer Rezeption. Die Rumänen stützten sich auf die

Franzosen (*Badinter* und die von ihm geleitete Professorengruppe *Luchaire*, *Gicquel* und *Conac*), wir haben deutsche Freunde gehabt: *Häberle:* die Verfassungsinterpreten, 1991 erschienen in Polen, dann eine außerordentlich sorgfältige Analyse der Verfassungswerke in mittel- und osteuropäischen Staaten, veröffentlicht im „Jahrbuch des öffentlichen Rechts", aber auch *Dimitris Tsatsos* und seine beruflichen Beziehungen zu Polen. Schon damals, Anfang der 90er Jahre, neben sehr starken Tendenzen sich die Verfassungslösungen anzueignen, war der Dialog sichtbar. Und dazu die nicht überschätzbare Rolle der Alexander von Humboldt Stiftung und anderen akademischen und wissenschaftlichen Institutionen. Für die ganze Region Europas.

6. Der Dialog wird auf unterschiedlichen Ebenen geführt. Es gibt gemeinsame Veröffentlichungen, Forschungsprojekte, bilaterale Konferenzen wie zum Beispiel die seit 30 Jahren veranstalteten Kolloquien deutscher und polnischer – anfangs nur – Verwaltungsrechtler, jetzt aber auch Öffentlichrechtler oder Europarechtler. Es gibt einen Dialog zwischen Parlamentariern auf der Ebene nationaler Parlamente und des Europäischen Parlaments. Schließlich der Dialog zwischen den Richtern. Europa ist doch heute Europa der Richter.

7. „Der Verfassungsdialog" zwischen den Verfassungsorganen findet auf verschiedenen Niveaus statt. Der Analyse wird die Rechtsprechung des polnischen Verfassungsgerichtshofes in Jahren 1990–2009 unterzogen. Zwar reicht der Wirkungsanfang des polnischen Verfassungsgerichtshofes bis zum 1986 zurück, doch aus selbstverständlichen Gründen – Jahre 1986–1989 gehörten noch einem anderen Ordnungssystem in Polen – damals gab es weder methodische noch inhaltliche Grundlagen, um nach vergleichende Argumente zu suchen. Der Verfassungsgerichtshof hat auch kein Interesse gezeigt, eine solche Art der Argumentation anzuwenden.

In seiner Rechtsprechung hat der polnische Verfassungsgerichtshof unmittelbar sowohl auf das Grundgesetz, wie auch auf die Rechtsprechung der Bundesverfassungsgerichtshofes oder des Bundesgerichtshofes, auf Gesetzregelungen sowie die Rechtslehre Bezug genommen und angeknüpft.

Bezüge auf das Grundgesetz. Auf das Grundgesetz wurde in 17 Urteilen angeknüpft, wobei dies in verschiedenen Zusammenhängen geschah. Teilweise (sieben Urteile – K 13/90, P 8/99, P 4/99, K 20/01, SK 24/02, P 1/05, P 21/06) hat man sich auf den Inhalt eines bestimmten Artikel im Grundgesetz bezogen.

In anderen Fällen (P 11/98, K 33/02, SK 24/02, K 18/04, K 38/07, K 44/07) war die Bezugnahme auf den bestimmten Artikel mit der Rechtsprechung des Bundesverfassungsgerichtshofes verbunden. Bei zwei Urteilen (P 1/94, K 45/07) hat man sich auf den bestimmten Artikel des Grundgesetzes in Verbindung mit den gesetzlichen Regelungen und der Rechtslehre bezogen. Bei zwei anderen Urteilen (P 1/94, K 45/07) hat man an den bestimmten Artikeln des Grundgesetzes in Verbindung mit der Rechtsprechung des Bundesverfassungsgerichts und der Gesetzgebung angeknüpft. Schließlich bei einem Fall (K 44/07) war die Bezugnahme auf den bestimmten Artikel des Grundgesetzes mit der Rechtsprechung des Bundesverfassungsgerichts, den Gesetzesvorschriften und der Rechtslehre[4] verbunden.

[4] K steht für abstrakte Kontrolle, P für Rechtsfrage, SK für Verfassungsbeschwerde.

Der polnische Verfassungsgerichtshof hat in den oben genannten 17 Urteilen auf über zehn Artikel des Grundgesetzes Bezug genommen. Die Anknüpfungen, abgesehen von Hinweisen auf die „Existenz“ des GG (aber auch Verfassungen anderer europäischer Staaten, meistens Frankreich und Italien) betrafen die folgenden Fragen: Art. 1 Abs. 1 (Menschenwürde); Art. 2 (freie Entfaltung der Persönlichkeit, Recht auf Leben und körperliche Unversehrtheit); Art. 11 (Freizügigkeit); Art. 12a Abs.4 (Artikeländerung in Folge des Urteils in Sachen *T. Kreil*); Art. 14 (Eigentum, insbesondere die soziale Funktion des Eigentums „Eigentum verpflichtet“); Art. 19 Abs. 4 (Rechtsweg); Art. 21 (politische Parteien); Art. 103 Abs. 2 (Bestimmtheitsgebot) und Art. 116 (deutsche Staatsangehörigkeit).

Die Analyse der polnischen Verfassungsrechtssprechung nach den Bezugnahmen auf das deutsche Grundgesetz, die Gesetzgebung und die Rechtslehre hat gewisse Anknüpfungstypen gezeigt.

Ziele und Funktionen von Bezugnahmen auf das Grundgesetz sind unterschiedlich. In den meisten Fällen weist der polnische Verfassungsgerichtshof auf entsprechende Regelungen des Grundgesetzes als ein unterstützendes Argument für die Ähnlichkeit polnischer Verfassungsstandards – als einen Freiheit und Rechte des Einzelnen schützenden Akt, ähnlicher Inhalts- und Funktionenverständnis bestimmter Verfassungsregelung – zu verfassungsrechtlichen Standards eines Staates, der als demokratischer Rechtsstaat gilt. Es werden Übereinstimmungen unter Grundsätzen und normativen Inhalten des Verfassungsmusters mit Regelungen aus dem modernen Konstitutionalismus.

Bezugnahmen haben auch doch einen ornamentalem Charakter. Die Bezugnahme (Anknüpfung) ist nicht nötig, vor allem wegen ähnlichen (manchmal fast gleichen) Regelungsinhalten, doch sie soll auf die Regelungsähnlichkeit aufmerksam machen.

Weiter können die Bezugnahmen als Argumente, die die Selbstverständlichkeit bestimmter Regelung zeigen, von Bedeutung sein. Man zeigt dadurch die „Natürlichkeit“ einer Regelung im Rechtssystem europäischer Staaten (dies betrifft insbesondere das Privatrecht, aber auch das Strafverfahren, das unter größtem Einfluss der Rechtsprechung Europäischen Gerichtshofes der Menschenrechte steht).

Letztlich machen die Bezugnahmen auf die Ähnlichkeiten und nicht auf die Unterschiede aufmerksam. Die Ähnlichkeiten sollen doch als ein Hilfselement der Begründung, die auf das Autoritätsargument gestützt ist, dienen: wenn in anderen Staaten, die für demokratisch und die Menschenrechte schützend gehalten werden, ähnliche Regelungen zu den polnischen gelten, dann ist deren Verfassungsmäßigkeit durch das vergleichende Argument gestärkt. Den Anschauungen des polnischen Verfassungsgerichts, ähnlich wie vielen europäischen Verfassungsgerichten (darunter auch dem Bundesverfassungsgerichtshof) ist die – für manche Konzepte des amerikanischen Konstitutionalismus sehr charakteristische – Befürchtung fremd, eine Anführung (das Zitieren) von Lösungen eines anderen Rechtssystems sei für die Souveränität gefährlich.

8. In den deutsch-polnischen Beziehungen lebt der Schatten der Vergangenheit, der überraschend seine verfassungsmäßige oder auch verfassungsgemeinschaftliche Dimension zeigt. Als der polnische Verfassungsgerichtshof die Verfassungskonfor-

mität des Beitrittsvertrags in die Europäische Union kontrollierte, befasste er sich mit einem Vergangenheitsabschnitt als Folge des II. Weltkrieges. Eine Abgeordnetengruppe aus der national-rechtem Lager hat die Widersprüchlichkeit des Art. 6 Abs. 2 des Vertrages über Europäische Union und des Art. 17 der Charta der Grundrechte der Europäischen Union mit dem Art. 21 Abs. 1 der Verfassung der Republik Polen, der das Eigentumsrecht gewährleistet, unterstellt. Der Vorwurf der Antragssteller war auf die Annahme gestützt, dass die gemeinschaftsrechtlichen Regelungen das Eigentum unabhängig von dessen Erwerbsdatum schützen, was im Gegensatz zu dem in der polnischen Verfassung garantierten Schutz steht. Ihrer Meinung nach könne dies dazu führen, dass der Beitrittsvertrag zur Anzweiflung der Vermögensrechten polnischer Bürger auf den ehemaligen Reichsgebieten (Ostpreußen und Schlesien), die gemäß des Postdamer Abkommens jetzt Polen angehören, beiträgt.

Der polnische Verfassungsgerichtshof hat die Argumente der Antragssteller abgeleht und dabei unterstrichen, dass der vermeintliche unterschiedliche Umfang des Eigentumsschutzes und Folgen eines solchen Tatbestands für die Vermögensrechte in den dem polnischen Staat übertragenen Nord- und Westgebieten, auf kein Argument gestützt wurden. Darüber hinaus hat der Verfassungsgerichtshof festgestellt, dass die Europäische Gemeinschaft nicht unmittelbar in die Eigentumsrechtssysteme der Mitgliedsstaaten eingreift. Dies bestätigt die Regelung in Art. 295 EGV, die eindeutig bestimmt, dass das Gemeinschaftsrecht die Eigentumsordnung in den verschiedenen Mitgliedstaaten unberührt lässt. Das heißt – sie können frei über die Eigentumsfragen auf eigenem Territorium entscheiden. Das Gemeinschaftsrecht darf die Freiheit der Mitgliedstaaten bei der Gestaltung der Eigentumsordnung nicht begrenzen, soweit diese Freiheit nicht gegen das Diskriminierungsprinzip verstößt und den Gebrauch eigener Eigentumsrechte und deren Verfügung nicht unverhältnismäßig beeinflusst.

Das Verfassungsgerichtshof hat unterstrichen, dass die gemeinschaftsrechtlichen Regelungen die Eigentumsbeziehungen, die infolge des Zweiten Weltkrieges entstanden sind, nicht betreffen dürfen, sowohl wegen der Anerkennung des Prinzips lex retro non agit, wie auch deswegen, weil die Mitgliedsstaaten nicht einstimmig diesen Regelungsbereich auf die Europäischen Gemeinschaften (und die Union) übertragen haben. Der Beitritt Polens in die Europäische Union hat hierbei nichts geändert. Art. 6 Abs. 2 EUV bestätigt nur die Garantien, die aus der erwähnten Konvention zum Schutze der Menschenrechte und den Grundfreiheiten resultieren und erklärt die Konventionsregelungen für allgemeine Grundsätze des Gemeinschaftsrechts. Unabhängig davon also, ob die Republik Polen der Europäischen Union beigetreten wäre oder nicht, würde Polen nach der Ratifizierung eben angesprochener Konvention als Staat zur Achtung übernommener Regelungen verpflichtet.

Für den analysierten Sachverhalt charakteristisch war die Tatsache, dass die Antragssteller den Antrag über die Gefahr des polnischen Eigentums aus einer „Kette" mittelbarer Anträge abgeleitet haben. Diese „Kette" sah folgendermaßen aus: Art. 6 Abs. 2 EUV handelt davon, dass die Union die Grundrechte, die in der Europäischen Menschenrechtskonvention garantiert sind, sowie die, wie sie sich aus den gemeinsamen Verfassungsüberlieferungen der Mitgliedstaaten als allgemeine Grundsätze des Gemeinschaftsrechts ergeben, achtet. Das soll die Anerkennung der Grundsätze, wie sie sich auf dem Grundgesetz der Bundesrepublik Deutschland ergeben, bedeuten. Art. 116 GG erkennt wiederum die Berechtigung zur deutschen Staatsangehörigkeit der aus den ehemaligen Gebieten des Deutschen Reichs, die heute polnisches Territorium bilden, stammenden Bürger, an. Und gerade diese deutschen Bürger zeigen – heutzutage – manchmal Interesse und Erwartungen gegenüber Vermögen, das auf diesen Gebieten liegt. Die Antragssteller meinten, die Achtung „gemeinsamer Verfassungsüberlieferungen" aus dem Art. 6 Abs. 2 EUV schütze die angesprochenen Erwartungen, die die Eigentumsrecht polnischer Bürger auf den westlichen und nördlichen Gebieten infrage stellen.

Der polnische Verfassungsgerichtshof hat festgestellt, dass eine solche Folge aus Art 116 GG zu entnehmen, nicht begründet ist. Darüber hinaus war es nicht nachvollziehbar, warum die Antragssteller die Wendung „gemeinsame Verfassungsüberlieferungen" auf Grundsätze nur eines Mitgliedstaates reduziert haben. Der Begriff „gemeinsame Verfassungsüberlieferungen" – nicht nur wegen der wortwörtlichen Bedeutung – muss gemeinsame Grundsätze vieler Verfassungssysteme umfassen. Für den polnischen Verfassungsgerichtshof war es unverständlich, warum die aus nur einer Verfassung abgeleiteten Prinzipien (abgesehen davon, ob eine solche Ableitung begründet war) den Grundsätzen der polnischen Verfassung, die – in diesem Kontext – einen gleichrangigen Akt darstellt, entgegengestellt werden sollen.

Der Antrag war jedoch nicht auf die Vorwürfe gegenüber dem Inhalt des Art. 6 Abs. 2 EUV und den abgeleiteten Zusammenhänge mit dem deutschen Grundgesetz beschränkt. Man hat auch vorgeworfen, Art. 17 der Charta der Grundrechte der Europäischen Menschenrechtskonvention verstöße gegen Art. 21 der polnischen Verfassung. Der polnischen Verfassungsgerichtshof hat das Verfahren wegen der Urteilsfindungsunzulässigkeit eingestellt, denn am Tag der Urteilsfindung hatte die Charta keinen bindenden Charakter, das heißt es sind keine konkreten Ansprüche des Individuum auf Ihrer Grundlage auf der rechtlichen Ebene entstanden.

9. Das Problem ist nach einigen Jahren im Laufe einer heißen, emotionalen Diskussion über die Charta der Grundrechte und das sog. polnisch-britischen Protokoll (Protokoll Nr. 30 zum Lissaboner Vertrag) sowie im Europäischen Gerichtshof für Menschenrechte zurück ans Tageslicht getreten. Die Frage entstand wieder bei der Beteiligung Polens am (ursprünglich) sog. britischen Protokoll. Das ursprüngliche Ziel des Protokolls war ein opt-out in Bezug auf die Charta der Grundrechte, dann aber hat man festgestellt, dass das Protokoll 30 eine Art Vorbehalt gegenüber eventuellen Tendenzen zur Zuständigkeitserweiterung des Europäischen Gerichtshofes für Menschenrechte in sozialen und Arbeitnehmersachen darstellt. In Wirklichkeit war die Beteiligung Polens am britischen Protokoll ein Ausdruck politischer Phobie. Die damalige (2006–2007) polnische Regierung hatte Angst, dass die Charta der Grundrechte die Einführung gemeinschaftsrechtlicher Lösungen aufzwingt, die unter anderem freie Abtreibung, Euthanasie, Verpflichtung zur Regelung der Lebensgemeinschaft von gleichgeschlechtlichen Partnern (homosexuelle Ehen) umfassen. Darüber hinaus hat man auf die aus der Charta resultierenden Risiken für die Rechtssicherheit der Vermögen polnischer Bürger auf den

Gebieten, die vor dem Zweiten Weltkrieg dem Dritten Reich angehört haben, hingewiesen. Die Absurdität einer solchen Auffassung der Grundrechtecharta hat die Vertreter der Regierung nicht gehindert, Argumente für die Ausschließung polnischer Bürger aus dem Geltungsbereich der Charta zu verbreiten. An dieser Stelle soll unterstrichen werden, dass diese Argumente ausschließlich durch zwei, in den Jahren 2006–2007 Koalitionsparteien, und zwar „Recht und Gerechtigkeit" und „Liga polnischer Familien" benutzt wurden.

Im Oktober 2007 wurde im Namen der polnischen Regierung eine Meinung geäußert, dass die Charta der Grundrechte solche Regelungen enthält, die zur Grundlage für Rückgabeansprüche (oder Entschädigungsansprüche) der deutschen Bürger werden können. Dies betrifft Immobilien, die auf den vor dem Zweiten Weltkrieg dem Dritten Reich angehörenden und gemäß des Potsdamer Abkommens der polnischen Verwaltung übertragenen Gebieten liegen. Gemäß der Meinung der Außenministerin wäre die Annahme der Grundrechtecharta „für Polen schädlich", und die in der Charta enthaltenen Vereinbarungen seien für die Einwohner der sog. wiedergewonnenen Gebieten „gefährlich". Die Ministerin hat darüber hinaus festgestellt, dass in der Annahme der Charta „etwas sehr Böses steckt" und wollte überzeugen, dass die Charta „Vereinbarungen enthält, die deutsche Vermögensansprüche in Polen, ... öffentliche Moral, Familienrecht betreffen können". Auf die Frage, ob die Charta für die Einwohner der wiedergewonnenen Gebiete eine Gefahr darstellt, erwiderte sie: „Unserer Meinung nach besteht eine solche Gefahr, die aus dem der Charta zu Grunde liegende System resultiert". Die Außenministerin hat festgestellt, „... wir haben schon Probleme mit der Rechtsprechung des Europäischen Gerichtshofes für Menschenrechte. Wir warten zurzeit auf Ergebnisse der durch die Preußische Treuhand beim Europäischen Gerichtshof für Menschenrechte eingereichten Beschwerde; wir wurden informiert, dass weitere Beschwerden eingereicht wurden, die diesmal private Kulturgüter betreffen und das ist für uns wirklich problematisch".

Es wurde ferner gesagt, „die Charta der Grundrechte steht mit den eben angesprochenen Fragen in Verbindung, die ein der in der Charta festgelegten Menschenrechte ausmachen, und dies ist in der deutschen Verfassung ähnlich regelt und zwar als Recht auf Würde". Diese Aussage sollte/muss man in Bezug auf ihre Äußerung betrachten, dass „der Präsident des europäischen Parlaments, *Hans-Gert Pöttering* am Tag der Heimat festgestellt hätte, die deutschen Vertriebenen hätten Recht auf Würde, dass sie ein neues System der Grundrecht darstellen und es steht mit der Charta der Vereinten Nationen im Widerspruch, die doch eindeutig feststellt, dass das neue Menschenrechtssystem nicht die Folgen des Zweiten Weltkriegs sowie Staaten, die des Kriegsausbruches schuldig sind, betrifft".

Die Behauptung der Existenz von Gefahr, geäußert von Regierungsvertreter aus den Jahren 2006–2007, betreffend die Eigentumsrechten an Immobilien polnischer Bürger, die aus der Charta der Grundrechte abzuleiten sind, haben die polnischen Völkerrechtler, Gemeinschaftsrechtler und Verfassungsrechtler zu Kommentaren und Analysen bewogen. Alle haben auf fehlende Rationalitätsvoraussetzungen beim Gedankengang der Regierungsvertreter hingewiesen. Das Urteil des Europäischen Gerichtshofes für Menschenrechte in Sachen Preußische Treuhand GmbH & Co.

KG A.A. gegen Polen (Nr. 47550/06) vom 7. Oktober 2008 hat nur bestätigt, dass die damalige Regierung sich geirrt hat, was die Gefahren wegen wirksamer Geltendmachung von Vermögensansprüchen deutscher Staatsbürger, ehemaliger Eigentümer von Immobilien, die auf ehemaligen Territorien des III. Reiches liegen, angeht.

Der Gerichtshof für Menschenrechte hat – einstimmig – festgestellt, dass die Beschwerde unzulässig ist. *Erstens* – Unzulässigkeit ratione personae. Der Gerichtshof hat darauf hingewiesen, dass in der Zeit vom Januar 1945 bis April 1945 der polnische Staat weder de jure noch de facto damals staatliche Kontrolle in den damals deutschen Gebieten Ostpommern, Ostbrandenburg, Schlesien, Großpolen und Ostpreußen gehabt habe. Polen wurde die Verwaltung über die Gebiete östlich von der Oder-Neise-Linie erst gemäß der Vereinbarungen des Potsdamer Abkommens vom 2. August 1945 übertragen. Polen trüge keine Verantwortung für angebliche Gewaltakte und Vertreibung, die den Sachverhalt der Beschwerde in diesem Bereich ausmachen. Ähnlich können dem polnischen Staat die Umstände, unter denen die Familie einer der Beschwerdeführer verschwand und ihr Eigentum im damaligen Königsberg in Ostpreußen verloren ging, die zu Last gemacht werden können. Dieses Gebiet befand sich weder zur maßgeblichen Zeit noch irgendwann danach unter polnischer Verwaltung, sondern wurde von der Sowjetunion erobert, heute gehört es zur Russischen Föderation. Folglich wurde die Klage bezüglich der oben benannten Punkte rationae personae zurückgewiesen.

Zweitens – Unzulässigkeit ratione temporis. Eine andauernde Verletzung der Konvention – ein Zustand, der vor dem Inkrafttreten der Konvention geschaffen wurde, aber noch nach diesem Tag andauert – hat Auswirkungen auf die zeitlichen Schranken der Zuständigkeit (rationae temporis) des Gerichtshofs. Unter diesen Begriff können insbesondere Zustände fallen wie die andauernde und totale Verweigerung der Nutzung und Achtung von Eigentum, des Zugangs dazu und der Verfügungsgewalt darüber sowie jeglicher Entschädigung für die Eigentumsentziehung, auch wenn sie auf Ereignisse oder Gesetze aus der Zeit vor der Ratifikation der Konvention oder des Protokolls zurückgehen.

Wie der Gerichtshof jedoch in seiner ständigen Rechtsprechung insbesondere in Bezug auf Enteignungsmaßnahmen in Zusammenhang mit der Regelung von Eigentumsverhältnissen nach dem Krieg entschieden hat, ist die Entziehung des Eigentums oder eines anderen dinglichen Rechts grundsätzlich ein einmaliger Akt und schafft keinen Dauerzustand einer „Entziehung eines Rechts". Der Rüge der Beschwerdeführer liegen bestimmte Ereignisse zugrunde, d. h. einzelne Gewalthandlungen, Vertreibungen, Besitzentziehungen und Beschlagnahmen oder Einziehungen von Vermögen, die teilweise dem polnischen Staat nicht zugerechnet werden können und die, insgesamt betrachtet, nur als einmalige Akte angesehen werden können.

Es steht außer Zweifel, dass die ehemals deutschen Gebiete, in denen sich das Eigentum der einzelnen Beschwerdeführer befand, dem polnischen Staat nach dem Potsdamer Abkommen rechtmäßig übertragen wurden und dass die in diesem Abkommen bezeichnete deutsch-polnische Grenze später in einer Reihe von zweiseitigen Verträgen zwischen Polen und Deutschland bestätigt wurde. Die Auffassungen der Beschwerdeführer hinsichtlich des Vorliegens von Verstößen gegen das Völkerrecht sowie einer damit einhergehenden „immanenten Rechtswidrigkeit" der von den polnischen Behörden getroffenen Enteignungsmaßnahmen und der Dauerwirkungen, die diese bis zum heutigen Tag entfalten, sind folglich zurückzuweisen. Hinzu kommt, dass der polnische Staat nach der Einziehung des Eigentums der Beschwerdeführer weder vor noch nach der Ratifizierung der Konvention gesetzliche Restitutions- oder Entschädigungsvorschriften erlassen hat, nach denen eine Rückgabe des nach der früheren Regelung enteigneten deutschen Eigentums vorgesehen war und die ein neues nach dem Protokoll Nr. 1 geschütztes Eigentumsrecht begründen würden. Unter diesen Umständen liegt eine andauernde Konventionsverletzung, die Polen anzulasten wäre und die für die zeitlich begründete Zuständigkeit des Gerichtshofs im oben genannten Sinne erheblich sein könnte, nicht vor. Daraus folgt, dass in dem rationae personae zulässigen Teil der Beschwerde, die Beschwerde ratione temporis unzulässig ist.

Drittens – Unzulässigkeit ratione materiae. Der Gerichtshof hat darauf hinwiesen, dass Artikel 1 des Protokolls Nr. 1 nicht dahingehend ausgelegt werden kann, als dass er die Vertragsstaaten generell zur Rückgabe von Eigentum, das an sie übergegangen ist, bevor sie die Konvention ratifiziert haben, verpflichtete. Ebenso wenig beschränkt diese Bestimmung die Freiheit der Vertragsstaaten bei der Bestimmung des Anwendungsbereichs von Rechtsvorschriften über die Rehabilitation oder Restitution von Eigentum. Die Staaten können über die Bedingungen, unter denen sie zu einer Rückübertragung von Eigentumsrechten an frühere Eigentümer bereit sind, frei entscheiden, und die Konvention verpflichtet sie nicht ausdrücklich zur Wiedergutmachung von Unrecht oder Schäden, die entstanden sind, bevor sie die Konvention ratifiziert haben. Der polnische Staat ist folglich nach Artikel 1 des Protokolls Nr. 1 nicht zum Erlass von Rechtsvorschriften verpflichtet, die eine Rehabilitation oder Restitution von eingezogenem Eigentum bzw. eine Entschädigung für Eigentum vorsehen, das die einzelnen Beschwerdeführer verloren haben. Daraus folgt, dass die Beschwerde ratione materiae mit der Konvention unvereinbar ist und zurückgewiesen werden muss.

10. Das schon angesprochene Versammlungsrecht, das den europäischen Freiheitsstandards im verfassungsrechtlichen Sinne entspricht, wurde ganz unerwartet zum Thema einer wichtigen Aussage des polnischen Verfassungsgerichtshofes und des Europäischen Gerichtshofes für Menschenrechte. Es ist der Dialog zwischen dem nationalen und internationalen Gericht.

Es ging um das Verbot des sog. Gleichheitsmarsches, der durch Nichtregierungsorganisationen, die sich vor allem mit der Diskriminierungsfrage von Personen aus der Homo-, Bi- und Transsexuellen-Gruppe beschäftigen, organisiert wurde. Der damalige Oberbürgermeister Warschaus, *Lech Kaczynski*, hat unter anderem festgestellt: „er hätte zwar die Mitteilung über die Gleichheitsparade nicht gelesen, aber er hätte die Parade sowieso verboten, was immer sie geschrieben hätten. Ich bin nicht für die Diskriminierung wegen sexueller Orientierung, ich will z. B. diesen Leute Berufskarrieren nicht zerstören. Aber die Homosexualität wird nicht öffentlich verbreitet … Ich verbiete denen die Demonstration nicht, wenn sie sie nicht als Homosexuelle aber als Bürger machen werden. Meines Erachtens ist die Verbreitung von Homosexualität dem Genuss des Rechts auf Versammlung nicht gleich". Am 9. Juni 2005 hat der Oberburgermeister Warschaus eine Entscheidung erlassen, die diese Versammlung verbietet. Er hat dabei festgestellt, dass die auf dem Gesetz über Versammlungen vom 1990 basierten Versammlungen, außerhalb von den für den Straßenverkehr benutzten Fahrstreifen statt finden. Er hat sich auf Straßenverkehrsvorschriften berufen. Trotz der negativen Entscheidung am 11. Juni 2005 hat der Gleichheitsmarsch stattgefunden. Schon nach diesem Datum wurde die Entscheidung des Warschauer Präsidenten im Instanzenzug für rechtswidrig und daher für nichtig erklärt.

Der Bürgerrechtsbeauftragte hat diese Vorschriften des Gesetzes über Straßenverkehr beklagt, die die Durchführung einer den Straßenverkehr belastenden Versammlung vom Erlaubniserwerb abhängig machen (Art. 65). Der Erwerb einer solchen Erlaubnis hängt davon ab, ob die Organisatoren die im Art. 65a Abs. 2 und 3 detailliert dargestellten Verpflichtungen erfüllen. Sie müssen unter anderem einen Vorschlag für die Umorganisation des Straßenverkehrs in Absprache mit der Polizei enthalten (Art. 65a Abs. 3 P. 9).

Die in diesem Fall wichtigste Vorschrift – Art. 65 des Gesetzes über den Straßenverkehr – lautete im Moment der Entscheidungsfindung wie folgt: „Sportwettkämpfe, Autorennen, Läufe, Versammlungen und andere Veranstaltungen, die den Straßenverkehr erschweren oder es notwendig machen, die Straße in besonderer Art und Weise zu benutzen, dürfen statt finden, wenn die Sicherheit und Ordnung während der Veranstaltung sichergestellt wird und die Veranstalter Erlaubnis für deren Durchführung bekommen".

Der polnische Verfassungsgerichtshof hat festgestellt, dass der Art. 65 des Gesetzes über den Straßenverkehr im Teil, der den Begriff „Versammlung" enthält, mit Art. 57 der Verfassung widersprüchlich ist.

Basierend auf den in der Rechtsprechung vertretenden Ansichten, darunter auch der des Europäischen Gerichtshofes für Menschenrechte, sowie auf der Rechtslehre hat der polnische Verfassungsgerichtshof bestätigt, dass das Ziel der im Art. 57 der Verfassung garantierten Versammlungsfreiheit nicht nur die Autonomie- und Selbstverwirklichungsgewährleistung für den Einzelnen, sondern auch den Schutz der für das Funktionieren eines demokratischen Staates unentbehrlichen Gesellschaftskommunikation, darstellt. Die Versammlungsfreiheit stellt eine Bedingung und einen notwendigen Bestandteil der Demokratie dar, sowie die Voraussetzung andere, mit der Öffentlichkeitssphäre zusammenhängen Freiheiten und Rechte der Menschen, wahrzunehmen. Versammlungen machen ein grundlegendes Element einer demokratischen Öffentlichkeit aus, das eine Einflussnahme auf politische Prozesse, Kritik und Protest ermöglicht. Die Versammlungsfreiheit, dank des Minderheitenschutzes, erhöht das Legitimierungs- und Akzeptanzniveau gegenüber den durch Vertretungsorgane und den ihnen untergeordneten verwaltungsvollziehenden Apparat getroffenen Entscheidungen. Wichtig ist auch die Stabilisierungsfunktion der Versammlungen für die politische und soziale Ordnung, vor allem für den Vertretungsmechanismus. Er besteht darin, dass die Quellen, Gründe und Gegenstände von Unzufriedenheit öffentlich dargestellt und einer breiten Analyse unterzogen werden, sowie darin, dass die Kritik oder Negation der gültigen

Rechts- und sozialen Ordnung geäußert wird. Als Frühwarnsystem, das den Vertretungsorganen und der Öffentlichkeit potenzielle und bestehende Spannungsquellen sowie die Einschränkungen der Integrationsmechanismen und -Effekte aufzeigt, ermöglichen Versammlungen eine entsprechend frühere Politikkorrektur. Und mehr noch, der Verfassungsgerichtshof ist der Meinung, die moralischen Ansichten der öffentlichen Machtinhaber seien kein Synonym für die „öffentliche Moral" als Voraussetzung für eine Einschränkung der Versammlungsfreiheit im Sinne des Art. 31 Abs. 3 der Verfassung.

Die Frage des „Gleichheitsmarsches" wurde zum Gegenstand des Urteils vom Europäischen Gerichtshof für Menschenrechte. In Rechtssache Baczkowski und andere gegen Polen (Beschwerde 1543/06, Urteil vom 3. Mai 2007) hat der Europäische Gerichtshof für Menschenrechte die Beschwerde für zulässig erklärt und festgestellt, dass es einen Verstoß gegen das Recht auf friedliche Versammlung insoweit gegeben hat, als die Staatsgewalt polnische Vorschriften angewendet haben. Das polnische Recht sieht doch kein Verfahren vor, das die Verwaltung zur Erteilung einer endgültigen Entscheidung vor Beginn der geplanten Versammlung zwingt. Der Europäische Gerichtshof für Menschenrechte hat sich auf das Urteil des polnischen Verfassungsgerichtshofes vom 18. April 2006 in der Rechtssache K 21/05 bezogen.

Der Europäische Gerichtshof für Menschenrechte hat die wichtigsten Gedanken des Urteils des polnischen Verfassungsgerichtshofes herangezogen. Insbesondere hat er die Meinung des Verfassungsgerichtshofes erwähnt, dass das gesetzgebende Organ bei der Verabschiedung des Gesetzes über den Straßenverkehr eine Reihe schwierig erfüllbarer verwaltungsrechtlicher Voraussetzung eingeführt hat, die bei sportlichen Ereignissen, Wettläufen und Versammlungen einzuhalten sind. Das Anmeldungssystem wurde durch das Erlaubnissystem ersetzt. Somit hat man kommerzielle Versammlungen mit Unterhaltungsevents gleichgesetzt. Es ist also mit der besonderen Stellung, die in einer demokratischen Gesellschaft die Äußerungsfreiheit hat, nicht zu vereinbaren und beschränkt die herausragende, den Versammlungen sowohl in der Verfassungsordnung wie auch im Gesetz über Versammlungen zukommende Rolle. Die die Ausübung der genannten Freiheit betreffenden, aus den beanstandenden Vorschriften resultierenden Einschränkungen haben gegen den Verhältnismäßigkeitsgrundsatz verstoßen, der sich auf die Restriktionen der in der Verfassung garantierten Freiheiten bezieht.

Der Europäische Gerichtshof für Menschenrechte hat unterstrichen, dass es im Art. 10 Abs. 2 der Konvention nur wenige Grundlagen eventueller Einschränkung von politischen Äußerungen oder Debatten über für Öffentlichkeit interessante, insbesondere Politiker betreffende Themen gibt. Einen Präzedenzcharakter hat eine weitere Aussage des Europäischen Gerichtshofes für Menschenrechte, dass die Ausübung der Äußerungsfreiheit durch ausgewählte (im Sinne – in demokratischer Wahl ausgewählte) Politiker, die gleichzeitig ein Amt in vollziehenden Organen einer Regierung oder Selbstverwaltung bekleiden, mit einer besonderen Verantwortung verbunden ist. In manchen Situationen müssen sie – in Rahmen ihrer normalen Arbeitspflichten – verwaltungsrechtliche Entscheidungen treffen, die die Rechte eines Einzelnen beeinflussen können, oder es werden solche Entscheidungen in ihren Namen durch Beamte erlassen. Daher – in Bezug auf die zitierte Aussage aus dem Presseninterview – kann die Ausübung der Meinungsäußerungsfreiheit durch solche Beamte allzu sehr die Verwirklichung der in der Konvention gewährleisteten Rechte beeinflussen. Bei der Ausübung der Meinungsäußerungsfreiheit kann man von den oben beschriebenen Beamten Enthaltsamkeit erwarten, wobei ihre Meinungen ein Ausdruck ihrer Vorgesetzen sein können und ihre Einstellung sowie die berufliche Karriere von deren Akzeptanz abhängen kann.

Das analysierte Beispiel zeigt einen zwischengerichtlichen Dialog, in welchem es keine Meinungsverschiedenheiten zwischen dem polnischen Verfassungsgerichtshof und dem Europäischen Gerichtshof für Menschenrechte gibt. Der Ausgangspunkt dieses Dialogs ist das gleiche Verständnis einer konkreten Freiheit in der staatlichen und europäischen Verfassungsrechtsordnung. Die Folge des auf gegenseitiger argumentativer Unterstützung beruhenden „Gesprächs" stellt eine Stärkung des nationalen und des konventionsmäßigen Standards dar. Der Dialog trägt zur Rationalisierung des Freiheitswesens, in diesem Falle – der Versammlungsfreiheit, sowie zur Aufdeckung wahrer Bedeutung der moralischen Ansichten der Machtinhaber bei, die sich in den Rahmen der „öffentlichen Moralität" halten und ihre Konkretisierung ausmachen sollen.

11. In welchem Umfang können wir uns in einzelnen Staaten auf die gemeinsamen Verfassungsüberlieferungen der Mitgliedsstaaten als Elemente der verfassungsgerichtlichen Urteilsbegründungen beziehen? Der Europäische Gerichtshof für Menschenrechte, als ein europäisches Organ, hat nach gemeinsamen Verfassungswerten gesucht. Im minimalen Umfange haben dies Verfassungsgerichte, sei es für eigene Urteilsfindungen, sei es um europäische verfassungsrechtliche Standards zu erarbeiten, getan.

Ein neues Element ist – aus dieser Perspektive – die Charta der Grundrechte, als Anerkennungsausdruck für gemeinsame Verfassungsüberlieferungen und, vor allem, als Bestätigung, dass gemeinsame Überlieferungen Freiheits- und Rechtsquelle sind.

Man sollte es jedoch überlegen, in welchem Umfang die durch den Europäischen Gerichtshof in der Rechtssache C-36-02 Omega vorgenommene Redefinition der Verfassungsüberlieferungen auf die Deutung wichtiger Freiheiten und Rechte in einzelnen Staaten Einfluss nehmen kann. Zur Erinnerung: Der Europäische Gerichtshof hat die bisherige Richtung der Rechtsprechung durch einen Hinweis bestätigt, dass „die Grundrechte nach ständiger Rechtsprechung zu den allgemeinen Rechtsgrundsätzen gehören, deren Wahrung der Gerichtshof zu sichern hat; dabei sind sie von den gemeinsamen Verfassungstraditionen der Mitgliedstaaten abzuleiten". Es wurde darüber hinaus unterstrichen, dass der Schutz dieser Rechte ein berechtigtes Interesse darstellt, das grundsätzlich geeignet ist, eine Beschränkung von Verpflichtungen zu rechtfertigen, die nach dem Gemeinschaftsrecht bestehen. Der besondere Charakter des Omega-Urteils besteht jedoch darin, dass der Gerichtshof sich auf Verfassungsüberlieferungen eines konkreten Staates, und zwar der Bundesrepublik Deutschland, und nicht auf die allen Mitgliedsstaaten gemeinsamen Traditionen berufen hat. Er hat den besonderen Schutz der Menschenwürde im deutschen Grundgesetz, der in keinem anderen Staat so deutlich in der Verfassungsüberlieferung verwurzelt ist, betont. Diese Stellung ist, so der Europäische Gerichtshof, durch eine unumstößliche Tatsache zu begründen, dass „das Ziel, die Menschenwürde zu schützen, unzweifelhaft mit dem Gemeinschaftsrecht vereinbar ist". Diese Aussage schuf eine Ermessensbreite in Bezug auf Umfangsbestimmung des Würdeschutzes, das heißt gleichzeitig in Bezug auf den Schutz der Menschenwürde bei der Einschränkung gemeinschaftsrechtlicher Grundfreiheiten.

Kann das Omega-Urteil – in Zusammenhang der unmittelbaren Bezugnahme auf die Würde im GG – für das polnische Recht von Bedeutung sein?

Erstens enthält die Verfassung der Republik Polen eine Regelung zur Menschenwürde, und zwar im Art. 30, der das Kapitel über Freiheiten, Rechte und Pflichten eröffnet. Nach dem Art. 30 „ist die Würde des Menschen ihm angeboren und unveräußerlich. Sie bildet die Quelle der Freiheiten und Rechte des Menschen und des Staatsbürgers. Sie ist unverletzlich, ihre Beachtung und ihr Schutz ist Verpflichtung der öffentlichen Gewalt".

Zweitens entsteht die Frage, ob der Inhalt des Artikels die Meinung verbreiten lässt, der polnische Ordnungsgeber hätte in der Verfassung Rechte, die zu den gemeinsamen Rechten europäischer Familie gehören, einbezogen. Die erste Überlegung fällt positiv aus. Doch kann die Menschenwürde für einen solchen, für ganz Europa gemeinsamen Wert gehalten werden, der andere verfassungsrechtliche Traditionen, wie z. B. die Regelung, dass Ehe Verbindung ausschließlich von Frau und Mann ist, aufheben kann? Die aktuelle Frage lautet wie folgt: Kann man eine solche die Ehe betreffende Vorschrift als eine aus den Verfassungsüberlieferungen abgeleitete oder als eine auf das Verfassungsgut, das auch auf die katholische Tradition und Einwirkungen der Katholischen Kirche auf das öffentliche Leben, darunter auf Lösungen der Gesetzgebung, gestützte bezeichnen? Der Zusammenhang betrifft die in Polen immer heftiger werdende Diskussion, inwieweit eine verfassungsrechtliche Vorschrift zur Ehedefinition ein Hindernis zur Regelung der Lebensgemeinschaft von gleichgeschlechtlichen Partnern sein kann. Die Regelung der Lebensgemeinschaften und Ehen gleichgeschlechtlicher Partnern wird auch im immer größeren Umfang zum Element der Gemeinschaft verfassungsrechtlicher Überlieferungen. Wie ist denn eine Tradition zu definieren? Bilden die 20 Jahre der Geltung der Verfassungsordnung in Polen schon eine Tradition, oder haben wir es noch mit dem Entstehungsprozess (status nascendi) zu tun? Wird das schon über einige Jahre in vielen Mitgliedsstaaten der Europäischen Union geltende Recht zur Gründung von Lebensgemeinschaften oder Ehen von gleichgeschlechtlichen Partnern zum ausreichend wichtigen Umstand, eine solche Regelung in anderen Staaten, wo (im Moment) kein diesbezügliches Vorhaben besteht, einzuführen? Weiter, kann die gemeinsame Tradition einer bestimmten Gruppe von Staaten als eine gemeinsame Überlieferung der Mitgliedsstaaten im Sinne des Art. 6 EUV in einem die Auslegung verfassungsrechtlicher Regelungen im einzelnen Staat bestimmenden Umfange anerkannt werden? Ich befürchte, dass bei solchen Rechtssachen ein verfassungsgerichtliches Urteil eher dem Solange I oder Frontini als Nold oder Omega ähneln wird.

Klaus Stern:

Sehr herzlichen Dank für Ihr schönes Referat, Herr Kollege *Wyrzykowski*. Wir haben alle, glaube ich, sehr aufmerksam gelauscht, wie Sie über die Entstehung der polnischen Verfassunggebung und deren Entwicklung sowie den dabei ausgeübten Einfluss deutscher Rechtswissenschaft berichtet haben. Es hätte mich sehr gefreut, wenn ein Vertreter der auswärtigen Kulturpolitik anwesend gewesen wäre, damit er einmal mitbekommen hätte, wie jemand aus einem anderen Land aufzeigt, was die deutsche Rechtswissenschaft doch bewirkt hat und dass es nicht immer nur die Politik gewesen ist, die den großen Umbruch in den ostmitteleuropäischen Staaten herbeigeführt hat. Ich glaube auch, Herr *Regge* wird glücklich sein, für die Stiftungen, die den Wissenschaftleraustausch immer gefördert haben, zu hören, was dieser Wissenschaftleraustausch nach 1989 in Gang gesetzt und vor allen Dingen bewirkt hat, dass, weil wir die ausländischen Kollegen immer schon bei uns zu Gast hatten und sie mit unserem System vertraut gemacht haben, diese Kontakte sie für die Verwirklichung der freiheitlich-demokratischen Rechtsstaatlichkeit befähigt haben. Sie haben dann dieses deutsche System auch transformieren können in die ostmitteleuropäischen Staaten. Das war ganz wichtig. Wir haben jetzt einiges über zwei „Verfassungspartnerschaften" schon gehört. Die spanische und die polnische. Wahrscheinlich werden die Kollegen aus Ungarn und der Tschechischen Republik auch noch etwas dazu sagen.

Herr Kollege *Ress*, Sie sind unserer letzter Referent. Sie vorzustellen, heißt eigentlich Eulen nach Athen zu tragen. Herr *Ress* war langjährig an der Universität Saarbrücken tätig und dort Direktor des bedeutenden Europarechtsinstituts. Zur Zeit liest Herr *Ress* an der International University Bremen und wird dort im internationalen Recht Studenten unterrichten. Er ist Autor vieler Werke aus dem internationalen und dem europäischen Recht, aus dem Völkerrecht, die wir ja zum großen Teil alle kennen. Ganz bedeutend war aber seine Tätigkeit am Europäischen Gerichtshof für Menschenrechte, den er über viele Jahre beeinflusst hat. Darauf nimmt auch sein heutiger Vortrag Bezug. Herr Kollege *Ress*, Sie haben das Wort.

GEORG RESS*

Das Grundgesetz im Rahmen des europäischen Menschenrechtsschutzes

A. Allgemeine Vorbemerkungen

1. Die Menschenrechtsfreundlichkeit des Grundgesetzes

Das aus dem Jahr 1949 stammende Grundgesetz enthält schon zu Beginn in Art. 1 Abs. 2 das Bekenntnis des deutschen Volkes zu den unverletzlichen und unveräußerlichen Menschenrechten[1] und spricht die Wahrung der Würde des Menschen als unantastbar (Art. 1 Abs. 1) an. Eine „Menschenrechtsfreundlichkeit" ist dem Grundgesetz daher von vorneherein eigen. Es entstand parallel zur Abfassung der Menschenrechtserklärung der Vereinten Nationen von 1948 und ist geprägt durch die Erfahrungen des Zweiten Weltkrieges mit all dessen menschenverachtenden Greueltaten. Da die seinerzeit nicht vollständig souveräne Bundesrepublik Deutschland noch nicht in die internationale Ordnung der Vereinten Nationen eingefügt war und die europäische Menschenrechtskonvention von 1950 erst 1953 in Kraft trat, war ursprünglich die Einbeziehung der Europäischen Menschenrechtskonvention in das Grundgesetz noch kein Thema. Die Bundesrepublik hat zwar die EMRK relativ früh unterzeichnet und auch ratifiziert[2], in Kraft trat die EMRK aber im Jahr 1953 (nach Ratifikation der Mindestzahl von zehn Staaten) durch die Ratifikation des damals noch als assoziiertes Mitglied des Europarats selbständig handlungsfähigen Saargebiets[3].

Die Bundesrepublik war seinerzeit aufgrund der alliierten Souveränitätsvorbehalte nicht in der Lage, sämtliche Garantien der EMRK zu erfüllen, was später sogar im Fall *Hans Adam II von Liechtenstein ./.* Germany[4] eine Rolle spielen

---

* o. Professor emeritus, Universität des Saarlandes. Direktor des Europa-Instituts a.D., ehemaliger Richter des Europäischen Gerichtshofs für Menschenrechte, Straßburg, Professor of International Law, Jacobs University, Bremen.

[1] Aus diesem „Bekenntnis" wird keine strikte normative Bindung an bestimmte Kataloge oder Konventionen abgeleitet, wohl aber eine Pflicht zur *menschenrechtsfreundlichen Interpretation* des Grundgesetzes. Vgl. Schmidt-Bleibtreu/Hofmann/Hopfauf, GG-Kommentar 11. Aufl. 2008, Art. 1, Rn. 71 mit Nachweisen.

[2] Siehe dazu *R. Grote*, in: Grote/Marauhn (Hrsg.), EMRK/GG, 2006, Kap. 1, Rn. 30.

[3] *Grote*, ibidem.

[4] *Prinz Hans-Adam II von Liechtenstein v. Germany* (GC), no. 42527/98, ECHR 2001-VIII, Urteil vom 12. 7. 2001. In diesem Urteil wird das Problem, ob eine Verletzung von Art. 6 Abs. 1 (Zugang zum Gericht) wegen des im Überleitungsvertrag geregelten Ausschlusses des Rechtswegs für Entziehung/Beschlagnahme/Konfiskationen von deutschem Eigentum für Reparationszwecke im Hinblick auf diese Besonderheiten vorliegt, über den Rechtsgrundsatz der Verhältnismä-

sollte[5]. Dieser Fall betraf nicht nur die Zulässigkeit (nach Art. 6 Abs. 1 EMRK) des durch den Überleitungsvertrag geregelten Ausschlusses der deutschen Gerichtsbarkeit bezüglich aller für Reparationszwecke enteigneter deutscher Vermögensgegenstände, sondern auch die Frage, ob aufgrund der Beneš-Dekrete als „deutsches" Eigentum qualifizierte Vermögensgegenstände als solche anzusehen und eine solche Qualifikation hinzunehmen sei.

Es ist deshalb verständlich, dass das Rangverhältnis zwischen der EMRK und dem Grundgesetz anfangs keine besondere Regelung erfuhr, ebensowenig wie das Verhältnis des Grundgesetzes zu den beiden UN-Menschenrechtspakten und anderen menschenrechtlich relevanten völkerrechtlichen Verträgen. In vergleichbarer Weise hatte die DDR den UN-Covenant über bürgerliche und politische Rechte vom 19. 12. 1966[6] 1974 ratifiziert und ihm mittelbar über eine Reihe von Verfassungsbestimmungen nahezu Verfassungsrang eingeräumt[7], wohl aus der sicheren Erwartung heraus, dass die Frage der Umsetzung in der DDR niemals rechtlich relevant, schon gar nicht vor einem internationalen Gericht, werden könne[8]. Die DDR hatte wohlweislich auch das *Zusatzprotokoll* zum UN-Covenant on Civil and Political Rights, welches eine internationale Entscheidungskompetenz und Individualbeschwerde zum Human Rights Committee vorsah, nicht ratifiziert[9]. Die Frage eines Verstoßes gegen diesen UN-Covenant (Right to life, Right to free movement) kam erst nach der Wiedervereinigung wegen der Strafbarkeit der

ßigkeit gelöst. Meiner Ansicht nach konnte die Bundesrepublik mangels entsprechender staatlicher Souveränität (Souveränitätsvorbehalt der Alliierten) eine solche Verpflichtung gar nicht eingehen, so dass die Frage der Verhältnismäßigkeit sich gar nicht stellte. Vgl. dazu meine *Concurring Opinion*. Darin wird auch der Frage nachgegangen, wie es zu beurteilen ist, dass Deutschland als Vertragsstaat insofern die Konvention ohne Vorbehalt akzeptiert hatte.

[5] Zu weiteren Einzelheiten des Falles, der das Eigentum am Bild „Der große Kalkofen" von Holbein dem älteren betraf, siehe *G. Ress*, Kulturgüterschutz und EMRK, in: Recht, Kultur, Finanzen, Festschrift für Reinhard Mußgnug (hrsg. von K. Grupp und U. Hufeld), 2005, S. 499 ff., 502 f.

[6] In der Bundesrepublik Deutschland BGBl. 1973 II, 1534; in der DDR ratifiziert am 8. 11. 1974 (siehe Nachweise im Urteil *Streletz, Kessler und Krenz v. Germany*, §§ 20, 40, no. 34044/96, 35532/97 and 44801/98 vom 22. 3. 2001, ECHR 2001-II 351). Nach Art. 6 Abs. 1 dieses Covenants hat jeder Mensch ein angeborenes Recht auf Leben. Nach Art. 12 Abs. 2 steht es jedermann frei, jedes Land, einschließlich seines eigenen, zu verlassen.

[7] Nach Art. 8 der Verfassung der DDR waren die allgemein anerkannten Regeln des Völkerrechts, die den Frieden und das friedliche Zusammenlegen zwischen den Völkern fördern sollen, verbindlich für alle Staatsorgane und jeden Bürger. nach Art. 19 (Abs. 2) war Respekt für und Schutz der Würde und Freiheit der Persönlichkeit von allen Staatsorganen, allen gesellschaftlichen Kräften und jede Bürger geschuldet. Nach Art. 30 (Abs. 1) waren Person und Freiheit jedes Bürgers der DDR unverletzlich.

[8] Der EGMR wies im Urteil *Streletz, Kessler und Krenz* (oben Fn. 6) ausdrücklich auf diese Verfassungsbestimmungen (§ 61) hin und kam zum Schluss (§ 73) „that recourse to anti-personnel mines and automatic-fire systems, in view of their automatic and indiscriminate effect, and the categorical nature of the border guard's orders to ‚annihilate border violators' (Grenzverletzer) and protect the border at all costs" flagrantly infringed the fundamental rights enshrined in articles 19 and 30 of the GDR's Constitution. The State practice was also in breach of the obligation to respect human rights.

[9] Nur nach Resolution 1503 von 1970 des UN Economic and Social Council konnten Individuen Beschwerden zur Menschenrechts*kommission* mit der Behauptung vorbringen, es liege ein „consistent pattern of gross and reliably attested violations of human rights and fundamental freedoms" vor (siehe § 42 im Urteil *Streletz, Kessler und Krenz* aaO.).

Schüsse und Tötungen an der Berliner Mauer (Völkerrechtswidrigkeit des Grenzregimes) im Fall *Streletz, Kessler und Krenz v. Germany*, zur Sprache mit dem für Art. 7 EMRK relevanten Ergebnis, dass diese Taten schon nach DDR-Recht strafbar waren[10]. Das BVerfG hatte Art. 103 Abs. 2 GG nicht angewandt, da das Rückwirkungsverbot als besondere Ausprägung des Vertrauensschutzes nur für Strafnormen einen Anknüpfungspunkt biete, die dem Demokratieprinzip, der Gewaltenteilung, den Grundrechten und damit der materiellen Gerechtigkeit verpflichtet seien.[11] Der EGMR befand, dass die Beschwerdeführer, höchste Funktionäre der DDR (Mitglieder des Politbüros), aufgrund der DDR-Rechtsordnung die Strafbarkeit hätten voraussehen können und müssen[12] – auch für den Fall der Staatennachfolge (§ 82)[13], zumal die Beschwerdeführer „in justification, relied on the order to fire which they themselves had issued to the border guards and on the ensuing practice, on account of which they had been convicted. However, according to the general principles of law, defendants are not entitled to justify the conduct which has given rise to their conviction simply by showing that such conduct did in fact take place and therefore formed a practice" (§ 74).

2. *Der absolute Charakter der Menschenwürde*

Die Menschenrechte im Grundgesetz, insbesondere der Satz „die Menschenwürde ist unantastbar" haben in der Rechtsprechung[14] und Literatur[15] eine sich verschärfende Beachtung gefunden. Das Bundesverfassungsgericht hat in seiner Entscheidung zum Luftsicherheitsgesetz[16] noch einmal den im Prinzip unbeschränkten und unbeschränkbaren Charakter der Menschenwürde und damit auch dessen unverän-

---

[10] Siehe dazu *Kadelbach*, in: Grote/Marauhn, EMRK/GG, Konkordanzkommentar, Art. 15 Rn. 21, 34.

[11] BVerfGE 95, 96 (130 ff.) unter Rückgriff auf die sog. *Radbruch'sche* Formel.

[12] EGMR Rep. 2001 II 351 §§ 70, 74 f, 78, 87, 103; ähnlich UN-Human Rights Committee No. CCPR/C/78/D/960/2000; siehe dazu *Klaus-Dieter Baumgarten*, NJW 2004, 2005.

[13] Literaturnachweise bei *Kadelbach* aaO. Rn. 34 Fn. 133.

[14] Durch diesen Verfassungsrechtsatz, den auch der Verfassungsgesetzgeber weder materiell ändern noch einschränken kann (Art. 79 Abs. 3 GG), wird ein absolutes Recht „auf Unterlassung jeden Eingriffs in die dem Menschen um seiner selbst willen zukommenden Würde und auf Schutz gegen Eingriff Dritter gewährt" (BVerfGE 1, 104). Die Menschenwürde beschränkt sich nicht auf das Verbot, den Menschen zum Objekt eines staatlichen Verfahrens oder zum bloßen Mittel zum Zweck zu machen, sondern verpflichtet den Staat auch zu positivem Tun des Schützens (BVerfGE 9, 95; 26, 71). Damit verbunden ist *ein absoluter Schutz vor Folter.* Deshalb wird auch die Rettungsfolter überwiegend strikt abgelehnt. Nachweise bei *Hofmann*, aaO. Art. 1, Rn. 18. Aus der Rechtsprechung ist hier insbesondere der mögliche Abschuss eines von Terroristen als Waffe eingesetzten Passagierflugzeugs zu erwähnen. Dazu BVerfGE 115, 118 (Urteil vom 15. 2. 2006). Die Abschussregelung verstößt nach dem Urteil gegen die Menschenwürde und das Lebensrecht (Art. 2 Abs. 2 GG). Das Grundgesetz gestattet nicht, dass Leben gegen Leben verrechnet werde. Die Preisgabe des Lebens verstößt gegen die Würde des Menschen.

[15] Vgl. die Literaturangaben bei *Hofmann*, aaO. Art. 1, Rn. 14 ff.

[16] Siehe das erwähnte Urteil des BVerfG vom 15. 2. 2006, BVerfGE 115, 118; dazu *Isensee*, AöR 131 (2006), 173 (191 f.). Siehe auch *G. Ress*, Würde des Menschen – die gedankliche Herkunft der Menschenrechte und ihre gegenwärtige Funktion, in: Staat und Recht in europäischer Perspektive (hrsg. M. Akyürek et al.), Festschrift Heinz Schäffer, Wien 2006, S. 703 ff., 711 f.

derliche Stellung im Rahmen des Art. 79 Abs. 3 GG betont[17]. Dies war auch die Linie der ersten grundlegenden Kommentierungen durch *Dürig*, was *Böckenföhrde* noch einmal herausgestellt hat[18]. Demgegenüber sind neuere Kommentierungen, insbesondere diejenige von *Herdegen*, von einer immanenten Beschränkbarkeit, man könnte auch sagen einer gewissen Relativierung der Menschenwürde ausgegangen, womit die Berücksichtigung der situativen Besonderheiten auch im Art. 1 Abs. 1 des Grundgesetzes Einzug hält[19]. Diese Diskussion kann auf das Verhältnis zur EMRK nicht ohne Relevanz sein. Auch wenn der Begriff der Menschenwürde in der EMRK nicht ausdrücklich erwähnt, sondern nur in der Rechtsprechung des EGMR in vielfältigen Zusammenhängen (z. B. beim Folterverbot) für relevant erklärt wird[20], so handelt es sich doch um einen Leitbegriff, der für die gesamte EMRK – wie auch für andere internationale menschenrechtliche Deklarationen und Schutzverträge[21] – maßgeblich ist. Die tendenzielle Relativierung des Begriffs der Menschenwürde hat mit der Entscheidung über die Zulässigkeit der gewaltsamen Verabreichung von Brechmitteln (*Jalloh gegen Deutschland*)[22] auch in die EMRK Einzug gehalten, d. h. eine situative Betrachtung im Rahmen des Verhältnismäßigkeitsprinzips etwa bei der Frage, ob eine gewaltsame Verabreichung von Brechmitteln deshalb unverhältnismäßig ist, weil weniger eingreifende Alternativen zur Verfügung stehen. Die Mehrheit der Richter sah darin eine unmenschliche Behandlung (Art. 3 EMRK), andere nur einen exzessiven Eingriff in die Privatsphäre, wieder andere eine gerechtfertigte polizeiliche Maßnahme. Die gleiche Frage ist nunmehr im Fall *Gäfgen gegen Deutschland* (Absolutheit des Folterverbots) erneut vor dem EGMR (große Kammer) anhängig, nachdem in einer Kammerentscheidung die Beschwerde mit der Begründung zurückgewiesen worden war, dass die innerstaatlichen Verfahren (mit der Anerkennung des Verstoßes gegen das Folterverbot) dem Beschwerdeführer Genugtuung verschafft hätten[23].

---

[17] *Hofmann* aaO., Rn. 14.

[18] Siehe dazu und den Definitionsproblemen eingehend *Nettesheim* „Die Garantie der Menschenwürde zwischen metaphysischer Überhöhung und bloßem Abwägungs*topos*, Archiv des öffentlichen Rechts, 2005, S. 71 ff.

[19] Nachweise bei *Nettesheim*, ibidem.

[20] Vgl. *G. Ress*, Menschenbild – Staatsbild. Gedanken zur Konzeption des Staates und zur Stellung des Menschen in der Europäischen Menschenrechtskonvention, in: Gedächtnisschrift für Joachim Burmeister (Hg. K. Stern(K. Grupp), C. F. Müller Verlag, 2005, 309 ff., 321 ff.

[21] Vgl. z. B. Art. 1 der UN-Menschenrechtserklärung vom 1948 (Art. 1: Alle Menschen sind frei und gleich an Würde und Rechten geboren); Präambel des UN-Covenants über bürgerliche und politische Rechte („der allen Mitgliedern der menschlichen Gesellschaft innewohnenden Würde").

[22] *Jalloh v. Germany* (GC), no. 54810/00, Urteil vom 11. 7. 2006.

[23] *Gäfgen v. Germany*, no. 22978/05, Urteil (der 5. Kammer) vom 30. 6. 2008. Der Fall ist derzeit vor der Großen Kammer anhängig.

B. Die formellen Beziehungen zwischen EMRK und Grundgesetz

3. Die Pflichten aus der EMRK für die Vertragsstaaten

Die EMRK verpflichtet alle Vertragsstaaten, also auch die Bundesrepublik Deutschland, allen ihrer Herrschaftsgewalt unterstehenden Personen die Konventionsgarantien (Rechte und Freiheiten) zu gewähren. Art. 1 der EMRK spricht von zusichern (*to secure*), was positive Verpflichtungen zur Einhaltung und Absicherung der Konventionsrechte einschließt. Über die negative Verpflichtung, nicht in diese Rechte und Freiheiten einzugreifen hinaus, enthält die Konvention demnach von vornherein, ohne eine Umdeutung, eine ganze Fülle von positiven Handlungsverpflichtungen, die sich aus jeder der einzelnen Garantien ergeben[24] (vgl. z. B. *Marckx ./. Belgien*, Erbrecht nichtehelicher Kinder)[25]. Der Gerichtshof hat diese *„duty to protect"* in einer Fülle von Urteilen (auch gegenüber Deutschland z. B. im Fall *Van Kück* [Kostenübernahme für geschlechtsumwandelnde Operation])[26], näher entfaltet.

Es ist heute ausgestanden, dass die EMRK im innerstaatlichen Rechtsraum, also auch in Deutschland, Geltung besitzt und angesichts der relativen Bestimmtheit ihrer Vorschriften unmittelbar anwendbar ist[27]. Seit dem Erlass des Human Rights Act von 1998[28] im UK ist dies auch in Großbritannien und auch sonst in allen Rechtsordnungen der Vertragsstaaten der Fall[29].

4. Erscheinungsformen indirekter Inkorporation

Da die EMRK nicht direkt in das Grundgesetz – wie z. B. in die Verfassungsordnung in Österreich – inkorporiert wurde, sind Erscheinungsformen indirekter Inkorporationen durch Auffangvorschriften von Interesse. Zunächst gilt – auch nach Ansicht des BVerfG – die EMRK als Hilfsmittel zur *Auslegung der im GG garantierten Grundrechte*[30]. Dieser „Harmonisierungseffekt" (E. Klein)[31] bezieht sich

---

[24] Näher dazu *G. Ress*, The duty to protect and to ensure Human Rights under the European Convention on Human Rights, in: E. Klein (Hrsg.), The duty to protect and to ensure Human Rights, 2000, S. 165 ff.

[25] *Marckx v. Belgium*. A-31, Urteil vom 13. 6. 1979.

[26] *Van Kück v. Germany*, no. 35968/97 (sect. 3), ECHR 2003-VII; Urteil vom 12. 6. 2003.

[27] *Ch. Walter*, in Grote/Marauhn (Hrsg.), EMRK/GG, 2006, Kap. 31, Rn. 5.

[28] Siehe dazu *R. Grote*, Die Inkorporation der Europäischen Menschenrechtskonvention in das britische Recht durch den Human Rights Act 1998, ZaöRV 58 (1998), 309 ff.; *G. Ress*, The legal relationship between the European Court of Human Rights and the Court of Justice of the European Communities according to the European Convention on Human Rights, in: Governing Europe under a Constitution (Hrsg. H.-J. Blanke/S. Mangiameli), 2007, S. 279 ff.

[29] *Walter* aaO. Rn. 6.

[30] BVerfGE 74, 358: „Die EMRK und die dazu ergangene Rechtsprechung sind eine Auslegungshilfe für die Bestimmung von Inhalt und Reichweite von Grundrechten und rechtsstaatlichen Grundsätzen des Grundgesetzes."

[31] *E. Klein*, Urteilsanmerkung, JZ 2004, 1176.

nicht nur auf den Text der EMRK, sondern ausdrücklich auch auf die zu seiner Auslegung ergangene Rechtsprechung des EGMR[32]. Die Rechtsprechung des Bundesverfassungsgerichts hat insbesondere im Rechtsstaatsgebot des Art. 20 Abs. 1 GG die Unschuldsvermutung und andere Aspekte eines fairen Verfahrens verankert gesehen. Dieser Weg einer *materiellen Kongruenz* entspricht an sich der Auffassung, dass der wesentliche Inhalt der EMRK ohnedies in den Grundrechten des Grundgesetzes enthalten ist und von den deutschen Verwaltungsbehörden und Gerichten als verfassungsrechtliches Gebot zu beachten ist. Wäre dem so, dann hätte sich eine Ratifikation der EMRK im Grunde genommen erübrigt – eine Auffassung, die lange Zeit in Frankreich vorherrschte und zur sehr späten Ratifikation der EMRK durch Frankreich Anlass bot, immer ausgehend von der These, dass Frankreich als das Geburtsland der Menschenrechte ohnedies die Garantien der EMRK einhalte. Die späteren zahlreichen Verfahren gegen Frankreich wegen Verletzung der EMRK haben diese Auffassung Lügen gestraft. Dabei wurden sogar überkommene napoleonische Traditionen vom EGMR verworfen, wie Aspekte der Institution des *Commissaire du Gouvernement* im Verfahren vor dem Conseil d'Etat (Verletzung des Prinzips des kontradiktorischen Verfahrens)[33].

5. *Materielle Kongruenz*

Die Tatsache, dass die EMRK nach der Rechtsprechung des BVerfG nur den *Rang eines einfachen Gesetzes* hat[34], verdeckt, dass die EMRK einen besonderen Typ völkerrechtlicher Verträge darstellt (Teil der *European public order*), dessen Einhaltung durch einen – wenn auch regionalen, aber besonders effektiven – internationalen Gerichtshof und einen Urteilsvollstreckungsmechanismus im Ministerkomitee gesichert wird[35]. Der deutsche Gesetzgeber hat dieser besonderen Stellung der EMRK nicht nur im ursprünglichen Ratifikationsgesetz, sondern auch in den folgenden Ratifikationsgesetzen der Zusatzprotokolle, insbesondere dem 11. Zusatzprotokoll mit dem Status des neuen permanenten Gerichtshofs zugestimmt und damit auch die auf der Rechtsvergleichung beruhende rechtsschöpferische Rolle des EGMR unter dem GG abgesegnet. Ich frage mich, was hat der deutsche Gesetzgeber mit diesen Zustimmungsgesetzen zu einem sich immer intensiver entfaltenden Menschenrechtssystem objektiv gewollt? Hat er der EMRK und den Zusatzprotokollen nicht einen Rang einräumen wollen, der eine unproblematische Befolgung der Umsetzungspflicht (Art. 46 Abs. 1 EMRK) bezüglich der gegen Deutschland erlassenen Urteile ermöglicht? Was im Rahmen der Finanzverfassung

---

32 *Ch. Walter* aaO. Rn. 6.

33 *Poitimol v. France* – 277 A (23.11.93) betrifft die Befugnis zur Einlegung der Revision in Strafsachen an die Cour de Cassation (nur bei gleichzeitigem Antritt einer verhängten Gefängnisstrafe). *Pellegrin v. France* (GC), no. 28541/95, ECHR 1999-VIII, Urteil vom 8.12.99.

34 BVerfGE 111, 307; dazu *Walter* aaO. 31, Rn. 9.

35 Dieser Vollstreckungsmechanismus hat materiell bestätigende Rückwirkung auf die Urteilswirkung. Siehe dazu *G. Ress*, Rechtstellung, Aufgabenbereich und Legitimation des Europäischen Gerichtshofs für Menschenrechte, in: Dimensionen des modernen Verfassungsstaats (hrsg. M. Holoubek et al.), 2002, S. 129 ff, 148 f.

nach der Rechtsprechung des BVerfG[36] durch ein besonderes Maßstäbegesetz denkbar ist, sollte im Rahmen des europäischen Menschenrechtschutzes nicht unmöglich sein. Eine andere Frage ist, ob das europäische Menschenrechtschutzsystem als eigene internationale Organisation im Sinne von Art. 24 Abs. 1 GG qualifiziert und damit eines höheren Ranges, ähnlich dem Gemeinschaftsrecht, teilhaftig werden kann. Mir scheint, dass eine solche Entwicklung nicht ausgeschlossen ist[37]. Rechnung getragen hat die Rechtsprechung des BVerfG dieser besonderen Stellung der EMRK nicht nur durch die konventionsfreundliche, ja *konforme* Interpretation der Grundrechte des GG, sondern auch durch praktischen Ausschluss der *lex posterior*-Regel, weil davon auszugehen ist, dass der Bundesgesetzgeber sich zur EMRK nicht habe in Widerspruch setzen wollen[38]. Für die Bundesrepublik sind die Entscheidungen des Bundesverfassungsgerichts im Fall *Pakelli*[39] und zur *Feuerwehrabgabe*[40] Leitentscheidungen zur materiellen Kongruenz und indirekten Inkorporation, denn bei der Feuerwehrabgabe folgte das BVerfG einer Interpretation des EGMR (*Karlheinz Schmidt ./. Germany*) und beschied, dass die Abgabepflicht *nunmehr* wegen geänderter sozialer Bedingungen gegen das Diskriminierungsverbot (Art. 3 Abs. 2 Satz 1 GG) verstoße. Allerdings ist die Tatsache, dass das BVerfG das Urteil des EGMR nur im Sachbericht erwähnt, sich mit der Vorgabe der EMRK aber nicht in den Gründen auseinandersetzt, auf Kritik gestoßen[41]. Diese Zurückhaltung gegenüber einer ausdrücklichen Öffnung der eigenen Grundsatzrechtsprechung unter Nennung des Anlassurteils des EGMR kommt auch in der Rechtsprechung des BVerfG zum Anspruch eines angeblichen Kindesvaters, die Vaterschaft in einem Anfechtungsverfahren (unter zeitlich vertretbaren Bedingungen) überprüfen zu lassen, zum Ausdruck[42]. Hier war das Urteil des EGMR im Fall *Mizzi v. Malta*[43] – zwar nicht gegen die Bundesrepublik, aber in eindeutiger Parallelkonstellation – vorausgegangen.

---

[36] BVerfGE 101, 158 ff.

[37] Siehe *T. Giegerich*, in: Grote/Marauhn (Hrsg.), EMRK/GG, 2006, Kap. 2, Rn. 48, *G. Ress*, Verfassungsrechtliche Auswirkungen der Fortentwicklung völkerrechtlicher Verträge, in: Festschrift W. Zeidler II, 1987, 1775 (1790 ff.).

[38] BVerfGe 74, 358, (370); 82, 106 (120).

[39] BVerfG (Dreierausschuss), EuGRZ 1985, 654 ff.; *J. Abr. Frowein*, Anmerkung zur Pakelli-Entscheidung des Bundesverfassungsgerichts, ZaöRV 46 (1986), 286 ff.; eingehend dazu auch *H. J. Cremer*, in: Grote/Marauhn (Hrsg.), Kap. 32, Rn 64.

[40] Dazu *Walter* aaO. Rn. 10. Zunächst hatte das BVerfG die nur für Männer bestehende Abgabepflicht mit dem GG für vereinbar gehalten (BVerfGE 13, 167, 17 i ff.). Der EGMR hat im Urteil *Karlheinz Schmidt* (EGMR 291-B, Urteil vom 18. 7. 1994) die alleinige Heranziehung von Männern als mit Art. 14 i. V. mit Art. 1 1 ZP für unvereinbar angesehen.

[41] Zur Kritik an der Technik des BVerfG, siehe *Walter* aaO. Kap. 31 Rn. 10.

[42] EuGRZ 2007, 54 ff., 56: „Art. 2 Abs. 1 in Verbindung mit Art. 1 Abs. 1 GG gewährleistet als Ausformung des allgemeinen Persönlichkeitsrechts nicht nur das Recht eines Mannes auf Kenntnis der Abstammung des ihm rechtlich zugeordneten Kindes, sondern auch auf Verwirklichung dieses Rechts. Der Gesetzgeber hat es unter Verletzung dieses Grundrechtsschutzes unterlassen, eine gesetzliche Regelung zur Feststellung der Abstammung eines Kindes von seinem rechtlichen Vater zu treffen."

[43] Urteil vom 12. 1. 2006 (Sect. 1), no. 26111/02, ECHR 2006. Dazu siehe *Frauke Brosius-Gersdorf*, Vaterschaftsanfechtung und Europäische Menschenrechtskonvention, EuGRZ 2006, 123 ff.

Demgegenüber ist für Frankreich die Rechtsprechung zum übergesetzlichen Rang der EMRK[44] bezeichnend. Der französische Conseil d'Etat und vorher die Cour de Cassation haben über viele Jahre hinweg Schwierigkeiten gehabt, den Vorrang des europäischen Gemeinschaftsrechts und der völkerrechtlichen Verträge im französischen Recht anzuerkennen. Das Gemeinschaftsrecht war demnach ebensowenig wie die EMRK Prüfungsmaßstab durch den Conseil Constitutionnel (als Teil der Verfassung) und durch die ordentlichen Gerichte, die den in Art. 55 der französischen Verfassung von 1958 verfügten Vorrang völkerrechtlicher Verträge vor den Gesetzen nicht voll anerkannten. Dies hat sich erst durch neuere Entscheidungen geändert[45], so dass nunmehr sowohl die EMRK als auch das EG-Recht Vorrang vor französischem Gesetzesrecht genießen und auch Urteile des EGMR gegen Frankreich die Gerichte *unmittelbar* binden[46]. Das läßt sich anhand der französischen Folgenentscheidungen auf das Urteil des EGMR vom 1. Februar 2000 (*Mazurek ./. France*)[47] demonstrieren. Der Fall betraf das Erbrecht unehelicher Kinder. Der EGMR hatte die Regelung im Code Civil (Art. 760) für konventionswidrig angesehen, was zur Folge hatte, dass die französischen Gerichte diese Bestimmung in der Folge unangewendet ließen, noch bevor der Code Civil vom Gesetzgeber geändert worden war[48]. Die französische Rechtsprechung ist ein gutes Beispiel dafür, wie ein übergesetzlicher Rang der EMRK innerhalb einer Rechtsordnung sich auswirken und auch eine unmittelbare Wirkung der Urteile des Straßburger Gerichtshofs sicherstellten könnte, denn man muss sich – auch für die folgenden Ausführungen – vor Augen halten, dass *Art. 46* EMRK die Vertragsstaaten ohne wenn und aber dazu verpflichtet, die Urteile des EGMR umzusetzen und zu vollstrecken, woraus mittelbar die Verpflichtung folgt, ihre innerstaatliche Rechtsordnung in einer Weise auszugestalten, dass eine solche Umsetzung möglich ist[49].

---

44 Nachweise bei *G. Ress*, Das Verhältnis zwischen Gemeinschaftsrecht und nationalem Recht der Mitgliedstaaten, in: Korinek/Rill (Hrsg.), Österreichisches Wirtschaftsrecht und das Recht der EG, 1990, S. 55 ff.

45 Cass. Ch. Mixte, 24 Mai 1975, *Société des Cafés Jacques Vabre*, D., 1975, S. 497, concl. Touffait; CE Ass. 20. Oktober 1989, *Nicolo*; Revue française de droit administratif, 1989, S. 813 concl. Trydman, note Genevois.

46 Siehe dazu *Jean-Paul Costa/Patrick Titiun*, Le Royaume-Uni, La France et la Convention européenne des droits de l'homme, in: Tom Bingham and the transformation of the law, 2009, 364 ff., 366 ff.

47 No. 34406/97 (Sect. 3), ECHR-II C47, siehe dazu *Costa/Titiun* aaO. S. 369 f.

48 Siehe *Ress*, Horizontale Grundrechtskollisionen, in: Gedächtnisschrift für Albert Bleckmann, 2007, S. 317. Weitere Beispiele dieser Änderungen des Gesetzesrechts durch Gerichtsentscheidungen bei *Costa/Titiun* aaO. S. 370, insbesondere die Änderung des Personenstandes bei Transsexuellen (Folge des Urteils vom 25. 3. 1992 *B ./. France*, Série A-232-C) durch die Plenarentscheidung der Cour de Cassation vom 25. März 1992.

49 Über die Schwierigkeiten, das Urteil vom 23. 11. 1993 *Poitrimol ./. France* (Série 277-A) umzusetzen, siehe *Costa/Titiun* aaO. S. 370; die Umsetzung ist erst durch das Gesetz vom 15. Juni 2000 erfolgt.

6. Ansätze für Übergesetzesrang der EMRK

Während in der Literatur, insbesondere von *Bleckmann*[50], die Auffassung vertreten wurde, dass die EMRK Verfassungsrang über Art. 25 GG genieße, da sie insgesamt Völkergewohnheitsrecht darstelle, ist dagegen von *Grabenwarter*[51] und anderen und zwar mit Recht eingewandt worden, dass dies nicht für alle in der EMRK garantierten Rechte gelte, da eine allgemeine Rechtsüberzeugung, wie sie für das Entstehen von Völkergewohnheitsrecht notwendig ist, nicht festzustellen sei. Allerdings fehlt es in der Rechtsprechung des Bundesverfassungsgerichts bisher an Untersuchungen, für welche Garantien der EMRK dies zumindest gelten könnte und welche Wirkungen es habe, wenn ein Urteil des EGMR auf einer menschenrechtlichen Garantie beruhe, die Völkergewohnheitsrecht darstellt. So hat der Straßburger Gerichtshof im Urteil vom 21. November 2001 im Fall *Al-Adsani ./. UK*[52] festgestellt, dass das Folterverbot den Charakter von Völkergewohnheitsrecht habe und die Qualität von *ius cogens* besitze und die Staaten zur Bestrafung der Verstöße gegen das Folterverbot verpflichte. Gleiches konnte der Gerichtshof dagegen nicht für zivilrechtliche Schadensersatzansprüche wegen Verstoß gegen das Folterverbot feststellen, da eine entsprechende konsistente Praxis bislang fehle[53]. Eine derartige Untersuchung müßte für alle anderen Garantien der EMRK geleistet werden[54], um festzustellen, ob sie wenigstens den Charakter von Völkergewohnheitsrecht erlangt haben. Das wird man vom Kernbereich einer ganzen Reihe von Garantien mit Fug und Recht darlegen können, wenn auch nicht für alle Garantien.

7. Das Görgülü-Urteil des BVerfG

Das Bundesverfassungsgericht hat im *Görgülü*-Urteil vom 14. Oktober 2004 der traditionellen Auffassung folgend der EMRK in der Rechtsordnung der Bundesrepublik Deutschland nur den Rang eines einfachen Gesetzes eingeräumt. Daher ist es nicht möglich, auf die bloße Verletzung der EMRK eine Verfassungsbeschwerde zu stützen. Hier war zwar eine Untersuchung, ob es sich bei der Pflicht zur Gewährung des Zugangs des (nichtehelichen) Vaters zu seinem Kind um eine völkergewohnheitsrechtliche Regel handelt, nicht geboten; denn es war offensicht-

---

50 Verfassungsrang der europäischen Menschenrechtskonvention?, EuGRZ 1994, 149 ff., 153 f.

51 Europäische Menschenrechtskonvention, 3. Auflage 2008, S. 19.

52 No. 35763/97, (GC), ECHR 2001-XI.

53 Die griechischen und italienischen Höchstgerichte sind dieser Auffassung im übrigen nicht gefolgt, so dass es zur Vollstreckung in deutsches Staatseigentum in Italien kam. Gegen die Weigerung Italiens, der Bundesrepublik im Erkenntnis- und Vollstreckungsverfahren Staatenimmunität zu gewähren, hat Deutschland gegen Italien Klage vor dem IGH erhoben.

54 Das BVerfG hat auch in einem Kammerbeschluss (1. 3. 04, EuGRZ 2004, 317) bei der Abschiebung eines straffällig gewordenen Ausländers sich ausführlich mit der Rechtsprechung des EGMR zu Art. 8 EMRK auseinandergesetzt und die vom EGMR bei der Verhältnismäßigkeitsprüfung verwendeten Kriterien übernommen (*Walter*, Kap. 21 Rn. 11).

lich, dass die Praxis der Staaten in diesem Bereich Schwankungen unterliegt. Das BVerfG hat seiner dualistischen Auffassung folgend durch das Urteil des EGMR nur die Bundesrepublik als solche, nicht aber die einzelnen Gerichte als gebunden angesehen. Das gilt nach Ansicht des Bundesverfassungsgerichts selbst in solchen Fällen, in denen die Bundesrepublik Prozesspartei in dem Verfahren vor dem EGMR gewesen ist und wo unzweideutig eine *inter partes*-Bindung nach Art. 46 der EMRK vorliegt. Die deutschen Gerichte hätten in diesem Fall zwar die Entscheidung des EGMR zu *beachten*, jedoch nicht strikt zu befolgen[55], falls ein Verstoß gegen tragende Grundsätze der Verfassung feststellbar sei. Entscheidungen des EGMR seien *schonend* in ein „ausbalanciertes Teilsystem des innerstaatlichen Rechts" einzupassen. Die fehlende Beachtung eines Urteils des EGMR gegen Deutschland könne mit *der Verfassungsbeschwerde* gerügt werden, weil in der fehlenden Auseinandersetzung ein Verstoß gegen das parallele nationale Grundrecht i.V. mit dem Rechtsstaatsprinzip (Art. 20 Abs. 3 GG) liegen könnte (aaO 329). Die Entscheidungen des EGMR haben nach Auffassung des BVerfG eine *„normative Leitfunktion"*. Wahrscheinlich liegt im Rückgriff auf das Rangverhältnis der EMRK im innerstaatlichen Recht ein erhebliches Mißverständnis vor, denn selbst wenn die EMRK – wie in Österreich – Verfassungsrang genießt, bedeutet dies nicht zwingend, dass Urteile des EGMR etwa in gleicher Weise wie Urteile des österreichischen Verfassungsgerichtshofs die österreichischen Gerichte unmittelbar binden[56]. Eine solche Bindungswirkung hängt von der Interpretation einerseits des Umsetzungsbefehls des Ratifikationsgesetzes der EMRK in die innerstaatliche Rechtsordnung und andererseits von der Interpretation der Vorschrift ab, die ihr – wie in Österreich -Verfassungsrang verleiht. Es wäre demnach durchaus möglich, auch einer Umsetzungsvorschrift, die auf dem Ratifikationsgesetz fußend der EMRK nur einfach- gesetzlichen Rang einräumt, trotzdem durch Interpretation dieses Umsetzungsbefehls Bindungswirkung für die Urteile des EGMR gegenüber innerstaatlichen Gerichten zuzuordnen. Es ist deshalb alles andere als eindeutig, die Urteilswirkung aus dem jeweiligen Rang der EMRK ableiten zu wollen.

---

[55] BVerfGE 111, 307. Nachweise bei *Walter* aaO Fn 37. Dabei kann entscheidend sein, dass die „Gewährleistungen der Konvention und die Rechtsprechung des EGMR ... als Auslegungshilfe ... dienen, sofern dies nicht zu einer – *von der Konvention selbst nicht gewollten (vgl. Art. 53 EMRK)* – Einschränkung oder Minderung des Grundrechtschutzes nach dem Grundgesetz führt (vgl. BVerfGE 111, 307 [317, 329] ebenso E. 120, 180, [200f.]). Aufschlussreich ist, dass das BVerfG trotz des Hinweises auf Art. 53 der vom EGMR vertretenen Abwägung zwischen dem Schutz des Privatlebens und der Pressefreiheit im wesentlichen gefolgt ist und nur bei der Frage, ob bei einem Urlaubsaufenthalt eine „in erhöhtem Umfang schutzbedürftige Aktivität abgebildet worden war" (BVerfGE 120, 180, [223]) eine weitere Aufklärung durch die Fachgerichte verlangt hatte.

[56] Siehe dazu Nachweise bei *G. Ress*, Rechtsstellung, Aufgabenbereich und Legitimation des Europäischen Gerichtshofs für Menschenrechte, in: Dimensionen des modernen Verfassungsstaats, 2002, S. 129ff.

8. Inter partes-Wirkung und Orientierungswirkung

Seitdem die französische Rechtsprechung des Conseil d'Etat und der Cour de Cassation den Vorrang ratifizierter völkerrechtlicher Verträge vor den Gesetzen – nach langen Verzögerungen – festgestellt hat, haben auch in Frankreich, wie geschildert, Urteile des EGMR eine Art „Vorrang" nicht nur gegenüber innerstaatlichen Gesetzen, sondern sind auch von französischen Gerichten unmittelbar mit Vorrang zu beachten. Auf diese Weise setzt sich nicht nur in den Niederlanden, wo die EMRK sogar einen Vorrang vor der Verfassung genießt, sondern auch in Österreich ein gegen das betreffende Land ergangenes Urteil *inter partes* mit bindender Wirkung für die innerstaatlichen Gerichte durch[57]. Urteile gegen andere Staaten entfalten nur eine Präjudizienwirkung (wie *Mosler* sagte, eine *Orientierungswirkung*)[58], was eine Abweichung von der Interpretation des EGMR durch innerstaatliche Gerichte im Einzelfall nicht ausschließt und ggf. in einem nächsten Fall zu einem Verfahren vor dem EGMR Anlass geben kann. Beispiele für eine solche Konstellation bieten nicht nur die bekannte Entscheidung des österreichischen Verfassungsgerichtshofs, mit der er auf seiner Interpretation der österreichischen Verfassung im Verhältnis zur Auslegung von Art. 6 EMRK durch den EGMR beharrt hat[59], sondern auch der jetzt beim EGMR anhängige Parallelfall zum Urteil im Fall *Caroline von Hannover* über die Auslegung von Art. 8 im Verhältnis zu Art. 10 EMRK über den Schutz gegenüber unerlaubter Publikation von Fotografien[60], nachdem das Bundesverfassungsgericht[61] die Gründe und Abwägungen des EGMR im Caroline von Hannover-Fall zwar weitgehend übernommen hatte, in einem anderen Aspekt ihm aber nicht gefolgt war und zwar hinsichtlich des *Informationswertes von Fotos* begleitend zu einer Wortberichterstattung (sowohl kritische Debatte). Diese Fragen sind derzeit erneut beim EGMR gegen die Bundesrepublik anhängig[62]; nachdem der BGH der Würdigung des BVerfG gefolgt war. Hier stellt sich natürlich die Frage, wie weit der EGMR die Einschätzung als „Sachdebatte"

---

[57] Siehe dazu *H. Schäffer*, Die Entwicklung der Grundrechte, in: HGR VII/1 § 186 Rn. 72. Noch zurückhaltend gegenüber einer die österreichische Rechtsordnung geradezu umstürzenden Folgerung für die Organisation des Rechtsschutzes VfGH 5102/1965.

[58] In: Maier (Hrsg.), Europäischer Menschenrechtsschutz, 1982, 366.

[59] VfGH 5102/1965.

[60] Urteil vom 24. Juni 2004, Nr. 59320/00 von Hannover ./. Deutschland, ECHR 2004-VI, S. 1 ff.

[61] BVerfGE 120, 180. Nach Ansicht des LG Hamburg vom 24. 6. 2005 hat der 2. Senat des BVerfG den Fachgerichten die Aufgabe zugewiesen, die einschlägige Rechtsprechung des Europäischen Gerichtshofs in das durch eine differenzierte Kasuistik ausgeformte deutsche Teilrechtssystem einzupassen, sofern die Auslegung der einschlägigen Rechtsvorschriften hierfür Raum lasse und verfassungsrechtliche Gebote nicht entgegenstünden (zitiert nach BVerfGE 120, 180, 184).

[62] Das BVerfG hatte gebilligt, dass der BGH auf das sachliche Informationsinteresse der Bildberichterstattung abgestellt hatte. Die Wortberichterstattung über die Wohnung und deren Vermietung habe selbst bei Anlegung großzügiger Maßstäbe keinen Vorrang vor allgemeinem Interesse im Sinne der Rechtsprechung des Europäischen Gerichtshofs für Menschenrechte und auch kein zeitgeschichtliches Ereignis zum Gegenstand.

nachprüfen sollte. Zur Abgrenzung des Schutzes des Privatlebens liegt bisher keine Entscheidung der Großen Kammer des EGMR vor[63].

9. Die „Beachtlichkeit" der inter partes-Urteile gegen Deutschland

Solange das Bundesverfassungsgericht die Pflicht zur „Beachtlichkeit" der EGMR-Entscheidungen gegen Deutschland durch deutsche Gerichte wie im Fall *Görgülü*[64] strikt interpretiert und auch für die anschließende Durchsetzung seiner eigenen Entscheidungen Sorge trägt[65], kann die Stellung des Grundgesetzes im Rahmen der EMRK oder umgekehrt der EMRK im Rahmen des Grundgesetzes als einigermaßen befriedigend angesehen werden, auch wenn die Begründung im *Görgülü-Urteil* des Bundesverfassungsgerichts, das die Reduktion auf eine bloße „Beachtlichkeit" aus Gründen der Völkerrechtsfreundlichkeit fern von Überzeugungskraft ist[66]. Viel-

---

[63] Der EGMR hatte im Kammerurteil vom 24. Juni 2004 festgestellt, dass bei der Abwägung des Rechts auf Respekt des Privatlebens (Art. 8) zur Pressefreiheit (Art. 10) die ungenehmigte Publikation von Fotos aus dem Privatleben *C. v. H.* (also prominenter Personen) nur dann gerechtfertigt sei, wenn sie „überwiegenden Informationsbedürfnissen" diene. Es komme darauf an, ob ein Beitrag zu einer *„öffentlichen Diskussion von Fragen allgemeinen Interesses"*, zu einer „allgemeinen Debatte" geleistet werde und ob ein Schutz der Privatsphäre gegenüber dauerhaften Belästigungen und Nachstellungen durch Fotoreporter gewährleistet sei. Hier trete das Informationsinteresse hinter die Belange des Persönlichkeitsschutzes zurück. Das BVerfG hat korrigierend betont (unter Heranziehung von „Abwägungsurteilen" der 4. Sektion vom 14. 6. 2005, Nr. 14991/02, *Minelli ./. Schweiz*, und der 2. Sektion vom 17. 10. 2006 Nr. 71678/01, *Gourguenidze ./. Georgien* §§ 38 ff. usw.), dass auch „die Unterhaltsamkeit des Inhalts oder seiner Aufmachung" zum Schutzbereich der Pressefreiheit (selbst nach EGMR 4. Sekt. 13. 12. 2005, Nr. 66298/01 Wirtschaftstrend Zeitschriften ./. Austria (BVerfGE 120, 180, 204) gehört, was auch „unterhaltende Beiträge über das Privat- oder Alltagsleben von Prominenten und ihres sozialen Umfelds, insbesondere der ihnen nahestehenden Personen" umfaßt (205). Das BVerfG hat anerkannt, dass der „besondere persönlichkeitsrechtliche Bildnisschutz der Abgebildeten (nicht) stets zurückzutreten hat, also jedwede Bebilderung von Medienerzeugnissen verfassungsrechtlich gewährleistet sei. Das „Selbstbestimmungsrecht der Presse" erfaßt nicht die Entscheidung, wie das Informationsinteresse im Zuge der Abwägung mit kollidierenden Rechtsgütern zu gewichten und der Ausgleich zwischen den betroffenen Rechtsgütern herzustellen ist (205). „Auch die Normalität des Alltagslebens oder in keiner Weise anstößige Handlungsweisen prominenter Personen dürfen der Öffentlichkeit vor Augen geführt werden, *wenn dies der Meinungsbildung zu Fragen von allgemeinem Interesse dienen kann*" (BVerfGE 120, 180). Dabei hat das BVerfG die durch den EGMR nahegelegte Änderung des Schutzkonzepts der „Person der Zeitgeschichte" als ebenfalls verfassungskonform gebilligt (211). „Der Verzicht auf die Figur der „absoluten und relativen Person der Zeitgeschichte" widerspricht der bisherigen Rechtsprechung des BVerfG nicht" (212). Zulässig sind zur Verdeutlichung der Abwägung „typisierende Hilfsbegriffe oder ... Fallgruppenbildungen".

Das BVerfG war der Ansicht, dass der BGH die *Rechtsprechung des EGMR* nicht missachtet habe. In Auswertung dieser Rechtsprechung hat „er Raum für eine differenzierende Beurteilung der Abbildungen" gesehen (218 ff.).

[64] Urteil vom 14. 10. 2004, BVerfGE 111, 307. Beschlüsse des BVerfG vom 28. 12. 2004 und vom 5. 4. 2005; siehe auch Beschluss des BVerfG vom 9. 2. 2007 und den Beschluss des BGH vom 26. 7. 2007.

[65] Vgl. zum Irrlauf der Umsetzung des Urteils durch das OLG Naumburg die kritische Darstellung von R. Lamprecht, Freispruch in eigener Sache, in Myops, 5/2009, S. 4 ff.

[66] Vor allem, wenn man bedenkt, dass es nach dieser Rechtsprechung sogar zu einem Bruch der Befolgungspflicht kommen könnte. Dazu *K. Doehring*, Europäische Menschenrechtskonven-

leicht wäre es an der Zeit, eine von *Partsch*[67] schon vor langer Zeit geäußerte Anregung, der EMRK einen Rang zwischen dem Grundgesetz und den einfachen Gesetzen durch Verfassungsänderung einzuräumen, wieder aufzugreifen. Damit würde sich auch die gebotene, aber relativ langwierige Untersuchung, welche der Garantien der EMRK schon die Qualität von Völkergewohnheitsrecht erlangt haben, erübrigen.

10. Übersicht über die gegen Deutschland erlassenen Urteile

Geht man die gegen die Bundesrepublik bislang erlassenen Urteile des EGMR durch, so könnten zumindest Urteile, die den Schutz des Lebens (Art. 2), das Verbot der Folter, erniedrigender und demütigender Behandlung (Art. 3), die Garantie eines fairen Gerichtsverfahrens (Art. 6 Abs. 1) und die Unschuldsvermutung (Art. 6 Abs. 2) sowie den Grundsatz *nulla poena sine lege* (Art. 7) und das Verbot *retro-aktiver* Gesetzgebung betreffen, den Charakter von Völkergewohnheitsrecht erlangt haben. Diese Überlegung erfaßt demnach mehr oder weniger die „absoluten" Garantien der EMRK, die auch der Straßburger Gerichtshof mit besonderem Nachdruck im Prinzip als uneinschränkbar hervorgehoben hat. Demgegenüber wird man bei den relativen Garantien (Art. 8-12 EMRK), die von vorneherein schon einschränkbar sind, von einer völkergewohnheitsrechtlichen Geltung insgesamt nicht ausgehen können, allenfalls in einem sehr engen Kernbereich und auch dieser ist in hohem Maße von dem Zustand der jeweiligen Gesellschaftsordnung abhängig, jedenfalls in weit höherem Maße als bei den universellen Garantien.

In den gegen die Bundesrepublik erlassenen Urteilen des EGMR war bisher für das Bundesverfassungsgericht offensichtlich kein Anlass gegeben zu prüfen, ob die anwendbare Garantie der EMRK schon den Rang von Völkergewohnheitsrecht hatte. Daß dazu im Fall *Görgülü* – eine Frage der Auslegung des Grundsatzes des Respekts des Familienlebens und damit des Rechts auf Zugang des leiblichen Vaters zu seinem Kind – keine Veranlassung bestand, liegt auf der Hand, denn in diesem Bereich hat sich angesichts der Diversivität der staatlichen Praxis weder eine einheitliche Praxis noch eine entsprechende *opinio iuris* entwickelt. Ähnliches, aber nicht gleiches, gilt für den Schutz des Privatlebens im Verhältnis zur Pressefreiheit (wie im *Caroline von Hannover*-Fall), was einsichtig ist, wenn man die aus der Rechtsvergleichung ersichtliche[68] z. T. unterschiedliche Praxis der Vertragsstaaten zu Grunde legt. Es bleibt festzuhalten, dass im Bereich der absoluten Garantien

tion ohne Verfassungsrang, in: Festschrift R. Mußgnug, 2005, 305, 306 f.; *Kadelbach*, Der Status der Europäischen Menschenrechtskonvention im deutschen Recht, JURA 2005, 480 ff. Kritisch zu diesem möglichen Ergebnis auch *H.-J. Cremer*, aaO. Kap. 32, Rn. 82 m.w.N.

[67] *K. J. Partsch*, Die europäische Menschenrechtskonvention vor den nationalen Parlamenten, ZaöRV 17 (1956), 93, 99 ff; *ders.*: Die Rechte der europäischen Menschenrechtskonvention, in: K. A. Bettermann/F. L. Neumann/C. Nipperdey (Hrsg.), Die Grundrechte, 1. Bd., 1. Halbband, 1966, 235 ff., 283 f.

[68] *Ch. Grabenwarter*, Medienfreiheit und Bildnisschutz nach der Menschenrechtskonvention, in: Internationale Gemeinschaft und Menschenrechte, Festschrift für Georg Ress (hrsg. J. Bröhmer et al.), 2005, S. 979 ff., 981 ff.

immerhin ein erhebliches Potential für die Weiterentwicklung der Garantien der EMRK als Völkergewohnheitsrecht durch die Rechtsprechung des Bundesverfassungsgerichts gegeben ist.

C. Grundgesetz und EMRK – direkte und indirekte Einwirkung

11. Konsequenzen der bloßen Beachtlichkeit

Bei der direkten *inter partes*-Bindung durch Urteile des EGMR gegen Deutschland kann sich die Bundesrepublik Deutschland der Vollstreckung des Urteils nach Art. 46 EMRK nicht entziehen. Diese Vollstreckung findet auch statt, wenn das Bundesverfassungsgericht nur eine „Beachtlichkeit" des Urteils des EGMR durch nationale Gerichte festgestellt hat und die nationalen Gerichte zögern – wie etwa das OLG Naumburg[69] – dem Urteil des EGMR zu folgen. Nehmen wir die denkbare Konstellation, dass ein nationales Gericht trotz seiner Bemühung um Beachtung des Urteils des EGMR zum Ergebnis kommt, dass die Auslegung der EMRK *de lege artis* nicht überzeugt und daher in dieser Weise nicht bindend sein könne, dann ergeben sich mehrere Probleme[70]. Wenn es sich nicht um die Auslegung einer übergeordneten Verfassungsvorschrift, sondern des einfachen Rechts handelt, stellt sich die Frage, ob die Garantie der EMRK in der Auslegung des EGMR nicht als *lex speciales* vorrangige Beachtung verdient. Nicht nur deutsche Gerichte haben auf diese Weise Kollisionsprobleme zu lösen versucht[71] und die EMRK als *lex speciales* gegenüber dem sonstigen einfachen Recht anerkannt. Andererseits läßt sich gegenüber einer klaren und bewusst von der EMRK abweichenden *lex posterior* (wie dem deutschen Kostengesetz) mit einer derartigen Interpretation kein Ausweg finden[72].

12. „Beachtlichkeit" und generelle Umsetzungspflichten

Welche Konsequenzen sich aus der direkten inter partes-Bindung für den verurteilten Vertragsstaat ergeben, kann selbst Gegenstand der Interpretation des EGMR sein. Normalerweise ergibt sich der Umfang der Urteilsfolgen für den Vertragsstaat aus dem Urteilstenor. Da es sich in der Regel um ein Feststellungsurteil handelt, muss das Ministerkomitee die sich aus dem Urteil ergebenden Vollstreckungsverpflichtungen nach Art. 46 Abs. 2 EMRK im Einzelnen bestimmen, auch wenn der EGMR in den letzten Jahren in einzelnen Fällen dazu übergegangen ist, die sich

---

[69] Nachweise in Myops, 5/2009 (oben Fn. 65) S. 4 ff.

[70] Siehe *K. Doehring* aaO. (oben Fn. 66).

[71] Siehe Nachweise bei *Giegerich*, aaO. Kap. 2, Rn. 41 ff.

[72] Da sich die Pflicht zur *unentgeltlichen* Zurverfügungstellung eines Dolmetschers (Art. 6 Abs. 3 lit. e EMRK) nicht aus dem Rechtsstaatsprinzip selbst ergibt, ist dieses konventionskonform auszulegen (BVerfG 2 BvR 2118/01 v. 7. 10. 2003). Siehe dazu *Ch. Grabenwarter/K. Pabel*, in: Grote/Marauhn (Hrsg.), EMRK/GG, 2006, Kap. 14, Rn. 152.

aus dem Urteil ergebenden generellen Umsetzungspflichten mehr oder weniger detailliert zu bestimmen – insbesondere im Fall *Broniowski v. Poland*[73], in dem der Gerichtshof (ausgehend davon, dass dem Beschwerdeführer ein *right to credit*/eine Eigentumsposition zustand) gegenüber Polen angeordnet hat, dass Polen ein generelles Entschädigungsverfahren (eine Art *Claims Commission*) für die jenseits des Bugs enteigneten Polen durch ein allgemeines Entschädigungsgesetz einrichten müsse[74]. Das gleiche geschah im Fall *Hutten – Chapska v. Poland*[75], in dem es um Eigentumseingriffe aufgrund der staatlichen Mietgesetzgebung ging, die nur eine gesetzlich regulierte, relativ geringfügige Miete zuließ. Auch wenn eine derartige Anordnungsbefugnis des EGMR (wegen Eingriffs in Befugnisse des Ministerkomitees) bezweifelt worden ist[76], kann aufgrund des dem Art. 41 EMRK zu Grunde liegenden allgemeinen völkerrechtlichen Grundsatzes der Entschädigungspflicht für Vertragsverletzungen kein Zweifel daran bestehen, dass eine solche generelle Wiedergutmachungspflicht des verurteilten Vertragsstaates besteht.

13. Die kommunistischen Enteignungen in der DDR

Gegenüber der Bundesrepublik hat der EGMR in den Fällen der kommunistischen Enteignungen in der DDR keine vergleichbare Entschädigungspflicht festgestellt, wobei er in der Entscheidung *von Maltzan* sogar über das 4:4-Urteil des Bundesverfassungsgerichts hinausging und eine möglich Verletzung der Eigentumsgarantie von vorneherein verneint hat[77]. Der EGMR konnte in der Regelung im Einigungsvertrag keinen greifbaren Anspruch auf Rückgabe oder eine bestimmte Entschädigung sehen, dessen Regelung im Entschädigungsgesetz die Eigentumsgarantie hätte verletzen können. Diese Begründung weicht von der feststehenden Rechtsprechung des EGMR ab, die in der überwiegenden Zahl der Fälle davon ausging, die Rechtsprechung der nationalen Gerichte zum Bestehen von Eigentumsansprüchen – wie auch im Fall *Broniowski gegen Polen* – zu respektieren[78]. Insofern läßt sich aber immerhin eine *Ergebnis-Kongruenz* zwischen der Interpretation der EMRK durch den EGMR und der Interpretation der Rechtslage unter dem Grundgesetz durch das BVerfG feststellen. Der EGMR hat sich bemüht, jene Fälle

---

[73] *Broniowski v. Poland* (GC), no. 31443/96, ECHR 2004-V, Urteil vom 22. 4. 2004.

[74] Siehe dazu *G. Ress*, Reflections on the protection of property under the European Convention of Human Rights, in: Human Rights, Democracy and the Rule of Law, liber amicorum Luzius Wildhaber (Hg. S. Breitenmoser et al.) 2007, S. 625 ff.

[75] *Hutten-Czapska v. Poland* (GC) no. 35014/97, Urteil vom 19. 6. 2006.

[76] *J. Abr. Frowein*, The binding force of ECHR Judgments and its limits, in: Human Rights, Democracy and the Rule of Law, Liber Amicorum Luzius Wildhaber, 2007, S. 261 ff. Im Fall *Xenides-Arestis v. Turkey*, no. 46347/99, Urteil vom 22. 12. 2005, ging es im übrigen um einen Hinweis, welche Voraussetzungen für eine derartige *claims-commission* erfüllt sein müßten. In diesem Sinne hat offensichtlich auch das Panel der Großen Kammer den in den operativen Teil des Urteils aufgenommenen Hinweis verstanden, als es eine Anrufung der Großen Kammer gegen das Urteil ablehnte.

[77] *Von Maltzan and others v. Germany* (dec.) (GC), nos. 71916/01, 71917/01 and 10260/02, ECHR 2005-V, Entscheidung vom 2. 3. 2005.

[78] Siehe dazu *G. Ress*, Reflections, aaO. (oben Fn. 74).

ratione temporis abzugrenzen, in denen die Enteignungsmaßnahmen vor Inkrafttreten der Konvention erfolgt waren.

Beim Eigentumsschutz nach Art. 1 des 1. Zusatzprotokolls ist der Gerichtshof meines Erachtens genötigt, eine aufgrund der nationalen Rechtsordnung und der nationalen Rechtsprechung bestehende und anerkannte Eigentumspositionen zu respektieren. Er kann allenfalls diese Rechtsprechung daraufhin überprüfen, ob eine an sich aus der Rechtsordnung ersichtliche Eigentumsposition von der nationalen Rechtsprechung ignoriert wurde und daher eine Verletzung der Eigentumsgarantien nach Art. 1 des 1. Zusatzprotokolls vorliegt. Dies war die Konstellation im Fall *Jahn gegen Deutschland*[79], in dem das BVerfG die Entziehung von durch das Modrow-Gesetz eingeräumten Eigentumspositionen nicht als solche, sondern als bloße Inhaltsbestimmung qualifizierte. Der EGMR ist dieser Einstufung mit der problematischen Begründung gefolgt, dass sie durch die Wiedervereinigung als außergewöhnlichen Umstand gerechtfertigt sei[80].

Auf ganz andere Weise ist in dem Fall *Chassagnou u. a. gegen Frankreich* der unverhältnismäßige Eingriff in die Eigentumsnutzung im Rahmen des französischen Jagdrechts[81] entgegen der Auffassung der französischen Gerichte für konventionswidrig gehalten worden. Auch in anderen Konstellationen wie im Fall *The former King of Greece*[82] ist der Eigentumsentzug ohne Entschädigung als konventionswidrig klassifiziert worden. Andererseits läßt sich aus der EMRK *keine Pflicht* zur Wiedergutmachung von in der Vergangenheit, d. h. vor dem Inkrafttreten der EMRK in dem Vertragsstaat begangenen Unrecht entnehmen[83]. In der Beschwerde der *preußischen Treuhand gegen Polen*[84] ist behauptet worden, dass wegen der Verstöße gegen das Völkerrecht sowie einer damit einhergehenden „immanenten Rechtswidrigkeit" der von den polnischen Behörden getroffenen Maßnahmen diese Enteignungen Fortwirkungen bis zum heutigen Tage hätten und deshalb *ratione temporis* immer noch angegriffen werden könnten. Der Gerichtshof hat sich dieser Auffassung nicht angeschlossen, weil es sich bei den Konfiskationen, Gewalthandlungen, Vertreibungen, Besitzentziehungen und Beschlagnahmen von Vermögen insgesamt betrachtet um einmalige Akte handelt und nicht, wie im Fall *Loizidou*[85] um fortgesetzte Handlungen (nämlich fortdauernde Verletzung der Eigentumsgarantie durch Entzug der Nutzungsmöglichkeit, aber ohne formale Enteignung).

---

79 *Jahn and others v. Germany* (GC), no. 46720/99, 72203/01 and 72552/01, ECHR 2005-VI, Urteil v. 30. 6. 2005.

80 Siehe dazu die Kritik in den dissenting opinions von *J. P. Costa* und *G. Ress.*

81 *Chassagnou and others v. France* (GC), nos. 25088/94, 28331/95 and 28443/95, ECHR 1999-III. Urteil vom 29. 4. 1999.

82 *The Former King of Greece and others v. Greece* (GC), no. 25701/94, ECHR 2000-XII. Urteil vom 23. 11. 2000.

83 *Kopetzký v. Slovakia* (GC), no. 44912/98, ECHR 2004-IX, Urteil vom 28. 9. 2004.

84 *Preußische Treuhand v. Polen* (GC), no. 47 550/06, Urteil vom 7. 10. 2008, EuGRZ 2008, S. 685 ff.

85 *Loizidou v. Turkey* (prel. objections), Urteil vom 23. 3. 1995 (series A 310) u. in der Sache Urteil vom 18. 12. 1996, Rep. 1996-VI.

14. Die Auslegung der Kompromissformel in Art. 1 Satz 2 des 1. Zusatzprotokolls

Unübersehbar ist, dass die Rechtsprechung des EGMR zum Eigentumsschutz über die Kompromissformel in Art. 1 Satz 2, wonach die Verpflichtung zur Durchführung von Enteignungen „subject to the conditions provided for by law and the general principles of international law" sei[86], weit hinausgegangen ist. Während der Verweis auf die „principles of international law" im strikten Sinne so gedeutet werden konnte, dass eine Pflicht zur Entschädigung nur bei Eingriffen in Eigentumsrechte von Ausländern bestand (im übrigen ist dieser Satz in diesem Sinne in der zitierten *von Maltzan*-Entscheidung des EGMR bestätigt worden)[87], hat der EGMR aber generell jede Eigentumsentziehung unter den Grundsatz der Verhältnismäßigkeit gestellt und diesen so umschrieben, dass ein gerechter Ausgleich (fair balance) hergestellt werden müsse zwischen den Anforderungen des allgemeinen Wohls der Gemeinschaft und den Erfordernissen des Schutzes der fundamentalen Rechte des einzelnen. Die Suche nach einem solchen Ausgleich sei der Konvention insgesamt und speziell auch der Struktur des Art. 1 des 1. Zusatzprotokolls inhärent. Diese in der Entscheidung *Sporrong und Lönnroth* entwickelte[88] und auch später immer wieder aufgegriffene Formel hat zur Folge, dass sie „auch dann gilt, wenn – wie dies der Gerichtshof in bestimmten Fällen angenommen hat – einen Eingriff weder Art. 1 Abs. 1 Satz 2, noch Abs. 2 des 1. ZP zugeordnet werden kann und daher am Maßstab von Abs. 1 Satz 1 geprüft wird"[89].

Im Vergleich zum Grundgesetz ist angemerkt worden, dass Inhalts- und Schrankenbestimmungen ebenfalls regelmäßig verschwimmen und nicht zu trennen sind und dass gesetzliche Inhalts- und Schrankenbestimmungen unter das Gebot der Verhältnismäßigkeit und des Übermaßverbots gestellt werden. Damit werden, obwohl das Bundesverfassungsgericht in der verfassungskonformen gesetzlichen Bestimmung von Inhalt und Schranken des Eigentums „keine Einschränkung des Grundrechts" sieht, die materiellen Anforderungen an „Inhalts- und Schrankenbestimmungen" denen, die an die gesetzlichen Einschränkungen anderer Freiheitsrechte gestellt werden, doch zumindest angenähert"[90]. Diese trotz aller Unterschiede in den dogmatischen Einzelheiten Ähnlichkeiten im Grundsätzlichen, nämlich der Unterstellung der Anwendung der Eigentumsgarantie unter den Verhältnismäßigkeitsgrundsatz führt dazu, dass praktisch kaum Fälle des Eigentumsschutzes gegen die Bundesrepublik Deutschland Erfolg haben. Für Verwirrung mag gesorgt haben, dass der EGMR die Grenze zwischen vollstreckbaren Forderungen und eigentumskräftigen Positionen kraft berechtigter Erwartung in einigen Fällen verwischt hat, wenn er dafür, ob eine Forderung „sufficiently established to be enforceable" ist, gerade auf das Bestehen einer „legitimate expectation" ab-

---

[86] Nachweise bei *G. Ress*, Reflections ... aaO. (oben Fn. 74).
[87] *von Maltzan and others v. Germany* (dec.), (GC) aaO. (oben Fn. 77).
[88] *Sporrong and Lönnroth v. Sweden* series no. 52, Urteil vom 23. 9. 1982.
[89] *Beyeler v. Italy* (GC) no. 33202/96, ECHR 2000-I, Urteil vom 5. 1. 2000.
[90] *H.-J. Cremer* aaO. Kap. 22 Rn. 69.

stellte. In der Literatur ist unter Rückgriff auf die im Fall *Pine Valley Developments Ltd.*[91] erfolgte Anerkennung einer Eigentumsposition (obwohl die behördlich Baugenehmigung sich als unwirksam erwies) entwickelte Linie so gekennzeichnet worden, dass damit das Vertrauen des gutgläubigen Unternehmers geschützt und zu einer Eigentumsposition verdichtet werden sollte[92]. Ebenso wie das Bundesverfassungsgericht den Schutz aus Art. 14 auf das erworbene beschränkt und nicht auf Erwerbsaussichten ausgeweitet hat, hat der EGMR in letzter Zeit die Formel von den *legitimate expectations* auf solche reduziert, die in der nationalen Rechtsordnung durch einen Rechtsakt Ausdruck gefunden haben[93].

15. Verfassungsordnungen und EMRK

Man darf nicht übersehen, dass die Konvention für 47 Staaten gilt und damit für alle Verfassungsordnungen – von Reykjavik bis Wladiwostok – maßgeblich ist. Auch wenn die Staaten des Europarats davon ausgehen, dass alle Verfassungs- und Rechtsordnungen der Vertragsstaaten mit der EMRK im Prinzip vereinbar sind, bestanden z. B. im Fall der Aufnahme Rußlands daran von vorneherein Zweifel und bei einer jüngsten Verfassungsänderung in Liechtenstein ist dies ebenfalls in Zweifel gezogen worden. Auch die Aufnahme Monacos war erst nach erheblichen Verfassungsänderungen möglich[94]. Die Vertragsstaaten sind, falls die Verletzung der Konvention in der Existenz, Auslegung und Anwendung innerstaatlicher Rechtsvorschriften zu sehen ist, zur Ergänzung, ggf. sogar Änderung der innerstaatlichen Rechtsvorschriften verpflichtet. Diese Verpflichtung kann so weit gehen, dass selbst die Änderung von Verfassungsbestimmungen notwendig wird, falls die Verletzung gerade in der Anwendung einer Verfassungsbestimmung zu sehen ist. Die Probleme, die sich aus der Pflicht zur Änderung der Verfassung aufgrund der Vollstreckungs- und Umsetzungspflicht nach Art. 46 Abs. 2 bei Urteilen gegen den betreffenden Staat ergeben, sind evident. In der Türkei hat das Urteil im Fall *Inçal*[95], welches die Beteiligung von sogenannten Militärrichtern an normalen Strafverfahren betraf (was der Gerichtshof als eine Verletzung der Unparteilichkeit und Unabhängigkeit des Gerichts nach Art. 6 Abs. 1 EMRK qualifizierte), die Änderung der Institution der Militärrichter in der Verfassung notwendig gemacht. Die Türkei selbst war an diesen Änderungen interessiert, um das Verfahren im Fall *Öcalan* im Ergebnis nicht mit einer Konventionswidrigkeit zu belasten[96]. Die Türkei hat diese Verfassungsänderungen durchgeführt – wie im übrigen auch andere Urteile umgesetzt und vollstreckt, die zum Beispiel Verbote politischer Parteien, die vom türki-

---

91 *Pine Valley Developments Ltd. and others v. Ireland*, series 222, Urteil vom 29. 11. 1991; Art. 50 – Urteil vom 9. 2. 1993 (Series 246-B).

92 *Cremer* aaO. Kap. 22 Rn. 78.

93 Siehe insbesondere *Kopetzký v. Slovakia* no. 44912/98 (GC), ECHR 2004-IX, Urteil vom 28. 9. 2004.

94 Siehe dazu *G. Ress*, Il Liechtenstein, Monaco e il Consiglio d'Europa, in: Stato di Diritto e Democrazia nella Costituzione del Liechtenstein, 2008, S. 91 ff.

95 *Inçal v. Turkey*, Urteil vom 9. 6. 1998, Rep. 1998-IV fasc. 78.

96 *Öcalan v. Turkey* (GC), no. 46221/99, ECHR 2005-IV, Urteil vom 12. 5. 2005.

schen Verfassungsgerichtshof ausgesprochen worden waren[97], betrafen. In diesen Urteilen hatte der EGMR diese Parteiverbote, die aufgrund von nationalen Verfassungsbestimmungen (u. a. wegen Verletzung der territorialen Einheit) ausgesprochen worden waren, für konventionswidrig erklärt, da er Einschränkungen der politischen Meinungsfreiheit und auch Vereinigungsfreiheit nur in engen Grenzen, zum Beispiel bei Aufruf zu Gewalt oder bei der Verletzung grundlegender Konventionsgarantien (wie bei dem Versuch der Refah-Partei, die Sharia in der Türkei einzuführen)[98] anerkannt hat.

16. Politische Meinungsfreiheit – Differenzen der dogmatischen Einordnung

Es wäre daher im Extremfall nicht auszuschließen, dass durch ein Urteil des EGMR auch eine Änderung der Verfassung, also des Grundgesetzes, notwendig werden könnte. Im Zusammenhang mit dem vor dem BVerfG gescheiterten NPD-Verbotsverfahren ist bedauert worden, dass es zu keiner Überprüfung der Konventionsgemäßheit der deutschen Rechtsprechung zu Parteiverboten gekommen ist. Gegen die Bundesrepublik Deutschland ist, was die *politische Meinungsfreiheit* angeht, insofern das Urteil im *Fall Vogt*[99] ergangen, in welchem eine Lehrerin, die der Deutschen Kommunistischen Partei angehörte und die sich als Kandidatin für die Landtagswahl hatte aufstellen lassen, von der Ausübung ihres Berufs suspendiert worden war. Der Gerichtshof hat es zwar vermieden, öffentlichen Funktionsträgern wie Polizisten, Richtern, Lehrern und Soldaten die Berufung auf die Meinungsfreiheit im Besonderen Gewaltverhältnis generell zu versagen. Sie können sich auf Art. 10 EMRK berufen, allerdings bringt nach der Formulierung von Art. 10 Abs. 2 die Ausübung der Meinungsfreiheit gerade für diesen Personenkreis Pflichten und Verantwortung mit sich. Nach der Rechtsprechung des Gerichtshofes müssen Einschränkungen der Meinungsfreiheit in jedem Fall der Erreichung eines oder mehrerer der in Absatz 2 genannten Ziele, insbesondere der Aufrechterhaltung der Ordnung dienen oder durch die spezifischen Funktionsanforderungen des Amtes oder der Institution, in welcher der Beschwerdeführer tätig ist, gerechtfertigt sein. Das war gerade bei der Beschwerdeführerin Fall *Vogt* nach Auffassung der Mehrheit der Richter nicht der Fall. Dieses gegen die Bundesrepublik Deutschland ergangene Urteil hat zwar eine Verfassungsänderung nicht erforderlich gemacht, wohl aber eine gewisse Veränderung der verfassungsrechtlichen Praxis in Verbindung mit den sogenannten Extremistenbeschlüssen der Bundesländer, nämlich eine sehr sorgfältige, auf den Einzelfall bezogene Prüfung, wie weit Anhaltspunkte zu einer Beeinträchtigung der Dienstfunktion bestehen. In der Literatur ist die Unterscheidung des Gerichtshof im Hinblick auf das in der Konvention nicht geregelte Recht auf Zugang zum öffentlichen Dienst von der Entlassung aus dem öffentlichen Dienst als künstlich qualifiziert worden und unter Rückgriff auf

[97] Näheres dazu bei *Jürgen Bröhmer*, in: Grote/Marauhn (Hg.), EMRK/GG, Kap. 19 Rn. 9 ff.

[98] *Refah Partisi and others v. Turkey* (GC), nos. 41340/98, 41343/98 and 41344/98, ECHR 2003-II, Urteil vom 13. 2. 2003.

[99] *Vogt v. Germany*, Series No. 323, Urteil vom 26. 9. 1995.

neuere Entscheidungen des EGMR die These vertreten worden, dass es nur darauf ankomme, ob sich die belastende staatliche Maßnahme als Sanktion einer bestimmten Auffassung oder einer Meinungsäußerung darstellt und geeignet ist, von dem Gebrauch der Meinungsfreiheit abzuschrecken[100]. In diesem Sinne hat auch das Bundesverfassungsgericht die Ablehnung der Übernahme eines Auszubildenden in ein Arbeitsverhältnis wegen angeblich positiver Haltung zum Einsatz von Gewalt zwecks Durchsetzung politischer Ziele als Eingriff in die Meinungsfreiheit des Betroffenen qualifiziert. Es kann auch nicht bezweifelt werden, dass der EGMR im Gegensatz zum deutschen Recht die Unterscheidung zwischen der funktionalen Trennung der Wahrnehmung öffentlicher Aufgaben und der privaten Sphäre, die von der Meinungsfreiheit erfaßt wird, nicht im gleichen Sinne im Rahmen des Schutzbereichs des Art. 10 durchgeführt hat. Dazu ist in der Literatur vermerkt worden, dass die der deutschen Verfassungsrechtsdogmatik eigentümliche Dichotomie zwischen grundrechtlich geschützten Freiheitsrechten einerseits und staatsorganschaftlichen Kompetenzen andererseits, die gerade an den Nahtstellen von Staat und Gesellschaft, d. h. dort, wo es um die Mittlerfunktion der politischen Parteien und der Abgeordneten in den staatsorganschaftlichen Bereich hineingeht, brüchig erscheint, bleibt damit auf Konventionsebene ausgeklammert“[101].

17. Dogmatische Einordnungs- und Begründungsunterschiede zwischen EGMR und BVerfG und obligations to result

Dogmatische Unterschiede im Lösungsansatz werden deutlich bei Fallgruppen, die zum Beispiel Aufrufe zur Gewalt enthalten. Auf der Grundlage der Blinkfüer-Rechtsprechung des Bundesverfassungsgerichts bereitet ihre Einordnung theoretisch keine Probleme: Der Aufruf zur Gewalt stellt sich nicht als „grundrechtlich geschützte Meinungsäußerung dar, weil er gerade nicht durch die Kraft des Arguments, sondern durch die Androhung von physischem Zwang wirken will“. Im Rahmen des Grundgesetzes ist anerkannt, dass die Beschränkung der Versammlungsfreiheit auf friedliche Versammlungen (Art. 8 GG) sinngemäß auch für individuelle Meinungsäußerungen gilt[102]. Auch der EGMR sieht den Aufruf zur Gewalt letztlich nicht als schützenswert an, gelangt aber zu diesem Ergebnis nicht über eine restriktive Interpretation des Schutzbereichs, sondern über die Rechtfertigung der staatlichen Gegenmaßnahmen am Maßstab des Art. 10 Abs. 2 EMRK[103]. Auf der Suche nach einer materiellen Konkordanz zwischen dem Grundgesetz und der EMRK läßt sich in diesem Fall wie auch in anderen trotz unterschiedlicher dogmatischer Begründung ein gemeinsames Ergebnis feststellen. Da die Verpflichtungen aus der EMRK *„obligations to result“* sind, sind gegen solche Begründungsunterschiede keine grundsätzlichen Einwände möglich. Auch in anderen Fällen gibt es bekanntlich Differenzen: so ist nach der Rechtsprechung des EGMR vom öffentli-

[100] *Rainer Grote/Nicola Wenzel*, EMRK/GG aaO. Kap. 18 Rn. 54, 55.
[101] Ibidem Rn. 55.
[102] Ibidem Rn. 38.
[103] *Arslan v. Turkey* (GC), no. 23462/94, Urteil vom 8. 7. 1999.

chen Interesse nicht mehr gedeckt die (Bild-) Berichterstattung über das Trivial- und Intimleben Prominenter, die in keinem Zusammenhang mit deren öffentlichen Funktionen steht[104], während andererseits das Bundesverfassungsgericht[105] stärker auf die Faktizität des öffentlichen Interesses und weniger auf dessen inhaltliche Bewertung abstellt. Der EGMR hat deutlich gemacht, dass der Schutz des Art. 10 EMRK für Meinungsäußerungen, die keinen Beitrag zur einer Debatte von allgemeinem Interesse leisten, vergleichsweise schwach ausgeprägt ist, und daher in der Abwägung hinter das Recht anderer auf einen wirksamen Schutz ihrer Privatsphäre (Art. 8 EMRK) zurücktreten muss. Wie in der Literatur mit Recht bemerkt wurde, definiert der EGMR die öffentliche Funktion der Presse (the watch dog-function) insoweit enger als das Bundesverfassungsgericht[106]. So kann nach Auffassung des Gerichtshofs die Veröffentlichung von Fotos Prominenter, die bei privaten Anlässen gemacht wurden und in keinem Zusammenhang mit der Wahrnehmung öffentlicher oder gesellschaftlicher Funktionen der betreffenden Personen stehen, mit der „watch dog"-Funktion der Presse nicht gerechtfertigt werden und stellt daher einen unverhältnismäßigen Eingriff in die Persönlichkeitsrechte der Betroffenen dar. Auch hier kommt es beim Vergleich zwischen den unterschiedlichen Begründungsansätzen des Bundesverfassungsgerichts und des EGMR auf das *Ergebnis* an: mit anderen Worten darauf, wie weit EGMR und Bundesverfassungsgericht bei den Einschränkungen der Pressefreiheit, soweit sie bloße Unterhaltungsbedürfnisse befriedigt, in einer vergleichbaren Weise bei den Einzelfallkonstellationen differenzieren. Eine Korridorlösung[107], die derartige Abgrenzungen ausschließlich den Vertragsstaaten im Rahmen der *margin of appreciation* überließe, würde der Funktion des dem EGMR übertragenen Menschenrechtsschutzes nicht gerecht.

18. Die Einwirkung des GG auf die Rechtsprechung des EGMR – die Rolle der Rechtsvergleichung

Bei den indirekten Einwirkungen des Grundgesetzes auf die Rechtsprechung des EGMR ist zunächst darauf hinzuweisen, dass die nationalen Rechtsordnungen insgesamt und die Verfassungen insbesondere bei der Rechtsfindung des EGMR dogmatisch über die zu Grunde liegende *Rechtsvergleichung* erfolgt[108]. Das Grundgesetz hat als Verfassung eines der wichtigsten Vertragsstaaten dabei eine gewisse systemleitende Funktion Da die Rechtsvergleichung ein wesentlicher methodischer Ansatz zur Auslegung der einzelnen Konventionsgarantien ist[109], kommt den

[104] *Caroline von Hannover v. Germany*, siehe dazu oben Fn. 60.

[105] BVerfGE 101, 361 (396); 120, 180.

[106] *Rainer Grote/Nicola Wenzel* aaO. Kap. 18 Rn. 109.

[107] Siehe dazu *Hoffmann-Riem*, Aus der Sicht des Bundesverfassungsgerichts, EuGRZ 2006, 492 ff.; siehe dazu *Ress*, Horizontale Grundrechtskollisionen aaO. S. 321 ff.

[108] Siehe dazu *L. Wildhaber*, The role of Comparative Law in the Case-Law of the European Court of Human Rights, in: Internationale Gemeinschaft und Menschenrechte, Festschrift für Georg Ress (hrsg. J. Bröhmer et al.), 2005, S. 1101 ff.

[109] Vgl. dazu als Beispiel *Comingersoll ./. Portugal* (GC), no. 35382/97, ECHR 2000-IV, Urteil vom 6. 4. 00.

Verfassungen der wichtigen Vertragsstaaten bis in einzelne inhaltliche Ausgestaltungen entscheidendes Gewicht zu. Inzwischen haben alle Vertragsstaaten die Konvention in ihr innerstaatliches Recht inkorporiert. Bei der Interpretation der Konvention, die der EGMR als „living instrument, to be interpreted under present day conditions“ ansieht[110], hat der Gerichtshof auf den Wandel der Anschauung in der großen Mehrheit der Konventionsstaaten, die auf einen sich herausbildenden Konsens hindeuten, Rücksicht genommen und darauf sogar durch *Rechtsprechungsänderung*, wie im Fall *Christine Goodwin v. UK* reagiert[111]. Dabei spielt auch die progressive Weiterentwicklung (rights that are practical and effective) – wie im Fall *Selmouni ./. France*[112], in dem die Abgrenzung der Folter zur unmenschlichen Behandlung präzisiert wurde – eine wichtige Rolle. Gestützt auf die Entwicklung der Inkorporation in die Vertragsstaaten ist in der Literatur vertreten worden, dass die Zeit für eine Rechtsprechungsänderung in Richtung auf eine Inkorporationsverpflichtung eingetreten sei, nachdem nunmehr auch Irland die Inkorporation vorgenommen habe[113].

19. Folgen aus dem Verständnis der EMRK als European public order

Neben der Bedeutung des Grundgesetzes im Rahmen der Rechtsvergleichung für die einheitliche Praxis der Vertragsstaaten, die wie der Gerichtshof angedeutet hat (*Öcalan ./. Turkey*)[114], sogar zu einer impliziten formlosen Vertragsänderung führen könnte, die den Konventionsstaaten verstärkte Verpflichtungen im Interesse der Menschenrechte auferlegt (betreffend Zulässigkeit der Todesstrafe), kommt auch der Vorrangfrage Bedeutung zu. Allerdings hat sich insofern unter den Vertragsstaaten noch kein Konsens über den Vorrang der EMRK vor dem nationalen Gesetzesrecht herausgebildet – wie er etwa in Belgien, Frankreich, Spanien und der Schweiz, oder sogar teilweise mit förmlichen Verfassungsrang wie in Österreich oder teilweise sogar Vorrang vor dem nationalen Verfassungsrecht wie in den Niederlanden besteht. Unter dem Grundgesetz ist trotz des einfach gesetzlichen Ranges der EMRK die Pflicht zur konventionskonformen Interpretation nationaler Gesetze anerkannt, wenn man mit dem EGMR die Konvention als eine objektiv verbindliche verfassungsähnliche *European public order* versteht, d. h. mehr als einen nur inter-subjektiv verbindlichen völkerrechtlichen Vertrag. Mit der Anerkennung der obligatorischen Gerichtsbarkeit des EGMR nach dem 11. Zusatzprotokoll als eine Art „Verfassungsgerichtsbarkeit“ haben die „Konventionsstaaten ein erhebliches Stück auf dem Weg zur Konstitutionalisierung der Konvention zurückgelegt“[115].

---

[110] Siehe dazu *G. Ress*, Supranationaler Menschenrechtsschutz aaO. ZaöRV 64 (2004), 621 ff., 628 ff.

[111] *Christine Goodwin* v. UK (GC), no. 28957/95, ECHR 2002-VI, Urteil vom 11. 7. 2002.

[112] *Selmouni v. France* (GC), no. 25803/94, ECHR 1999-V, Urteil vom 28. 7. 1999.

[113] *Thomas Giegerich*, aaO., Kap. 2 Rn. 9 ff.

[114] AaO. oben Fn. 96.

[115] *Giegerich* aaO. Kap. 2, Rn. 24.

20. Wirkung über Art. 24 Abs. 1 GG?

Verstärkt wird diese quasi verfassungsrechtliche Wirkung der EMRK durch Überlegungen in der Literatur, die von einer *Direktwirkung der Urteile* des EGMR im innerstaatlichen Rechtsraum ausgehen[116]. Diese These ist mit Recht als problematisch bezeichnet worden, da die Rechtsentwicklung in den Vertragsstaaten nicht dafür spricht, eine solche unmittelbare Durchgriffswirkung der Entscheidungen des EGMR aus völkerrechtlicher Quelle und ggf. sogar mit Vorrang vor innerstaatlichem Recht – anzuerkennen. Auch eine Deutung der Durchgriffswirkung über Art. 24 Abs. 1 GG hat sich nicht durchsetzen können[117].

21. Keine erga omnes-Wirkung der Urteile

Das Potential der EMRK im europäischen Verfassungsverbund soll sich auch über eine *erga omnes*-Wirkung seiner Entscheidungen entfalten. Diese These von der Präjudizwirkung der Interpretation der EMRK auf künftige Fälle[118] ist ein Irrweg, schon deshalb, weil dann künftige Beschwerden in gleichartigen Fällen die von dieser Interpretation abweichen, als unzulässig abzuweisen wären. Die Vertragsstaaten müssen die Praxis des EGMR gegenüber allen Vertragsstaaten intensiv beobachten, um eine Verurteilung in Parallelfällen zu vermeiden. Es ist selbstverständlich auch möglich, dass der Gerichtshof – wie es in der Vergangenheit geschehen ist[119], seine Rechtsprechung ändert und besseren Argumenten oder einer inzwischen veränderten Staatenpraxis (Rechtsvergleichung) im Einzelfall folgt.

22. Die Wirkung der EMRK im europäischen Verfassungsverbund über das EG-Recht

Darüber hinaus entfaltet sich die Bedeutung der EMRK im europäischen Verfassungsverbund auch als Bestandteil des EG-Rechts, einmal über die allgemeinen Rechtsgrundsätze des europäischen Gemeinschaftsrechts[120] mit Vorrangwirkung gegenüber dem nationalen Recht, zum anderen nach Inkorporation der Grund-

---

[116] *Jörg Polakiewicz*, Die innerstaatliche Durchsetzung der Urteile des Europäischen Gerichtshofs für Menschenrechte, in: ZaöRV 52 (1992) 149 ff., 165 ff.; dazu *Cremer* aaO., Kap. 32, Rn. 63.

[117] Dazu *Christine Langenfeld*, Die Stellung der EMRK im Verfassungsrecht der Bundesrepublik Deutschland, in: J. Bröhmer (Hrsg.), Der Grundrechtschutz in Europa, 2002, 95 ff.; *Ress*, Verfassungsrechtliche Auswirkungen der Fortentwicklung aaO., 1790 ff.; Kritisch dazu *D. Deiseroth*, in D. C. Umbach/T. Clemens, Grundgesetz, Mitarbeiterkommentar, Bd. 1, 2002, Art. 24 Rn. 15.

[118] siehe dazu *Cremer*, Kap. 32, Rn. 84-94.

[119] Siehe dazu die oben zitierten Urteile *Selmouni ./. France* und *Christine Goodwin ./. UK*. Weitere Fälle bei *Giegerich* aaO. Kap. 2, Rn. 12.

[120] *G. Ress*, Die europäische Grundrechtskonzeption. Branchen wir eine verbindliche Europäische Grundrechtscharta?, in: R. Herzog/S. Hobe (Hg.), Die Europäische Union auf dem Weg zum verfassten Staatenbund, 2004, 83 ff., 90 ff.

rechtscharta ins Primärrecht (Lissaboner Vertrag) und nach einem zukünftigen EMRK-Beitritt der EG/EU. Im Rahmen der europäischen Grundrechtscharta sollen die europäischen Grundrechte, sofern sie aus den Konventionsrechten entwickelt worden sind, die gleiche Bedeutung und Tragweite haben wie diese. In der *Bosphorus*-Entscheidung[121] hat der EGMR insoweit dem EuGH einen weitreichenden Vertrauensvorschuss gewährt und ähnlich wie in der Solange-Rechtsprechung des Bundesverfassungsgerichts seine Prüfungskompetenz zurückgenommen auf jene Fälle von Verletzungen der EMRK, die eine „manifest deficiency" im Grundrechtsschutz erkennen lassen.

Es ist im Ergebnis wenig überzeugend, dass in der Rechtsprechung der vorrangige Charakter des europäischen Gemeinschaftsrechts, wenn auch mit gewissen Einschränkungen, anerkannt worden ist und für den Bereich des Gemeinschaftsrechts auch die EMRK über die allgemeinen Rechtsgrundsätze daran teilhat, während andererseits die EMRK selbst trotz ihrer Qualifikation als *European public order* durch den EGMR nach wie vor nur den Rang eines einfachen Gesetzes hat und bezüglich seiner *inter partes* wirkenden Urteile nur eine sogenannte „Beachtungspflicht" gilt.

23. Die Urteilswirkung auf „ausbalancierte Teilrechtssysteme"

Was die Wirkungen von Urteilen des EGMR angeht, so ist auf eine gewisse Inkonsistenz in der Rechtsprechung des Bundesverfassungsgerichts hinzuweisen. Im *Pakelli*-Beschluss[122] hat das Bundesverfassungsgericht (allerdings in einem einstimmigen Dreierausschuss) die Feststellung getroffen, dass „zufolge des Rechtsanwendungsbefehls, den das Zustimmungsgesetz vom 7. August 1952 der Konvention erteilt hat, alle deutschen Gerichte in der Bundesrepublik Deutschland gehalten sind, gemäß Art. 52 EMRK (jetzt Art. 46 Abs. 1) die materielle Rechtskraft der Entscheidungen des europäischen Gerichtshof für Menschenrechte zu beachten". Das gilt jedoch nur, so weit die materielle Rechtskraft reicht.

Im *Pakelli*-Beschluss war gerade die Wiederaufnahme des Strafverfahrens nicht Gegenstand der Entscheidung des EGMR gewesen. Die Befolgungspflicht aus Art. 46 Abs. 1 EMRK wird durch das Zustimmungsgesetz rezipiert und wie in der Literatur zu Recht bemerkt worden ist, modifiziert, wenn es alle deutschen Gerichte im Inland dazu anhält, die materielle Rechtskraft der EMRK-Urteile zu beachten. Diese Interpretation des Zustimmungsgesetzes läßt sich aus der Völkerrechtsfreundlichkeit des Grundgesetzes[123] ableiten. Man kann auch von einem verfassungsrechtlichen Gebot des konventionsfreundlichen Verhaltens sprechen, das die Pflicht zur Beachtung der EGMR-Urteile enthält, dann wird aber – wie mit Recht bemerkt worden ist[124] – nichts dramatisch Neues bewirkt, wenn ein deutsches Gericht EGMR-Urteile mit rechtskraftdurchbrechender Wirkung ausstattet.

---

[121] *Bosphorus ./. Ireland* (GC), no. 45036/98, ECHR 2005-VI, Urteil vom 30. 6. 2005.
[122] EuGRZ 1985, 654 (655).
[123] Cremer aaO. Kap. 32 Rn. 76, siehe auch Rn. 77 Rn. 171.
[124] Cremer aaO. Kap. 32 Rn. 76, vor allem Rn. 163.

Das Gebot der Verfassung, sich gleichberechtigt in eine vereintes Europa einzugliedern und dabei dem Frieden der Welt zu dienen, umfaßt auch die Achtung der unverletzlichen und unveräußerlichen Menschenrechte, deren sorgfältige Befolgung gerade in den Urteilen des EGMR konkretisiert als ein Gebot der Verfassung erscheint.

Dabei wird man allerdings bei Urteilen deutscher Gerichte in Zivilsachen beachten müssen, dass sich der Streitgegenstand des Urteils des EGMR schon *ratione personae* in der Regel nicht deckt. In der Literatur ist deshalb vertreten worden, dass zumindest ein Vollstreckungshindernis für das Zivilurteil begründet sei[125]. Vergleicht man diese Rechtsprechung mit dem Görgülü-Beschluss vom 14. Oktober 2004[126], in dem das Bundesverfassungsgericht auf die Grenzen der Bindungswirkung bei mehrpoligen Grundrechtsverhältnissen (in einem in seinen Rechtsfolgen ausbalancierten Teilrechtssystem des innerstaatlichen Rechts, das verschiedene Grundrechtspositionen miteinander zum Ausgleich bringen will) hingewiesen hatte, so werden andere Gesichtspunkte zu den Grenzen der Bindungswirkung deutlich, die das Bundesverfassungsgericht dahingehend formuliert oder pointiert, dass die staatlichen Organe die Auswirkungen auf die nationale Rechtsordnung in ihre Rechtsanwendung einzubeziehen hätten[127]. *Grupp* und *Stelkens* haben darauf hingewiesen, dass kaum Fälle vorstellbar seien, in denen durch Bundesgesetze „ausbalancierte Teilrechtssysteme" geschaffen worden seien, innerhalb derer die EMRK in ihrer Konkretisierung durch den EGMR nicht unmittelbar Anwendung finde[128], denn geboten sei – als eine Form nicht der völkerrechtskonformen, sondern der systematischen Auslegung – eine „EMRK-inkorporierte" Anwendung des deutschen Rechts. Die Konvention bilde gleichsam einen unmittelbar anwendbaren „allgemeinen Teil" des Bundesrechts, auf den weder die *lex posterior*- noch die *lex specialis*-Regel Anwendung finde. Dies habe zur Folge, dass es im Normalfall ausgeschlossen sei, dass das Ergebnis einer methodengerechten Subsumtion eines bestimmten Sachverhalts unter ein formelles Bundesgesetz gegen die EMRK verstoße. Ein durch formelle Bundesgesetze normiertes Teilrechtssystem lasse sich damit niemals in der Weise als „austariert" begreifen, dass die Berücksichtigung der EMRK ihre Balance störe; vielmehr beziehe jedes bundesgesetzliche Teilrechtsystem die Konvention mit ein und sei aus der Warte der Konvention gerade deshalb „ausbalanciert". Mir scheint diese Auffassung, die sich mit meiner schon vor fast 30 Jahren auf einem Kolloquium des Europarats geäußerten Auffassung deckt[129], der von der Verfassung her gebotenen Rolle der EMRK im deutschen Rechtsraum zu entsprechen. Gleichwohl ist es nicht ausgeschlossen, dass sich eine Auslegung der EMRK aufgrund eines neueren Urteils nicht völlig in dieses Teilrechtssystem einpaßt und Anpassungen erfordert.

---

[125] Cremer aaO.

[126] BVerfGE 111, 307.

[127] Dazu *Cremer*, aaO. Kap. 32 Rn. 76.

[128] *K. Grupp/K. Stelkens*, Zur Berücksichtiung der Gewährleistungen der Europäischen Menschenrechtskonvention bei der Auslegung deutschen Rechts, DVBl. 2005, 133 ff.; dazu *Cremer* aaO. Kap. 32 Rn. 82.

[129] Ress, in: Maier aaO.

Im Ergebnis hat das Bundesverfassungsgericht der von ihm vertretenen Beachtungspflicht, die wie *Cremer* richtig bemerkt[130] dazu führen könne, dass es den deutschen Fachgerichten nicht – zumindest nicht in jedem Fall – möglich sein wird, den Anforderungen des EGMR-Urteils zu genügen, im konkreten *Görgülü-Fall* gegenüber widerspenstigen Fachgerichten zum Durchbruch verholfen[131].

24. *Schlussbemerkung*

Im europäischen Verfassungsverbund bildet die authentische Interpretation der EMRK durch den EGMR auch ohne Vorlagepflicht nationaler Gerichte oder einer Vorlagepflicht des EuGH einen feststehenden systemleitenden Anker, der eine Verbindung zwischen dem Grundgesetz, dem europäischen Gemeinschaftsrecht mit den 27 Mitgliedstaaten und dem Europarat mit seinen 47 Vertragsstaaten herstellt. Das Grundgesetz wirkt aufgrund seiner Grundrechte, aber auch aufgrund seiner Verfassungsprinzipien und der Praxis des BVerfG auf diese Weise weit über den engeren westeuropäischen Raum hinaus nach Osteuropa bis Wladiwostok und in den früheren byzantinischen Rechtsraum mit Armenien, Aserbaidschan, der Türkei und Georgien. Die Aufnahme vieler osteuropäischer Staaten in die EG wäre nicht möglich gewesen ohne die Rechtsprechung des EGMR zu Rechtsprinzipien in diesen Staaten – ich erinnere insofern nur an die Abschaffung der Einwirkungsmöglichkeiten der Prokuratura in allen zivil- und strafrechtlichen Verfahren in der früheren Rechtsordnung der Sowjetunion und des gesamten Ostblocks, die der Gerichtshof in den Fällen *Brumarescu*[132] sowie *Sovtransavto*[133] als Verstoß gegen die Rechtsstaatlichkeit (Art. 6 EMRK) qualifizierte, weil selbst letztinstanzliche Urteile jederzeit vom Obersten Gerichtshof auf Antrag der Prokuratura für nichtig erklärt werden konnten. Deshalb gab es im gesamten Ostblock keine *res indicata* und damit keine unabhängige Justiz. Mit derartigen, nicht nur mit den Leitvorstellungen des Grundgesetzes, sondern auch der EMRK unvereinbaren rechtlichen Strukturen hat der EGMR endgültig aufgeräumt. In dem Dreieck zwischen BVerfG/Grundgesetz, EG/EuGH und EMRK/EGMR ist die EMRK und der EGMR ein notwendiger und auch für die künftige Gestaltung des materiellen Gehalts der Grundrechte und damit auch der Konkordanz zum Grundgesetz und zur EG notwendiger Bestandteil.

25. *Zusammenfassung in Thesen*

(1) Das GG ist menschenrechtsfreundlich. Für die Beziehungen des Grundgesetzes zur EMRK war ursprünglich erheblich, dass die Bundesrepublik Deutschland im Jahr 1953, als die EMRK (durch die Ratifikation durch das Saargebiet) in Kraft

[130] *Cremer*, Kap. 32 Rn. 76.

[131] Siehe dazu oben Fn. 64 und 65.

[132] *Brumarescu ./. Romania* (GC), no. 28342/95, ECHR 1999-VII, Urteil vom 28. 10. 1999.

[133] *Sovransavato Holding v. Ukraine*, no. 48553/99 (sect. 4) ECHR 2002-VII, Urteil vom 25. 7. 2002.

trat, als Staat noch nicht souverän war. Die Bundesrepublik war seinerzeit aufgrund der alliierten Souveränitätsvorbehalte nicht in der Lage, sämtliche Garantien der EMRK zu gewährleisten. Im Fall *Prinz Hans Adam II. von Liechtenstein ./. Germany* war der Rechtsweg zu deutschen Gerichten gegen Enteignungsmaßnahmen zu Reparationszwecken durch den Überleitungsvertrag beschränkt, was der EGMR aufgrund der besonderen Rechtslage Deutschland als verhältnismäßig ansah.

(2) Die Menschenwürde ist sowohl für das Grundgesetz als auch im Rahmen der absoluten Rechte der EMRK ein Leitbegriff, der besondere Schutzbereichsabsicherung (unantastbar/absolute Rechte) erfährt. Gleichwohl sind Tendenzen unübersehbar, im Rahmen der EMRK über den Verhältnismäßigkeitsgrundsatz Abwägungen auch bei der Anwendung der absoluten Menschenrechte (z. B. bei der Zulässigkeit der gewaltsamen Verabreichung von Brechmitteln) vorzunehmen (wie im Fall *Jalloh ./. Germany*).

(3) Die EMRK verpflichtet die Bundesrepublik, allen ihrer Hoheitsgewalt unterstehenden Personen die Konventionsgarantien (Rechte und Freiheiten) zu gewähren, was eine positive Verpflichtung zur Anpassung der deutschen Rechtsordnung an die EMRK einschließt.

(4) Da die EMRK nicht – wie in anderen Verfassungen z. B. in Österreich – direkt in die deutsche Verfassung inkorporiert wurde, sind Erscheinungsformen indirekter Inkorporationen durch Auffangvorschriften wie dem Rechtstaatsgebot des Art. 20 Abs. 1 GG (zum Beispiel Unschuldsvermutung; andere Aspekte eines fairen Verfahrens) von Bedeutung.

(5) Für die Bundesrepublik sind Entscheidungen des Bundesverfassungsgerichts im Fall *Pakelli* und zur Feuerwehrabgabe als Leitentscheidung zur materiellen Kongruenz zwischen GG und EMRK (siehe *Karlheinz Schmidt ./. Germany*) zu werten. Dabei ist eine gewisse Zurückhaltung des BVerfG, dem EGMR argumentativ zu folgen, nicht zu übersehen. Die Tatsache, dass die EMRK in der Bundesrepublik nur den Rang eines einfachen Gesetzes hat, hat das BVerfG durch den Grundsatz konventionskonformer Interpretation und die Blockierung der lex posterior-Regel gemildert. Die Rechtslage in den meisten anderen Vertragsstaaten, in denen die EMRK Übergesetzesrang, ist vorzugswürdig.

(6) Sofern die Garantien der EMRK zu den „allgemeinen Regeln des Völkerrechts nach Art. 25 GG" gehören, genießen sie Übergesetzesrang. So hat der EGMR im Urteil *Al-Adsani v. UK* (Folterverbot mit der Qualifikation als *ius cogens*) sowohl die *opinio iuris* als auch die konsistente Staatenpraxis untersucht, um zu diesem Ergebnis zu kommen (wie vergleichbar das BVerfG zum Wandel von der absoluten zur relativen Staatenimmunität).

(7) Eine solche Untersuchung hat sich zwar für den Schutz des Familienlebens (Art. 8 Abs. 1 EMRK) in dem *Görgülü*-Urteil des BVerfG erübrigt, da in diesem Bereich eine einheitliche Staatenpraxis und *opinio iuris* bislang fehlt. In anderen Fällen mag sie sich aber anbieten.

(8) Sofern gegenüber Deutschland eine Konventionsverletzung festgestellt wird (wie in den Urteilen *Görgülü* oder *Caroline von Hannover*), ist Deutschland nach Art. 46 Abs. 1 EMRK zur Umsetzung des Urteils verpflichtet (*Inter partes*-Wirkung), was vom Ministerkomitee in einem eigenen Verfahren kontrolliert wird.

Diese Umsetzung muss *dem Ergebnis* der Urteilsfeststellung (Beseitigung der Verletzung im Einzelfall, ggf. Vermeidung künftiger Verletzungen durch generelle Maßnahmen, Wiedergutmachung) entsprechen. Demgegenüber haben Urteile des EGMR in Parallelfällen nur eine Orientierungswirkung.

(9) Im Urteil *Görgülü* hat das BVerfG die Pflicht zur Beachtlichkeit der Urteile des EGMR durch deutsche Gerichte – wenngleich auf der Grundlage eines aus der Sicht des Völkerrechts schwer nachvollziehbaren Souveränitätsverständnisses – strikt interpretiert und auch für die anschließende Durchsetzung seiner eigenen Entscheidungen Sorge getragen. Da es bei den „obligations to result" nur auf das Ergebnis, nicht aber auf Begründungsunterschiede ankommt, ist gegen eine solche Rechtsprechungspraxis nichts einzuwenden, solange sich keine Umsetzungsdefizite ergeben. Falls die Konventionswidrigkeit sich in einem Urteil eines Vertragsstaates artikuliert, hat der EGMR die Wiederaufnahme des nationalen Verfahrens als die konsequente Wiedergutmachung des Vertragsstaates bezeichnet, sofern die Konventionswidrigkeit auf diesem Urteil beruht. In dieser Weise ist auch die Wiederaufnahme von Strafurteilen in der Bundesrepublik geregelt worden (wie mittlerweile in den meisten Vertragsstaaten). Für andere Urteilsarten – z. B. Zivilurteile oder selbst Urteile des Verfassungsgerichtshofs im Parteiverbotsverfahren – steht eine genaue Regelung (schwierig wegen eventueller Drittbeteiligter) noch aus.

(10) In den gegen die Bundesrepublik erlassenen Urteilen des EGMR war bisher für das BVerfG offensichtlich kein Anlass gegeben zu prüfen, ob die anwendbare Garantie der EMRK schon den Rang von Völkergewohnheitsrecht hatte. Das war weder im Fall *Görgülü* noch im Fall *Caroline von Hannover* angebracht.

(11) Selbst wenn ein deutsches Gericht trotz seiner Bemühung um Beachtung des Urteils des EGMR zum Ergebnis kommt, dass die Auslegung der EMRK unter keinem Aspekt überzeugt und daher in dieser Weise nicht bindend sein könne, stellt sich die Frage, wie die Bundesrepublik trotzdem ihrer Umsetzungspflicht genügen könne. Im Hintergrund steht im Verfahren vor dem Ministerkomitee die Notwendigkeit ggf. einer Gesetzesänderung (oder gar Verfassungsänderung).

(12) Der EGMR ist in letzten Jahren dazu übergegangen, die sich aus dem Urteil ergebenden generellen Umsetzungspflichten in einigen Fällen mehr oder weniger detailliert selbst zu bestimmen, insbesondere im Fall *Broniowski v. Poland*, der die Enteignungen polnischer Staatsangehöriger jenseits des Bugs betraf.

(13) Im Verhältnis zur Bundesrepublik hat der EGMR in den Fällen der kommunistischen Enteignung in der DDR keine vergleichbare Entschädigungspflicht – trotz der Regelung im Einigungsvertrag – festgestellt, wobei er in der Entscheidung *von Malzahn* sogar über das 4:4-Urteil des BVerfG hinaus ging und eine mögliche Verletzung der Eigentumsgarantie von vorneherein verneint hat. Im Urteil *Jahn ./. Deutschland* hat er ebenso wie das BVerfG die Entziehung von Eigentumspositionen aufgrund des Modrow-Gesetzes als Inhaltsbestimmung – verbunden mit der Rechtfertigung durch außergewöhnliche Umstände – qualifiziert.

(14) Die Rechtsprechung des EGMR zum Eigentumsschutz ist über die Kompromissformel in Art. 1 Satz 2 1. ZP, wonach die Verpflichtung zur Durchführung von Enteignungen „subject to the conditions provided for by law and the general principles of international law" sei, weit hinausgegangen. Sie hat ähnlich wie das

BVerfG Eigentumsbeschränkungen und Eigentumsentziehungen dem Grundsatz der Verhältnismäßigkeit unterstellt und gefragt, ob ein gerechter Ausgleich (fair balance) zwischen den Anforderungen des allgemeinen Wohls und den Erfordernissen des Schutzes der fundamentalen Rechte des Einzelnen hergestellt worden ist. Insbesondere ging es darum, die vor dem Inkrafttreten der Konvention liegenden Enteignungen *ratione temporis* von den Eigentumseingriffen unter der Konvention abzugrenzen.

(15) Die Anpassungspflicht der innerstaatlichen Rechtsordnung, die sich aus der Umsetzungspflicht nach Art. 46 Abs. 1 bei Urteilen gegen den betreffenden Staat ergibt, kann sogar die Verfassung betreffen (so im Fall *Inçal v. Turkey*). Die Türkei hat ihre Verfassung aufgrund dieses Urteils maßgeblich geändert. Eine solche Änderungspflicht verletzt im übrigen nicht die Souveränität des Staates, sofern nicht ein vom Völkerrecht abweichender Souveränitätsbegriff verwendet wird. Die Staaten können stets die Umsetzung eines Urteils verweigern und damit rechtswidrig handeln (auch dies ist Ausdruck der Souveränität) und die Konvention in einem in der EMRK geregelten Verfahren kündigen.

(16) Im Fall *Vogt ./. Deutschland* ging es um die Suspension vom Dienst als Lehrerin wegen der aktiven politischen Betätigung (Landstagswahlkandidatur) für die deutsche kommunistische Partei. In diesem Fall machte das Urteil über die individuelle Wiedergutmachung hinaus nur eine gewisse Änderung der verfassungsrechtlichen Praxis in Verbindung mit den sogenannten Extremistenbeschlüssen der Länder notwendig.

(17) Die dogmatischen Einordnungs- und Begründungsunterschiede zwischen dem EGMR und BVerfG – wie sie in dem Urteil *Caroline von Hannover ./. Germany* und in dem nachfolgenden Parallelurteil zum Ausdruck kommen – sind noch Gegenstand eines vor dem EGMR anhängigen Verfahren. Sie erlauben die Feststellung, dass die durch den EGMR vorgenommene Einordnung und Abwägung zwischen den Rechten Privater (ohne öffentliche Funktion) und der Bildberichterstattung nicht erst in diesem Fall gegen Deutschland, sondern in einer Reihe von anderen vorausgegangenen Fällen, z. B. gegen Finnland, entwickelt worden sind. Da jeder der Vertragsstaaten im Rahmen seiner Verfassungsrechtsprechung derartige Abwägungen entwickelt hat, ist vorgeschlagen worden, dass der EGMR eine Art „Korridorlösung" pflegt und den Vertragsstaaten sozusagen in den Randbereichen die Verfeinerung überläßt.

(18) Das Grundgesetz wirkt wie auch die anderen vertragsstaatlichen Verfassungen über die Rechtsvergleichung auf die Rechtsprechung des EGMR ein. Die Rechtsvergleichung bildet eine zentrale Interpretationsmethode (Fall *Goodwin v. UK*). Daher ist eine gewisse *Wechselwirkung* zwischen dem Grundgesetz und anderen Verfassungen und der Auslegung der EMRK einerseits und der EMRK im Verhältnis zu den nationalen Rechtsordnungen und Verfassungen andererseits festzustellen.

(19) Es bleibt die Frage, ob die Rechtsprechung des BVerfG aus dem Verständnis der EMRK als *European public order* die richtigen Konsequenzen gezogen hat, da es sich bei der EMRK um einen *besonderen* Vertrag handelt, den viele andere europäische Staaten wie Belgien, Frankreich, Spanien und die Schweiz mit Vorrang oder sogar förmlichen Verfassungsrang wie in Österreich oder sogar Vorrang vor

dem nationalen Verfassungsrecht wie in den Niederlanden eingeordnet haben (*Prozess der Konstitutionalisierung*).

(20) Überlegungen, einen besonderen Rang für das europäische *Menschenrechtsschutzsystem* ähnlich dem des europäischen Gemeinschaftsrechts über Art. 24 Abs. 1 GG zu begründen, haben sich nicht durchsetzen können und sind auch in der Rechtsprechung nicht aufgegriffen worden.

(21) Die Urteile des EGMR haben auch keine *erga omnes*-Wirkung. Präjudizentscheidungen haben nur eine Orientierungswirkung und es findet keine Erstreckung der Rechtskraft *erga omnes* statt.

(22) Die Wirkung der EMRK im europäischen Verfassungsverbund über das europäische Gemeinschaftsrecht (allgemeine Rechtsgrundsätze des Europarechts) führt auch zu einer Bereichs-Vorrangwirkung gegenüber dem nationalen Recht. Im Urteil *Bosphorus /. Irland* hat der EGMR – ähnlich wie die Solange-Rechtsprechung des BVerfG – seine Überprüfungsbefugnis auf eine „manifest deficiency" im Grundrechtsschutz zurückgenommen.

(23) Ob man (wie in der Literatur vertreten) sagen kann, dass es keine ausbalancierten Teilrechtssysteme des innerstaatlichen Rechts, das verschiedene Grundrechtspositionen miteinander zum Ausgleich bringen will, geben kann, ohne dass in diesem Teilrechtssystem die EMRK schon ihre gebührende Berücksichtigung gefunden habe, ist nicht ganz überzeugend. Es ist durchaus möglich, dass es derartige von der EMRK (in der Auslegung durch den EGMR) abweichende Teilrechtssysteme gibt. Die Rechtsprechung nationaler Verfassungsgerichte muss sich auch der Frage stellen, wie ihre Rechtsprechung in die Rechtsprechung anderer europäischer Verfassungsgerichte unter dem Dach der EMRK einzufügen ist.

(24) Im europäischen Verfassungsverbund bildet die authentische Interpretation der EMRK durch den EGMR einen feststehenden systemleitenden Anker, der eine Verbindung zwischen dem Grundgesetz und dem europäischen Gemeinschaftsrecht herstellt. Das Grundgesetz wirkt aufgrund seiner Grundrechte und seiner Verfassungsprinzipien auch mittelbar in der Rechtsprechung des EGMR (Rechtsvergleichung) über den engeren westeuropäischen Raum nach Osteuropa hinein. Die Rechtsprechung in den Fällen *Brumarescu* sowie *Sovtransavto* sind dafür Beispiele.

Klaus Stern:

Sehr herzlichen Dank für Ihr Referat, lieber Herr *Ress*, mit dem Sie uns die Bedeutung der Europäischen Menschenrechtskonvention, wie Sie sagten von Reykjavik bis zum Süden Europas und noch weiter, dargelegt haben. Ich glaube, ihr Stichwort vom feststehenden, systemleitenden Anker, das könnte Schule machen, um die Bedeutung der Europäischen Menschenrechtskonvention für das „große" Europa deutlich zu machen. Wir wissen, dass hier nicht nur die Bundesrepublik Deutschland gesündigt hat, sondern andere, sehr viel größere Sünder existieren und es daher von außerordentlicher Bedeutung ist, dass wir diese Konvention und einen Gerichtshof haben, der über ihre Einhaltung wacht.

DISKUSSION

Dieter Grimm:

Eine kurze Bemerkung zu dem schönen Referat von Herrn *Wyrzykowski*. Sie haben gesagt, die Verfassungsgeber, aber auch die Verfassungsgerichte borgten sich aus anderen Rechtsordnungen die Argumente, die ihnen nützen. Ja, in der Regel ist das so. In der Regel borgen sich Gerichte Argumente oder Belege aus anderen Rechtsordnungen für ein schon gefundenes Ergebnis. Die Rechtsvergleichung wird also nicht für die Entscheidungsherstellung fruchtbar gemacht, sondern für die Entscheidungsdarstellung. Sie hat eine legitimatorische Funktion. Man zitiert, was die eigene Lösung stützt. Das halte ich für unzureichend. Wenn die Rechtsvergleichung der Entscheidungsqualität zugutekommen soll, darf sie nicht nach gefundenem Ergebnis und nicht unter dem Selektionskriterium der Ergebnisbestätigung herangezogen werden. Was nötig wäre, ist eine Erweiterung der Methodenlehre um die Rechtsvergleichung, gewissermaßen eine Theorie der Rechtsvergleichung für den praktischen Gebrauch der Gerichte, die die heute vorherrschende Beliebigkeit im Umgang mit fremden Recht ausschließt.

Dann eine Bemerkung zu Herrn *Ress*. Es kommen ja immer mehr Verfahren beim Straßburger Gericht an, die sich nicht aus dem Über- und Unterordnungsverhältnis zwischen Staat und Bürger ergeben, sondern aus dem Gleichordnungsverhältnis, also nicht aus einem Verhältnis, in dem die eine Seite grundrechtsberechtigt und die andere grundrechtsverpflichtet ist, sondern aus einem Verhältnis, in dem beide Seiten Grundrechte haben. Und nun finde ich eine Norm in der EMRK, die mir interessant vorkommt, aber merkwürdigerweise in der Rechtsprechung des Gerichtshofs keine große Rolle zu spielen scheint, nämlich die Norm, dass durch die Rechtsprechung der EGMR der Grundrechtsstandard der Mitgliedstaaten nicht unterschritten werden darf. Wenn man aber solche Gleichordnungsverhältnisse mit Grundrechten auf beiden Seiten hat und der EGMR den Ausgleich zwischen den beiden Grundrechten, wie ihn die nationalen Gerichte vorgenommen haben, für unvereinbar mit der EMRK erklärt, unterschreitet er zwangsläufig den nationalen Grundrechtsstandard für eines der beiden Grundrechte. Man müsste also überlegen, wie Art. 53 EMRK zu beziehen ist auf die wachsende Zahl von Fällen, die aus dem privatrechtlichen Bereich kommen. Die Unterschreitung finde ich deswegen umso problematischer, als ja der Sieger im nationalen Verfahren in Straßburg nicht vertreten ist. In Straßburg sind vertreten der Verlierer des nationalen Verfahrens und der Staat, gegen den sich das Verfahren richtet. Wenn sich die Zahl von Fällen aus diesem Bereich erhöht, schiene es mir daher dringend notwendig, dem Gewinner im nationalen Verfahren ein Beteiligungsrecht in Straßburg einzuräumen. Dabei geht es nicht darum, wie Sie an einer Stelle gesagt haben, dass sich immer die deutsche Rechtsordnung durchsetzen müsste, natürlich nicht, bei 47 Mitgliedstaaten. Aber es geht darum, dass der margin of appreciation der Mitgliedstaaten gerade in diesem Bereich stärker berücksichtigt wird, als das bisher der Fall ist. Oft kommt mir die Erwähnung doch wie lip service vor.

Gábor Halmai:

Herr *Wyrzykowski* hat in seinem sehr schönen Vortrag den Zuhörern versichert, dass alle polnischen Juristen das Grundgesetz zurzeit bejubeln. Ich möchte Ihnen auch versichern, dass auch in Ungarn die Juristen, zumindest diejenigen, die einst Humboldt-Stipendiaten in Deutschland waren, das Grundgesetz bejubeln. Ob aber viele Juristen und viele Politiker und viele Leute in der Bevölkerung das sogenannte ‚Enkelkind', wie das einst Roman *Herzog* genannt hatte, des Grundgesetzes, nämlich die ungarische Verfassung im Oktober dieses Jahres, wenn die Verfassung 20 Jahre alt wird, bejubeln werden, bezweifle ich.

Ich würde gerne an den Bericht meines Freundes Miroslaw anschließen mit dem gleichen Optimismus, aber ich bin nicht optimistisch, was die ungarische Entwicklung angeht. Ich hatte die Ehre, gerade vor 20 Jahren in Köln, das 40jährige Grundgesetz zu feiern, und da konnte ich über die schon geplante ungarische Verfassungsrevolution berichten. Das kam zustande nach denselben „runden-Tisch-Verhandlungen" zwischen den Oppositionsbewegungen und Parteien und der alten Staatspartei und hat, als *Herr Schambeck* gestern das gelistet hat, fast alle wesentlichen Charakteristika des Grundgesetzes übernommen. Ein parlamentarisches System mit dem konstruktiven Misstrauensvotum, dann auch Grundrechtsschutz mit dem Verhältnismäßigkeitsprinzip, dann eine sehr starke Verfassungsgerichtsbarkeit, dessen Judikatur auch von der Französin *Catherine Dupré* in ihrem Buch als Import der Rechtsprechung des Bundesverfassungsgerichts bezeichnet wurde. Zumindest bestimmten Teile der Rechtsprechung, zum Beispiel zur Menschenwürde, wurden offenkundig übernommen.

Und noch ein Charakteristikum war damals sehr wichtig, eine geringe Rolle der direkten Demokratie. Was ist heutzutage der Fall? Wir haben gestern auch Staatssekretär *Mertens* Daten über die Popularität des Grundgesetzes gehört. Wenn ich mich richtig erinnere, befürworten oder unterstützen 72 Prozent der Bevölkerung das Grundgesetz. Ich kenne keine Daten von Ungarn, aber ich fürchte, es sind unter 20 Prozent. Das bedeutet, dass es in der Verfassungsrealität zurzeit in Ungarn diese Prinzipien, die Herr *Ossenbühl* genannt hat, die Strukturprinzipien der Verfassung, das Demokratieprinzip, das Rechtsstaatsprinzip, zurzeit in der Realität nicht existieren. Weder in der Politik noch in der Bevölkerung.

Was können die Ursachen sein? Das wäre eine lange Geschichte und ich habe keine Zeit, lange dazu vorzutragen. Aber eine der Ursachen ist sicher, dass der Antikommunismus nicht genügte, um Prinzipien der Rechtsstaatlichkeit, der Demokratie später zu wichtige Prinzipien des lebenden Staats zu machen. Und auch ein Mangel der wirklichen Aufarbeitung der kommunistischen Vergangenheit kann eine der Ursachen sein, dass zurzeit auch manche Verfassungsprinzipien nicht zur Geltung kommen. Vor zwei Jahren hat das ungarische Verfassungsgericht eine Volksabstimmung zugelassen, dessen Gegenstand der Haushalt und das Programm der Regierung war, um die Regierung stürzen zu lassen. Und die Regierung wurde gestürzt als eine Konsequenz dieser meiner Ansicht nach verfassungswidrigen Volksabstimmung. Die Reaktion der jetzigen Regierungsparteien war ein Gebrauch des konstruktiven Misstrauensvotums in einem Fall, wo die parlamentarischen Verhältnisse dieselbe waren. Die regierende Partei hat einfach den Ministerpräsidenten gewechselt mit einem konstruktiven Misstrauensvotum. Das entspricht auch nicht den Prinzipien des Grundgesetzes und des konstruktiven Misstrauensvotums. Aber dies sind nur Beispiele.

Ich würde gerne über die Frage, die wir hier besprochen haben, über die Konstitutionalisierung des Völkerrechtes, über den Fall Kadi und über die Rechtsprechung des ungarischen Verfassungsgerichts sprechen, aber ich fürchte, dass die nächsten Aufgabe in Ungarn die Beibehaltung der Rechtsstaatlichkeit und der Demokratie sein wird; und in diesem Sinne halte ich die Funktion der Europäischen Union für wichtig, ein Land zu schützen, das einst im Wege der Rechtsstaatlichkeit begonnen hat und jetzt viele Probleme damit hat. Danke vielmals.

Klaus Stern:

Vielen Dank, Herr Kollege *Halmai*. Sie wissen, dass der Blick der Deutschen auf Ungarn immer etwas verklärt ist. Das hängt natürlich mit 1989 zusammen, als Ihr Außenminister *Horn* und der österreichische Außenminister *Mock* damals den Zaun des eisernen Vorhangs durchschnitten haben und so vielen Flüchtlingen den Weg nach Deutschland geöffnet haben. Das ist natürlich eine Erinnerung, die gerade 20 Jahre nach dem Fall der Mauer immer wieder bewusst gemacht werden muss. Darum liegt uns das Gedeihen der Rechtsstaatlichkeit, der Demokratie und der Freiheitlichkeit in Ungarn immer ganz besonders am Herzen.

Christian Starck:

Ich habe zwei Fragen, die ich ziemlich kurz formulieren kann. Ich möchte mich aber zunächst bedanken bei Ihnen, Herrn *Wyrzykowski*, für Ihren lebhaften Vortrag, aus dem man sehr viel lernen konnte über Rezeptionsgründe und Rezeptionsbedingungen. Das haben Sie mit vielen Beispielen deutlich gemacht. Die *erste* Frage ist die folgende: Sie haben erklärt, wie der Begriff des demokratischen Rechtsstaats in Ihre alte Verfassung „eingepflanzt“ worden ist. Sie haben aber nicht gesagt, dass es notwendig gewesen ist, eine andere Bestimmung erst einmal „auszureißen“, nämlich die Souveränität der Arbeiterpartei. So haben eigentlich alle Staaten im Osten begonnen, auch in der DDR war das so. Es war der allererste Akt nach der ersten freien Wahl, dass man die Bestimmung über die Souveränität der herrschenden kommunistischen Partei aus der Verfassung herausgenommen hat und da war dann im Grund der Weg offen für die Entwicklung zu einem demokratischen Rechtsstaat und den Grundrechten.

Die *zweite* Frage: Sie haben gesagt, Sie hätten die Kanzlerdemokratie einführen wollen, aber davon habe ich nichts gemerkt. Es handelt sich offenbar um die Zeit unmittelbar nach der Wende, lange bevor die neue polnische Verfassung erlassen worden ist. Ihre Verfassung enthält nun diesen merkwürdigen Semipräsidentialismus, der sich in der Zwischenkriegszeit weder in Polen noch in Deutschland bewährt hat. Deswegen frage ich noch einmal, was waren die Überlegungen, dass sie diesen Semipräsidentialismus in Polen eingeführt haben, der Ihnen, wie Sie selbst dargestellt haben, ganz merkwürdige Schwierigkeiten bereitet, so dass das Verfassungsgericht darüber entscheiden muss, wer nach Brüssel fahren darf, der Präsident oder der Ministerpräsident?

Herr *Ress*, vielen Dank für Ihren sehr aufschlussreichen Vortrag. Dazu habe ich eine Frage. Es gibt Länder, die die Europäische Menschenrechtskonvention in den Verfassungsrang erhoben haben, wie Österreich; Portugal und Spanien haben zwar nicht direkt das Ganze in den Verfassungsrang erhoben, haben aber in der Verfassung geregelt, dass die Menschenrechtskonvention beachtet werden muss, was einer Konstitutionalisierung nahe kommt. Bei uns wird die gleiche Wirkung schon dadurch erzeugt, dass die deutschen Gerichtsentscheidungen in Straßburg angegriffen werden können. Es wird sozusagen über die Gerichte erreicht, dass die EMRK letzten Endes wie Verfassungsrecht gilt. Nun meine Frage: Haben Sie als Richter gemerkt, dass die Länder, die eine Konstitutionalisierung der Menschenrechtskonvention vorgenommen haben, bessere Entscheidungen fällen und dass das Straßburger Gericht weniger Entscheidungen beanstanden muss, oder hat das mit dem rechtlichen Rang der Menschenrechtskonvention nichts zu tun, wie viel Sie von den einzelnen Ländern an Arbeit bekommen?

Claus Dieter Classen:

Ich habe eine Frage an Herrn *Wyrzykowski*. Sie haben ja sehr schön dargestellt, wie bestimmte Dinge aus dem Grundgesetz übernommen wurden. Auch wenn es völlig legitim ist, dass man natürlich andere Dinge nicht übernimmt, ist trotzdem immer die spannende Frage, wann übernimmt man etwas und wann nicht. Wenn Sie da noch etwas zu sagen könnten anhand eines konkreten Beispiels. Die Verfassungsgerichtsbarkeit hat es ja in Polen auch schon vor 1989 gegeben, aber die starke Stellung, die bei uns ja auch mit der Urteilsverfassungsbeschwerde zusammenhängt, die haben Sie in der Form so nicht. Verfassungsbeschwerden gibt es, aber nur gegen Gesetze, nicht gegen sonstige Akte, wenn ich das richtig in Erinnerung habe. Da ist man ja bewusst einen anderen Weg als Deutschland gegangen. Wollte man da die in Deutschland ja manchmal, ich will das inhaltlich gar nicht bewerten, auch kritisch gesehene Rolle des Bundesverfassungsgerichts für Polen vermeiden? Können Sie etwas dazu sagen, wie solche Entscheidungen, gerade anhand dieses konkreten Falls, zustande kommen?

Jörg Paul Müller:

Erlauben Sie mir, verehrter Herr Vorsitzender, liebe Kolleginnen und Kollegen, nicht direkt an die vorangehenden Referate anzuknüpfen, sondern eher etwas Grundsätzliches zu unserer Tagung zu sagen. Sie ist auf den Geburtstag des Grundgesetzes ausgerichtet, und für mich wurde eigentlich das schönste Lob heute von Herrn Kollegen *Wyrzykowski* ausgesprochen mit der Feststellung, das Grundgesetz strahle in Praxis, Wissenschaft und Lehre weit über Deutschland hinaus. Herr *Cruz Villalón* hat diese europaweite Wirkung ebenfalls sehr schön hervorgehoben, mit besonderer Betonung des dialogischen Charakters. Als Schweizer kann ich mich diesen Feststellungen nur anschließen und für die große Bereicherung danken, die wir durch die Schöpfer und Weiterbildner des Grundgesetzes – im Verfassungsgericht, in der Wissenschaft – erfahren haben.

Erlauben Sie mir eine kleine kritische oder nur fragende Bemerkung. Vor uns leuchtet während der laufenden Referate und Debatten auf der power-point Projektion das Tagungsthema „Das Grundgesetz für die Bundesrepublik Deutschland im Europäischen Verfassungsverbund". In praktisch allen Vorträgen wurde der Europäische Verfassungsverbund als etwas Geschlossenes verstanden, nämlich die Gesamtheit der Verfassungen der 27 EU-Mitgliedstaaten (allenfalls unter Einschluss der „EU-Verfassung"). Insofern wird das „Europäisch" im Titel zu Recht groß geschrieben. Wäre auch eine Kleinschreibung möglich? Würde das einen noch etwas weiteren Blick ermöglichen und etwa im Sinne von Peter Häberles ‚Verfassungslehre Europas' den Einbezug aller rechtsstaatlichen und demokratischen Verfassungen erlauben, die gemeinsam von dem getragen sind, was den normativen Kern europäischen Verfassungsdenkens ausmacht?

Lassen Sie mich an drei Beispielen illustrieren, was ein erweiterter Begriff des europäischen Verfassungsverbunds an zusätzlichen Aspekten einschließen könnte: die gegenseitige Befruchtung, die von der schweizerischen und von der US-amerikanischen Verfassungsordnung und schließlich von der EMRK ausgegangen ist. Sie alle gehören nicht zum engeren Kreis der EU, tragen aber dennoch das Verfassungserbe der westlichen Demokratie und auch des Grundgesetzes mit. Wäre übertrieben zu sagen, dass auch diese erweiterten Beziehungen und Gemeinsamkeiten ein klein wenig beigetragen haben, dem Grundgesetz seine geschichtliche und heutige Wirkkraft zu geben?

Zur Schweiz: Gerade in den frühen Jahren der Republik waren Kontakt und Austausch zwischen der deutschen und der schweizerischen Verfassungsrechtslehre ein bestimmendes Element. Ich darf an Namen wie *Werner Kägi*, *Hans Huber* oder *Max Imboden* erinnern, aber auch an den damaligen Bundesgerichtspräsidenten *André Grisel*, der als Vertreter der französischsprachigen Schweiz ein sehr waches Interesse für die Verfassungsentwicklungen in Deutschland hatte und manche Brücke von der deutschen zur schweizerischen Verfassungsrechtssprechung geschlagen hat. Sie alle sind verstorben und bald vergessen, aber sie waren alle nachhaltige Dialogpartner im gemeinsamen Suchen nach der besten europäischen Verfassung, namentlich im Grundrechtsbereich.

Und nun kurz zur EMRK: Sie gehört ganz sicher zum Kernbestand jedes europäischen Verfassungsverbunds, und da möchte ich mir etwa im Rückblick auf die Debatte zum *Görgülü*-Urteil des Bundesverfassungsgerichts vom 14. Oktober 2004 doch sehr wünschen, dass nicht der im Urteil auch angesprochene Gedanke der nationalen Verfassungssouveränität allein wegleitend bleibe, sondern die ebenso betonte Pflicht des innerstaatlichen Richters, die Entscheide des Straßburger Gerichts im Rahmen seiner Zuständigkeit ernst zu nehmen. Im *Görgülü*-Urteil kann man ja auch die echt europäische Möglichkeit begründet sehen, dass im Rahmen einer Verfassungsbeschwerde direkt auch die EMRK-Rechte geltend gemacht werden, in Zusammenhang mit einer entsprechenden Grundrechtsgarantie des Grundgesetzes. Das ist eine Hoffnung für ein echtes und substanzielles Wachstum des europäischen Verfassungsverbunds. Die Schweiz hat übrigens in ähnlicher

Richtung ihre Praxis europäisch geöffnet: Es ist heute gefestigte und anerkannte Praxis des Bundesgerichts, dass – trotz der fehlenden Verfassungsgerichtsbarkeit auf Bundesebene gegenüber Bundesgesetzen – Grundrechte doch auch gegenüber der Bundesgesetzgebung den Vorrang haben, wenn das betreffende Grundrecht zu den von der Schweiz anerkannten Rechten der EMRK gehört.

Ein letztes Wort zu den USA: Natürlich sind auch mir die Gründe klar, warum der amerikanische Supreme Court seine einst leuchtende Rolle in der Konkretisierung der Grundrechte etwa im Bereich der Meinungsfreiheit, der persönlichen Freiheit oder des Diskriminierungsverbots verloren hat. Dennoch möchte ich nicht vergessen, welche Wirkung etwa der Warren Court (1953 – 1969) mit seiner mutigen Rechtsprechung zur Meinungsfreiheit, zur Religionsfreiheit, zu affirmative action, zum right of privacy, zu den sog. Miranda-Rules geleistet und der weltweiten Menschenrechtsbewegung, aber auch ganz spezifisch der Lehre und Rechtsprechung auf Verfassungsstufe in Europa Stützung gegeben hat. Es gibt auch aus dem 20. Jahrhundert so etwas wie ein typisch amerikanisches Erbe für die Lebendigkeit der westlichen Grundrechtetradition, die wir als geschichtliche Wesen und mit Hoffnung auf eine dereinst wieder liberalere Rechtsprechung der USA nicht vergessen sollen. Wie gut ist es im Grunde zu sehen, dass auch die Rechtsvergleichung nicht blind sein darf, sondern reflexiv bleiben muss, und dass sie Schaden nähme, wenn sie zu streng nur an ausgewählten Partnern orientiert bliebe. Vielen Dank.

Klaus Stern:

Ich habe mir natürlich lange überlegt, ob man das „Europäisch“ groß oder klein schreibt. Klar war, allein schon durch das Referat von Herrn Kollegen *Ress*, dass wir die EMRK einbinden, dass wir damit natürlich auch auf das Thema Europarat zu sprechen kommen; die Europäische Grundrechte-Charta gehört genauso in diesen Zusammenhang. Vor 20 Jahren hatten wir Amerika dabei, da hatten wir auch Südafrika dabei, was ja für das Grundgesetz überaus wichtig ist. Nur es war nicht möglich, Herrn Kollegen *Kommers* zu gewinnen oder einen südafrikanischen Kollegen, allein aus zeitlichen und aus Entfernungsgründen.

Theo Öhlinger:

Zur Frage von Herrn *Starck* zu den Wirkungen der Menschenrechtskonvention im Verfassungsrang. Bei uns hat die MRK Verfassungsrang, und zwar nicht nur der materiellrechtliche Teil, sondern auch der organisationsrechtliche Teil, einschließlich aller Zusatzprotokolle. Das heißt, der Europäische Gerichtshof für Menschenrechte ist auch ein Organ der österreichischen Bundesverfassung. Aber die eigentliche Konsequenz liegt natürlich darin, dass der Katalog der Menschenrechte in der MRK und jener in der österreichischen Verfassung, die in diesem Punkt allerdings schon besonders alt ist – unser Grundrechtskatalog stammt aus 1867 und war damals sicher ein sehr moderner; er enthält alle klassischen liberalen Grundrechte, galt von Anfang an als unmittelbar anwendbar und auch die Gesetzgebung bindend, und 1920 wurde ein Verfassungsgericht eingerichtet –, aber er ist natürlich nicht mehr auf dem modernsten Stand. Die MRK, die den gleichen Rang hat, hat auch materiell einiges gebracht. Faktum ist, dass heute die Menschenrechtskonvention vom Verfassungsgerichtshof wahrscheinlich genauso oft zitiert wird wie das Staatsgrundgesetz, und dass der Gerichtshof auch im Grunde bereit ist, der Judikatur des EGMR zu folgen, selbst dann, wenn er selber Beschwerdeobjekt war und seine Rechtsprechung ändern muss. Er tut das heute mit einer Selbstverständlichkeit, die manchmal geradezu überraschend ist, auch allen Windungen folgend, etwa der Judikatur zu Artikel 10 MRK (Meinungsfreiheit). Es hat einmal auch eine Art Görgülü-Beschluss gegeben, der, wie oft in solchen Fällen, einen ganz banalen Anlass hatte. Es ging um die Frage einer Baugenehmigung. Unser Gerichtshof las aus der Judikatur von Straßburg heraus, dass bereits in der ersten Instanz ein Richter darüber zu entscheiden hätte, und meinte, das sei mit der Verwaltungstradition unseres Landes nicht vereinbar und würde letztlich das gesamte Organisationssystem, das unserer Verfassung zu Grunde liegt, infrage stellen. Dem wollte er nicht folgen. Nur war seine Formulierung weniger provokant als Görgülü. Er hat nicht von einer Souveränität gesprochen, sondern hat die Frage an den Verfassungsgesetzgeber delegiert: Da müsse der Verfassungsgesetzgeber dann eben die Verfassung anpassen, aber als Gericht könne er einer solchen Judikatur nicht folgen. Der eigentliche Adressat war, nehme ich an, der Gerichtshof in Straßburg, der dann durchaus auch reagiert hat.

Wie gesagt, die MRK ist Bestandteil unserer Verfassung und wurde in ihrer Auslegung durch Straßburg in unsere Grundrechtstradition vollkommen integriert. Man kann über einzelne Urteile immer streiten, aber im Ergebnis ist das sehr positiv zu bewerten. Danke.

Jan Filip:

Sehr geehrter Herr Professor *Stern,* sehr geehrte Kollegen. Ich erlaube mir, mich am Anfang für die Einladung zu diesem Kongress zu bedanken und gleichzeitig für die Möglichkeit, nicht nur Ihre Ansichten aus der Literatur zu rezipieren, sondern auch mit Ihren einen erfolgreichen and fruchtbaren Dialog an Ort and Stelle zu führen.

Ich wollte nun mit ein paar Bemerkungen an das Referat meines Kollegen Professor *Wyrzykowski* zum Thema der Rezeption und des verfassungsrechtlichen Dialoges anknüpfen. Wie es jetzt in der EU gemein ist, die Tschechen sollten immer eine Ausnahme vorstellen. Die Erstellung der tschechischen Verfassung wurde unter unterschiedlichen Bedingungen als in Polen oder in Ungarn durchgeführt, denn unter dem Eindruck der berühmten Rede unseres Präsidenten *Havel* im Februar 1990 im amerikanischen Kongress kreuzten amerikanische Delegationen kreuz and quer durch die Tschechoslowakei, besonders Juristen and andere Fachleute, alle bereit, uns mit Wiederherstellung der wirklichen Demokratie zu helfen. Ein wichtiger Umstand dabei war, dass wir die hochentwickelte und kultivierte Demokratie in der Tschechoslowakei auch vor dem Zweiten Weltkrieg kannten; sie war eine Insel in Mitteleuropa, eine Insel der Demokratie. Die amerikanische Präsenz hat jedoch nicht bedeutet, dass wir nicht die deutsche Erfahrung nutzen (insbesondere bei der Vorbereitung der tschechischen Verfassung im Rahmen der damaligen tschechoslowakischen Föderation). Allmählich hat die Zusammenarbeit, Rezeption und der Erfahrungsaustausch mit deutschen Kollegen, Fachleuten, Stiftungen usw. zugenommen. Die Situation hat sich grundsätzlich insbesondere nach dem Beginn der Tätigkeit des tschechischen Verfassungsgerichtes geändert, denn – was wir wirklich mit dem deutschen Verfassungsrecht gemeinsam haben – ist das Rechtsinstitut der Verfassungsbeschwerde. Jedoch in der Tschechischen Republik besteht eine Besonderheit. Wir haben nicht jene Einschränkung für Erhebung der Verfassungsbeschwerde, nämlich dass sie eine besondere Bedeutung für die Auslegung der Verfassung haben muss. So steht – allerdings unter Bedingung einer Behauptung einer Grundrechtsverletzung – das Verfassungsgerichtstor in der Tschechischen Republik für natürliche und juristische Personen ganz offen. Das belegen die Statistiken. Wenn wir die Zahl der Bevölkerung in der Tschechischen Republik, (das sind 10 Millionen Einwohner) mit der Bundesrepublik Deutschland vergleichen, wo achtmal mehr Einwohner leben, wir sollen konstatieren, dass pro Jahr das tschechische Verfassungsgericht durchschnittlich etwa 3600, indem das Bundesverfassungsgericht rund 6000 Verfassungsbeschwerden bekommt. Dann können Sie sehen, welche enorme Arbeit unser Verfassungsgericht leistet. Und hier verknüpft sich die Rechtsprechung beider Gerichte. Ich kann nicht sagen, dass es ein Dialog ist, aber das tschechische Verfassungsgericht sehr oft und erfolgreich die Erfahrungen und die Lösungen des Bundesverfassungsgerichtes ausnutzt. Das ist fürs erste.

Im Folgenden wollte ich an die gestrige Bemerkung von Herrn Kollegen *Weber* and seine Vorwürfe gegen die Entscheidung des tschechischen Verfassungsgerichtes in der Sache der Ratifizierung des Reformvertrages von Lisabon anknüpfen. Im diesem Zusammenhang hat auch Professor *Starck* gestern indirekt das Problem umschreibt, das das tschechische Verfassungsgericht lösen musste. Er hat die berühmte Frage „Wer Hüter der Verfassung sein soll" erwähnt. Und für mich jetzt lautet die Frage in einer neuen Fassung: „Wer soll Motor der europäischen Integration sein?" – die Mitgliedstaaten oder der Europäische Gerichtshof? Gestern haben wir auf diese Frage verschiedene Antworten gehört. Das tschechische Verfassungsgericht hat folgenden Standpunkt eingenommen, und zwar, dass die sogenannte Rechtsfortbildung des Europäischen Gerichtshofes ihm nicht gestattet, für einmal and für die Ewigkeit derart diese Sache zu entscheiden. Infolgedessen finden wir im seinem Erkenntnis so wiele Eingeständnisse – „es sei denn", „ob", „wenn", „solange" usw. Die Frage ist also aus der Sicht des tschechischen Verfassungsgerichts nicht ein für allemal gelöst. Und das ist nur eine Seite der Sache.

Von anderer Seite müssen wir bemerken, dass das tschechische Verfassungsgerichtgesetz erneute Anträge in der Sache ermöglicht. Vielleicht ist auch im Deutschland bekannt, dass eine Gruppe der Senatoren aus den Rahmen der Bürgerlichen Demokratischen Partei eine neue Vorlage vorbereitet, sodass binnen zwei Monaten ein neuer Antrag an das tschechische Verfassungsgericht erhoben sein wird. Das heißt, dass der Ratifizierungsprozess bei uns gestoppt werden kann, möglicherweise für ein halbes Jahr. „Mal sehen" sagten alte Deutschen. Es wird auch sicher recht viel von dem künftigen Urteil des Bundesverfassungsgerichtes abhängen. Und dann hat auch noch unser Präsident *Klaus* die Möglichkeit, einen Antrag zu erheben (selbstverständlich nur im Rahmen dieser Sache, über die das Verfassungsgericht bisher noch nicht entschieden hat). Was für mich im Zusammenhang mit der Entscheidung des tschechischen Verfassungsgerichtes zum Vertrag von Lissabon von Bedeutung ist, ist jener Umstand, dass es auf eine Art and Weise seine Emanzipierung verkörpertet, da alle erwartet hatten, dass die Tschechen auf das Bundesverfassungsgericht mit der Entscheidung warten werden. Aber dies ist nicht geschehen and das ist sehr wichtig.

Am Ende möchte ich mich noch einmal Herrn Prof. *Stern* für Möglichkeit am Kongress teilzunehmen zu bedanken. Und das geschweige, denn ich muss einbekennen (die Möglichkeit, ein Humboldstipendium zu erhalten, wie einige anwesende ausländische Kollegen, war damals für mich unvorstellbar), dass ich mich (nach dem großen Eindruck unserer Begegnung im Jahre 1983 im Polen) für einen Fernstudenten von Professor *Stern* betrachte. Auch die erste Sache, die ich als Mitglied der Verfassungskommission des Tschechischen Nationalrates im Jahre 1990 gemacht hatte, war, dass ich einen Antrag stellte, die ersten zwei Bande für mich zu kopieren. Aber ich möchte hinzufügen, dass nachfolgend als ein wissenschaftlicher Mitarbeiter des Verfassungsgerichtes, habe ich alle Bände seines Lebenswerkes offiziell kaufen lassen, sodass die Rechtswidrigkeit nun beseitigt wurde.

Schließlich gestatte ich mich einen Wunsch aussprechen. Wie Herr Kollege *Wyrzykowski* heute in seinem sehr inspirierenden Referat gesagt hat, es gibt eine Tendenz, alles für ein Grundrecht zu erklären – er dabei witzig als Bonmot postulierte sogar etwa ein Grundrecht auf Siesta nach dem Mittagessen. Ich würde uns etwas anderes wüschen. Ich erinnere mich an meinen Studienaufenthalt in der Sowjetunion. Es war im Jahre 1977, in der Zeit der Vorbereitung der neuen sowjetischen Verfassung. Hinter verschlossener Tür, nach einer Disskusion über Unterschiede zwischen Stalin und Breschnew, hat mein sowjetischer Kollege einen Vorschlag zur Ergänzung des Verfassungsentwurfes gemacht. Seine Fassung war wie folgt: „Jeder sowjetische Staatsbürger hat das Grundrecht auf seine postmortale Rehabilitierung". Also, ich will nicht einem modischen Streben, alles für Menschenrecht zu erklären, zustimmen, nichtsdestoweniger wünsche ich uns, dass unsere künftige Zusammenarbeit dazu führen wird, dass wir niemals in der Lage, derartige Anträge zu stellen, sein werden.

Karl-Peter Sommermann:

Herr *Filip* hat so anschaulich über gelebte Verfassung gesprochen, dass es mir jetzt schwer fällt, eine doch eher rechtsdogmatische Frage anzusprechen. Herr *Ress*, Sie haben in Ihrem Thesenpapier im Hinblick auf das Verhältnis von EMRK und nationalem Recht die Lösung eines Übergesetzesranges der EMRK empfohlen. In der Tat zeigt eine rechtsvergleichende Betrachtung, dass die meisten europäischen Staaten der EMRK zumindest Übergesetzesrang einräumen. Herr *Starck* hat den Aspekt angesprochen, wie sich eine Rangerhöhung auf die Befolgung der internationalen Verpflichtungen auswirkt; was ist sozusagen der externe Effekt? Ich möchte die Frage umgekehrt stellen. Kann die Rangerhöhung interne Normkonflikte mindern? Zunächst ist natürlich positiv zu vermerken: Wenn der EMRK Übergesetzesrang zukommt, dann ist dem Gericht, das die EMRK anzuwenden hat, im Hinblick auf das Verhältnis zu einfachen Gesetzen eine klare Lösung vorgegeben. Daher habe auch ich in einem Beitrag eine solche Rangerhöhung befürwortet. Was allerdings nicht gelöst ist, ist die Anwendung der EMRK in mehrpoligen Rechtsverhältnissen, wenn verfassungsrechtliche Positionen betroffenen sind und das nationale Verfassungsrecht diese in ihrem Verhältnis untereinander anders gewichtet als dies nach der EMRK und ihrer Konkretisierung durch den Straßburger Gerichtshof der Fall ist. Ein bloßer Übergesetzesrang bringt hier keine Lösung. Vielmehr stellt sich insoweit die Frage, ob man nicht einen Schritt weitergehen und der EMRK Verfassungsrang verleihen muss, um derartige Normkonflikte auszuschließen. Klar ist, dass nach Völkerrecht die Standards der EMRK einzuhalten sind. Daran führt kein Weg vorbei.

Ein kurzes Wort zu Herrn *Wyrzykowski*. Das Referat hat mir auch sehr gut gefallen, aber Sie haben natürlich erst Kapitel 1 der Geschichte erzählt. Der „legal transplant", also die Transplantation von Rechtsinstituten, der „Institutionentransfer" oder welche Begriffe man sonst dafür verwenden will, ist immer erst der Anfang der Geschichte. Danach wird sich die übertragene Institution in dem neuen Kontext entwickeln. Sie wird sich durch ihn verändern, ein Phänomen, das in Anlehnung an die anthropologische Diktion als „Transkulturation" bezeichnet werden kann. Es findet sodann aufgrund eines interkulturellen Austauschs eine Wechselwirkung zwischen dem rezipierenden System und dem Ursprungssystem statt. Das ist das dialogische Verhältnis, das wir gestern angesprochen haben. Namentlich in Europa nimmt dieser Austausch zu und so werden sich beispielsweise auch Inhalt und Reichweite des Rechtsstaatsprinzips verändern. An diesem staatenübergreifenden Diskurs wird Polen maßgeblich teilnehmen, das den Rechtsstaat zu einem Kernbegriff seines Verfassungsrechts erhoben hat. Nachdem dort bereits eine erhebliche Verfassungsjudikatur und -literatur vorliegt, wäre die Zeit reif, eine erste Bilanz zu ziehen. In jedem Falle lohnt sich eine Untersuchung, wie sich Rechtsinstitute, die aus der deutschen Verfassung ins Ausland gewandert sind, im neuen Kontext entwickeln und verändern und ob und wie diese Veränderung auf unsere eigene Verfassungsentwicklung zurückwirkt. Vielen Dank.

Helmut Siekmann:

Die Ausführungen über die Stipendienwirkung regen mich zu folgender Bemerkung an: Nicht nur die Stipendiaten haben deutsches Gedankengut im Ausland fruchtbar gemacht, sondern ich habe selbst als Betroffener auch von den Stipendiaten profitiert, wenn sie in Deutschland waren. Die Konferenz 40 Jahre Grundgesetz ist bereits erwähnt worden. Ich durfte an der Vorbereitung mitwirken und habe dabei meinerseits sehr viel von den Stipendiaten gelernt, wie ich es nie aus Lehrbüchern hätte lernen können. Also auch ein Dankeschön an unsere Gäste. Das wollte ich vorweg bemerken.

Der zweite Punkt ist aus gegebenem Anlass die Finanzverfassung des Grundgesetzes. Hat sie irgendeine Auswirkung in den Ländern Ost-/Mitteleuropas gehabt oder ist sie wegen der häufigen Änderungen eben kein Vorbild gewesen? Und wenn man diese Frage noch etwas konkretisiert: Wie geht beispielsweise die Verfassung Polens mit der aktuellen Situation um? Gibt es dort Regeln über die Kreditaufnahme, gibt es dort Regeln, was auch zurzeit sehr umstritten ist bei uns, über Transparenz und Kontrolle hinsichtlich der immensen staatlichen Mittel, die jetzt in marode Banken fließen? Es ist einer der heikelsten Punkte überhaupt, dass Steuermittel im Umfang eines halben Bundeshaushalts in private Unternehmen, die im Wesentlichen zahlungsunfähig sind, fließen. Vielen Dank.

Georg Ress:

Herr Kollege *Stern*, ich möchte mich zunächst sehr herzlich bedanken für die Gelegenheit, hier einige Thesen zur Wirkweise der EMRK im Verfassungsverbund der 47 Staaten, einschließlich der Schweiz, vorzutragen.

Herr *Grimm* hat Fragen gestellt zum Gleichordnungsverhältnis und zur Frage der Anwendung von Artikel 53 EMRK. In der Tat ist von den Regierungen auf Artikel 53 in den Verfahren vor dem Gerichtshof meines Erinnerns nur selten Bezug genommen worden. Es gibt kaum Judikatur zur Anwendung von Artikel 53, der eine Art Dornröschen-Dasein spielt. Das hängt wohl damit zusammen, dass ein Artikel, der sagt, die Auslegung der EMRK solle weitergehende nationale Rechte respektieren, sich in Gleichordnungsverhältnissen, also mehrpolige Verhältnisse sehr schwer einpasst. Das ist denkbar oder liegt nahe im vertikalen Verhältnis zwischen Einzelnem und Staat, für das Gleichordnungsverhältnis wird das schwierig. Ich habe schon die Meinung vertreten, dass ich mir nicht so sicher bin, ob der Artikel 53 überhaupt auf solche Rechtsverhältnisse angewendet werden kann[1]. Im Übrigen hat das Bundesverfassungsgericht ja in der letzten Caroline von Hannover-Entscheidung den Artikel 53 in einer eingefügten Bemerkung zitiert[2], aber nicht näher ausgeführt und ist im Übrigen der Rechtsprechung des Straßburger Gerichtshofs auch unabhängig von Artikel 53 zum erheblichen Teil gefolgt, nur in einer aus meiner Sicht Randfrage nicht. Das bedeutet eigentlich, dass auch für das Bundesverfassungsgericht der Artikel 53 EMRK wahrscheinlich nicht die entscheidende Rolle spielt.

Ich möchte nur darauf hinweisen, dass es bei einer solchen Anwendung erhebliche Schwierigkeiten geben könnte. Wir haben ja Gleichordnungsverhältnisse zum Beispiel bei der Rechtsprechung des Straßburger Gerichtshofs im Umweltschutz. Lärmbelästigung auf der einen Seite, ausgelöst durch private Verursacher auf der anderen Seite. Nehmen Sie den Fall Heathrow: *Hatton gegen Großbritannien*[3] über die Lärmbelästigung durch ankommende Flugzeuge. Das sind Privatbeteiligte. Die Frage war und ist immer gewesen, wie muss der britische Staat diese Fragen im Ausgleich zueinander regeln. Ich glaube nicht, dass man hier mit der *margin of appreciation* den gesamten Bereich gänzlich der nationalen Regelung überlassen darf. Wir kommen nämlich dann dazu, wenn man das weiterverfolgt, dass nicht nur in einem Staat wie Großbritannien, sondern in anderen Staaten wie Russland, Ukraine, Armenien und so weiter, ganze Bereiche der internen Abwägung und Rechtssetzung überlassen bleiben, allein ohne eine Kontrolle durch den EGMR. Und das, entschuldigen Sie, würde ich nicht befürworten.

---

[1] In: Gedächtnisschrift für Albert Bleckmann, 2007, S. 323.
[2] BVerfGE 120, 180 (201) unter Hinweis auf BVerfGE 111, 307 (317, 329).
[3] *Hatton and others v. UK* (GC), no. 36022/97, ECHR 2003-VIII, Urteil vom 8. 7. 03.

Sie haben auf die Abwägung des Schutzes des Privatlebens und der Pressefreiheit hingewiesen. Es gibt natürlich eine ganze Fülle von Urteilen zur Pressefreiheit, die Sie alle kennen, in denen es um die Abwägung bei Diffamierung und sonstigen Einwirkungen geht, *Fressoz*[4], *Bladet Tromsø*[5] und so weiter, die ich auch nicht gerne der *margin of appreciation* überlassen würde. Ich finde, der Gerichtshof ist in seiner Tendenz eigentlich dazu übergegangen, den Raum der *margin of appreciation* tendenziell zu verengen. Das ist ein vergleichbares Problem wie das Verhältnis des Bundesverfassungsgerichts zum Gesetzgeber. Das ist die interne Sicht dieses Verhältnisses. Beim Straßburger Gerichtshof ist es die Sicht des EGMR zu den Mitgliedstaaten insgesamt. Und dafür hat der Gerichtshof eben die *margin of appreciation* entwickelt, je nach Recht, je nach Natur des Rechts, je nach Eingriffsintensität und so weiter. Aber ich würde dafür plädieren, diesen Begriff zu erhalten und ihn in den einzelnen Entscheidungen, je nach Umständen, aber immer zu überprüfen.

Zu den anderen Bemerkungen habe ich wenig zu sagen. Herr *Öhlinger* hat sehr schön auf die Wirkung der EMRK im österreichischen Rechtsraum hingewiesen. Das ist vielleicht eine Art Idealvorstellung, aber ich glaube, wir kämen auch mit einer Stufe darunter in Deutschland noch sehr gut aus

Herr *Müller*, zur Rechtsprechung des US Supreme Court: Ich würde dem US Supreme Court gerne wünschen, dass er den Impuls der Rechtsprechung des Straßburger Gerichtshofs wieder aufnimmt. Der Supreme Court hat ja *Dudgeon vs. UK*[6] und andere Urteile zitiert über die Rolle des Verbots der Strafbarkeit der Homosexualität unter Erwachsenen. Für den Supreme Court sind das inakzeptable ausländische Entscheidungen, die er gar nicht zitieren sollte und dürfe. Über diese Ablehnung der Rechtsprechung des Straßburger Gerichtshofs gibt es in den USA eine breite und intensive Debatte und kritische Diskussion. Zum Recht der Gefangenen: Hier darf ich nur auf den Fall *Kalashnikov gegen Russland* hinweisen. 24 Gefangene in 18 Quadratmetern mit umschichtigen Schlafmöglichkeiten nur immer für acht Stunden der einzelnen Gefangenen, die ganze Zelle überfüllt von Kakerlaken und anderem Ungeziefer. Der Gerichtshof hat gesagt, das ist eine unmenschliche Behandlung. Russland hat gesagt, alle unsere Gefängnisse sind in einem solchen Zustand. Der Gerichtshof befand, das sei keine Entschuldigung. Der Europarat müsse dann etwas tun, damit sich die Gefängnisse in Russland verändern. Das Ministerkomitee hat auch entsprechende Schritte und Pressionen gegenüber Russland ausgeübt. Ob Russland hätte in den Europarat beziehungsweise in den Kreis der EMRK aufgenommen werden sollen, worunter der Gerichtshof jetzt leidet, das ist eine andere Frage. Herr *Bernhardt* und Herr *Trechsel* und viele andere waren damals als Gutachter bestellt und haben ein negatives Votum abgegeben, mit der Begründung, Russland sei derzeit noch nicht in der Lage, die EMRK unter dem gegenwärtigen Rechtssystem einzuhalten. Der politische Wille zog damals in eine andere Richtung. Bundeskanzler *Kohl* hat gesagt, wir müssen Russland aufnehmen,

---

[4] *Fressoz and Roire v. France* (GC), no. 29183/95, ECHR 1999-I, Urteil vom 21.1.99.

[5] *Bladet Tromsø and Stensaas v. Norway* (GC), no. 21980/93, ECHR 1999-III, Urteil vom 20.5.99.

[6] *Dudgeon v. UK* – series A, no. 45, Urteil vom 22.10.81.

nur wenn es in Europa ist, können wir einen gewissen Einfluss auf die Weiterentwicklung der russischen Rechtsordnung ausüben.

Damit möchte ich zum Ende kommen und zum Schluss noch sagen: Die EMRK und die Rechtsprechung des Straßburger Gerichtshofs strahlen nicht nur in Europa unter den 47 Staaten aus, sondern haben eine weltweite Ausstrahlung. Es gibt Kodifikationen in Japan und in China, die darauf eingehen. Die Urteile werden selbst in Peking in chinesischer Fassung gelesen. Ich halte das für einen ganz ungewöhnlichen Beitrag zur inneren Rechtsentwicklung von Systemen, die von einer demokratischen Ordnung weit entfernt sind.

Miroslaw Wyrzykowski:

Vielen Dank, Herr Vorsitzender. Zu der ersten Bemerkung von Herrn *Grimm:* Ich bin dafür, die Theorie des Einflusses des vergleichenden Rechts auf die Rechtsprechung und Auslegung des Rechts fortzuentwickeln. Das würde ich gerne bei anderer Gelegenheit tun und ich freue mich sehr, dass wir darüber sprechen können.

Zu der Frage von Herrn *Siekmann* zur Staatsverschuldung: Wir haben gewisse Vorschriften, zum Beispiel dass die Staatsverschuldung 60 Prozent des Bruttoinlandsprodukts nicht übersteigen soll, aber diese resultieren eher aus unseren negativen Erfahrungen als aus einer Umpflanzung von deutschen Regelungen, denn erst vor einem Jahr haben wir unsere Schulden aus den 70er Jahren vollständig bezahlt. Also das war schon eine gute schlechte Erfahrung.

Herr *Sommermann*, zum Kontext der Rechtsstaatlichkeit nur eine Bemerkung: Ich glaube, dass eines der Elemente der – sehr langsamen – Fortentwicklung das Bewusstsein in der Rechtsprechung ist, dass Rechtsstaatlichkeit auch Übermaßverbot bedeutet, also nicht nur das Verhältnismäßigkeitsprinzip, sondern ein Übermaßverbot in dem Sinne, dass man eigentlich eine gewisse Rationalität der Tätigkeit des Staates erwartet. Denn nur diese Tätigkeit beruht auf einer rationalen Verfassung. Dies nur ein Kurzkommentar dazu, wie man das weiterentwickeln könnte.

Zur Verfassungsbeschwerde, Herr *Classen:* Wir haben eigentlich keine Verfassungsbeschwerde im Sinne des deutschen Rechts. In Polen geht es immer um die Kontrolle der normativen Grundlage der Entscheidung des Gerichts. Das bedeutet, dass wir nicht die Verfassungsmäßigkeit der Tätigkeit der Gerichte kontrollieren, sondern die Verfassungsmäßigkeit oder -widrigkeit der Grundlage der Entscheidung des Gerichts. Es hat einen Grund, warum es dazu gekommen ist. Dies war eine Diskussion über die Empfindlichkeit der Richter, was die richterliche Unabhängigkeit betrifft. Die Richter, insbesondere die Richter des obersten Gerichts, wollten nicht, dass das Verfassungsgericht das Verhalten von Richtern kontrolliert.

Herr *Starck*, das stimmt. Rechtsstaatlichkeit wurde 1989 in die alte Verfassung von 1952 eingeführt, aber mit einem Vorbehalt. Wir hatten die Aufgabe, ein neues System einzuführen. Was haben wir gemacht? Wir haben die Verfassung genommen, haben die Präambel gestrichen, haben Abschnitt 1 gestrichen, die politischen Grundlagen, haben Abschnitt 2 gestrichen, die sozialen und wirtschaftlichen Grundlagen Polens. Gestrichen, aber man muss doch etwas schreiben. Sie können sich gut vorstellen, wie unerfahren alle Menschen mit dem Schreiben der Verfassung waren. Statt zwei Abschnitten haben wir sieben Artikel eingeführt. Ich habe nur einen erwähnt. Die anderen waren Pluralismus, Demokratie, Souveränität, freie Wirtschaft und Eigentumsgarantie. Und, um es kurz zu sagen, wir haben das in 15 Stunden fertig gemacht. Am 29. Dezember wurde die Verfassung veröffentlicht. Zwei Tage später hat sich die Gruppe von Experten getroffen, um das zu feiern. Wir haben die Verfassung nochmal als Ganzes gelesen. Dabei haben wir etwas Erschreckendes entdeckt. Wir wollten alle sozialistischen Floskeln entfernen, hatten aber eine vergessen, und zwar dass der Bürger verpflichtet ist, das sozialistische Eigentum zu schützen. Erst ein paar Monate später wurde das verworfen.

Zweitens, zur Kanzlerdemokratie und dem Semipräsidentialismus: Es ist nicht, in keinem Fall, ein Semipräsidentialismus in Polen. Es ist eine „parlamentarische Demokratie" mit der Tendenz einer starken Position von Regierung und Ministerpräsidentschaft. Weil gewisse Politiker auch diese Vorstellung eines Semipräsidentialismus haben, kam es zu diesem Streit zwischen Staatspräsident und Ministerpräsident. Es ging um die Teilnahme an den Sitzungen des Europäischen Rats. Das Verfassungsgericht hat entschieden, dass der Staatspräsident keine Kompetenzen in der Politik nach außen und nach innen hat. Die Kompetenzen hat der Ministerrat. Wenn der Präsident zum Europäischen Rat kommen will, geht das kurz und bündig nur dann, wenn es nicht um seine Kompetenzen geht, sondern um seine Aufgaben, seine Funktionen, die mit der Funktion Hüter der Souveränität verbunden sind. Außerdem sagte das Verfassungsgericht, dass der Staatspräsident diese Funktion erst dann ausüben darf, wenn es um die Änderung der Verträge gehe und wenn es dazu ein Grund seiner Teilnahme an der Sitzung des Europäischen Rats käme.

Herr *Müller:* Ich habe ein Drittel meines Herzens vor 30 Jahren in München gelassen, vor 15 Jahren ein Drittel in der Schweiz, in Lausanne. Ich will unterstreichen, dass doch die Schweiz, die schweizerische Verfassung und die schweizerische Verfassungskultur, einen Einfluss auf die Entscheidung in dem oben erwähnten Organstreit hatten. Warum? Weil wir Elemente der schweizerischen Verfassungskultur einfließen lassen wollten, und zwar Konsens, Kompromiss, Zusammenarbeit, Offenheit und Fairness in der Tätigkeit der Staatsorgane. Vielen Dank.

Klaus Stern:

Das Schlusswort hat jetzt Herr *Regge.*

JÜRGEN CHRISTIAN REGGE

Schlussworte

Meine sehr verehrten Damen und Herren,

dies ist noch kein Schlusswort. Um im Bild von Herrn *Stern* zu bleiben, sind wir gewissermaßen erst in der Nachspielzeit. Das Schlusswort gebührt selbstverständlich Herrn *Stern*, sicherlich dann auch mit einer inhaltlichen Zusammenfassung und dem Fazit der Tagung gestern und heute. Ich darf Ihnen als Vorstand der Fritz Thyssen Stiftung noch einmal ganz herzlich danken, dass Sie nach Berlin gekommen sind und zum Erfolg der Tagung beigetragen haben.

Ich nutze die Gelegenheit, auf ein weiteres Jubiläum in diesem Jahr hinzuweisen, das noch nicht erwähnt wurde. Die Fritz Thyssen Stiftung begeht im Juli 2009 ihr fünfzigjähriges Gründungsjubiläum. Stiftungen sind Akteure der Zivilgesellschaft. Sie bieten Plattformen für Diskussionen, zum Teil auch für kritische Auseinandersetzungen zwischen Gesellschaft und Staat. Das vermögen sie, weil sie finanziell unabhängig sind. So verfügen sie über Handlungsmöglichkeiten, wie zu Veranstaltungen wie unserer hier in Berlin einzuladen. Diese Tagung ist in der Tat ein Musterbeispiel für die Möglichkeit unabhängigen Stiftungshandelns, haben wir doch hier auf Anregung von Herrn *Stern* neben ausgewiesenen Staatsrechtlern, Repräsentanten der Bundes- und Landespolitik und auch der Rechtsprechung zusammengeführt. Dem Thema der Tagung gemäß, war es auch ein besonderes Anliegen, Vertreter der Rechtswissenschaft aus dem Ausland zu dieser Tagung einzuladen. Ihnen allen gilt mein besonderer Dank für Ihr Kommen.

Die Fritz Thyssen Stiftung ist eine Stiftung zur Förderung der Wissenschaft. Sie fühlt sich insbesondere den Geistes- und Sozialwissenschaften verpflichtet. Sie hat durch die Berufung von herausragenden Vertretern auch des Faches Rechtswissenschaft seit ihrer Gründung grundlegende Projekte in diesem Bereich unterstützt. Die Stiftung wurde unter wesentlichem Einfluss von *Helmut Coing* gegründet. Zur Zeit wird sie im Wissenschaftlichen Beirat durch Professor *Papier* und Professor *Hopt* beraten.

Wie bereits mehrfach erwähnt, hat die Fritz Thyssen Stiftung in den letzten drei Jahrzehnten geholfen, Schnitte durch die Verfassungsentwicklung zu ziehen. Durch drei Veranstaltungen, die von ihr finanziert wurden, 40 Jahre Grundgesetz in Köln, 50 Jahre Grundgesetz in Berlin und jetzt wieder 60 Jahre Grundgesetz in Berlin, ermöglichte sie eine Diskussion sowohl im wissenschaftlichen Umfeld wie auch im internationalen Rahmen. Hierbei folgt die Stiftung einer Tradition, die sie im Bereich der Rechtswissenschaft seit vielen Jahren pflegt, nämlich der Förderung der Europäisierung der Rechtswissenschaft. Dieses Programm hat bereits zu vielen

Publikationen, darunter Monographien und Handbüchern, geführt, so auch zum „Handbuch der Grundrechte in Europa", das durch Professor *Merten* und Professor *Papier* herausgegeben wird. Es ist ein großer Erfolg dieses Projektes, dass in diesem Jahr drei weitere Bände zu erwarten sind.

Jetzt am Ende der Tagung, möchte ich Ihnen nochmals herzlich danken. Ihnen allen, die Sie Referate gehalten haben und sich engagiert in die Diskussion eingebracht haben. Besonders danken möchte ich natürlich Herrn *Stern* und seiner verehrten Gattin, die gemeinsam mit den Mitarbeiterinnen und Mitarbeitern des Instituts für Rundfunkrecht der Universität zu Köln die Tagung inhaltlich vorbereitet haben. Danken möchte ich auch dem Hausherrn, Herrn Staatssekretär *Mertes*, für die Bereitstellung des Europasaales in der Landesvertretung Nordrhein-Westfalen. Ich denke, wir können uns bereits jetzt auf eine Fortsetzung der Veranstaltungsreihe freuen. Im Mai 2019 wird sie wahrscheinlich aus Anlass des 70. Jahrestages der Verkündigung des Grundgesetzes stattfinden. Bis dahin wird auch geklärt sein, ob „europäisch" klein oder groß zu schreiben ist.

KLAUS STERN

Schlussworte

Sehr herzlichen Dank, Herr *Regge*, für Ihre schönen Worte und vor allen Dingen für die Worte des Dankes. Sie haben mir eine Aufgabe zugeschoben, die fast eine Herkules-Aufgabe ist, nämlich ein Resümee dieser Tagung zu ziehen.

Ich fürchte, wenn ich in aller Breite die Themen, die angesprochen worden sind, aufgreifen würde, dann wäre das schöne Abendessen heute Abend in Gefahr. Also werde ich mich, wie heißt es, kurz fassen. Ich meine, dass die Referate und Diskussionen bewiesen haben, dass Deutschland mit dem Grundgesetz eine Verfassung besitzt, die sichergestellt hat, dass mittlerweile zwei Generationen ein Leben in Frieden, Freiheit, Rechtsstaatlichkeit und Demokratie verbringen durften. Gestern hat jemand gesagt, es ist die längste Friedens- und Verfassungsdauer, die Deutschland je erlebt hat.

Der in Freiburg wirkende österreichische Nobelpreisträger *Friedrich August von Hayek* hat von der „Verfassung der Freiheit" gesprochen. Das ist das Grundgesetz – gewiss. Aber es ist auch eine Verfassung der politischen Stabilität, die aus der Weimarer Reichsverfassung und der totalitären Herrschaft des Nationalsozialismus ihre Lehren gezogen hat. Wir, die wir mit Verfassungsdingen zu tun haben, ob in Wissenschaft, Gerichtsbarkeit, Politik, Verwaltung oder sonstwo, müssen es uns zur Aufgabe machen, diese Verfassung zu bewahren, damit auch künftige Generationen in Deutschland und im europäischen Verfassungsverbund von ihren Vorzügen überzeugt sind. Sind wir darin erfolgreich, so sollte es uns gelingen, weitere Jubiläen dieser Verfassung in künftigen Jahrzehnten feiern zu können.

Ich möchte nicht schließen, ohne allen Referenten und Teilnehmern herzlich zu danken. Ein besonderer Dank gilt der Mannschaft, die um diesen Kongress in besonders engagierter Weise besorgt war: Frau *Schmitz*, Frau *Freysoldt*, Herr Dr. *Geerlings*, nicht zuletzt meine Frau, die nicht nur, wie ich hörte, ein eindrucksvolles Damenprogramm durchgeführt hat, sondern auch in der Organisation – wie so oft – geholfen hat. Ohne diese und der Kölner Mitarbeiterinnen und Mitarbeiter Unterstützung wäre die Tagung nicht gelungen. Mein Dank gilt auch der Vertretung des Landes Nordrhein-Westfalen, die uns das räumliche Ambiente geboten hat. Hier darf ich besonders Frau Dr. *Gau* und Frau *Westphäling* hervorheben.

Die Fritz Thyssen Stiftung war wieder, wie schon vor 20 Jahren, als wir in Köln „40 Jahre Grundgesetz" feierten, die großzügige Institution, die uns die Durchführung dieses Kongresses ermöglichte. Mit Ihnen, Herr *Regge*, war es eine Zusammenarbeit, wie sie nicht besser hätte sein können. Gern unterstreiche ich auch, was Herr *Wyrzykowski* über die Bedeutung der Stiftungen für die Wissenschaft gesagt hat. Sie sind schlechthin unentbehrlich.